mq. les titre et faux-titre de la Chronique de
Chastellain, reliée par erreur à la fin du vol.

L.+1264.
+ 6.43

CHRONIQUES
DE
JEAN MOLINET.

IMPRIMERIE D'HIPPOLYTE TILLIARD,
RUE DE LA HARPE, N° 78.

CHRONIQUES

DE

JEAN MOLINET,

PUBLIÉES, POUR LA PREMIÈRE FOIS, D'APRÈS LES MANUSCRITS
DE LA BIBLIOTHÈQUE DU ROI;

PAR J.-A. BUCHON.

TOME I.

PARIS.

VERDIÈRE, LIBRAIRE, QUAI DES AUGUSTINS, N° 25.

M DCCC XXVII.

NOTICE

SUR

JEAN MOLINET.

Jean Molinet naquit à Desvres, dans l'ancien Boulonnais (aujourd'hui Pas-de-Calais), vers le milieu du quinzième siècle. Il fit ses études à Paris, et retourna en Flandre, où il se maria. Devenu veuf, il embrassa l'état ecclésiastique et fut pourvu d'un canonicat de la collégiale de Valenciennes. Il succéda à Georges Chastellain, son ami, dans la place d'indiciaire et historiographe de la maison de Bourgogne, et fut plus tard nommé bibliothécaire de Marguerite d'Autriche, gouvernante des Pays-Bas. Il mourut en 1507, à Valenciennes, dans un âge fort avancé, et fut enterré dans l'église de la Salle-le-Comte, à côté de G. Chastellain, son maître.

J. Molinet a beaucoup écrit en vers et en prose. Ses poésies ont été imprimées plusieurs fois sous le titre de *Faicts et dicts de maistre Jehan Molinet*. Quelques autres pièces ont été insérées dans divers recueils, tels que les *Traictés singuliers*, petit volume in-8°, sans date, gothique, chez Jehan Saint-Denys, et qui comprend de plus des morceaux de Georges Chastellain et de Guillaume Crétin, et la *Légende de Pierre Faifeu*, de Charles Bourdigné. On a aussi réimprimé plusieurs fois les couplets historiques qu'il a ajoutés à ceux de Georges Chastellain, connus sous le nom de *Récollection des merveilles advenues en nostre temps*. C'est une revue assez détaillée des principaux événements du quinzième siècle, au nombre desquels figure l'invention de l'imprimerie, mentionnée en ces termes, dans la continuation de J. Molinet [1].

> J'ay veu grant multitude
> De livres imprimés,
> Pour tirer en estude,
> Povres mal argentés.
> Par ces nouvelles modes,
> Aura maint escollier
> Décret, bibles et codes,
> Sans grant argent bailler.

Il existe à la bibliothèque du roi de France, plusieurs manuscrits des poésies de J. Molinet.

Les n°s 7685, 7686 et 7687 contiennent un grand nombre de vers de lui et de ses amis et correspondants, Cretin et Robertet.

Le n° 2926, petit in-fol. sur papier, renferme aussi quelques pièces de J. Molinet et de J. Trottier.

Le n° 7998, manuscrit sur papier, format in-4°, couvert en parchemin, contient dans la seconde moitié du volume une partie de celles qui ont été imprimées dans les *Faicts et dicts*.

Le manuscrit du Supplément n° 208, est un recueil des lettres et poésies de Robertet, Chastellain et Molinet.

Le n° 7984, format in-4°, sur parchemin, de 36 feuillets, relié en maroquin rouge, est *un Petit Traictié compilé par maistre Jehan Molinet, à l'instruction de ceulx qui veulent apprendre l'art de réthorique*. Ce manuscrit a appartenu au dauphin François, mort à Tournon, le 12 août 1526, fils du roi François I. On y trouve : « Patrons, exemples,
» couleurs et figures de dictiers et tailles modernes, qui
» sont maintenant en usage, comme : lignes doublettes,
» vers sixains, witains, alexandrins et rime briletée, rime
» brisée, rime enchayenée, rime à double queue, et forme

---

[1]. *Voyez* cette pièce dans ma notice sur G. Chastellain, t. 4, de cette collection.

» de complainte amoureuse; rondeaux simples, d'une,
» de deux, de trois, de quatre et de cinq syllabes; ron-
» deaux jumeaux et rondeaux doubles, simples virelais,
» doubles virelais et respons; fatras simple et fatras dou-
» ble; balade fatrisée, simple lay, lay renforchiet, chant
» royal, serventois, riqueraque et baguenaude. »

Malheureusement pour le lecteur, les *patrons, couleurs et figures de ces dictiers et tailles modernes*, alors en usage, au lieu d'être puisés dans les auteurs les plus célèbres du temps, sont tous de la façon de maistre Jean Molinet, qui étoit bien le plus médiocre et le plus lourd poëte, et le plus maniéré des beaux esprits de son siècle.

J. Molinet a encore *translaté* en prose, à la demande de Philippe de Clèves, le célèbre roman de la Rose, composé par Guillaume de Lorris, et continué par Jean Clopinel ou de Meung. Cet ouvrage a été imprimé à Lyon, en 1503, *par maistre Guillaume Balsarin, libraire et imprimeur, autrement corrigé et amendé, qu'il n'estoit par-devant, comme il appert clèrement en divers passages et chapitres.* Cette nouvelle édition, *corrigée et amendée*, a pour titre ces quatre vers :

> C'est le romant de la rose,
> Moralisé cler et net,
> Translaté de rime en prose,
> Par vostre humble Molinet.

Le seul ouvrage de J. Molinet qui justifie à certains égards la célébrité qu'il a obtenue de son temps, est sa Chronique, depuis l'année 1474, jusqu'à l'année 1506. Cette Chronique était jusqu'ici restée inédite. Jean Godefroy et Aubert-Lemire avaient eu le dessein de la publier; et M. de Reiffemberg, qui a déjà rendu de si grands services à l'histoire de son pays, s'est proposé de la comprendre dans sa collection de l'histoire de la Belgique. Je regrette beaucoup que son travail n'ait pas encore vu le jour, je me serais empressé d'en profiter pour améliorer cette édition, ainsi que je l'ai fait de son édition de J. Duclercq.

Les deux manuscrits que possède la bibliothèque du roi, sous le n° 1019 7^4 et 1033 Sorbonne, sont toutefois assez complets et assez corrects.

Même dans son style historique, J. Molinet a conservé de nombreuses traces de cette ridicule affectation de bel-esprit, qui lui a justement attiré les sarcasmes du mordant et spirituel Rabelais. Lorsqu'il n'est pas entraîné par la vivacité de la narration et l'intérêt des situations historiques, il se perd en fades déclamations, écrites du style le plus pédantesque et le plus étrange ; mais quand il est ému par l'intérêt que présentent les faits, il abandonne son langage vraiment pantagruélique, pour devenir un historien et un écrivain remarquable.

La Chronique de J. Molinet termine la série des Chroniques du quinzième siècle qui entrent dans ma collection.

J.-A. BUCHON.

CHRONIQUES
DE
JEAN MOLINET.

PROLOGUE.

Fundata est domus Domini super verticem montium.

La très illustre et réfulgente maison du seigneur et duc de Bourgongne est magnifiquement fondée sur la sommité des montaignes. Les géans terriens, qui sont entendus les victorieux princes régens et conducteurs du bien publicque, sont comme montaignes excelses où est assis le hault trosne d'honneur vers qui les nobles preux du siècle tournent la face, et tendent bras et mains. En l'altitude de ces grosses montaignes soubs qui tremblent et se humilient rudes rochers, très durs pérons et très fortes murailles, comme sont cruels tirans, fiers satellites, et orgueilleux rebelles, est authentiquement située la très noble, resplendissante et opulente maison des Bourguignons; dont aujourd'hui sa renommée court par les sept climats, sa clarté illumine les ténèbres du monde, et sa beauté décore le quartier d'occident. Tout ce provient par l'admirable vertu et strénuité singulière de quatre gros et forts puissans pilliers, sur lesquels elle est somptueusement composée.

Le premier pillier sur qui fut assise ceste fabricature, issit jadis de vif estat royal, de celui mesme où fust prins le bienheureux sceptre du très chrestien roy Charles, cinquiesme de ce nom, lors fleurissant entre les fleurs de lis. Le très noble et puissant pillier qui donna principe et fondement à ceste maison, fut le très preux et chevaleureux duc Philippe-le-Hardi, fils du roy Jehan de Valois, et frère du Roy Charles dessus nommé. Icelui duc, à cause de ses nobles gestes et glorieuses vertus, fut adhérité de la très inclite et somptueuse ducé de Bourgogne, sur qui la maison, paravant mise à ruyne, fut puissamment édifiée ; et pour ce qu'il estoit fleuron royal croissant au jardin francigène, il fut conjoint par mariage à la très noble et prudente Marguerite de Flandre, fille du comte Loys de Male.

Les deux grands personnages ensemble liés par lien nuptial, engendrèrent homme de grand estime et haulte renommée, le duc Jehan de Bourgogne, lors prompt aux armes et très expert en estour de bataille, le plus redoubté et craint qui fust régnant en son temps ; car par force de bras et au tranchant des espées, agency, abaissa, rabota et esserta les mauvais nœuds et zizanieux plantaiges qui la clarté de l'hostel empeschoient.

Le bon duc Philippe, son fils, fut le tiers pillier qui ceste maison esleva en honorable celsitude, l'augmenta de plusieurs chambres, par succession héréditaire, lui donna lumière de son fusil très flamboyant, et splendeur au règne de la très sacrée et précieuse Thoison-d'Or.

Le très renommé duc Charles, sa géniture légitime, est le quatriesme pillier qui ceste maison clarifie et embellit de très admirables histoires, qui les fiers mutins rebellans, les rebelles mutinans, les traffiqueurs séduisans, les séducteurs traffiquans, humilie par sa main forte; et essourt ceste maison en si très haulte splendeur et clarté superéminente, que les isles oultre-marines en percoivent la reluisance; c'est, par figure similitudinaire, la tour de Baruc et le trosne de Salomon, l'arche du Testament, le palais d'Assuerus, le fort Ilion, le temple de Mars, le romain Capitolle, où les sénateurs et consuls armigères tiennent parlement et consaulx, pour bien régir et gouverner le bien de la chose publicque.

Les quatre pilliers descendus du vergier liligère, par directe ligne de propagation royale, cogneus et alliés, et entremeslés avec quatre redolentes Marguerites, peuvent estre accomparés, selon leurs bonnes mœurs et conditions louables, à quatre vertus cardinales, sans lesquelles nulle main, tant soit haulte à comble, ne peut louguement prospérer sans contourner en décadence.

Le duc Philippe-le-Hardi, pour l'acuité de son sens et le bon conseil qu'il eut en lui de non laisser son père, le roy Jehan de France, conquis en la bataille par les Anglois, lorsque ses frères aisnés l'abandonnèrent, et pour ce qu'ils prévit aucunement la très noble postérité de lignée et commodité de service qui lui povoit survenir de soi allier à la comtesse de Flandres, est licitement approprié à Prudence, vertu moult salutaire.

Le duc Jehan, son fils, prince sans peur, magnanime en tous ses affaires, constant comme pierre de vive roche, tant enflambé de hardi courage que rien ne lui sembloit ne trop hault, ne trop pesant, peult estre figuré par les qualités de ses mérites, à Force, très recommandée entre les vertus cardinales.

Le bon duc Philippe, très doux, humain, fort joyeux, et tant bien adressé en toutes choses ardues, digne de grans louanges, comme Dieu et nature n'y avoient riens oublié, et pour ce que Tempérance est vertu de courage, refrénant en nous les mouvemens impétueux, ceste glorieuse vertu lui doibt bien estre attribuée; car plusieurs fois a minué son ire contre les ennemis, lesquels il povoit bien vaincre par force d'armes. Il a démonstré vision pacifique, mesmes à ceulx qui occirent son père. Jamais ne fut au monde prince plus begnin, nul plus clément, nul plus libéral, nul plus révérent.

Le duc Charles, son fils, inspiré de Mars le Dieu des batailles, le Nestor des héros, un second Scipion, un petit Alexandre et un grand Hannibal, qui les provinces voisines a merveilleusement resveillées au son de ses buccines, et a fait plus que le possible du très chevalereux art d'armes, vueillant, par hardi emprendre, peser les quartiers d'occident en sa balance, est proprement esquiparé à Justice, la royne des vertus.

Avec ces quatre très illustres princes, descendus du champ de fleurs de lys, sont quatre nobles Marguerites de mesme sorte, lesquelles ont grandement amplié, enrichi et augmenté ceste maison, tant de salles, chambres, clostures, vignes, hayes, jardins, prés, pastures, comme tenemens et aultres appendances, dont elles ont bruit et los par-dessus toutes aultres.

Et premier, Marguerite de France, fille du roy Philippe-le-Long, espouse du comte de Flandres, le adhérita des deux comtés d'Artois et de Bourgogne.

Marguerite de Brabant, alliée au comte Loys de Male, dont dessus est faicte mention, le mist en possession des duchés et pays de Lotrich, Brabant et Lembourg.

Marguerite de Flandres, mère du duc Jehan, y attribua la comté de Flandres et aultres passaiges.

Et Marguerite de Bavière, fille du duc Aubert, compaigne dudit duc Jehan, y adjousta les comtés de Haynault, Hollande, Zéelande, et la seigneurie de Frise.

Et par ainsi, ceulx qui percevoient entièrement la édification et lucidité de ceste triomphante maison, exaltée sur les haultes montaignes, peuvent facilement dire, tant pour l'artificielle sculpture des quatre pilliers que pour la spéciosité des fleurs et précieuses gemmes : *Portæ nitent Margaritis.*

Et pour ce que le très puissant et très redoubté duc Charles, désirant accroistre sa renommée par toutes terres et provinces, au décorement de ceste maison très relucente, s'est nouvellement tiré sur les frontières et limites de Germanie, et a planté son siége devant la très forte ville de Nuysse, je, Jehan Molinet, loingtain imitateur des historiographes, me suis advancé, par son commandement, de rédiger et mettre par escript les glorieuses prouesses, louables gestes et très nobles faicts d'armes qui d'ores-en-avant se feront, tant d'ung parti que d'aultre, tant en ceste maison durable comme en l'environ de icelle, suppliant très humblement à tous orateurs, historiens et inquisiteurs des chevalereux exploits perpétrés par les docteurs et disciples de Mars, qu'il leur plaise rescinder ce qu'ils trouvent superflu et augmenter le défectif, afin de réduire mon œuvre à vraie congruité et perfection de lumière, tellement que je puisse escrire chose qui soit agréable à Dieu, honnorable aux princes et salutaire à mon ame.

En ce présent premier volume sont rédigées par escript les chroniques et actions, annales de feu maistre Jehan Molinet, en son temps indiciaire et historiographe des très illustres maisons d'Austrice et de Bourgongne, commenchant icelles chroniques en l'an mil quatre cens soixante-quatorze, lorsque le très redoubté et très puissant duc Charles de Bourgongne assiégea la très forte ville de Nuysse, et continuant icelles tant louables gestes, glorieuses prouesses et très nobles faicts d'armes achevés par les chevaleureux supports d'icelles maisons, comme d'aultres advenues en ce temps, jusques au lamentable trespas du roy don Philippe de Castille, archiduc d'Austrice, et qui fut en l'an mil cinq cens et six, qui sont pour le terme de trente-trois ans.

AUTRE PROLOGUE.

Militi est vita hominis super terram.

La première milicie et prouesse chevaleureuse qui oncques fut mise en exploict, fut perpétrée au ciel par le glorieux archange, prince de la milicie angélique, lequel dompta Lucifer, le très horrible dragon abominable, ensemble ses complices, détestables apostats de joie perdurable, et privés de lumière supernelle.

Aultres très renommés faicts d'armes se sont depuis achevés sur la terre par les humains champions de la foi catholique, lesquels, pour obtenir palme de victoire, par grace divine et force vertueuse, ont espandu leur sang en militant contre vicieuses temptations, ont marché après et soubs la bannière du triomphant roy de gloire, couronné d'épines, armé de pourpre, semé de plaies, puis la plante du pied jusques à la sommité du chef, qui, par le redoubté signal et tronchon de la croix, rompit les portes infernales, pénétra les cieux et ouvrit le hault palais du célestial empire.

Aultres valeureux exploits se font journellement au champ terrestre, par les nobles princes mondains, lesquels, pour l'augmentation de la chose publicque, exposent leurs corps, leurs vies et leurs redevances, et adoptent à la fois, avecques perennelle rétribution, glorieuse renommée au siècle et louange de perpétuelle mémoire.

A ceste milicie terrienne et chevalerie humaine me suis arresté du tout, pour principale matière de mon histoire. Puisque un seul Dieu éternel, par sa divine providence, triomphe et seignourist par-dessus les gérarchies angéliques, throsnes et dominations du règne céleste, où les bienheureux sont premier, chacun selon son mérite, nous ses créatures raisonnables, formées à sa divine semblance, le debvons ensuyvre à nostre povoir, et dessoubs sa très sacrée main et en son nom inénarrable exhiber honneur et prester service à un seul prince en terre, qui nous soit protecteur salutaire. Car, comme dit Policratus, le prince du peuple est comme l'image de la divine majesté. Puis donc qu'il est un seul Dieu, soleil illuminant les estoilles, une seule raison dominant sur les potences de l'ame, un seul cœur incitant les membres du corps, et un seul Dieu impérant au ciel, il doibt estre un seul prince régnant en la terre. Mais pource que descouvert lieu terrestre est divisé en divers climats, isles non contiguës, et régions tres loingtaines les unes des aultres, où sont inéqualités de langaige et sortes de religions trop différentes, ceste unité primitial s'est réduicte à pluralité ; car à dur se peuct con-glober en une masse, si le supernel gubernateur ne la nourrit de sa rosée pacifique, comme il fist par aulcuns ans le glorieux règne Octavien.

Nécessité doncques constrainct, que chascune

province ou nation ait son trosne partial, où justice soit conservée à l'exaltation du bien publicque, et décorement de l'universelle fabrique. Toutefois, souvent advient que les intronisés en royalle magnificence ne peuvent porter la pesanteur de leur couronne; si que, par leur mérite et par divine permission, leurs ennemis les tirent en bas, démolissent leurs siéges, ravissent leurs diadèmes, brisent leurs sceptres et perdent leurs règnes irréparablement; lesquels à la fois sont transmués en duchés et moindres seigneuries, où ils produisent souvent fruict plus redolent que soubs tiltre de roy; exemple des Romains. Ils florissoient en leur cité nouvellement fondée dessoubs l'estoc de royalle maison; mais Sextus, le fils du roy Tarquin l'Orgueilleux, pollut le sang innocent; pourquoy l'estoc royal fut essarté, le nom de roy aboli, et, soubs le tiltre de moindre dignité, augmentèrent leur puissance jusques à l'extrême conférence du monde, portèrent couronne de laurier et solemnisèrent les résonnans triomphes dont il sera mémoire à tousjours.

Les enfans d'Israël, non contens de leurs juges, aspirèrent à royale celsitude, où ils prospérèrent une espace; mais enfin furent rompus. Si se divisèrent entre eulx, se deffièrent de Dieu, se souillièrent en ordure, et furent affublés du mantel d'idolastrie; tellement que, pour l'énormite de leurs vices, ils n'ont maintenant ne roy, ne roch, ne tour, ne terre où ils puissent repaistre un seul jour, sinon par emprunt et à chier coust.

Ainsi sont anichilés et translatés de main en aultre plusieurs royaulmes de ce monde univers, par l'exécrable vie des régnans et de leur peuple. Le règne des Assiriens, qui estoit de fin or précieu, s'est abismé en la profondité de la terre. Le règne d'argent des Persans s'est converti en rude métal. Le règne d'airain des Macédoniens a perdu sa résonnance; et le règne des Romains s'est assommé de ses propres marteaux. Et le seul trésor de prouesses, la claire lucerne d'honneur et la sommière ïérachie de nobilité chevalereuse prospère, florist et redole en ce climat occidental, en deux ou trois palais ou nobles hostels, souverainement en la très glorieuse et famée maison de Bourgogne, favorisée des cieux, arrousée de graces célestes, et parexaltée en gloire jusques à la haulte sphère de mondaine béatitude.

Comme nous avons veu jadis aulcuns royaulmes essours en félicité supérieure dès leur première naissance, et puis décliner avec leurs jours en basse lame, et absorbés ou parfond Carybdis par les grippes de fortune, et par vicieuses attrapes de guerre misérable, nous voyons maintenant par un contraire ceste bienheurée maison fructifier en honneur, augmenter en vertu, et amasser des victoires les unes sur les aultres, quasi miraculeuses et hors de termes de commune acquisition. Quatre excellens princes, ses vraies possesseurs et héritiers par directe ligne et descente filiale, l'ont édifiée, entaillée et située en la sublimité de triomphant valoir. Philippe-le-Hardi, que Dieu absolve! lui donna pied et puissant fondement; le duc Jehan, son fils, la agenci et rabota par armes; Philippe, le très grand et renommé duc d'Occident, la esleva en honorable celsitude, l'augmenta de plusieurs chambres par succession héréditaire, lui donna lumière de son fusil reflamboyant, et splendeur au regne de la très sacrée et précieuse ordre de la Thoison-d'Or; et le très victorieux duc Charles, sa légitime géniture, la fortifie de justice seignorieuse, la clarifie de louanges inestimables, la cuevre de vertu rutilante, et l'anoblit de nouvelles tours et riches propugnacles, tant clers et de telle altitude, que les isles oultre-marines en perchoivent la relucence.

C'est, par figure similitudinaire, la tour de Barruc, le trosne de Salomon, l'arche du Testament, le Palais d'Assuérus, le fort Ilion, le temple de Mars et le romain Capitole, où les haults sénateurs et les très prudents consuls de l'hostel tiennent leurs secrets parlements et consaulx pour régir la chose publique, et où les dictateurs et très redoubtés Césars, expérimentés en l'art militaire, assemblent leurs légions, cohortes, centuries, pour envahir Gaulois, Germains, Acquitains, et aultres nations rebelles.

Puis doncques que en ceste excellente maison de Bourgogne, par labeur continué et diligente veille, se exercitent journellement glorieux faicts d'armes et haultaines emprinses, soubs le très auguste duc Charles, il est décent et louable de recueillir par escript et tourner en vraie congruité de sens et de langaige les merveilleux faicts et admirables histoires qui s'y tissent incessament, afin que ceux qui les perpètrent soient registrés au cler matrologe d'honneur, qu'ils puissent vivre après leur mort entre les hommes, qu'ils soient vifs exemplaires en temps futur aux preux et vaillans champions, et que ceux qui sont extraicts de leur sang et chevalereuse lignie, rendent grâce au souverain roy sempiternel, qui tel heur a contribué à leurs nobles géniteurs, qui nous ramaine à fresche mémoire l'ancienne générosité et prouesse troyenne, selon ce que Daire, Titus, Omère et Virgile nous en récitent par leurs propres et subtils vers armonieux, qui nous donnent admiration des conquestes de César et de Pompée, et de la réfulgente monarchie romaine, selon ce que Titus Livius, Valère, Lucan et Julius Celsus nous en explanent par leurs escripts; et qui nous donne à connoistre les litiges et dissentions lamentables advenus puis vingt ans entre France et Angleterre, selon ce que messire Jehan Froissart, chanoine de Chimay, et aultres ses successeurs, nous en apprennent par leurs livres. Les armes des conquérans sont ternies, leurs heaumes sont cassés et leurs lances brisées, mais leurs noms, ensemble leurs glorieux faicts, sont escripts en lettres d'or et demeurent à perpétuïté. Deux lettres sont qui nous enseignent la strénuité de leurs vaillances : l'une est la grosse, l'autre est la menue. La grosse lettre est construction de cités, stations de siéges, protractions d'images, apparences de statues, inventions de sarcus et relicquies des corps qui s'opèrent souvent ès marches où les crueuses batailles ont esté exécutées. La menue lettre est les joyeux dictiers, les mélodieuses chansons, les beaux volumes et traictés coulourés de rhétorique, que les vrais historiographes et collecteurs de leurs gestes ont compilées à grande diligence. Ce sont ceulx qui œuvrent leurs faits, descripvent leurs légendes, les logent ès mémoires des hommes, et donnent appétit aux lisants de les glorifier par les siècles. Maints glorieux faicts d'armes de haulte estime, exploictiés de très forte et vigoreuse main, sont escousses en caligineux ombrage; si que jamais n'en sera nouvelle, pour ce que nul traict de plume ne les a enluminés de riche estoffe, pour resplendir au miroir de prouesse. Aultres exploicts de petite valeur capable de basse renommée sont assis en hault game, pour avoir trouvé picteurs amoureux des images ; lesquels ils ont fardés de couleurs apparentes pour avoir gloire entre les preux. Hercules, le robuste poing de Grèce, le dompteur des ravissants larrons et le fouldroyeur des terribles monstres sauvages, doibt richement guerdonner Omère et aultres picteurs qui, par leurs poésies et versifications héroïques, ont augmenté sa vaillance jusques à soubtenir les cieux. Ænéas, le chevalier aventureux fugitif de Troye, de qui descendit la très sacrée semence impériale, fut bien heureux que Virgile le poëte l'ait prist en sa grace; car, en faveur et contemplation des Romains, le extolla par dessus les nues. Et toutefois aulcuns luy ont imparti note de prodition. Ainsi les uns, selon la qualité de leurs mérites, ont trop large portion de glorieuse fame, les aultres en ont trop escarsement, les aultres en ont à point, et les aultres riens, parce que nul ne suscite leurs haultains actes.

Domaige irréparable seroit doncques à ceste magnifique maison de Bourgogne, se tant de fières et merveilleuses emprinses, qui se forment continuellement de forts et vigoureux bras, se périssoient avec le son des armes, sans les graver en solide mémorial. Le souverain plasmateur, qui tout soubmet à son indiction, et dessoubs qui tremble toute chose créée, l'avoit pourvu d'homme tout propre à ce faire; mais puis naguère l'a appelé à sa compagnie par mort naturelle, dont il a payé le tribut; sire George Chastellain, homme très éloquent, cler d'esprit, très aigu d'engin, prompt en trois langages, très expert orateur, et le non pareil en son temps. C'est le vrai scribe et scient compilateur qui, par son traict magistral, pellifioit de précieuses gemmes les somptueux personnages de ce triomphant manoir; innumérables cantiques en a produit en leurs louanges, chansons orphéynes, proverbes salomoniques, tragédies, comédies, metres virgiliains et sentences prosaïcques sont dévolés par divers pays et contrées, jusques au sainct siége apostolique et à la personne de nostre sainct père le pape.

Pourquoi très illustre prince Charles de Bourgogne, regardant la fermosité de ses mœurs, la melliflue éloquence distillante de sa bouche, et la subtilité de son art, le veult anoblir en ses jours; et à la célébration et solemnité de la Thoison-d'Or en Valenciennes, lui donna ordre de chevalerie, avec tiltre de Indiciaire, comme celui qui démonstroit par escripture authentique les admirables gestes des chevaliers et confrères de l'ordre. Or est ce très illustre homme esvanoui de nos yeux; sa plume gist en repos, et son refulgent esprit a prins céleste mansion. Grand planté de ses œuvres sont demourées imparfaites, qui donneront labeur intollérable à ceulx qui vouldront parattaindre la fin de ses conceptions.

Moi doncques, le plus rude de tous les aultres, son très humble disciple, nourri en son escole plusieurs ans, et imbuit, sans y donner approche, en son élégant style, après qu'il eust rendu son ame à son créateur, et que le corps fut livré à la terre, veuillant, selon la ténuité de mon engin, demener à conclusion finale aulcuns de ses principes, dont les moyens sont de haulte recommandation, me tiray vers la sérénité de nostre très redoubté prince invaincu, étant en son siége de Nusse, et lui dépriay en toute humilité qu'il lui pleust moi donner licence de parachever ce que mon très honoré seigneur et maistre, que Dieu pardoint! avoit encommancé; et icelui, de sa bénigne gré, et en faveur de haults et puissants seigneurs mes médiateurs intercessoirs, le m'accorda libéralement. Jà soit que j'en soye indigne et que les plus grants de son hostels parfons historiens et de vive intelligence, sçauroient mieux conduire ceste matière que je ne le sçauroie penser, toutes fois iceulx, ententifs à choses ardues et de plus fructueux poix, me laissent ceste grande charge en mains, laquelle j'ai embrassée en grande crainte; mais sous leur begnin support et favorable correction, mon intention est de rassembler plusieurs cayers escripts de la main de mon dit seigneur et maistre, tous désemparés, imparfaits et sans ordres, pour les aduner en aulcuns certains volumes par lui très grandement avancés.

Et jà soit que en aulcuns d'iceulx il ait un petit touché du siége de Nuysse[1], toutefois le principe de ma cronique sera au commencement dudit siége, en laquelle je atribuerai gloire et exaltation à ceulx d'une partie et d'aultre par qui les admirables besongnes seront mises à louable effet, lesquelles je ne puis assez magnifier à leur appartenir; car nul ne scaroit apprécier la value d'un très prudent, féable et vertueux chevalier. L'on trouve en Exode que les juges estoient appelés dieux. L'on prononchoit anciennement aux impérateurs tiltre de divi-

---

[1]. Je n'ai pu retrouver de la chronique de Georges Chastellain que jusqu'à l'année 1470.

nité. Le saint docteur veut innuer que nous devons rendre aux princes, ministres de Dieu, gloire et honneur. Et saint Pol nous admoneste d'obéir à eux, soient bons ou mauvais. Pourtant de ce qui sera digne de recort que je pourrai parcevoir à l'œil, et qui me sera récité par gens dignes de foi, ou escripture authentique, je mouillerai ma plume véritable en suavité de clère faconde, pour collauder les condignes, et en aigreur de bonne invective pour redarguer les coulpables, à la louange de mon Dieu perdurable, à l'honneur de mon prince et proufit et salut de mon ame.

CHRONIQUES
DE
JEAN MOLINET.

CHAPITRE PREMIER.

Comment Charles, le très puissant duc de Bourgogne, assiégea par terre la très forte ville de Nuysse.

Gloire éternelle se doibt rendre au souverain roi des rois, qui par singulière bonté répara l'humain lignage. Los immortel se doibt attribuer à Marcus Curtius, qui, pour salvation du peuple romain, saillit au très crude abysme. Nom de perpétuelle mémoire doit demourer au très noble duc Geoffroi, qui se desvestit de son propre héritage, pour conquérir la sainte terre. Et guerdon salutaire doibt obtenir pour rétribution, le très hault et très puissant prince le duc Charles, qui différant de ses propres querelles pour augmentation du bien publicque, et subvenir à ses très nobles parents, amis et alliés, souverainement au bien de paix ecclésiastique, expose aux fortunes de guerre son corps, ses subjects et sa substance, comme il appert clèrement.

L'archevesque de Coulongne, qui fut de Bavière [1], son cousin et allié, et frère au comte pala-

---

[1]. Robert de Bavière.

tin débouté de sa chaire épiscopale et cité métropolitaine, lui remonstra sa doléance, et comment ceulx du chapitre dudit Coulongne vouloient avoir archevesque Hermant, lant-grave de Haesse, frère à Henri, lant-grave de Haesse, auquel favorisoient l'empereur, les archevesques de Mayence et de Treves, Aubert, marquis de Brandebourg, le duc de Saxe, le dit Henri Lant-grave, Evrard, comte de Wertemberghe et de Montbliard, avec aultres plusieurs grands princes et barons, et ensemble les cités impériales, villes et communautés d'Allemaigne.

Le duc Charles très clément et pitéable, ouïe la quérimonieuse complaincte de son parent, voyant que contre droict et raison, et oultre le gré de nostre sainct père le pape qui l'avoit confermé, il estoit desappoincté de la dignité qu'il avoit long-temps posséssé, soy confiant en Nostre Seigneur et en saincte église, dont il estoit vray champion et protecteur chevaleureux, emprist la querelle dudit archevesque son allié, à l'encontre du frère dudict lant-grave, soi disant archevesque pareillement, et à l'encontre dudict empereur, ses adhérens et favorisants.

Nuysse doncques, ville de frontière, terre d'archeveschié, refuge de malheureux, orgueil d'Allemaigne, et qui plus se confioit en sa force que nulle aultre, pource que jamais n'avoit esté vaincue par siége, soutenoit en son clos la partie adverse du dict archevesque, car elle estoit forte à merveille, tant d'eauwe comme de murailles, longue de deux bons traicts d'arc, mais elle est étroicte à l'advenant plus à un costé que à l'aultre, à manière d'un huysiel, adossée d'un lez d'un bras du Rin, qui battoit aux murs, et d'une autre rivière nommée Arne, qui passe par la duché de Julers, avecques une aultre naissant de fontaine, dont mouloient deux moulins, laquelle environnoit aultre partie de ladicte ville; et toutes ensemble se rentroient au grand Rin courant assez loing. Pareillement estoit Nuysse notablement tourrée de pierre de grès, puissamment murée de riche fremeté haulte espasse, et renforcée de fortes braiesses subtelement composées de pierre et de brique, et en aulcuns lieux toutes de terre, tournées à deffence par mirable artifice pour repeller les assaillants; entre lesquelles et lesdicts murs y avoit certains fossés assés parfons; et de rechef estoient devant lesdictes brayes aultres grants fossés d'extrême profondeur, cimés les aulcuns, et pleins d'eau à grant largesse, lesquels amplectoient la ville et ses forts jusques aux rivières courantes. Quatre portes principales de pareille sorte ensemble, et aulcunes poternes et saillies embellissoient et fortifioient grandement la dite closture; car chacune d'elles avoit en front son boluwert à manière de bastillon, grant fort et deffensable, garni de tout instrument de guerre, et souverainement de traicts à poudre à planté.

Dedans Nuysse, oultre les aultres édifices, estoit une très belle église de dames, haulte eslevée et de grant monstre, où reposoit le corps saint Quirin, leur patron, auquel les nobles, bourgeois et manans avoient très singulière et fervente dévotion, espérans salut en son suffrage et garantise de tous meschefs. Et avec leur nouvel archevesque, compéditeur au vrai pasteur, s'estoient premunis de gens très expérimentés de la guerre, et avoient la fleur, le bruyt et le choix de la chevalerie d'Almaigne, ensemble et les gentils reitres et fins routiers concueillis en diverses marches, non pas seulement pour la tuition de leur ville, mais aussy pour donner repoulse et rompre la poincte au duc Charles, qui atournoit la bride vers Coulongne pour montrer visaige à l'empire.

De ceste aspre et mal amoureuse compaignie, estoit principal et conducteur un très vaillant capitaine subtil et entreprenant, nommé Musebacque, qui tout engrossié de horions, et de soutenir siéges endurci, plus se délectoit en tonnoires de dures bonbardes que en chansons de douces paroles, et plus prenoit appétit en cuisses de vieux chevaux, que en pastés de jeunes poulés ; et désiroit toujours de soi aherdre et hurter à l'ost du duc de Bourgogne, pour taster la pesanteur du faix dont tout le monde faisoit si grande estime. Jean de Herprode, Rembout Heyebisce, hommes de grant conduicte, astus et cauteleux, alors bourg-maistres, avoient le régime et police de la ville, et regard entif sur le peuple, qui estoit comme demi gendarme, nourri en feu, en fer, en sang, en souffre et en salpètre, berchié au cri des armes et endormy au son impétueux de serpentines, culevrines et harquebucies, dont il estoit si juste et amesuré, que à deux doits de descouvert il rendoit mortelle attaincte.

Grant amas de vivres avec la annuelle provision se faisoit dedans Nuysse, laquelle de sa propre nature estoit hutineuse, arrogante, espineuse et addonnée à la guerre; et pour ce qu'elle aimoit le mestier, elle avoit d'ancienneté deux moulins à chevaux forts et rades, pour soi aider en pestillence de siége, et diversité de bastons deffensoires et d'artillerie, pour saluer les passants et bien vegnier ses voisins, desquels elle attendoit la très poentable et soudaine venue.

Charles, très auguste duc de Bourgogne, à qui nuls hideux efforts ne donnoient admiration, sentant l'adversaire capital de son cousin dessusdit, envelopé en la sortie de Nuysse sous les esles de Germanie et de son aigle impérial, qui le deffendoit au pied et à l'ongle, se délibéra, pour ceste cause et aultres qui à ce le mouvoient, d'assiéger ladite ville, merveilleusement forte et inexpugnable. Si ordonna ses batailles, fist approchier ses engins; et environ l'issue du mois de juillet, l'an mil quatre cent soixante-quatorze, comme le plus preux des preux et le superexcellent de tous aultres, ficha son estandard et planta puissamment son siége droit au front des Allemans, qui le prindrent en grand argu; et de prime face, à un traict d'arc près de Nuysse et devant la maistresse porte, saisit une grande abbaye de chanoines réglés de l'ordre saint Augustin, où il trouva partie des religieux habandonnés des aultres, qui s'estoient restraicts en la ville. A ceste approche, ceulx de Nuysse ne mirent quelque obstacle de deffense ne de saillir, jà-soit ce qu'ils pensoient bien que le duc y prendroit logis; car à ceste cause, trois jours par avant sa venue, l'avoient voulu brusler, et le feu ne s'y voulut esprendre. Si demeura saine et entière, et furent ces religieux très joyeux d'avoir un si bon hoste; car ils y proufitèrent assés.

Le comte de Campo Basso, chevalier néapolitain, bien aimé dudit duc, fut envoyé par ledit duc avec plusieurs haults barons, prudents, ingénieux, et de vif pénétrant entendement, pour impertorer les fors, et imaginer par quel moyen, à moins de perte et plus de gaigne, le siége pourroit prendre pied ferme et fondement durable. Et par l'ordonnance du duc, ledit comte, accompagné de quatre cents lances italiennes bien en point, à chevaux bardés, ensemble et leurs gens de pied, assiégea une porte, auprès d'une capelle de sainte Barbe, tirant au long du Rin pour aller en Gheldre, devant laquelle estoit un boluwert grant et puissant; et là furent assises deux grosses bombardes, une bombardelle et plusieurs courtaux et serpentines. Devant l'aultre porte en suivant qui donne chemin pour aller à Nostre-Dame d'Aix, où estoit un merveilleux boluwert, se logea avec deux cents lances italiennes et leurs gens de pied, Jacques Galiot, un très renommé et prudent conducteur de gens d'armes, accompagné de deux cens archiers d'Angleterre, et joindant ce quartier fut logé un noble escuyer piemontois, nommé Jacques de Wanperghe, ayant charge de cinquante hommes d'armes piemontois, lesquels estoient de la société dudit comte.

A l'endroit de ladite porte, y avoit bombarde et bombardelle, sieutes de courteaux et serpentines. Parfons tranchis et spacieux furent faits devant la muraille, affin que ceulx d'un quartier peussent secourir l'aultre. Et en suyvant ceste cloture fut logé sire Bernard de Ravestain, capitaine de cent lances, de trois cens archiers, et de trois cens piétons. Si l'accompagnoit un chevalier nommé Brocquehuse, lequel avoit assemblé environ deux cens culeuvriniers du pays de Gheldre. Et en front de la porte où se prend le chemin pour aller au pays de Julliers, tint son siége sire Bauduwin de Lannoy, chef et conducteur honnorable de trois cens lances ordinaires, de trois cens archers et de trois cens hommes de pied; et contenoit son entrepresure, du logis dudit seigneur Bernard jusques au chemin de ladite porte. Et Lancellot de Bellamont, noble escuyer du pays de Haynault, ayant charge de cinquante lances et de deux cens archiers, parclooit le demourant jusques au logis dudit duc, parmi le bailly de Romant, Brabant, et d'un escuyer nommé Marbais, qui ensemble lui furent baillés pour renfort; et avoient quatre cens piétons, picquenaires, culeuvriniers et arbalestriers du pays de Brabant, de Namur et de Liége, lesquels, à ung petit pont de pierre, coupèrent une rivière, où ils trouvèrent largesse de poissons, et là tournèrent vers le bois. Conséquament, devant une grosse porte à façon de chasteau, qui directement tire vers Coulongne, furent logés un très chevaleureux et expert conducteur, messire Philippe de Poictiers, seigneur de la Freté, et Ferry de Clissance, seigneur de Beauvoir; et avoient chacun deux cens lances des ordonnances et trois cens archiers; et estoient leurs hommes d'armes de Bourgogne, et leurs archiers de Picardie et de Haynault. Là fut assise une grosse bombarde, ensemble plusieurs sieutes de courtaux et de serpentines. Et s'estendoit ce quartier jusques à la rivière dessusdite, venant de la duché de Juliers, passant devant l'abbaye, emprès laquelle le duc fit lever sa maison portative, et tendre ès jardins à l'environ ses pavillons, très freschement armoyés de ses armes, où il se logea de sa personne, et ceux de son hostel, lesquels contenoient grand nombre de nobles gens, qui se logèrent entre le grand chemin et la rivière.

Il y a coustumièrement en la maison et famille du duc de Bourgogne quarante chevaliers toujours comptés et quarante hommes d'armes conduicts par quatre nobles chevaliers, sans aultres chevaliers en grande quantité, comptés par tenue d'anchiene ordinance, et vingt escuyers de chambre. Il y a aussi cinquante panetiers, cinquante eschansons, cinquante officiers trenchants, cinquante escuyers d'escuyrie; et chacun a son coustellier; et sont conduits par quatre chefs d'escoydre. Et puis y a cinquante archiers de corps et deux chevaliers leurs conducteurs.

D'autre part fut logiée son artillerie et sa garde, laquelle contient six vingt et dix hommes d'armes et autant de coustelliers armés, et six vingt et dix archiers, qui tous ensemble sont conduits par un chevalier très preux et exercité en armes, et par quatre escuyers chiefs d'escoydre. Pareillement furent logés au quartier du duc, princes, barons et honorables serviteurs, ses pensionnaires, qui lors l'accompagnèrent à grande multitude de serviteurs ; est assavoir, monseigneur Jehan, aisné fils du duc de Clèves ; le comte de Marle, chevalier de la Thoison-d'Or ; messire Jacques de Luxembourg, chevalier de la Thoison-d'Or ; le comte de Meghe, chevalier de la Thoison-d'Or ; le comte de Joigny ; le fils du comte de Rotelin ; le nepveu du duc de Gheldres, le comte d'Araine, Escochois, et messire Jehan-Milleton, chevalier de l'hostel du roi d'Angleterre ; dont, partie d'iceulx qui survindrent, et autres, se logèrent aux dortoirs des moynnes, lesquels firent place aux religieux de Mars, qui sont d'autre profession ; car par l'abus du monde et mutation de fortune de guerre, les chambres de dévotion furent changées en dérision ; là où on souloit estudier enseignemens, beaux et notables, on tenoit escolle de jeux de dez et de tables ; où les repentans plouroient grosses larmes, les hardis combattans crioient à l'assaut ! aux armes ! là où l'on souloit pendre aulmuces et chappes blanches, pendoient salades et blancs harnois et fers de lances; et ceulx qui se levoient au son de la cloche du moustier, furent resveillés au son de la bombarde et du mortier. Ainsi fut la ville de Nusse, puissamment assiégée par terre; et fut le siége clos de trenchis, les engins assis, et les approches faictes bien et chevalereusement, auxquels il y eut perte d'Italiens et d'autres, morts ou navrés du traict à pouldre, qui estoit durement aspre et continu.

CHAPITRE II.

Comment, par prouesse chevalereuse, les isles devant Nusse furent conquises, et fut du tout assiegiée par terre et par eauwe.

Pour ce que la grande rivière du Rin couroit assez loing de Nusse, et que un membre d'icelle se présentoit devant la muraille, avecque aultres ruisseaux et fontaines, qui ensemble se rentroient au grand cours, il y avoit une isle, d'environ une lieue françoise en rondeur, qui fortifioit la ville merveilleusement. Et pour ce que dudit membre découroit une vaine qui tantost se réintégroit avec le tout, une autre isle se engendroit, non pas si plentiveuse que l'aultre d'un tiers. En ces isles avironnées des fleuves courans, gisoit l'espoir total des assiégés, la racine de leur corne orgueilleuse, la potence de leurs bras furieux, et le baston de leur fière mémoire; car en treize siéges qu'ils avoient soutenus anciennement, prince nul, tant fut-il doué d'extreme hardiesse, ne se ingéra d'en taster les fons. Mesme, comme ils disoient, Charles-le-Grand n'y sceut mettre le pied; mais son mendre de nom, non pas en qualité de meurs, de prouesse ne de glorieuse emprinse, mais en quantité de corps et de puissance seulement, l'osa bien attempter et envahir; et par subtilité et vaillance chevalereuse la conquist vigoureusement, non pas sans meschief ne domage.

Dedens ces isles et en aulcuns trenchis faits au long de la rivière, se tenoient des rustres de Nusse, et certains coulevriniers qui portoient grant préjudice à l'ost, souverainement à ceux qui puisoient l'eau et qui abreuvoient leurs chevaux; parquoi le comte de Campo-Basso, logé assez près, fit amener ung bodequin sur un chariost, et noer (nager) un homme oultre le bras du Rhin, et arriver à la grande isle. Et quand vint le point du jour, d'une corde qu'il avoit, tira oultre plusieurs barquettes d'Italiens et de Picquars, arbalestriers et colevriniers, et lesdits rustres qui ce regardoient, plus par faintise que par paour, comme ils montrèrent depuis, se retirèrent en la ville. Quant les susdits Italiens et Picquars furent passés au bacq environ six vingts, la corde rompit par meschéance, qui parpassoit le demourant; et la garnison de Nusse, environ trois cens hommes bien en point, tous préavisés de leur fait, saillirent sur eulx et les envahirent de grand courage; et les aultres, voyant que nul secours ne povoient avoir, et ne sçavoient quelque lieu de refuge, se deffendirent merveilleusement; et de si peu de gens qu'ils estoient, soustindrent le faix à force de bras. Là tirèrent et chargèrent à grand radeur, et fut la meslée très aspre et mortelle.

Finablement, Italiens et Picquars furent enanglés en un destroit de l'isle, où ils furent crueusement rompus et desconfis. Les uns, pour eulx sauver, saillirent au Rin, où ils se noyoient, et les aultres en eschapoient. Les rustres en rappelèrent aulcuns et leur promirent seureté de vie; et iceulx parvenus à port, espérans trouver fidélité en Allemans, cheurent en la face de leurs glaives. Si furent détrenchiés et occis piteusement. Par ceste voie pernicieuse et oblique, desviant au vrai sentier de nobilité vertueuse, monstrèrent Germaniens qu'il n'y avoit guère d'asseurance ne de léaulté en eulx. A ceste oultrageuse occision, un grant morienne, nommé Christophe, très vaillant homme d'armes de la société des Italiens, fut ce jour plusieurs fois abbatu sur le camp; et tousjours se remettoit sur pieds, et renversoit par terre tout ce qu'il povoit atteindre. Il fut prins par les satrappes, qui le menèrent par la ville, où chacun le regardoit, tant pour la crudélité du personnage comme pour l'admiration de ses œuvres.

Si disoient entre eux que c'estoit l'ennemi d'enfer; et de faict le voulurent assommer; et combien qu'il fût navré, il se deffendit puissamment et fut bouté prisonnier en la tour du moulin à vent sur les murs ; puis trouva fachon, par mines que lui et aultres firent, qu'il vuida, lui unsiesme ; et en saillant oultre les fossés, il lui souvint que l'un de ses compagnons estoit demeuré derrière ; si retourna franchement et le ramena sain et sauf comme les aultres, de quoi ceux de Nusse furent grandement esbahis. Le comte de Campo-Basso, frustré de son imagination, voyant la doloreuse perte des siens, et que les isles lui estoient plus loing que auparavant, quasi comme inagressibles et hors de son commandement, conçut grand desplaisir en son cœur, Mais le duc, à qui rien n'estoit impossible, y laboura d'une autre taille; et par main armée trop plus roide et seigneurieuse, il fit préparer certains navires, èsquels il fit entrer trois conducteurs notables des ordonnances, chacun de cent lances et trois cens archers. L'ung fut sire Josse de Lalaing souverain de Flandres, en qui prouesse flourissoit haultement, et honouroit la chevaleureuse maison dont il avoit prins sa naissance. Le second fut Louis, visconte de Soissons, homme de très noble et vertueux couraige ; et le tiers fut un très vaillant chef de guerre, sire Jacques de Rebrennes, seigneur de Montfort. Ces trois menèrent cinq cens piétons desdites ordonnances, desquels estoient capitaines Rousetart, Pierre Périlleux et aultres de hault valoir. Par grande hardiesse et en très belle arroy, passèrent un bras du Rin, en spectacle de leurs ennemis, et à la pointe de l'espée. Comme jadis Brutus et

Corniens conquirent l'isle d'Albion sur les géans, ils gaignèrent l'isle de Nuysse, sur les Allemans; et n'y eut si hardi, qui se osast montrer en barbe pour donner résistance à leur très fier et redoublé effort, sinon de traict à pouldre assez hideux et aspre.

Ainsi se logèrent ces trois valereux champions et toute leur sequelle; c'est assavoir, ledit sire Josse et le visconte en la grande isle, et ledit sire Jacques en la petite isle. Et là fut faict un grand trenchis; l'on y assit une grosse bombarde, plusieurs courtaux, serpentines, et aultres grosses pièces d'artillerie, laquelle adomageoit très fort la ville, car elle tiroit au loing des murs, et brisoit les arcures de la porte sur la rivière, dessoubs lesquels se tenoient secrètement les assiégés, qui, voyans ce périlleux foudre, se saulvèrent en leur fort, par moynets et certains pertuis percés en la muraille, et eslevèrent haultes terrées pour contregarde.

Entre les isles et ladite abbaye, avoit ung grand parcq à manière de pastis; et assez près d'une fournaise, prindrent logis cent lances et seize archers d'Angleterre, desquels estoit capitaine sire Jehan Mileton dessusdit. Et affin que l'un siège peult secourir à l'aultre, le duc fist faire deux merveilleux ponts de tonneaux et de asselles, dont l'un traversoit le bras du Rin pour aller vers son quartier, où passoient chariots, gens et chevaliers, auquel il ordonna trois cents piétons qui le gardoient jour et nuit; et l'aultre traversoit ledit bras pour aller des isles au quartier des Italiens; et fit venir de ses pays de Gheldres et de Hollande, environ cinquante navires que conduisoit Martin Fouque, sur la grande rivière du Rin, afin d'en obtenir la maitrise et possesse. Ainsi fut Nusse assiégée par terre et par eaue, de si près close et serrée, que ame n'y povoit avoir entrée ne yssue, sinon à grand péril et dangereux encombre.

CHAPITRE III.

Comment le duc de Bourgogne, par subtilité et labeur, tollit le Rin à ceulx de Nusse, et aultres rivières courantes devant la muraille de la ville.

Germaniens sachans par leurs explorateurs que Nusse estoit assiégée de tous poincts, et que les isles estoient gaignées par forte main chevaleureuse, paour et crainte les assaillirent; Coulongne frémit; Mayence s'esbahit; Tresves trembla, Saxonne s'esmeult, courant aux armes; et n'y a mendre tumulte en Allemaigne, qu'il y avoit dans Rome, quand Hannibal avoit passé les Alpes. Grand subside et provision de tous biens donnoit cotidiennement Coulongne à Nusse, comme sa domestique nourrice, par le Rin, où elle tiroit sa manure; car tous vivres lui affluoient par grands basteaux devant sa face. Mais ce criminel restrainctif, cest interpost et obstacle de ponts nouveaux, avec les gardes pugillaires qui y prestoint astut et escout, l'eslongèrent de sa nutrition maternelle, et n'y povoit donner approche. Ainsi la fille familleuse aspiroit après sa mère, comme orpheline, et espanie de tous délicieux mangiers. Couloniens, toutefois, recoeillirent leurs esprits, et par une subtilité essayèrent leurs forces. Pensant extirper cest inconvénient préjudiciable, prindrent un viel basteau, grant et large, placquié de terre par dedans, rempli de fagots; de poye et d'huyle; et en ce temps nocturnal, que le soleil et la lune ont rappelé leurs rays de la terre, le conduisirent tacitement dessoubs l'un desdits ponts faits de tonneaulx, sur intention de le brusler totalement; et grant flotte de navires garnie de tous biens, suivoit de loing pour entrer en la ville; mais les guets du duc, plus clervoyans que Argus qui avoit cent yeux, perceurent ceste folle entreprise. Si ne sortist nul effect, et les facteurs retournèrent amont le Rin, tous adtediés de leur faulte.

Dont, pour obvier à telles ou semblables cautelles, et affin que nul secours ne vinst à ceux de Nusse, par un bras du Rin qui refluoit devant leur ville, où ils concernoient leur salubre espérance, le duc Charles, non jamais fatigué de méditer glorieuses œuvres pour les mener à fin louable, proposa copper ledit bras, et l'estancher par dicquaige; et donna charge à Jean de Boustine de conduire ceste besongne. Vieulx basteaux, estaches, cloyes, fiens, paille et aultres matériaulx

furent préparés à grant plenté pour commencher ;
et furent aulcuns compagnons de l'ost ordonnés
pour demener à exécution. Un jour labouroient
pionniers et vivandiers, ung autre gentilshommes
et pages, et un aultre lavendières, gougies et aultres femmes suivant la court ; jour après aultre,
chacun s'employoit selon sa vocation et possibilité.

Ce temps pendant, ceux de Coulongne se monstrèrent de là le Rin, en grande armée, qui de gros
engins à pouldre revidoient ceulx qui continuellement s'efforçoient de besoingner. Ceulx de
Nusse pareillement ne se faindoient pas ; mais le
duc, qui là estoit en personne, fist dreschier surbout
les fus des grosses pippes de Rin, plaines de terre,
parquoy les ouvriers furent préservés de tous périls. La dicque se commença de bihais à l'embouchement du Rin ; et avoit la rivière en ce lieu environ huit cens pieds de long ; et estoit tant raide
et impétueuse, et de telle profondité que une
lance n'y povoit tenir fond. Ladite dicque avoit
de trente pieds de large, et fust paraccomplie au
jour, car les femmes, environ de seize à dix huit,
y labouroient, dont la gloire se debvoit attribuer
au sexe féminin. Et certes ce fut une somptueuse
emprinse et de hault efficace, et de qui le compte
sera de dure créance en temps futur.

Chose de trop plus admirable et de pareille
sorte, laquelle fut de rechef perpétrée et de
puissance durable : une aultre grande rivière
venant de la ducié de Julliers, passant devant

l'abbaye, comme dit est, fut estanchiée par les suspiraulx et arcures d'un pont, et fut tournée contremont; et est son cours si royde et parfond, qu'il semble estre naïf (natif) et de perpétuité; et de faict a rompu dicques et rives haultes et extremes, tellement que gros navires y passent quant besoing est; et chiet en la grande rivière du Rin, bien arrière de Nusse, où l'on passe quasi à pié secq son primerain cours. Pareillement, oultre la porte de la rivière où le bras du Rin, membres et veines de fleuves, se rencorporoient en leur tout, fut faicte une dicque forte et puissante, pour prohiber entrée aux navires quérant port devant Nusse.

CHAPITRE IV.

Comment le duc Charles fit donner l'assaut au grand boluwert de la ville de Nusse.

Nusse assiégée de tous lez, les rivières retrenchiées, et tout espoir de secours extérieur annichilé, debvoit concepvoir grand peur et hyde; mais, comme toute asseurée et endurcie en son malaise, se baignoit en appétit de nouvel hutin, et monstra toujours face rubicunde et ayreuse et furibonde; ne pour grand appareil de criminel assault, ne pour perdition de membres defensoires, ne pour austérité de mortelle famine, ne veult mitiguer son courage, ne sa couleur apalir. Si prouesse chevalereuse se trouva oncques résidente eu ville sur terre, elle avoit en Nusse glorieuse habitation; nulle plus stillée aux armes, nulle plus aspre aux escarmuches, nulle plus fière en sumptueux emprendre; et se elle se mettoit en jeu, elle avoit bien qui lui monstroit barbe.

 Le duc Charles, fils de Mars, alors et du tout addonné en la guerre, estoit trop joyeux d'avoir trouvé son passe-temps, plus pour exerciter son ost en dureté yvernale et en la querelle de son allié que pour ambition de propre gloire. Si quéroit plusieurs moyens pour parvenir à ses fins; et par l'advis du comte de Campo-Basso, il fist faire de grands chesnes un gros bastillon à demi-rond, environ de trente pieds de hault, où il y avoit certains estaiges pour descouvrir sur les ennemis; et le fit dresser au quartier des Italiens, à vingt-cinq pieds près du grant boluwert de la ville, et le garnist de culevriniers et arbalestriers qui tiroient incessament. Et pour donner l'assault audit boluwert, il commanda que chacun conducteur de son armée lui envoyast certaine quantité de gens, et comparussent audit quartier après disner, à deux heures. Lors diverses cohortes et compagnies de diverses chanesies et domiciles, a-tout divers guidons et enseignes, se admonstrèrent sur les rangs; et par voyes soubterrenes, concaves et profondes, et trenchis artificiels, approchèrent le bastillon dudit comte, où se faisoit l'assemblée; et comme les géants acumulèrent jadis grandes montaignes les unes sur les autres, pour envahir les Dieux du ciel, les assaillants assemblèrent eschelles, pavais, et grand nombre d'instrumen tsp o pres à ce, pour parachever leur emprinse.

Le duc, pour animer rafreschir les c ompagnons, abandonna deux queues de vin qu'il fit enfondrer, puis fit sonner l'assault, qui dura deux grosses heures. Les gens du comte de Campo-Basso, desquels ung preud'homme d'armes, nommé Barnabo, portoit son enseigne, assailliren premiers, les Englès en suyvant, et les autres hardis champions, chacun selon son degré et vocation; et monstrèrent leur prouesse et vaillance. L'assault fut aspre et merveilleux ; mais peu y profitèrent les assaillans; leurs eschelles furent trop courtes de dix pieds; et ceux de la ville se deffendoient vaillamment et puissamment, qui jetoient sur eulx huile bouillante, eaue chaude et fagots allumés; et en occirent et navrèrent grand plenté de traict à pouldre, pource que leurs canoniers estoient de toute hauteur, jusques à demi-aulne près de terre. Ainsi, par figure poétique, trouvèrent les géants dessusdits Jupiter qui les fulmina et embrasa d'esclistre et de tonnoirre.

Quant ceulx de la ville qui gardoient la muraille, oyrent l'effroi et cogneurent que l'assault estoit donné au grand boluwert, ils tirèrent leur force celle part, comme pour renfort; et ceulx du siége tiroient sur eulx serpentines, courtaulx et aultres manières d'engins, entre lesquels une grosse bombarde, affustée en l'isle, faisoit tant bon debvoir, qu'elle fit voler en l'air, comme on perchevoit clèrement, les testes, bras, mains et aultres membres des deffendans, autant qu'elle en povoit attaindre, qui estoit horrible chose à voir. Et y demourèrent mors environ trois cens ou plus, et autant aux assaillans ; entre lesquels y fut occis le comte Urse d'Anguillaire, romain, très noble et bien recommandé en armes ; ung très vaillant capitaine des Anglois, Jacques d'Avencourt, et plusieurs aultres dont les noms me sont incognus.

CHAPITRE V.

Comment aulcuns engins furent faits, sur intention de combattre ceulx de Nuysse main à main.

Végèce et aultres vénérables aucteurs très recomandés et auctorisés en art militant, traictants de prouesses chevalereuses, mettent avant aulcuns engins, machines et instrumens, comme tours de bois, vignes, sambucques, bricolles, espringolles, martinets, moutons, loups, chats, truyes et grues, desquels on usoit anciennement pour rompre et abattre murailles, pour envahir ses ennemis et les combattre main à main. Dont en suyvant la mode ancienne, la doctrine des docteurs, le vrai patron et vif exemplaire des dicts instrumens, ung noble chevalier espagnol du royaulme de Castille, lequel on estimoit estre de très subtile et clère invention, s'approcha du duc et lui monstra en ung papier la figure et semblance d'un grant engin hault et eslevé, appelé une grue, lequel il vouloit composer, en intention de la roller jusques aux murs, de parler à ceulx de Nuysse barbe à barbe, et de les accoler du trenchant de leurs espées. L'exemplaire, ensemble tous garnis de belles paroles, compleurent au duc; lequel incontinent commanda que toutes matières nécessaires et tous ouvriers mécaniques très experts et ingénieux lui fussent baillés à sa plaisance pour achever ceste besongne. Long tems labourèrent à parfaire cest engin, lequel finablement fut dresché au quartier des Italiens sur quatre roes. Il estoit de vingt pieds de long et de vingt pieds de large, et povoit bien loger trois cens hommes dedens. Il y avoit une eschelle à demi droite de soixante pieds de hault, laquelle s'avalloit comme un pont-levis, et estoit ordonnée pour monter sur la muraille. Force de gens entrèrent ens, qui la boutèrent avant et l'approchèrent de la ville environ d'un traict d'arc; mais si grande abondance d'eaue survint, qu'il ne sortit nul effect.

Pareillement fut faict au quartier Jacques Galliot, par les charpentiers de l'ost, un engin à manière d'un chastel de bois, qui portoit sur vingt quatre roels, et l'appeloient un chat; mais quant on le cuida conduire pour mettre en exécution finale, l'une desdites roels rompit, et fut de nulle valeur. Ainsi, ne la grue ne le chat qui furent faits par grans et sumptueux despens, ne portèrent quelque grief aux adversaires, ains leur donnèrent, pour la faulte, grande risée.

Depuis le temps que le feu, le plus actif des quatre éléments, s'est adjoint avec le soulfre, pour répugner au salpêtre son contraire, incompatibles, et que la très horrible esclistre et espoventable tonnoire artificiels sont ordonnez pour estre sacrifice au temple de Mars, encensé de pouldre de canon, tels engins et semblables béfrois de bois, apts et susceptibles de combustion véhémente, sont hors de usaige maintenant, par subtilité d'artillerie qui se multiplie chacun jour. Oncques ne proufitèrent les quatre chats assis en quatre basteaux au siége de Aiguillon : ils furent bruslés de quatre martinets qui renversèrent les conducteurs en l'eawe. Un autre chat pareillement, devant Breteuil, fut embrasé de feu grégeois.

CHAPITRE VI.

Comment ceux de Nuysse firent plusieurs saillies et emprinses sur l'armée du duc de Bourgogne.

Il est licite à la fois en armes autant user de prudence que de prouesse. Plus conquirent les Romains de provinces par engin que par espées; autant proufita aux Grégeois devant Troye la langue d'Ulysse que la lance d'Achille. Sens et advis couronnent souvent les champions qui estudient les livres d'expérience, les fallaces et subtilités de la guerre. Quant ceux de Nusse eurent soustenu le très aspre et rigoureux assault qui leur fut donné au boluwert, comme dict est, ils le fortifièrent puissamment de grans et parfons fossés, si que nulle eschelle, approche, ne touche manuel ne le pouvoient. Le comte de Campo-Basso, d'aultre costé, appercevant ceste fortification deffensive, ne tint pas les pionniers en oiseuse ; mais pourveyt à nouvelle emprinse invasive, et fit faire grandes rues, hurées couvertes, et merveilleuses mines donnans approche aux susdicts fossés, et pour obtenir par labeur et art ce que on ne povoit acquerre par vaillance et à force de bras. Ces mynes, grandes et parfondes et de chier coust, furent révélées à ceulx de la ville par un Liégeois fuytif qui subitement y entra. Si contreminèrent à l'encontre, et donnèrent remède à leur soubdain meschief apparant ; et ainsi se causoient par dedens terre de durs et horribles rencontres d'une partie et d'aultre, où se périssoient fors et puissants hommes, dont c'estoit pitié et dommage. Nonobstant ce, le comte fit faire encoires deux bastillons, en approchant ses ennemis de plus en plus.

Ce temps pendant, ung chef de guerre de la ville se monstra aux deffenses, et dict en allemant, qu'il vouloit parlementer auxdicts capitaines des Italiens. Bernabo, lieutenant du comte, qui n'estoit guères loin de luy, respondit qu'il ne povoit parler à luy sans transgresser le commandement du duc, mais espérant que ce fust pour quelque grand bien pacifique, ou salubre appoinctement, il luy promit qu'il iroit vers son prince, et lui scauroit à dire son bon plaisir. Lendemain, à neuf heures, Bernabo, non veuillant estre fracteur de l'édit du souverain, notifia verbalement la requeste du chevalier de Nusse au duc; et le duc délégua certains barons et hauts seigneurs très experts du langaige, ensemble et le comte de Campo-Basso, lesquels parvenus à lieu à l'heure assignée, trouvèrent ledit chevalier, qui de prime face leur pria très instamment de dilation jusques à lendemain à une heure après disner, certifiant que la matière estoit de grand poix; et que pour le bien discerner et meurement contourner à efficace, le conseil de la ville en estoit lors bien enpeschié. Le délay accepté, asseurances furent promises; et furent trèves accordées pour le jour sequent durer une heure, lorsque le parlement se debvoit faire. Ceste heure estoit fort désirée de plusieurs compagnons volages, trop fatigués de porter armes, atédiés de longue session, qui proposoient en fin de parlement avoir soudain département. L'heure venue, abstinence de traict, d'assault, de saillie, d'envaye et de voye de faicts, tindrent un petit serré. Les desputés commencèrent à entrer en devises auprès du grand bolluwert; mais à coup ceulx de la ville secrètement, par quelques pertuys, widèrent hors en très grand nombre et grosse puissance; et comme gent barbare, tigres animés, ou loups familis quérans leur proye, sans observer paction, asseurance, ne compromis, chargèrent sur leurs adversaires, qui de rien ne se doubtoient, les abbattoient à tous lez, pilloient, roboient et embrasoient plusieurs logis de l'armée.

4.

Le comte mesmes fut saisi de main mise, et soubdainement rescoux par deux de ses gens, dont l'un fut pris et l'aultre occis sur la place. Le cri impétueux s'esleva parmi l'ost; et le feu très horrible, qui tout consommoit, portoit tesmoignage de ceste criminelle emprinse. Adoncques chascun mist main aux armes, Bourguignons, Englès, Brabanchons, Flamens, Picquars, Hannuyers, Lombars, Namurois et Liégeois; lesquels en très noble arroy, fors et fiers comme petits lions, donnèrent répugnance à ceste sévérité, et par grant courage et hardement reboutèrent ennemys dedens la ville, qui emmenoient serpentines et gros engins. Et lors, une grosse bombarde chargée et affutée contre eux, sentant la chaleur des prochains logis qui brulloient, s'eschauffa tellement, que seule et sans aide de quelques ames, tira à l'aventure et fit un grant abatis snr les assiégés, donnant hideux espoventement à leurs complices, qui furent tous joyeux de rentrer en leur fort.

Le noble duc oyant ce terrible effroy, y arriva incontinent, et cogneut le barrat précogité de ceulx de Nuysse, qui sous umbre de parlement, et en l'attente de concorde, esmeurent cauteleusement dissension, guerre et discorde. Le dommage fut piteux et lamentable, car plusieurs vaillans hommes, par inadvertance de leur pernicieuse et proterve férocité, furent surprins et y perdirent la vie; entre lesquels y demoura un noble italien, nommé Roysinsacq.

Ceste oultrageuse et terrifique crudelité despleut grandement au duc, qui fit deffendre sur la hart, que nul ne donnast escout à leurs paroles; mais les réputast comme desloyaux et maculés de trahison. Plusieurs saillies devant et après ceste hideuse impiété faisoient en divers lieux et quartiers, le plus à leur avantage. Chose merveilleuse! long-temps se continuèrent ces chevalereuses escarmouches, où haults et glorieux faits d'armes se perpétroient d'une part et d'autre; mais oncques homme de l'ost ne sceut imaginer de prendre un homme de la ville vif. Le duc, très désirant de savoir de leur estat et conduite, fit dénoncer avant l'armée, que quiconque pourroit prendre prisonnier ce jour partant de Nusse, il lui donneroit riche guerdon. Ne demoura guères qu'ils vindrent à grant effort, selon leur mode accoutumée, et saillirent sur l'artillerie, où ils ravirent un gros engin à pouldre, qu'ils emmenèrent sur ung chariot. Adoncques chascun se mist en paine d'accomplir le bon vouloir de son prince, sique les Namurois rescouyrent ledit engyn, et entre les aultres prindrent un très bel et très gracieux escuyer, gent entre mille, que l'on disoit estre fils du bourgmestre; et fut livré au prévost des maressaux pour diligemment l'examiner, mais il eschappa de ses mains, ne sçait-on quant et comment.

Ung jour séquent, ung grand vent et horrible tempeste s'esleva, durant lequel un febvre de l'ost s'advança de ruer aulcuns fuzées dedans la ville, qui tantost allumèrent plusieurs maisons et granges garnies de fourages. Lors s'effrayèrent oultre mesure les femmes et les petis enfans et gens de mulièbre courage, faisans angoisseux cris, piteux regrets et querimonieuses lamentations, comme ceux qui cuidoient estre cruciés par combustion et livrés à leur derniers supplices. Le feu, toutefois, par gens non effeminés, mais de viril et asseuré courage, fut rescous à grande diligence; et encoires n'estoit-il point parestaint, quand eux-mesmes boutèrent le feu au plus bel quartier des Italiens, et bruslèrent, à moins d'une heure, plus de cinq cens logis; chevaux, harnois, bastons, armures, vivres, provisions et ustenciles à guerre, furent commués en cendre. Adoncques ung très grand alarme s'espandit par les quarefours, qui esmeut toute l'exercite; chascun se retira en son guet; Lombards habandonnèrent domicilles et biens au feu, qui faisoit grand debvoir; les trenchis furent gardés; l'artillerie fut préservée; nouveaulx logis furent refaits, et les approches tant voisines, que l'on povoit jeter une pomme tout à l'aise dedans la ville.

CHAPITRE VII.

Du notable régime que le duc institua sur les fourageurs de son ost.

Environ le mois de novembre, temps de fertilité, de plénitude et d'opulence, ou quel dame Cérès a faict produire à la terre la saturité de son germe, et remplir les granges de uberté, féconde en affluence de biens, l'annuelle provision des marches circonvironnantes de l'ost du duc se diminuoit grandement par multitude de gendarmes, tellement que fourages commençoient à deffaillir. Dont plusieurs compagnons aventureus voyans ceste indigence, s'espardirent en divers lieux pour fourager; lesquels durement rencontrés de païsans rebelles, par subtils aguets et cauteleuses embusches, estoient souvent occis et piteusement mutilés. Le duc voyant pululer l'infection de ceste pestilence, désirant préserver en santé corporelle, les mesmes membres de son exercite, ordonna deux puissans bras sagittaires, armés de proesse, fortifiés de mains armées pour envahir les invaseurs et rebouter les déboutans; l'un de ces deux bras vigoreux souverain, fut messire Olivier de la Marche, très preux et hardi chevalier de la nation de Bourgogne, homme de petite stature, mais de très grande prudence, cler en vertus, riche en éloquence et de vif pénétrant entendement, conducteur supérieur de la garde; et l'aultre fut Jacques Galliot dessus nommé. Eux accompagnés chacun de cent lances, furent ordonnés par la bouche ducalle gardiens et protecteurs des fourageurs; auxquels prouesse administroit le hardement de leurs adventures et iceulx très honorablement s'en acquittèrent.

Ung jour advint qu'ils se trouvèrent ensemble quatre mille de toute sorte; et par valeureuse monition qui les incita, délibérèrent d'aller jusques auprès de Coulongne la cité. Si vindrent à chef de leur intention; et là se chargèrent de tous fourrages à grande habondance. Ceux de Coulongne, grands de corps et de courage, voyans leurs adversaires fourrer et fouller leurs mansions prochaines, comme ceux qui rien ne les amyroient, conceurent grand orgeuil en leur ventre, dont ils furent fort enflés ; car par felonie qui les aguisa, vuidèrent de leur cité avecques grand nombre de rustres, environ de six à sept mille, en belle ordonnance, cuidans rescourre leur proye, et charger sur lesdits fourageurs. Là se trouvèrent barbe à barbe les uns contre les aultres. Messire Olivier de la Marche, tout embrasé de proesse chevaleureuse, voyant object victorieux irradier devant sa face, vouloit assaillir les saillans et rembarer les accourans; mais Jacques Galliot lui brisa le hault vouloir de son emprinse, disant que mieux valoit garder les fourrageurs par le commandement du duc, que les mettre en un hazard de bataille. En ce propos se fermèrent ensemble ; et en la plus notable conduicte de jamais, par grant sens et advis se retrahirent honorablement.

Toutefois Coloniens et rustres les poursuivirent par telle ardeur, qu'ils tindrent prisonniers Campanel et Rondelet, nepveux dudit Galliot, lesquels il eust rescous s'il eust voulu; mais lui, tout expérimenté de la guerre, vray imitateur de vraye discipline de chevalerie, choisit de deux maux le moindre. Si conclud qu'il valoit mieux deux hommes prins, que quatre mille en grand péril. Le duc avoit souffert jusques à ceste heure fourager la duchié de Mons, delà le Rin, appartenant au duc de Julliers; et toutesfois ceulx de ses metes avoient largesse de tous biens, et ne lui en présentoient ne par amour ni autrement. Plusieurs compagnons de l'ost, oppressés par indigence, voyans leurs voisins si plentureusement garnis, estoient comme Tantalus qui périssoit de faim auprès de la pomme pendant devant sa bouche, sans y povoir donner attaincte; si en firent remonstrance au duc de Bourgogne, lequel par quelqu'un leur manda, que s'ils ne lui livroient vivres et fourraige, par amour et à prix raisonnable, il trouveroit fachon d'en avoir par force et sans coustance; et que jusques à ores les avoit espargnés, espérant trouver en eulx prestance amyable, et attendoit que d'eux-mesmes lui eussent offert libérallement ce qu'il requéroit par commandement. Ceux pressés d'une si forte main comme celle du duc le plus grand de la terre, doubtant cheoir en son indignation, obtempérèrent à son commandement, mais s'excusèrent sur les pillars qui les traictoient durement.

Le duc leur promit d'y remédier par justice, du tout à leur appaisement. Et lors fit une chose louable et de mémoire perpétuelle; car après que le lieu du marché fust ordonné sur la rivière du Rin tenant la dicque, le plus convenable que faire se povoit, à l'aise des marchants, il fist eslever une haulte croix au milieu de la place, à laquelle pendoit un gantelet et une espée toute nue, pour signifier, que se nul du monde se présumoit de dire quelque injure ou villenie auxdits paysans marchands, il forfaisoit le poing; et s'il estoit si mal advisé que de ouvrer à main mise, il se forfaisoit la vie. Adoncques arrivèrent traversans Rin, bateaux chargés de toute manière de vivres et de fourage à grand plenté; et furent les vendeurs paisiblement traictiés des acheteurs, qui raffrenèrent leurs rapacités par le miroir juridique qui s'apparoit devant leurs yeulx. De quoi l'armée, pour une espace, fut assez consolée, mais lesdits vivres et fourages montèrent en chierté. Nothus deschargea ses vents pluvieux; Boreas mit en bruyct ses ventileux souspirs, et la froidure yvernale multiplia ses forces tellement, que les chevaux des povres soldats périssoient par morfondure, et les coursiers des haulx barons séjournoient ès bonnes villes voisines, à grant coust et despens.

Vers la chapelle saint Ladre, sur la grosse rivière du Rin, estoit une très belle et grosse forest, toute de allemarche, qui venoit bien à poinct à faire logis, boluwers et bastillons, avec ce que l'on povoit ravir ès villes champestres, bourgades et hameaux; car toutes manaderies, arbres, hayes et buissons prochains estoient despouillés et mis au net, réservez les jardinages d'une abbaye de dames fondée de la glorieuse vierge. Petits compaignons, travaillés de longues veilles, mal stipendiés, assaillis de la bise, despourveus d'habits, de vivres et d'argent, alloient et venoient cinq ou six fois le jour à ladite forest à tous habandonnée, et se chargeoient de fascheaux de bois, lesquels ils vendoient les uns aux aultres pour subvenir à leurs nécessités, et avoir honneste entretenement. Ainsi ceste belle et riche forest, de long-temps entretenue et précieusement gardée, fut en briefs jours, par fortune de guerre, totalement gastée.

CHAPITRE VIII.

Comment cinq cens hommes, pour rafraîchir les assiégés, entrèrent secrètement dedans la ville de Nuysse.

En ces approches faisant haultes et chevalereuses, et par le plus hardi et magnifique emprendre, de quoi l'on poelt escripre en histoire nouvelle, considéré le cruel obstacle et répugnante et périlleuse deffense que les assiégés monstroient, par multitude d'engins affustés, pierreux et pulvereux, plus espoventables que les hideux et horribles cops de tonnoire, ceulx de Nuysse soustindrent le faix si puissament sans espargner leur artillerie, tant qu'ils se trouvèrent despopulés de gens d'armes, et comme tous desgarnis de provisions défensoires; et lors tous, simples, confus et amenrys de puissance et de traict, comme gens sans bras et sans bastons, prindrent espoir contre desconfort, et aventureuse audace contre pusillanime désespoir. Si proposèrent eulx rafreschir de nouvelles gens, et amasser plenté de pouldre, pour recouvrer leurs diverses pertes.

Dont, pour mettre ce faict à finale exécution, Jean de Herperode, astut et très habile routier de guerre, choisit une nuict nubileuse et très obscure, entre la Toussainct et la Sainct-Martin; et tout secrètement s'avala ens ès fossés; et par le quartier où moins y avoit de regard des assiégeans, où les mal soigneux estoient, eschappa de ce dangereux péril. Si parvint en la duché de Juliers et limites circonjacentes, où il cueillit cinq cents hommes de faict, fors et roides et bien en poinct, auxquels ceulx de Couloingne distribuèrent à chacun d'eux une maille de Rin, et les furnirent de sacqueaulx pleins de salpêtre et de certaines mixtions propices au traict des harquebuses, dont la nécessité estoit grande; et s'assemblèrent à une lieue près de l'ost, ou chastel de Lidebercq, où ils séjournèrent prestolant l'obscurité de la nuict. Puis quand ténèbres furent espandues sur la surface de la terre, ils se fourrèrent en l'ost et approchèrent une place vuide, où les fiefvés furent depuis logés. Les signes donnés aux assiégés par grandes nesges, tacitement rentrèrent en leurs fors. Et à celle heure, les rustres de la ville firent diverses saillies et en divers quartiers, pour empescher l'armée, affin que les nouveaulx souldarts parvenissent plus sainement à chef de leur emprinse. L'un d'eux touttefois, qui ne sceut tenir routte, se fourvoya par mal adventure, tellement qu'il cheut ès mains de ses adversaires. Si fut pris, saisi de pouldre et de salpêtre ; et après qu'il eut développé tout le secret, il recheut mortel paiement selon sa desserte. Grands festoiements, grande chère et grands seigues monstrèrent ceulx de Nuisse à la réception de ces nouveaulx entrans ; car comme tous renoués de force et radoubés de féable asseurance, batteloient leurs cloches, sonnoient instrumens musicaux et louoient Dieu et les saincts de leur félicité et bien heurée adventure.

Le duc informé de ces nouvelles, fut grandement esbahi, tant pour le grand nombre de gens dont Nusse estoit munie couvertement, comme pour la négligence des siens, qui laschement dormoient en paresseux sommeil ; car au voir dire, Nusse commencoit à branler, et ne pouvoit guère tenir pied ferme, se ce secours de peuple et de pouldre ne l'eust corroborée et soustenue en son estat robuste. O meschans gens ! souldars négligens, maculés de fétardie, sans soing, sans curieux aguets de leurs pesans et lasches courages, en qui pend l'honneur de vostre duc et le salut de tant nobles vaillans hommes, qui, par vostre nonchaloir sommeilleux, ont lamentablement perdu leurs vies ! Oh ! ne songez-vous sur vostre faict ? Que ne donnez-vous ententif escout en vostre quartier ? vous estes cause de ce grand meschief. La querelle de ceste piteuse guerre estoit terminée sans plus coup férir ; Nusse toute matte, chargée de horrions, deschirée de coups d'engins, bersaudée de crudes traicts, se rendoit triste et lasse en la mercy de vostre souverain prince, se vostre négligence se fut employée à son appartenir.

Pour contre-vanger de ceste meschéance, Bourguignons, Picquars, Anglois et aultres compagnons se arroustèrent vers le chasteau de Lideberck, où ledit Herperode avoit faict son amas ; et trouvèrent une grosse barrière fortifiée de grans et parfonds fossés plains d'eaue, et multitude de paysans qui le deffendirent puissamment. Si occirent et navrèrent de prime venue, plusieurs des dits compagnons, lesquels voyans ce dur rencontre, prindrent leur chemin plus loing, et passèrent à grand travail parmi trenchis, fossés et hayes ; si gaignèrent ladite barrière par force d'armes, et mirent à desconfiture trois cents desdits paysans, qui demourèrent morts sur la place, et les autres tournèrent le dos, qui firent pavais de leur forteresse, pour seureté de leurs corps. Les victeurs pillèrent plusieurs villages à l'environ, lesquels ils misrent aux sacquemans ; et retournèrent en l'ost assez joyeux de leurs proyes.

Le duc voyant que la ville n'estoit pas du tout assiégée à sa voulenté, et que plusieurs saillies occultes et manifestes se faisoient de nuit et de jour, au très grand préjudice et domage de son pourchas chevalereux et glorieuse présence, appela par commandement exprès les nobles fiefvés de ses pays de Brabant, Flandres, Artois et Haynault ; et si assembla en plusieurs de ses bonnes villes certaine quantité de gens mécaniques, dont il fut honorablement servi. Monseigneur de Fien-

nes fut conducteur supérieur des nobles fiefvés;
ensemble monseigneur du Reux et le bailly de
Brabant; et aultres capitaines eurent préceptes et
précipux regard sur le demourant. Ensemble présentèrent les gens en très bel et notable arroy à
leur très excellent prince et seigneur naturel, qui
les receut agréablement et les mena sur le bord
des fossés, en certains lieux où la nécessité expétoit le plus, tant au quartier des Lombars comme
ailleurs, où ils firent tranchis et logis convenables à leur salubre protection; et le seigneur de
Fiennes, accompagné des nobles fiefvés, tint siége
en la place vague par où les vaillans hommes
dessus mentionnés s'estoient escousés en la ville,
laquelle fut lors entièrement parclose et avironnée de toutes parts. Les bons pelerins Allemans,
nouvellement arrivés à Saint-Quirin, pour montrer la fervente dévotion qu'ils avoient à Mars, le
dieu des batailles, livroient plusieurs castilles à leurs
voisins nouveaux venus, et les servoient de fruict à
pierre, et de plusieurs estranges mets dont le goust
estoit mortel; et iceulx voisins nouveaux venus des
bonnes villes et pays du duc leur rendoient des amères poires d'angoisses, confites en poudre de canon;
entre lesquels ceulx de Malines obtinrent le bruit
de la renommée, car ils estoient six vingts très vaillans hommes, bien en poinct, prompts aux armes,
premiers aux deffenses, prochains aux horrions,
prests et appareillés à faire grant chière. Ils avoient
chacun six patars par jour, aux despens de la

ville et des mestiers, lesquels ils despendoient gracieusement avec gens qui le valloient; et tindrent court ouverte et estat très honneste, selon leur possibilité libéralle.

CHAPITRE IX.

La magnificence au siége de Nuysse.

Chose admirable et la plus sumptueuse que jamais avoit esté veue de nostre temps, estoit au siége de Nuysse. Sans artificiel bastie expérience et précogitée délibéracion avoient tant labouré en sa magnificque ordonnance, que, ne les anciens docteurs expérimentés en la chose militante, ne les modernes aucteurs expérimentés au très noble art sagittaire, n'y scauroient trouver ligne retrograde, ne poinct dérogant à vraie et juste édification à mesures. Bien considéré le lieu, la saison, les visaiges des deffendeurs, et les fors bras des invadeurs, les quartiers, les tranchées, les mestiers, les logis estoient tant bien assis, proportionément divisés à la commodité, subside et tuition des assiégeants, au très grand domage, détriment et repoulse des assiégés, que pour convoiter, ne pour soubhaiter on ne pouroit mieulx. L'ost estoit puissamment fermé de beaux spacieux et parfonds tranchis, ensemble de ponts-levis et de fortes barrières, qui donnoient aux paysans entrées, très bien gardées de jour et de nuict, contre fallacieuse et pestiférente hostilité. Le bouct plaisant, et précise formosité de l'armée estoit au costé vers Coulongne, et ensuivoit le quartier du duc, comme les estoilles errans tirent vers le soleil reflamboyant pour recepvoir clarté lucente. Et entre les rues foraines et aultres petites ruelles traversaires, dont il y avoit grant nombre bien compassées par géométrie, y avoit un grant et ample marchié, où toutes marchandises et vivres y arrivoient à grant planté. Ung apoticaire y amena pour une fois cinq chariots chargés de denrées, et dressa son bouticle aussi estoffément comme en Bruges ou en Gand. Là estoient tous ouvriers mécanicques, grossiers, drapiers, poissonniers, espissiers, parmentiers, chaussetiers, cordonniers, chapelliers, barbiers, charpentiers, couteliers, pionniers, cuveliers, vivendiers, manouvriers, lanterniers, candreliers et charetiers.

Là recouvriez de toute chose nécessaire au corps humain à pris raisonnable, et aussi plentureusement comme en la meilleure ville de ce pays. Là tenoit son estat le prévost des maressaulx, pour administrer justice, et dresser en voye directe et réglée la police de l'exercite. Il y avoit pareillement ung aultre marchié au quartier des Italiens, où n'estoit deffaulte de quelques riens; et chacun des deux marchés avoit sa boucherie et son marché particulier au foin et à l'avaine. Au regard des édifices et logis tels que en ce cas appartient, ils estoient tant riches et plaisants que merveille.

Chacun selon sa vocation et faculté y avoit faict ou faict faire habitation condigne, avec belles tentes et riches pavillons, entrelassés et semés çà et là, qui moult décoroient ce sumptueux fabrique; desquels ce duc en y avoit faict admener neuf cens à ses propres frais et despens. Il y avoit mansions de diverses façons et pourpensées coustances, composées par mirable et solide artifice, comme pour y demourer à perpétuité ; les unes eslevées par plaisance à manière de dongeons, ayans galleries et prayeries à l'environ, et les aultres tournées à deffenses, et pons levis et parfons fossés à l'entour ; les unes maçonnées et painctes à beaux fenestrailles et chassis de voirre ; et les moindres à façon de cavernes fossées en terre, portans sur grandes fourches, ayans salles et cuisine, et le plus cheminées de bricques. Il y avoit fours et molins à eau, à vent et à bras, jeux de palmes, bourloires, et bersaulx pour recréer les compagnons, et gibet grant et fort pour exécuter les malfaiteurs. Il y avoit forges, tavernes, cabarets, baigneries, hostelleries et brasseries.

Les sacrements de l'Église y estoient administrez à tous ceulx qui nécessité en avoient. Enfants y estoient reçus en baptesme ; traictiés de mariage s'y accordoient et solemnisoient aussi richement qu'en la ville close. Les uns addextroient l'espousée à grant liesse, monstroient signe de joie, et, au resveil, des ménestriers cornans mélodieuses chansons ; et les aultres accompagnoient leurs amis morts et mis en bierre en grant anoi, entre gens monstrans signe de dueil, chargiés de larmes et faisants piteuses lamentations. Les uns hestiés de corps, menoient piteux regrets, et gémissoient en attendant l'heure de Dieu. L'un crioit : Le roi boit! en feste de royaulme. L'aultre crioit : Jésus te soit conducteur à l'âme! Tel se réputoit estre mieulx asseuré que ès bras de ses amis, qui tantost tresbuschoit ès laz de ses ennemis. Là povoit-on appercevoir la folle abusion du monde, et comment divers corps incorporés en un seul ost avoient passions contraires, l'une de soulas, l'aultre de tristesse. C'estoit un déduict desplaisant, un desplaisir esjouissant, une joie pleine de cris, une clameur confite en ris, une risée très piteuse, et une pitié très joyeuse. Sons meslodieux, tubes, tambours, trompes, clairons, fleutes, musettes et chalemelles sonnoient en l'aer et engendroient armonie tant délectable, qu'ils effaçoient toute mélancolie, suscitoient joie nouvelle, et eslevoient tous cueurs annoyeux au trosne de parfaicte liesse. Souverainement au quartier du duc, aux heures limitées, en estoit la très douce noise tant plaisante à ouyr, que ce sembloit un parradis terrestre, et chose plus divine que humaine ; et comme Orpheus débrisa les portes d'enfer au son de sa harpe, la modulacion de ces instruments musicaulx mitigeoit l'amer des rudes cuers saxonnois et endormoit les ennemis par son amène consonnance. Le duc Charles, l'honneur d'occident et le plus redoubté de la terre, se maintint vertueusement en ce siége, précogitant son prouffit salutaire, car avant toute oeuvres chacun jour après son lever, postposant toute cure temporelle, comme vrai champion de saincte Église, ouoit ses messes accoutumées; et soi confiant en la main de Dieu, seul collateur des victoires, ne voulut cesser ses devotions pour quelque impétueux encombre. Son faict tout recommandé au céleste gubernateur, se mettoit en ses diligences de solliciter ses affaires, pour tirer fruict de sa labeur cotidiane. Oncques duc de plus aigre soing ne fut sous la cappe du ciel; nul de plus glorieuse emprinse; nul plus asseuré en ses faicts, nul plus labourieux aux champs. Il avoit seul le hault vouloir d'Alexandre et la prudence de César; et la diligence de Sémiramis estoit en lui renouvellée; car il se trouvoit de quartier en aultre quasi en un moment; une heure avanchoit les dicquaires, une aultre se trouvoit ès mines. Il divisoit les pilotis; il expédioit les tranchis; il employoit les Hollandois; il donnoit conseil aux Lombards; il reconfortoit les Anglois; il boutoit avant ses Picquars; il commandoit aux ordonnances; il ordonnoit ceux de la garde; il gardoit les nobles et fiefvés; et ceux de son hostel faisoit si souvent resveiller, qu'ils n'avoient loisir de longuement sommeiller; car lui mesme ne dormoit que à demi, et le plus du temps aux yeux ouvers, en suivant la très noble et haulte propriété du lion dont il estoit renommé par le monde univers. Il ne tenoit le terme d'aulcuns anciens princes, comme David et aultres, qui délégeoient leurs connestables assaillir cités et villes, et ne s'y trouvoient jusques à la prinse, pour avoir gloire de la conqueste; mais comme cler miroir d'honneur, exemple d'excellente prouesse, bercail patent aux forts archers, et butte à leurs fières sagettes, se mettoit en front d'assault, premier à l'estour, dernier au retour, non pas par présumption oultrageuse, mais pour animer les siens à chose ardue, terrible et merveilleuse. Pour ce dict-on : que la présence de bon prince vault mille aultres de sa province. Gédéon, juge d'Israël, verge de Dieu, poing redoubté, et flagelleur de Madian, disoit à son peuple simple et non instruict en armes : Faites ce que vous me voyez faire. Le duc Charles, prince sans peur, sans pair, et patron des preux, semblablement en sa personne préparoit ses batailles, enseignoit ses conducteurs et marchoit aussi avant que le plus hardi de ses vassaulx. Arrestez-vous, les explorateurs des merveilles du monde, qui eslisez les grans chevaleureux hommes des anciennes histoires pour les réduire à fresche mémoire, arrestez-vous par admiracion; pensez, pesez, contrepesez et compassez si ce très cler vertueux duc n'est pas digne d'avoir magnifique siége entre les plus haults de ce siècle. Vous mettez en compte vos difformes monstres et horribles géants, qui se confioient en la grandeur de leur corps, en la férocité de leurs bras et en la crudelité de leurs bastons; mais s'ils eussent ouy en leur temps les espouvantables tonnerres tempestants, et senti les hideuses pierres foudroyantes dont le duc et les siens sont esté plusieurs fois servis et rencontrés en divers orages, ils se fussent trouvés perplex, confus et sur le poinct de renoncer aux armes. Force de corps ne les pourroit aider ; fleur de prouesse en eux seroit extaincte. Tant plus sont haults, et tant plus ont d'attaincte. Vous parlez du très puissant roi des Perses, qui desséchoit les fleuves par multitude des chevaux, et son ost qui les buvoient ; parlez maintenant de nostre duc très auguste, qui par labeur manuel transmue les eaux de leurs cours naturels, dessèche les terres portants les grants fleuves, en arrouse des aultres où jamais ruisseau n'est apparu, et leur donne cours de telle profondité, qu'il semble estre naïf et sans aulcun artifice.

Que dirai-je plus ? Il a estanché rivière courante impétueusement de cinq à six cens pieds de large, et de lance et demie de profond. Vous donnez tiltre de grant vaillance à Hannibal, duc de Carthage, le prosterneur des triomphans Romains, pour ce qu'il passa les Alpes non jamais hantées, et trespercha les roches par merveilleuse incision ; donnez tiltre de grande puissance à Charles duc de Bourgogne, le extermineur des orgueilleux rebelles, lequel submect toute chose élémentaire à son indition, essourt la pesanteur des pierres contre le ciel, humilie la sublimité des montaignes, exalte la profondité des vallées, adjoinct le feu à son incompatible, percute l'air par fraction véhémente, recoppe l'eau par dicquaiges repugnans, pénètre la terre par mines secrètes, où il s'escouse personnellement, et se trouve à la fois soubs les pieds de ses ennemis. Vous pellifiez d'honneur, et non pas sans mérite, le très sacré impérateur Constantin, pour ce que sur la rivière de la Dunoe, par le signe de la croix, en qui Dieu souffrit passion, subjugua Maxence le félon tiran, associé des prophanes barbares infidelles; couronnez de laurier ce très fort et courageux lion, qui, sur la rivière du Rin, au nom de Dieu et de sainct George, et par la vertu de la croix sainct Andrieu, dont il estoit consigné et prémuni, à petit nombre des siens, et à peu de perte, a vaincu, par bataille rangée et prouesse miraculeuse, le très hault et seigneurieux aigle impérial adextré de toute la puissance de Germanie, comme il appert en histoire séquente. Non seulement en gloire transitoire, caducque, terrestre et de prospérante fortune, scintilloit l'irradiante lumière de sa haulte sérénité, mais en affluence de dons précieux sanctissimes pour parvenir et parattaindre félicité sommière. C'estoit le germe de salut incomparable, la plante d'honneur inestimable, l'estoc de grâce bien heurée, et l'arbre de vertu coulourée, redolente, fructueuse, et de grande altitude, et de qui la fleur, le fruict et la fueille portoient saveur de céleste béatitude. Et revolvant en son imaginative plusieurs volumes des anciens historiographes, dont il avoit imprimé les lectures en sa mémoire, voyant beaucoup de puissans règnes trébuschés, avec les régnans en misérable ruine, tous énervés de royale majesté, par trop amplecter les plaisants et fols délicts du féminin sexe, et congnoissant que le fort Sanson en estoit affoibli, le sainct prophète David souillé et maculé, le sapient Salomon idioté et rasotté, abrenoncia à toute volupté charnelle, et embrassa castimonie supernelle; et n'estoit ne trop mondain ne trop solitaire, mais humain et tout salutaire; non enclin à dormition, mais à soing et dévotion; non à vaine mondanité, mais à saincte mondicité; non à lubre concupiscence, mais à salubre continence; non à nocive ébriété, mais à nette sobriété, car le vin friant non modéré engendre delectation, délectation consentement, consentement péché, péché la mort. Ainsi, par force de corps et d'âme, par vigueur extérieure, et par vertu intérieure, prélioit et prosternoit ses ennemis visibles et invisibles, ce vertueux duc scipionique, lequel, après grandes veilles, travaux durs et angoisseux, retournoit en son logis champestre; et là, en estat magnanime, à portion légitime, prenoit réfection corporelle. Plusieurs petits compagnons, povres mendians, nuds et deschaux, et qui n'avoient point d'argent, parce que nul ne leur en donnoit, faisoient pareillement grande abstinence, non pas volontaire, mais nécessaire, et contre l'auctorité de Plutarchus, disant que la famine se combat aux chevaliers despiteux qui défaillent souvent au seigneur, lequel leur destrainct leur nourriture.

Nonobstant ils s'acquittoient loyaument aux assaulz et aux escarmouches, et jamais ne tournoient en fuite. Végèce conseille aux princes que mieulx vault enseigner ses propres chevaliers au très noble mestier d'armes, que prendre estrangiers à souldée. Et le duc par payant ses deniers, estoit servi de Lombards et d'Anglois, qui grandement s'employèrent. Mais pour ce qu'il estoit craint et redoubté de toutes nations, et que le ciel et la terre lui favorisoient plus que à nul aultre, il avoit ce privilége de trespasser le commandement des philosophes. Après la réfection du corps, donnoit la réfection à l'ame, et employoit ses jours, non pas en folle vanité, en mondain spectacle, mais en sainctes escriptures, histoires approuvées et de haultes recommandations, souverainement en l'art de musique, dont il estoit tant amoureux que nul plus, et non sans cause, car musique est la résonnance des cieux, la voix des anges, la joie de paradis, l'espoir de l'air, l'organe de l'Eglise, le chant des oyselets, la récréacion de tous cueurs tristes et désolés, la persécution et enchassement des diables, comme appert par David jouant de sa harpe devant le roi Saül, possédé des diables. Et comme le roi Charlemaigne avoit honoré ceste science en son temps, lorsqu'il avoit mandé les expers musiciens de Rome pour enseigner ceux de France en vraie modulation, le duc Charles recueilloit les plus fameux chantres du monde, et entretenoit une chapelle estoffée de voix tant armonieuses et délectables, que, après la gloire céleste, il n'estoit aultre liesse. Que voulez-vous plus? Au siége de Nuysse, la magnificence en estoit de si haulte estime, que ma rude plume ne pourroit souffire à descrire la rutillante splendeur. Supplications y furent ouyes, bénéfices y furent impétrés; et par le ray de la précieuse gemme ducale qui s'apparoit par tous climats, cler comme estoille de l'Épiphanie, les glorieux princes de la terre s'y rendoient personnellement, ou envoyoient embassades honorables lui offrir cour, corps et chevance.

Le roi de Dannemarque et de Noreweghe, accompagné de son frère, en simple estat de pélerin, y fut aussi plentiveusement reçu qu'en Bruges ou en Gand. Le duc, à sa venue, fit dresser très riches tentes et pavillons de drap d'or et de velours, et fit honourablement traicter et festoyer lui et les siens, par le comte de Chimay, très éloquent, doué de riche faconde, et par aultres grands barons et mignons de court, qui bien le sçavoient faire. Ce roi de Dannemarque voyant le différent du duc et des Allemans, ensemble le éminent péril, pitoyable et domageux qui en povoit ensuivre, s'esforça de pacifier les parties, et se tint long-temps à Listriby, une petite ville oultre le Rin, à deux lieues de Nusse, où monseigneur le chancelier et le comte de Meghe, seigneur de Humbrecourt, alloient souvent devers lui; et ensemble ouvroient aulcuns traictiés de paix, qui ne purent sortir effet. Monseigneur le bastard de Bourgogne vint aussi pareillement audit siége, lequel il visita de bout en autre ; et par son advis furent affutées deux serpentines, en tel lieu assises que elles travaillèrent grandement la ville ; puis prit congé à son frère le duc, et s'en alla au royaulme de Naples. Le roi de Hongrie envoya lors son vénérable orateur, lui priant qu'il fust arbitre du différent qu'il avoit au roi de Pouloigne, pour le royaulme de Bohesme. Aultres ambassades loingtaines et prochaines de France et d'Angleterre y arrivèrent, desquelles le conte se fera cy-après.

CHAPITRE X.

Comment les bastillons furent assaillis par force chevaleureuse.

Chose prolixe, trop travaillante les entendemens des auditeurs, me seroit de réciter tous les voyages, destrousses, saillies, aguets, courses, rescousses, escarmouches, rencontres, assaults, prinses et glorieuses emprinses, qui continuellement se causoient d'une part et d'aultre durant ce siége ; il me suffit seulement toucher en bref aulcuns faicts admirables, dignes de collaudation et de haulte recommandation. Un jour se prindrent environ soixante gentils compagnons de la garde, bien en poinct, quérants leurs adventures en pays. Si se trouvèrent devant une petite ville entre Nusse et Coulongne. Les rustres qui la gardoient, montés sur fleur de chevaux, saillirent sur eux, environ cent ensemble et cent cinquante piétons; mais ils furent rudement reboutés en leur ville; et y demourèrent vingt de leurs gens morts sur la place, dix prisonniers et plusieurs bleschiés, entre lesquels le fils du seigneur de Sombre et le fils du comte de Warnenbourgh furent cruellement navrés. Puis lesdicts compagnons dépouillèrent les morts en face de leurs ennemis. Si accueillirent cinq cents moutons; et sans quelque perte, retournènerent au siége, très joyeux de leur proye. Ceulx de Nusse se tenoient moult orgueilleux et fiers de leur gros et puissant bastillon fortifié de tranchis à la porte de l'abbaye, duquel ils portoient se grand dommage aux assiégeans que rien plus, tant par leurs envahies et curieux aguets, comme par l'horrible espouvantable traict de pouldre, dont ils resveilloient leurs voisins. Mais messire Philippe de Poictiers, seigneur de la Freté, noble de sang et de prouesse, très vaillant conducteur de guerre, accompagné de plusieurs forts et hardis chevaliers, leur donna l'assault tant aspre, hideux et terrible, que par force et puissance ils en furent expulsés vigoreusement de leur fort et de leurs tranchis; si furent leurs moulins à l'eaue deschirés de tous poincts et rués par terre.

L'assault fut aspre et merveilleux; plusieurs glorieux faicts d'armes resplendirent en cest estour. Le seigneur de la Freté le conduisit honorablement; et firent tant ses gens et si bon debvoir, qu'ils gaignèrent lesdits tranchis autour du bastillon. Mais tant multiplia le traict des assiégés, que les assaillans perdirent lesdits tranchis; et y finirent leurs jours chevalereusement plusieurs nobles hommes, qui, desirans honneur conquerre, furent prins aux laz de la guerre. Ceulx de Nusse avoient un aultre bastillon grant et fort au quartier des Lombards, comme leur refuge singulier, espoir total et garant salutaire; car ils faisoient leurs armes et monstroient leur puissance, trop plus que aultre part, tant pour résister aux assauts traversaires, que pour assaillir les vassaux adversaires; mais il fut enversé en bas, abattu par terre, en terre, en fons fondefié et porté jus par main robuste.

Le duc de Bourgogne avoit de coutume toujours au nouvel an de renouveler les capitaines de ses ordonnances. Si advint que Amet de Wanperghe, un très expert conducteur, eust la charge de cinq cens lances, qu'avoit par avant messire Josse de Lalaing, lesquels furent translatés de la grande isle audict quartier. Lui, accompagné de plusieurs nobles entreprenans bacheliers, couverts de pavaix, plances, instrumens invasifs, approchèrent ledit bastillon, par telle audace et férocité et hardiesse, en coupant les gros rudes chesnes dont il estoit composé, que nonobstant les terres grandes et espesses, ils le desmembrèrent, rompirent et desbrisèrent si au vif, qu'ils trouvèrent les portes de la ville enfouye dedens, qui tantost furent descouvertes, non pas sans grand labeur et perte.

Maistre Simon, un bombardier, Pierot et aultres, y furent tués de leurs bombardes mesmes; et Amet de Wanperghe dessoubs dit, qui notablement se maintint, y fut blesché en la joue d'un billon du courtau.

Ceulx de Nusse, trop durement aiguillonnés, voyans ce hideux reboutement, mortel péril et cruel renverse, firent ung aultre bastillon plus arrière en reculant dedans la ville, placquié par admirable artifice de terre et d'estraing, tant proprement qu'il sembloit chose faicte par plaisance et non par contraincte, car un festu ne passoit l'aultre; et estoit estoffé de canonnières belles et gentes et aultres deffenses terribles. Le duc, regardant ce nouvel bastillon si promptement édifié, proposa de le destruire comme il avoit faict l'aultre, non pas par hastif assault, mais par secrète continue labeur; et commanda à faire deux mynes, l'une au guet des Lombards, à la directe main, emprès l'eaue des fossés, et l'aultre au quartier des Picquars, sur la rivière au toucquet de la ville, où les murs estoient abatus de bombardes et de canons. La vergière fut approchée et subtilement ajustée, laquelle avoit sieute de plusieurs courtaux. Pyons pyonnoient; manouvriers ouvroient; fossiers fossoyoient; et myneurs mynèrent par telle diligence, en approchant la ville, que ceux de dedens furent en adventure de perdre leurs brayes, et firent ung contrefort de travers pour le préserver. Mais finalement, après double crainte et paour inestimable, ils gaignèrent ladite myne du costé des Lombards, comme il sera déclaré plus avant en l'histoire.

CHAPITRE XI.

Comment Messire Olivier de la Marche, maistre d'hostel du duc, et capitaine de sa garde, les Italiens et autres ravitaillèrent la ville de Lintz, en Allemagne.

Ne sçay se ma rude plume mal agencée sera suffisante pour magnifiquement descrire les despendances collatérales du siége de Nusse. Toutefois, soubs la magistrale main des vénérables orateurs auctorisés, implorant bénigne correction et susport de leur vif et élégant style, je procèderai oultre en mon labeur, et coucherai en front de marge les excellentes besongnes que les nobles preux et hardis champions de ceste maison bien heurée ont perpétrés virillement par leurs fors bras chevalereux.

Ainsi, comme Charles-le-Grand, roi de France, très fort et très puissant de corps, estoit accompagné de mesmes princes, hauts, corpulens, doués d'extrême hardiesse, et de force incomparable, Charles-le-Grand, duc de Bourgogne, cler en vertu, resplendissant en honneur et en tous faicts glorieux emprendre, avoit en son hostel contes, barons, chievetains et chevalliers de pareille taille, prudens en leurs faicts, expers ne leurs armes, tant discrets et asseurés que riens ne leur estoit impossible. Pendant le temps que ceste très noble fleur de prouesse fleurissoit devant Nusse, desirant espandre son odeur par les pays voisins, pour extirper de son pourpris toute zizanieuse plante et radicale et imundicité venimeuse, vindrent nouvelles au duc par Lancelot de Bellaymont, que l'empereur et aulcuns grans princes d'Allemaigne, avoient assiégé la ville de Lintz, terre d'archevesque, séant sur le Rin, à sept lieues de Couloingne; et de faict avoient donné l'assaut à un bolluvert où ils perdirent assez. Les Namurois, prompts aux deffenses et aspres aux conquestes, garnison de la ville pour et au nom des Bourguignons, ruèrent jus deux navires garnies l'un de huit cents madres d'avaine, et l'aultre de grains à faire potages, et aultres habillemens nécessaires; lesquels avoient esté chargés amont l'eaue, et passoient devant Lintz, sur l'espérance de ravitailler Nusse. En oultre, une grosse compagnie d'Allemans s'estoit logée à manière de siége, en un fort et puissant bolluvert, sur le bord du Rin, vis-à-vis de la ville, lequel travailloit tant les assiégés, que créature n'y pouvoit entrer ne issir sans grand péril de sa vie. Le duc Charles, escu solide, glaive tranchant, et baston non flexible à ceux qui s'i appoyent, délibéra de donner secours à ceux de Lintz, tant de gens comme de vivres; et pour achever ceste emprinse, choisit messire Olivier de la Marche, supérieur conducteur de sa garde, très renommé chevalier, prudent et de hardi emprendre; et comme il estoit preu et actif en armes, et avoit gentils compagnons de mesmes, sages, vaillans, appers et ables, et tous avisés de leur faict, comme estoient les fors Mirmidons, disciples de Achilles, qui Hector environnèrent, messire Olivier avoit avec lui en ceste chevauchée cent lances italiennes, bien en poinct, prises par escoydres; Philippes de Berghes, accompagné de cent lances; Lancelot de Ballaimont de deux cent hommes; et trouvèrent sur les champs sire Evrard de la Marche, atout certaine quantité de gens; et tous ensemble povoient estre mille chevaliers.

Ils estoient partis du siége de Nusse, le 5ᵉ jour de janvier (1475 nouveau style), en cœur d'yver, par pluie, vent, neige, grésil et le plus horrible temps de jamais. Ils prindrent d'assaulx en leur chemin, un fort et gros village, où furent occis 26 ou 27 hommes, et furent logés quatre jours continuels à un aultre village, à deux lieues près de leurs ennemis, lesquels ne povoient ignorer leur venue. Et quand ils approchèrent Lintz, atout leur artillerie et vivres qu'ils avoient chargés sur chevaux, environ de trois à quatre cents sacs de farine, ils trouvèrent un destroict de montagne dangereux à merveilles, lequel il falloit nécessairement passer; et redoubtoient beaucoup que les Allemans ne gardassent à puissance, ou que à leur retour ils n'y fussent attrapés. Lors envoyèrent leurs avant-coureurs, pour descouvrir les embûches, et ne trouvèrent ame; et comme à demi-reconfortés avec bonne fortune qui souvent aide les hardis, passèrent ce périlleux destroict à sept heures du matin, sans avoir quelque empeschement. Après qu'ils furent eschappés de ce terrible labirinte et hideux passage, ils se trouvèrent en une belle plaine, où ils espéroient avoir récréation; mais ils estoient au milieu de leurs ennemis, lesquels se tenoient en une ville, nommée Rambaille, et en une grosse bourgade, nommée Saint, séans à demi-lieue l'une de l'autre. En l'une estoit l'archevesque de Trèves, et en l'aultre le duc de Saxe, et plusieurs ducs et contes de l'empire ; et estoient de cinq à six cent combattans, tant de cheval comme de pied, lesquels voyans leurs adversaires qui se tappoient en leurs filets, menèrent leur artillerie aux champs, et sur eux saillirent à grant effort.

Les Bourguignons voyans ce dur encontre, se mirent en très belle ordonnance, et furent de six à sept heures continues en mortel orage et horrible tempeste; car avec le gresle naturel qui descendit du ciel en terre, dont les pierres estoint tendres, froides et blanches, aultre fouldre artificiel montoit par un contraire de la terre vers le ciel, dont les pierres estoient dures, chaudes et noires; et derechef un aultre cruel espouvantable tonnerre se esleva sur le Rin, au siége de l'empereur, qui les bastoit de hault en bas, et deschargeoit sur eux dru et menu. Et qui plus est, la escarmouche se commença entre deux villes, tant felle, grande et hideuse, que cent lances et les archers ne la povoient soustenir. L'archevesque de Trèves y estoit en personne, qui souvent se trouvoit en dangereux périls. Gens et chevaux y demouroient à grant plenté mors et bleschés de son costé; et furent plusieurs fois reboutés en leurs fors, à leur grand domage et confusion; car les dits Bourguignons, tous expérimentés de la guerre, tindrent si bon ordre, et furent si notablement conduicts, qu'ils ne perdirent que cinq ou six hommes, et Martinet Baron, qui fur blesché d'un vireton. Pensez un petit, vous riches bourgeois, et aultres hongnars qui murmurez sur l'estat de noblesse, qui vivez en tranquillité pacifique et repos délectables, avironnés de tours murées et de fors propugnacles, pensez un petit et considérez que les nobles chevalereux n'ont pas tant d'avantaige. Vous ne voudriez avoir six lieues de tel chemin pour tout l'avoir de vostre cofre. Le riche trésor de prouesse est de si cher coust et digne préciosité, que les haults conquérans du monde y avanturent corps et ame; et très souvent les plus vaillans y demeurent en la poursuite. Et vous qui ne sçavez que c'est d'honneur ne de glorieuse jouissance, comme ennemis au bien publique et à toute commodité vertueuse, desprisiez la chose qui vous est la plus propice, et ceulx par qui et de qui vous vivez et prospérez en félicité mondaine.

Vous menez le bon temps en paisible asseurance,
Et ils sont aux hutins en mortelle souffrance;

6.

Vous dormez ès cités, bien couvers et repos,
Et ils couchent aux champs toujours le fer au dos.
Vous vivez en espoir d'augmenter vostre estage,
Et ils meurent pour vous et pour vostre héritage.

Après ce que messire Olivier et ceux de sa chevaleureuse compagnie, honorablement et à peu de perte furent issus de ce terrifique et ténébreux purgatoire, ils trouvèrent entre deux siéges quasi un petit enfer venimeux, tout plein d'ennemis, c'estoit le boluvert dessusdit, assis sur le bord du Rin, lequel deux cens Allemans, sortis de serpentines, hacquebutes et arbalestres, tenoient en grand pompe, pour deffendre l'entrée de la ville, et saluer les compagnons qui dedens y entroient et se fouroint. Nonobstant toute leur force et puissance mise en exploict, les vivres dessusdicts, pouldres et aultres biens, chargés sur bateaux, arrivèrent à port de salut; et Lancellot de Bellaimont, atout six vingt hommes pour renfort de garnison, entra dedens Lintz à grant joie; laquelle à demi consolée, fut depuis en sa manuténence et protection. Quant Lintz fut repeuplée et ravitaillée sans dur rencontre, comme il appert, les Bourguignons ne se tindrent pas à tant; mais pour monstrer à leurs ennemis un tour de maistre, et qu'ils avoient en eux esprit, sang et vie, ils vindrent à chef d'une haulte besongne dont il sera mémoire cent ans après, car ils se mirent en notable arroi, plus fiers que tygres animés pour assaillir le bolluvert dessusdict. N'y avoit homme qui n'eust cœur de lion ; et entre les autres Robert le Roucq fut faict chevalier de la main de messire Olivier de la Marche ; puis donnèrent l'assault cruel et aspre, et par grand hardement.

Ceulx qui dedens estoient tous préparés à leur défendre, montrèrent visage aux assaillans. Si ne les admiroient guères ; car ils les servirent pour le premier mets de gros œufs de serpentine, et de quareaux d'arbalestre, et pois de coulevrines, et d'aultres menues dragées vénimeuses et empouldrées, comme il appartient à telles nopces, tellement qu'il y en demoura trois morts du parti des bourguignons ; lesquels voyans ce dur encombre, desmarchèrent et furent reboutés.

L'assault recommença plus terrible et merveilleux que devant. Chacun reprist le frain aux dens pour acquérir bruict et prouesse glorieuse ; faits d'armes d'une part et d'aultre se apparurent en ceste journée. L'estour estoit plaisant à voir à ceulx à qui rien ne touchoit : les Allemans y desployèrent la force de leur puissans bras ; leurs faictifs corps furent bersaux aux sayettes des fors archers. Ils monstrèrent la hardiesse de leur fort et grand eslevé courage ; mès par male adventure le feu se féry en leur pouldre. Si furent tous confus, et déshidés ; peur et crainte les appréhendèrent, et lors furent envahis tant vigoureusement et de si fortes mains, aveucques le feu qui les agressoit, que leur boluvert fut pris, rompu et desmenbré, et tous ceulx qui le gardoient furent ou noyés ou bruslés, ou mis au tranchant des espées, réservés dix ou douze prisonniers ; desquels l'un, qui fut recueilli vif entre les mors et emmené devant Nusse, disoit en son langage, à moi et aux aultres, que l'empereur estant à Audernart, leur avoit proumis secours, s'ils tenoient pied ferme ; mais il leur faillit au besoing ; et finirent leurs jours chevalereusement à son très grand préjudice et domageuse perte.

O très noble Germanie, germe d'impérial mesnie, Rome ressuscitée par générosité, royne impérante, imperière très sacrée, saincte dame couronnée d'or, d'argent et de fer, qui seule possesses la pomme aureye, et la haulte monarchie mondaine, mère de fières nations rihoteuses, nourice des petits géants de ce monde, es-tu devenue marastre maintenant, sans quelque pitié maternelle ? Tu vois tes propres enfans mutilés devant tes yeux, bersaudés de sagettes, qui sont fourreaux aux espées sanglantes, et ne leur donnes confort ne garantie ! Tu vois tes forts abattus, tes pays dépopulés, et leurs biens tournés en gastinne, qui sont proyes et vitailles aux familleux loups ravissants ; tu vois les petits lionceaux, sans chef principal, qui rien n'admirent ta présence, rampans au hault de ta garenne à très petite compagnie, et sans nul espoir de refuite ; et ne les sçais attrapper en tels lacs par quelque subtil art et vaillance qui soit en toi ! O très-noble Germanie, as-tu le cœur failli ? as-tu oublié le très noble mestier d'armes, de quoi tu fus si haultement recommandée? où est ton aigle seignorieux, ensemble et ton puissant ostrice, qui sur tous les oiseaux du ciel, par l'excellence de leur hault singulier vol, ont conquis le saint diadème d'impérial majesté? Où est ton sceptre précieux et ton sacré auguste, à qui les sept climats du monde furent subjects et tributaires? Où sont les rudes et fors champions modernes, custodes de ton royal palais, gardiens de ton parc champestre, et procureurs de ton extrême honneur? Ils sont assourdis des oreilles; et tu es, comme il peut sembler, laschement endormie au lict de mondaine plaisance; tu as converti maintenant ta puissante prouesse en pesante paresse, ton valoir et gloire en vouloir de boire, ton hault los divin en grant los de vin, et ton glorieux empire se décline de mal en pire.

CHAPITRE XII.

Comment la garnison de Lintz, par appoinctement faict, se debvoit partir corps et biens saulfs, et fut destroussée par les Allemans, qui ne tindrent foi ne proumesse.

Quand messire Olivier de la Marche, Philippe de Berghes, les Italiens et leur routte eurent ravitaillé la ville de Lintz, et conquis par forte main de prouesse le dessus dit boluvert; et que en la vérécondieuse face de leurs ennemis, au centre de leur plus assurée force, ils eurent faict une si mortelleplaie, comme de départir la radicale plante de leur orgueil, dont le fruict estoit livré aux dens de fer et aux sanglantes morsures des espées, ils se mirent au retour en emmenant leurs prisonniers. Et les Allemans estant ès villes dessus dictes, voyans ceste horrible piteuse desconfiture, tous enflés, comme à demi forcenés, saillirent sur eux en grand nombre pour livrer escarmourche, mais ils furent reboutés dedans leurs forts. Depuis, non contens, issirent à plus grand puissance, faisants manière de présenter la bataille. Quant les aultres virent qu'ils ne vouloient sinon escarmoucher et les tirer à la nuict, pour ce qu'il convenoit mettre assez longue espace à passer ledict destroict, ils se serrèrent ensemble, et laissèrent derrière soixante lances pour soustenir l'escarmouche; lesquels chargèrent sur lesdits Allemans par telle effort, qu'ils furent rembarés de rechef jusques à la porte d'une desdites villes. Si ne tint à guère que le conte de Wernanbourg, vestu d'une longue robbe de veloux noir, ne fut prins en la chasse; car il s'estoit assez follement abandonné pour tenir ses gens en ordre, comme disoit un rustre qui fut prins en la rencharge. Ainsi honorablement, sans perte quelconque, rappassèrent les Bourguignons ce destroit dangereux, en retournant vers Nusse; entre lesquels Philippe de Berghes et ceux de sa compagnie assaillirent et prindrent à main armée un gros village et fort, où ils occirent vingt-six ou vingt-sept hommes, lesquels ne les vouloient loger audit village; puis à grande liesse, très joyeulx de leur haulte et excellente emprinse glorieusement achevée, arrivèrent au siège de Nusse, où le duc les receut aggréablement; et furent conjoys de leurs bienvueillans, prisés et honorés grandement, comme vaillans et victorieux champions, dignes d'auréole triomphante et ouange perpétuelle.

Environ trois sepmaines après que la ville de Lintz fut si puissamment secourue de gens, de vivres et de pouldres, elle fut si griefment oppressée des princes de l'empire, et battue de leurs gros engins impétueux, que force lui estoit de soi rendre ou attendre pire marchié, veu qu'elle séoit en gueulle d'ennemis, très loingtaine de secours. Par quoi, après crueuses menaces, sommations et douloureux meschiefs de traict, lesdits princes envoyèrent ung hérault vers les assiégés pour sçavoir leurs intentions. Si leur assignèrent jour de parlementer à douze heures à la nuict. L'heure acceptée et les matières ouvertes d'une partie et d'aultre, conclusion finale porta que tous ceux qui tenoient le parti du duc de Bourgogne, gens de guerre et aultres, rendroient ladite ville à l'empereur ou à ses commis, et se partiroient lendemain, saulves leurs vies, leurs bagues, leurs armures et artilleries; parmi tant aussi qu'ils donneroient pour propine deux cents mailles de Rin aux députés dudit empereur, pour avoir faict condescendre son impérialle majesté à ce traicté amiable. Sur cet estat, Lancelot de Bellaimont, les Namurois et aultres compagnons de guerre, trop travaillés de durs labeurs et continues veilles, comme joyeux et assurés de leur accord et paction, s'en allèrent reposer en leurs hostels et fardeler leurs bagues pour le lendemain desloger. Mès les Allemans et fins rustres qui veilloient à leurs crestiaulx, pourtant ne s'endormirent pas.

Sitost que les aultres furent couchiés et endormis, ils montèrent amont les fossés; et par les romptures de murailles que leurs bombardes avoient faictes le jour précédent, entrèrent tacitement en la ville, laquelle, sans tenir ne foy ne promesse, ils pillèrent de tous poincts; et en déboutèrent par force impétueuse et cautelle mauvaise, leurs adversaires, qui de rien ne s'en doubtoient. Si les destroussèrent de traicts de chevaux et de bagues, et les contraindirent à payer deux cens mailles de Rin, tellement que, à grand dur, tous honteux et nuds eschappèrent, saufves leurs vies. Voilà la certaine asseurance et léale confidence d'entre vous, fins rustres d'Allemaigne ! Voilà la vraie crédence et noble parole sociale que vous entretenez aux aultres quand vous avez les bras au-dessus ! Les nations barbares, Sarazinoises et paganiques qui oncques n'apperceurent un ray de clarté sommière, tiennent leur mot sans fraction et cheminent en voye de directe nobilité, et vous qui desirez estre la gemme rutilante et vrai patron irréfragable de chrétienne militie, deflorez vos promesses, et errés de vrai sentier de constance et de fidélité.

CHAPITRE XIII.

Comment ceux de Coulongne, pour reconforter ceux de Nusse et contre-siéger le duc, plantèrent delà le Rin un très fort et puissant boluvert.

ALLEMAIGNE sentant Nusse captive et triste, languir en grande perplexité, persécutée de pestillence gresve, agravée de cruelle famine et flagellée de guerre périlleuse, prist pitié de son affliction dolente, proposant la délivrer de ce dangereux danger et meschef. Dont il advint que ceux de Coulongne, environ le vingt-sixième jour de febvrier [1], s'amonstrèrent en très grand nombre oultre le Rin, à l'endroit de Nusse, l'isle et la rivière entre deux, où ils plantèrent un fort et puissant siège, fermé de palis, orné de tentes et environné de tranchis, par manière de contre-siège, cuidant descochier de son hault estre le triomphant siège ducal; et de faict tiroient à l'adventure en divers quartiers de son ost serpentines et gros engins, dont les pierres d'estranges modes estoient à demi cocqües. Mès peu leur proufita ce traict. Ils y mirent chère coustance, et ne portèrent guères de domages à leurs adversaires : leurs coups retournoient souvent à leur préjudice. Si

---

1. De l'année 1475 nouveau style, ou 1474 ancien style.

leur mésadvint une fois de tirer en une tourelle de la ville, où ils tuèrent beaucoup de gens. Un jour amenèrent dix ou douze bateaux chargés de nouvelles gens et de vivres, soubs espérance de raffreschir Nusse; mais ils furent durement renvoyés par ceulx de l'armée du duc. Si retournèrent amont le Rin, frustrés de leur intention.

Regnauldin de Melun, un très gentil escuyer, lieutenant de monseigneur Olivier de la Marche, accompagné de quarante chevaliers, les poursuivit et entrechevaucha jusques auprès de Coulongne. Quand Coloniens appercheurent que par force d'armes ne povoient pas attaindre leurs conceptions, ne avoir entrée dedans Nusse, aspirans après leur opulent subside, ils démenèrent grand deuil, et proposèrent leur donner confort de rescriptions, en lieu de enfort de garnisons; et la servirent de promesses, en lieu de haultaines prouesses; de messagiers et de petits compagnons, en lieu de chevaliers et hardis champions. Ainsi doncques l'empereur et les princes d'Allemaigne, ensemble les Couloniens, les consoloient de persuasions adulatoires, plaines de jactance et de grandes flatteries, par aulcuns rustres adventureux, porteurs d'icelles entre deux eaues; et ceux de Nusse pareillement leur signifioient, par aulcuns malheureux noans (nageants) entre deux eaues, le grand destroit de povreté et déluge misérable où ils se trouvoient tresbuchiés par armigère disfortune, comme il appert par leurs missives.

Un jour advint que une buveresse de l'ost trouva, soubs un pont faict de queuves, un homme noyé, chaussé et vestu, lequel avoit en sa bourse douze mourequins, et portoit dix ou douze lettres enveloppées en poie et en cire, escrites le mercredi après la my-caresme, envoyées par Hermand de Heesse, et la commune chevalerie de Nusse, soubs espoir de l'adresser au lant-grave Henri de Heese, aux bourgmaistres, conseil et eschevins de la cité de Coulongne, et à aulcuns gens de guerre estans de là le Rin ; lesquels contenoient en partie ce qu'il s'ensuit :

« Nous vous tenons assez advertis par plusieurs
» et diverses fois, tant de bouche comme par es-
» cript, de l'angoisseuse et pitoyable indigence à
» laquelle nous sommes abstraincts par nos enne-
» mis. L'eau nous est ostée ; les douves se perdent ;
» tous nos boluwerts vers la porte du Rin sont pris
» jusques aux derniers ; nous amenrissons tous les
» jours, et perdons un fort après l'autre ; et n'avons
» povoir défensoir de nous-mesmes, qui jamais y
» puist donner recouvrance. Et comme il soit ainsi
» que long temps nous soyons en la vertu de vos
» belles paroles confictes en liqueur d'éloquence,
» lesquelles, comme confortation de nostre cueur,
» nous ont soustenu et respeus d'espérance que nous
» avons possessée jusques à maintenant, toutesfois,
» rien n'en est ensuivi pour effect, dont nous sommes
» grandement esbahis. Pourquoi, nous vous prions
» et requérons très affectueusement que pro-

» messes jà piéçà flouries, coulourées de adula-
» tions, et tournées, non pas à meurisson fructueuse,
» mais en la fange de foi faillie par vostre longue
» endormie paresse; se nous envoyez hastif secours,
» par la plus grande puissance qu'il vous sera pos-
» sible; car aultrement, nous et nostre ville sommes
» destruicts à tousjours, mis et livrés à confuse des-
» pection et opprobre perpétuel; et se vous ne pou-
» vez parvenir à chef de votre desiré confort, par
» tant de fois et de voix proumis, trouvez quelque
» gracieux appoinctement, afin que ne perdions
» honneur, corps et chevance; car plus n'avons de
» confiance, sinon en la divine miséricorde, à la-
» quelle nous nous recommandons. »

Semblables lettres escripvoient aulx dessus nommés, les bourgmaistres de Nusse, ensemble eschevins, conseillers et communauté de Nusse,
ensemble aulcuns capitaines, leurs envoyés en garnison de par la ville de Bonne, en faisant remonstrance de la grande chèreté et rareté de vivres
qui y estoit; parquoy plusieurs compagnons, oppressés de famine, incités à courroux, esmouvoient
journellement noises et contens entre eulx; se
que par telles ruineuses divisions ne povoient tenir
bonnement pied ferme. Certaines instructions baillèrent ceulx de Nusse à ces messagers, pour leur
donner à cognoistre comment sans péril ils estoient
abordés en terre amiable, ensemble pour informer ceulx oultre le Rin, en quel train ils debvoient continuer le traict de leurs engins à pouldre,

tellement que eulx, eschappés de dangereux encombre, debvoient monter sur chevaux grisons, prendre lances en leurs mains, au bout desquels, avecques aulcune matière combustible, debvoient bouter le feu; et les assiégés, qui les aperchevroient, mettroient une bannière blanche sur le boluvert situé à la porte du Rin, monstrant la différence entre leurs bastillons et les fors du duc, lesquels ils contendoient agrever totalement; et se ladite bannière estoit assise au plus hault, c'estoit signe que leur traict tenoit trop sur le hault; s'elle estoit bas, tiroit trop sur le bas; et s'elle s'arrestoit en parmutable estature, c'estoit signe qu'ils debvoient continuer en pareille mesure. Et pource que ceulx de la ville estoient en continue labeur, perpétuel soin, intollérable veille, ils prioient aulx contrassiégeans de souvent embesogner l'ost du duc par plusieurs travaux et diverses emprinses, tant par eaue comme par terre, afin d'obtenir un petit de repos en leur dure calamité. Aulcuns aultres de l'armée du duc de Bourgogne trouvèrent pareillement un homme noyé, qui s'estoit chargé de porter certaines lettres escriptes en langage teutonique, à Coulongne la veille de Pasques, envoyées de par l'empereur à chevaliers, escuyers, et à Hermant, lantgrave de Heesse, et au conseil et communauté de Nusse, desquels le contenu s'ensuit:

« Nous vous avons, par plusieurs et diverses fois,
» mandé et signifié que nous estions venus et des-
» cendus pour vous descharger de la grande charge

» où vous estes et avez esté par longue espace de
» temps, laquelle n'avons pas peu bonnement
» faire jusques à ores, obstant la ville de Lintz,
» qui empeschoit nostre descente, et pour cer-
» taines aultres grandes matières : néantmoins nous
» sommes présentement à Coulongne, accompa-
» gné de l'archevesque de Mayence, de l'arche-
» vesque de Trente, du marquis de Brandebourg,
» du duc de Saxe, de Henri, lantgrave de Heesse, et
» de Evrard, comte de Werteimberghe et de Mont-
» belliard, ensemble de plusieurs comtes et barons,
» chevaliers, escuyers et aultres députés des villes
» et cités impérialles, attendans de jour en jour
» avoir plus grande sieute de subjects de nostre em-
» pire, lesquels nous avons mandés sur grosses
» painnes pour nous servir et aider à vous secou-
» rir; laquelle chose nous entendons faire hastive-
» ment, et sans quelque délai. Et pourtant nous
» vous requérons, attendu vostre longue patience,
» quand jusques à présent vous estes tant chevale-
» reusement et vaillamment deffendus, dont vous
» avez acquis louange, gloire à toujours, et vostre
» noble postérité, qu'encores vous veuillez tenir
» fermement ung petit de temps sans vous rendre ;
» car sans faulte nous vous secourerons ; et ce fai-
» sant, nous en aurons souvenance à tousjours. »

En ces mesme lettres estoit enclose une petite cé-
dule, contenant comment ledit empereur avoit envoyé de rechef son ambassade par-devers le roy de
France, laquelle avoit rencontré le chevaucheur

du roy, qui tesmoignoit comment il venoit en sa personne, et estoit en chemin atout grand nombre de gens d'armes, pour estre au secours et ayde de l'empereur; et fust qu'il vinst ou non, si seroient-ils secourus, et s'en tenissent pour certains.

Les archevesques de Trèves et de Mayence, ensemble les aultres princes dessus nommés, en confortant les promesses de l'empereur, envoyèrent leurs lettres escriptes le vendredi saint à Hermant, lantgrave de Hesse, certiffians comment, par l'ordonnance et exprès commandement dudit empereur, ils estoient descendus à Coulongne, non sans leurs grands frais et mises, pour le délivrer de danger où il avoit esté longuement; et veu que le temps estoit bref, en dedens lequel il debvoit estre secouru, ils lui prioient et requéroient, qu'il se voulsist encores monstrer tel comme il avoit esté jusques alors, dont il avoit gloire et louange par le monde univers; et s'il faisoit aultrement, il regardast quelle honte et dommage il feroit à l'empire et à toute nation de Germanie.

Pareillement sire Pierre de la Cloce, alors bourgmaistre de Coulongne, et deulx gentils-hommes de Heesse, rescripvirent aulx bourgmaistres de Nusse et aultres leurs bienveillans, comment ils estoient tous informés du povre estat et disposition de leur ville, par aulcuns leurs amis, qui dernièrement en estoient partis; et narroient comment le marquis de Brandebourg, le lantgrave de Heesse, et le comte de Wertenberghe, estoient n'a guères venus personnellement à la pierre, estant à l'opposite de la grande isle, à intention de ravitailler Nusse de toutes choses nécessaires; mais ils ne peurent parachever leur intention et imagination, par faulte de navires. Néantmoins l'empereur et les princes d'Allemaigne estoient en continuelle poursieulte de amasser gens pour les secourir tantost après Pasques; et fussent certains que le roy de France, en sa personne, estoit en chemin pour donner secours à l'empereur, et amenoit toute la puissance de son royaulme. L'instruction de celui qui portoit ces lettres estoit telle, que lui venu à Nusse, il debvoit incontinent faire bouter le feu en deux lieux hors de la tour de Cliconchon, affin que ceux de delà le Rin cogneussent clèrement qu'il estoit arrivé sans inconvénient; et se ceulx de la ville persévéroient en voulenté d'eulx tenir, ils debvoient sonner deulx fois la cloche du beffroy devant midy; et s'ils vouloient avoir gens et pouldre, ils debvoient sonner ladite cloche après disner. *Item,* et s'il fust advenu que ceux qui avoient la charge de conduire lesdites gens et pouldre eussent esté rués jus, ou menés à quelque fin malheureuse par leurs ennemis, leurs députés estants à ladite pierre, debvoient faire la nuit ensuivant aulcun certain signe d'un fallot ardent; et autant de fois qu'ils le monstreroient, et autant de jours après ils debvoient estre raffreschis. Et s'ils vouloient avoir traicté, ils devoient mettre, entre le jour et la nuit, un fallot ardent sur la tour Saint-Quirin; et ce temps pendant, les princes en leur absence debvoient entendre à leur appoinctement. Par la réception desdites lettres, fut desveloppé le secret de Nusse, et sceu l'expectation de délivrance qu'ils avoient en leurs alliés, ensemble leur chétive indigence et désertion misérable, plus au vrai que par ceulx qui volontairement se embloient de la ville, et se rendoient en la merchi du duc; car il y avoit si mirable et prudent régime entre les grans, touchant la conservation salutaire, que le menu peuple, fraisle de patience, tendre de la langue, et qui rien ne cet celler, ignoroit du tout la certaine disposition et police de léans, comme il appert clèrement, quand aulcuns d'eulx, par meschéance ou aultrement, se trouvoient ès mains des Bourguignons, partis de leur fort en ung mesme jour, diligement examinés et cauteleusement aquestionnés, par torture ou aigre menace, bien peu conformoient en ung propos, mais se contredisoient en plusieurs manières.

Coloniens estans oultre le Rin, apperchevants que leurs missives n'avoient quelqu'adresse en Nusse, par les messagers qui demouroient en la poursuite, absorbés en la rivière, et arrivés en commun spectacle de leurs ennemis qui les despoulloient, et que eulx-mesmes qui les envoyoient, n'avoient ne audace ne hardi emprendre, ne par l'eaue, ne par terre, tant pour la force léonique trop répugnante, comme pour le curieux aguet qui s'y faisoit, ils imaginèrent chose merveilleuse

7.

et de noble intention, car ils firent entailler plusieurs pierres creuses, où ils encloirent leurs lettres par ung billon de bois, puis les boutèrent en leurs engins, et en tirèrent les unes dedans la ville, les aultres dedans les isles, qui prestement furent recueillies par les assiégeans, leues et divulguées par les quartiers. Mais ceulx de Nusse n'avoient quelque gros baston de suffisante cache pour leur rendre responce, dont ils estoient moult dolens.

CHAPITRE XIV.

Comment les mines que le duc Charles avoit faict faire à grande diligence furent perdues par la négligence des Italiens.

En l'espace de deulx mois, à très cher coust, par grant subtilité d'engins et extrême labeur, les mines que le duc, très souvent en grand péril de sa personne, avoit sollicité estre faictes, furent honorablement approchiées et achevées; mais les assiégés apperchevans ceste merveilleuse œuvre, trop périlleuse et mortelle pour eulx, par peur et crainte qui les incita, firent mine contre mine, et prinrent courageuse prétente contre malheureuse attente; tellement que par ung sabmedi, huitiesme jour d'apvril, environ deulx heures après disner, iceulx voyants que trop foible et méchant guet se faisoit au quartier des Lombards, rompirent secrètement une rive de terre, et comme tous asseurés en leur espérée bonne fortune, pourveus de couleuvrines, hacquebustes, arbalestres, gros bancqs, fors huys et larges planées, saillirent par grant hardement en la mine desdits Lombards, où ils trouvèrent seulement quatre ou cinq hommes italiens, de peu de faict et de lasches courages; lesquels voyants ceste impétueuse envahie, s'enfuirent de tire et habandonnèrent lesdites mines, qui puissamment furent gaignées, ensemble deulx ribaudequins affuttés; et les deffendirent si chevalereusement, que oncques puis ne furent conquises.

Le seigneur de Fiennes et aultres nobles chevaliers, oyants ce hideux effroi, y coururent à toute diligence, et se mirent grandement en peine de recouvrer ladite perte; mais guaires n'y proufitèrent. Jehan de Mastain, ung très vaillant escuyer, y demoura mort en la place, ensemble plusieurs aultres tués et blesches. Le duc voyant ce domage irréparable, frustré de sa haulte emprinse magnifiquement conduite jusques à ce jour, et misérablement finée par la paresse de cœurs faillis, vint au logis du conte de Campo-Basso, qui lors, travaillé de maladie, se tenoit à Malines, et en commun spectacle fit venir les Lombards en sa présence; et les saluant d'un regard fier et léonique, leur dit en telle manière:

« O bons Italiens, refulgente nation, jadis semence
» de nobilité, germe loyal, fleur de prouesse,
» troncq redolent, et flourissant estoc soubs le très
» sacré sceptre d'impérialle majesté, où est le ré-
» sonnant bruict de vos armes, jadis ouy par les

» angles de la terre? où est le glorieux lume de
» vostre renommée resplendissant par le monde
» univers? où est la profondité de vostre prudence,
» qui par l'acuyté de son engin, redigeoit les di-
» vers climats de la mondaine circonférence au
» vrai centre de souveraine monarchie; vostre bruict
» est accoisié, vostre clarté est estaincte, et vostre
» sagacité et diligence curieuse s'est contournée en
» lascheté et négligence malheureuse. J'ai délaissié
» de promouvoir aux haults degrés d'armes mes
» nobles parens, vassaux et naturels subjects, pour
» l'advance de vous, estrangiers, qui militez à mes
» souldées, et vous ay donné quasi la totale charge
» de ma chevaleureuse prétente, où vous pouvez,
» se à vous ne tient, acquérir los de perpétuelle
» mémoire. Vous estiés le soing de ma labeur,
» la verge de mes ennemis, et l'appui de mon hon-
» neur. Comment polrez-vous recouvrer ceste ve-
» recondieuse perte et très domageuse gastine?
» Vous avez monstré vostre ségnicieuse œuvre et
» sommeilleuse fetardité; car j'espérois avoir de
» vous fruict et bruict honorable, et j'ai trouvé
» enfin de cens faulte et fraude misérable. »

Ces mots finez, six Italiens qui ce jour faisoient le guet à ladite mine, pensans mitiger l'ire du duc, se ruèrent à genoulx devant sa face, implorans grâce et clémence de leur oultrageux obprobre, meschéance et confusion; dont, pour coulourer leur excusance fardée, donnoient à entendre qu'ils n'en avoient receu ung denier depuis l'espace de sept mois ; parquoy nécessité de vivre les avoit contraint de engager leurs armures.

Le duc, trop esmerveillé de ceste besongne, leur respondit qu'il ne debvoit rien au conte de Campo-Besso, leur capitaine, et que mesmes le conte lui debvoit du retour sur les trois mois qui lors couroient.

Ceste chose bien escrutinée par les commis, fut trouvée véritable ; et lesdits Italiens vaincus de leurs propres bourdes, confus et ahontaigiés, pour contenter le duc, promirent recouvrer ladite perte. Et de faict, la nuit sequente, se mirent en leurs debvoirs ; et desployant iceulx force et puissance, saillirent par grand effort en ladite mine, espérans de la reconquerre. Mais ceulx de la ville qui s'en doubtoient, prompts et rangés à leurs défenses, les receurent vigoreusement, tellement que, par grande subtilité et par le traict à pouldre dont ils estoient garnis à grant planté, ils les expulsèrent ; et en furent occis grand nombre desdits Italiens ; et n'eschappa ung seul de ceulx qui s'estoient vantés de la regaigner.

Après ceste domageuse et lamentable perte, aulcuns petits compagnons d'Italie, veuillans donner récupération honorable à leur nation, alors despecte et vilipendée par leur meschant régime, commencèrent à faire une autre mine au travers des fossés de la ville, et accumulèrent terre seiche, gravier et certains matériaux, lesquels ils ruoient à la couverte en traversant ledit fossé ; et illecque firent une belle dicque, laquelle ils fendirent en deux; et appoyèrent de grosses asselles à chascun costé, affin que la terre ne cheut en la fente; et par-dessus mettoient cloies chargées de terre pour la tuition de leur corps. Et lors fut gaignée l'entrée de l'eaue des fossés à la mine des Picquars; et commença très fort à couler à la rivière, nonobstant qu'elle demourast profonde d'une demi-lance.

Ceulx de Nusse cognoissans aulcunement ceste secrete continue labeur, ignorans la conséquence, durement aguillonnés d'espovantable terreur, pesoient beaucoup le faict. Toutes-fois ils firent à l'adventure une contremine, laquelle ils pilotoient rez à rez, et au bord de l'eau; et lors fut adnichilée l'emprinse des Italiens, qui perdirent tout espoir de recouvrance. Ce temps pendant, saillit hors de Nusse un hacquebutier, lequel oppressé et interrogué de l'estat d'icelle, donna à entendre au duc que le plus foible quartier de la ville estoit auprès du moulin à vent. Le duc, sur sa parole, fit affuter celle part une grosse bombarde, qui renversa ledit moulin par terre; et conquirent lesdits Bourguignons le premier fossé; et l'eaue mise jus, gaignèrent la crête de entre deux fossés, où ils plantèrent un gros bastillon qui descouvroit dedens le premier fort de la ville; et approchèrent si près que pour entrer dedans le second. Ceulx de Nusse, très diligens à leurs défenses, fortifierent à l'encontre.

Le duc de rechef fit affuter une serpentine en

l'abbaye où il estoit logé pour tirer au loug dudit fort; et ceulx de Nusse emplirent de terre grosses pipes da vin. Se les assirent de travers selon le fossé, pensants rompre le coup; et firent pont-levis pour venir d'un fort à l'aultre. Puis quand lesdits Bourguignons escarmouchèrent, soubs espérance de tout gaigner, ils se donnèrent grant merveille de la fortification de ceulx de la ville, achevée subtilement, en si peu de jours, ensemble et la soubdaine répugnance qu'ils leur baillèrent; et habandonnèrent leur emprinse pour l'horrible fouldre de traicts qu'ils trouvèrent, et pour le feu, huille, vive chaux, garbes et fagots allumés dont ils furent trop durement servis. En ces jours fut occis ung très vaillant escuyer, nommé Pierre de Longueval.

CHAPITRE XV.

Comment ceulx de Nusse descendirent ès isles, et furent rués jus par les Anglès.

JA-SOIT-CE que le siége de Nusse fut tant proprement situé que rien plus, toutefois on ne l'assist pas selon la doctrine de Végèce, qui enseigne à colloquer les tentes ou forts en tel lieu que nulle soubdaine inondation n'y puisse donner empeschement; car entre my-caresme et Pasques, les eaux furent si grandes sur le Rin, qu'elles surmontèrent tout dicquaige; et furent la petite isle et la plus grande partie de la grande si couvertes, que par les gra des ondes et nuages qui de gros vent se causoient, ce sembloit à voir une petite mer. Et lors trois bourgeois de Nusse se mirent en ung petit bastel sur la rivière; et par le bon vent qu'ils eurent, cinglèrent amont le Rin. Et nonobstant toute garde, défense, aguet et provision d'artillerie qu'ils firent à l'encontre, ils eschappèrent ce danger, et arrivèrent de plain jour en l'ost des Coloniens.

Environ trois jours après, ceulx de la ville entrèrent de nuict en trois bodequins, et descendirent au poinct du jour en l'isle, sur intention de brusler les logis des assiégeans et de mettre tout aux espées. Anglès, qui ce quartier avoient en garde, apperceurent leur venue; et comme tout avisés de leur faict, les laissèrent descendre paisiblement sans esmouvoir quelqu'effroi; puis, quant bon leur sembla, ils eslevèrent un si aspre et cruel alarme, que ceulx de Nusse, tous épouvantés, cuidans que toute l'armée se tirast celle part, ne cuidèrent jamais trouver leurs bodequins à temps. Les uns au rentrer ens se sauvoient, et les aultres se noyoient. Les Anglès, qui y perdirent deux hommes, chargèrent sur eulx si rudement, que environ trente demeurèrent sur la place, et douze aultres furent prisonniers, qui récitèrent les dispositions de la ville, et congneurent que les trois bourgeois dessusdits s'estoient tirés à Bomelle, vers l'empereur, pour avoir secours de vivres. Et tantost ceulx de Coulongne mirent sur le Rin grans bastaux garnis de tous biens, pour ravitailler Nusse. Le duc, de ce adverti, fut en armes deulx ou trois jours de la sepmaine peneuse, et il mit si grand obstacle, que les Coloniens furent frustrés de leur emprinse.

CHAPITRE XVI.

Comment Allemands furent durement rencontrés des Bourguignons.

Grans murmures, secrètes hongueries et dures machinations s'eslevèrent sur les Italiens, tant pour l'irrécupérable perte des mines, que pour l'absence de leur chef, le conte de Campo-Basso, qui lors soi disant estre agressé de maladie, se tenoit à Malines chault et moiste. Dont, pour les bons encourager, et les mauvais corriger, le duc bailla la charge desdits Italiens à son très cher et bien aimé cousin, conseiller et chambrelan, monseigneur le comte de Chimay, lequel logé auprès de lui, au dortoir de l'abbaye, emprist le faict avec messire Josse de Lalaing, souverain de Flandres; et pour y prendre curieux regard, se logèrent depuis au quartier des Lombards. Si les entretindrent en union sous verge vigoreuse; et eslevèrent une justice, où ils firent exécuter les délinquants. Le duc, qui lors n'avoit pas trop bien en grâce les Italiens, sur intention de leur faire aulcunes remonstrances, par ung dimanche, neuviesme d'apvril, fit exprès commandements à ceulx de sa garde et de son hostel, qu'ils se trovassent le mieux en poinct que faire se pourroit, au quartier desdits Lombards, à deux heures au jour. Et ainsi que chacun se préparoit pour convenir à heure assignée, les avant-coureurs des Couloniens, environ soixante chevaliers, approchèrent l'arbre du guet; lesquels de prime venue erchassèrent le guet des Bourguignons jusques à l'artillerie de l'ost, et occirent le berger de monseigneur de Humbercourt. L'effroi venu à cognoissance, grande alarme s'esment de toutes parts; gentils compagnons bien montés, qui pour aultre exploict mettre à fin s'estoient mis sur les rencs, se trouvèrent en ung moment environ soixante lances, et reboutèrent de grand courage les avant-coureurs allemans, oultre l'arbre du guet, lesquels donnèrent grant merveille d'estre si soubdainement recueillis. Le rencontre fut cruel et aspre: le duc, vestu d'une longue robe, y survint des premiers.

Le visconte de Soisson et Anthoine de la Houarderie y besognèrent haultement, et y eurent leurs chevaux effondrés. Il y avoit selon une petite rivière une grosse embusche d'Allemans, environ de quatre à cinq cens chevaux, et autant de piétons. Le duc, qui les aperceut, fit ses gens mettre pied à terre; et par le renfort qu'il eut des survenans, chargea si victorieusement sur lesdits piétons, qu'ils ne peurent soustenir le fais, et furent rompus; et entra dedans lesdits Allemands qui furent desconfis et mors sur la place environ soixante chevaliers, nobles hommes, et deux cents piétons. Les Bourguignons y demourèrent en petit nombre. N'y eut nuls de nom, sinon Anthoine de Poix, qui fut attainct d'un vireton parmi le bras; ils détindrent soixante prisonniers.

Les aultres, voyans ceste piteuse adventure, le gaignèrent à la course; et le duc, accompagné de deux cens lances bien prisées, les cacha jusques à la nuict; et furent poursuivis par aulcuns gentilshommes, compagnons de la garde, jusques à lieue demie près de Coulongne; mais puis, tous ensemble retournèrent au siége, et examinèrent leurs prisonniers, lesquels ils trouvèrent de diverses opinions. Toutefois les plusieurs maintenoient que ce jour s'estoient partis de Coulongne environ sept heures au matin, et avoient amené les piétons d'un petit chasteau, pour empescher ceulx de l'ost, pendant le temps que Coloniens devoient ravitailler ceulx de Nusse. Trois jours après, la garde, cinquante lances italiennes, ensemble et deux cents archers d'Angleterre, se mirent sus de nuict, en intention d'escheller une petite ville entre Nusse et Coulongne; et menèrent un eschelleur des gens de monseigneur de Hombrecourt; qui subtilement dressa une eschelle contre la muraille; et montèrent en sus seize archers de la garde, qui tantost furent perchus et frustrés de leur faict. Advint, ainsi qu'ils retournoient au siége, que leurs avant-coureurs, sur le poinct du jour, trouvèrent douze ou vingt rustres, puissans hommes, de haulte corpulence, esquels ils ruèrent jus tout net sans quelque perte de leurs gens, sinon que Jehan de Neufchastel, ung très vaillant homme d'armes, eut le poing coupé tout jus, dont le duc fut très dolent; si furent tous ceux qui le cognoissoient, car il estoit hardi et vertueux, et de grant entreprinse.

CHAPITRE XVII.

La response que feit monseigneur le duc de Bourgogne aux ambassadeurs du connestable de France, venus au siége de Nusse pour praticquer trèves entre le roi et lui.

Durant le siége de Nusse, trèves estoient entre le roi de France et le duc de Bourgogne, finans au may ensuivant. Monseigneur le connestable, comme médiateur des parties, envoya vers le duc ses ambassadeurs pour praticquer nouvelles trèves. Auxquels, les propositions oïes par certains députés, le duc respondit en telle manière : « Le fruict de
» vostre ambassade, ainsi que m'ont récité mes
» conseillers qui vous ont ouis, combien que l'empe-
» reur, le roi de France, et plusieurs princes et com-
» munes d'Allemaigne aient accepté une journée
» en la cité de Metz, pour esmouvoir une terrible
» guerre à l'encontre de moi, mes pays et sei-
» gneuries, néantmoins le connestable a espoir de
» practiquer bonne et longue trève entre le roi et

» moi, et la plus seure de jamais, au cas que je y
» veuille entendre. Certainement je crois que le
» roi doit bien penser que la guerre apparente
» entre lui et moi est plus à son désavantaige que
» au mien. Il ne peut ignorer que aultres fois il a
» employé toute sa puissance, ensemble celle de
» ses alliés, pour moi seul et impourveu de tous mes
» amis surmonter en bataille; toutes fois il n'a
» rien sur moi conquesté par armes. Or doncques,
» quelle espérance poelt-il avoir maintenant, quant
» je suis préadvisé et pourveu, tellement que,
» au Dieu plaisir, il n'emportera rien du mien?
» Pendant le temps que mon frère, le roi Édouard
» d'Angleterre, estoit expulsé de son royaulme,
» le comte de Warwick, mon ennemi, conver-
» tissoit la puissance des Englois pour le roi de
» France à l'encontre de moi. Le duc de Bretai-
» gne, mon frère, estoit si foullé par les guerres
» qu'il avoit soustenues en son pays, qu'il ne povoit
» m'estre en aide. Si monseigneur de Guyenne estoit
» mon ami, si ensuivoit-il le roi son frère. Le roi
» d'Arragon pareillement estoit en ce temps fort
» oppressé de la guerre. La maison de Savoye ne
» me donnoit guaires de faveur. Aussi le duc Ni-
» colas de Lorraine se portoit couvertement mon
» ennemi. Finablement nul de mes amis ne me
» firent nul proufict. Mais du costé du roi, tout lui
» tournoit en prospérité; dont soubdainement il
» rompit le lien de paix, et tous appoinctements
» solennellement faicts entre lui et moi; et s'esleva

» contre moi en grand appareil et puissante ar-
» mée, qui de rien ne m'en donnoie garde. Pour-
» quoi me fus-je doubté de lui? Je n'avoie pas
» seulement avec lui paix fermée, mais je lui prestoy
» singulière bénévolence, et avoy de ma part mis
» en oubli toutes guerres, dissentions et rancunes
» passées. Quelle chose fit-il? Il occupa première-
» ment mes villes de Troye et Montdidier. Après,
» par subornation et mal-engin, print ma cité d'A-
» miens et ma ville de Saint-Quentin; corrompit
» les habitants d'icelles par argent et belles pro-
» messes; et qui plus est, les gendarmes qu'il avoit
» envoyés contre moi, en mon pays de Bourgogne,
» avoient rué jus mes gens par delà, et pillé plu-
» sieurs villes, et avoient exécuté ces crueux exploits
» si hastivement, que à peine en estoy adverti qu'ils
» fussent tous achevés. Je n'estois lors seulement dé-
» pourveu de mes amis; mais habandonné de Bour-
» guignons qui ne me povoient secourir. Toutes-fois,
» ainsi que j'estoy resveillé au bruict de ses armes,
» moi confiant en la divine miséricorde, et aussi
» en ma juste et bonne querelle, je marchai avant
» à grand ost contre lui; je prins Picquegny d'as-
» sault, ensemble le Chastel, qui est renommé l'une
» des fortes places de Picquardie; et fis mon camp
» auprès des murailles d'Amiens, entre deux ba-
» tailles de mes ennemis, afin que l'une ne peult
» secourir l'aultre. Et n'ai pas seulement résisté
» à sa fureur et insolence, mais j'ai rompu ses
» cautelles et secrets aguettemens, lesquels, s'il

» les a voulu perpétrer contre moi et mes compa-
» gnons, contre tout droict divin et humain, j'en
» laisse à Dieu la vengeance. Je ne suis pas, grâce
» à Dieu, garni seulement de mes domestiques,
» aidé par lesquels j'ai, puis naguères, pénétré le
» milieu de son royaulme comme victeur; mais
» je suis secouru des forces des estrangers, pour
» quoi il doibt redoubter la bataille dont, à juste
» tiltre, je le puis poursuivre, et moi venger par
» armes de tant de griefves injures par lui faictes,
» si comme de violer la justice divine et humaine.
» Chacun cognoist de long temps, par un commun
» proverbe, que les confédérations des Germains
» sont mobiles et de peu de faict. Le roy scet de
» vrai que, par ma force, j'ai restabli paisiblement
» le roi mon frère, Édouard, en son royaulme
» d'Angleterre, et comment il vient à grand
» puissance contre lui en mon aide. Il scet bien que
» mon frère le duc de Bretaigne n'est point oyseu;
» aussi n'est le roi d'Arragon, lequel a eu tant
» de belles victoires sur ses gens au pays de Rous-
» sillon. Et est assez adverti que le roi de l'isle de
» Cecile, fils de ce mesme roi d'Arragon, porte
» maintenant mon ordre de la Thoison-d'Or, et
» succède au royaulme de Castille et de Léon, par
» la mort de l'aultre roi qui estoit son ami; lequel
» roi de Castille sera son ennemi. La maison de
» Savoye est, puis naguères, confédérée à moi, et
» n'est rien qui en puisse briser l'alliance. Le duc
» de Milan s'est déclaré son ennemi et mon ami,

» duquel les ambassadeurs sont en chemin pour
» venir vers moi. Je me suis asseuré du duc de
» Lorraine. Je laisse à parler des aultres mes amis
» et alliés, comme le roi de Hongrie, le roi de
» la Grande Cecile, les Vénéciens et le comte
» Palatin, pour ce qu'ils sont loing du royaulme
» de France; et ne mets sinon ceux qui assiè-
» gent et environnent son royaulme à tous lez;
» lesquels il perçoit estre ses adversaires, non
» seulement pour l'alliance et faveur qu'ils ont à
» moi, mais aussi pour particulières haines qu'ils
» ont en sa personne. Pourtant, quelque riens
» que vous proposez pour lui ne me donne vou-
» lenté de faire trèves avec lui, veu que l'appareil
» de guerre qu'il met sus, ne me donne quelque
» crainte, mais lui tourne à sa ruine. Et si j'estoie
» à ce conseillé, par quelle façon et moyen pour-
» rois-je avoir paix ou treves avec lui, quand cau-
» teleusement il a rompu la paix de Péronne, tant
» solennellement jurée, décrétée et accordée entre
» lui et moi; laquelle de rechef, devant l'image
» de Nostre-Dame de Liesse, et mettant la main
» sur l'autel, il jura publiquement, et proumit
» la garder; et laquelle depuis, lui retourné à
» Tours et à Amboise, par le consentement du
» grand conseil de France et de la court de par-
» lement de Paris, sans contraincte nulle, il ap-
» prouva, ratifia et proumit entretenir bien et
» léalment? Toutes les fois aussi qu'il a trouvé
» opportunité de moi nuire, il a violé les trèves
» données au roi d'Arragon, à mon frère le roi

» d'Angleterre, et à moi, et a fait encore aujour-
» d'hui, mais non pas sans estre puni. Maintenant
» ses gens d'armes courent sur les frontières de mes
» pays, et cueillent proies de toutes terres, comme
» s'il n'estoit quelque trève entre nous. Si je pren-
» dois les trèves que vous mettez au devant, de
» quel parchemin les feroit-on? de quelle encre,
» de quelles lettres seroient-elles escriptes? de
» quel scel, de quelle cire seroient elles scellées
» et confirmées, quant tant de fois par cy devant
» les a rompues? par quel Dieu jurera-il, qui tant
» de fois a levé sa main vers le ciel, soi parjurant
» et maculant son serment? Certainement, s'il
» me vouloit satisfaire de tous les dommages,
» pertes et intérests que j'ai portés, à cause qu'il
» n'a voulu entretenir les appoinctements faicts
» entre lui et moi depuis le traicté de Péronne,
» il auroit assez à faire. Une chose m'induisoit
» seulement à trèves : c'estoit l'amour de Nostre
» Seigneur, et le bon vouloir que j'ai eu, et ai
» encores, de donner secours et aide à nostre foi
» catholique contre les infidelles. Toutes fois, afin
» que vous sachiez que je veulx entendre au bien
» de paix : s'il me veut rendre Saint-Quentin et
» Amiens, lesquelles il m'a tollues et ravies par
» force, et ce soit le plaisir de mes frères et com-
» pagnons, le roi d'Angleterre, le roi d'Arragon,
» et le duc de Bretaigne, les trèves soient entre
» nous. Mais sans ces trois, je ne puis rien faire,
» ne accorder chose quelconque; car nous sommes

» tellement unis et pactionnés ensemble, que, avec
» le roi de France, nostre commun ennemi, nul
» de nous ne peut rien faire sans le consentement
» des aultres. Dictes ces choses à mon cousin le
» connestable, afin qu'il les face sçavoir au roi,
» se bon lui semble. »

CHAPITRE XVIII.

Comment l'empereur descendit à grant puissance, pour assiéger la ville de Nusse et combattre le duc de Bourgogne.

En l'an mil quatre cent soixante-quinze, environ Pasques, l'empereur Frédérick, desjà avant en son temps, humble, pacifique et de singulière patience, par l'incitation des plus grants de son empire, et pour subvenir à la douloureuse captivité de Nusse, se convertit à la guerre; appela les princes d'Allemaigne en son aide, et fist commandement au duc de Julliers, lors favorable aux Bourguignons, qu'il le vinst servir. Le duc de Julliers comparut devant la majesté impériale, et du service s'excusa très sagement, soi déclairant parent, voisin, pensionnaire et allié au duc de Bourgoigne, auquel il se rendoit obéissant serviteur, et ne vouloit, ni povoit bonnement, servir à deux seigneurs; et retourna en sa duché. Néantmoins l'empereur fit l'amas de son armée à Bonne, et cueillit infinie puissance, entre lesquels estoient l'archevesque de Trèves, l'archevesque de Mayence, l'évesque de Munster, le duc de Saxe, le duc d'Ostrice, le comte de Quervesteyn, le marquis de Brandebourg, Henri, lantgrave de Hesse, Evrart, comte de Wirtemberghe et de Montbeliart, et plusieurs aultres grands princes, barons, chevaliers, escuyers et communautés des cités et villes de Germanie; et en très grande magnificence, très honorablement, accompagné vint l'empereur en la cité de Coulongne, où il fut receu à grant joie. Et arriva son ost par eaue et par terre en très grant nombre de navires chargés de gens d'armes et de tous instruments de guerre, et de vivres innumérables, tant pour soutenir l'armée que pour subvenir à Nusse. Après qu'il eut illec séjourné une espace et disposé de ses affaires, il se mist aux champs en notable arroi, sur intention de combattre le duc et de délivrer son peuple de mortelle pestilence ; et tint son premier camp à une bonne lieue près de Coulongne en tirant vers Nusse, cheminant de nuict selon le Rin; puis s'enclouit en son fort.

Tant approcha, qu'il se logea à Zone; et lendemain, fit un parc, le plus fort des aultres, à une lieue près du siége. Il avoit en front une grosse montaigne; le fleuve du Rin d'un costé; larges et parfons trenchis de l'aultre, au pendant de la montaigne jusques au Rin; mesmes en tout le clos, estoient logis somptueux, situés en très belle ordonnance, non pas de terre et d'estrain, mais de riches tentes et plaisans pavillons, en telle quantité et de si excellente monstre, que ce sembloit au voir une grosse cité construite de palais, de temples et glorieux édifices. Les princes, chacun son degré, avoient leurs demeures de mirable artifice, fortifiées de fossés à l'environ, comme en ville fermée, entre lesquelles celle de l'empereur estoit la nonpareille, et resplendissoit sur les autres par extrême beauté. Joyeuse en fut la vision, précieuse en fut la facture; et n'est œil ne cœur, tant convoiteux d'honneur ne de curiosité, qu'il ne se deust contenter de voir ce haultain triomphe. Le grand nombre des navires doubles et trebles sur le Rin, ensemble enchaînées, cloit ung grant quartier de l'ost, sans plenté d'aultres navires, excluses de l'ordonnance, garnies de tous biens, ausquelles continuellement applouvoient les maistres d'hostel des princes, avecques leurs serviteurs, qui en tiroient les vivres dont l'armée estoit soubstenue; la police, très sagement conduicte et à peu de confusion, selon la grande multitude, car il y avoit gens de diverses nations et régions estranges, habitués à la mode de Turquie, les ungs sortis de dards et les aultres de gros fléaux de fer. Le duc adverti du grand appareil et merveilleux ost que l'empereur avoit assemblé pour le combattre, pensa d'y mettre résistence; et pour ce que plusieurs chevaliers et ses gens séjournèrent à Rempelle, Wackedonne, Venelle et aultres villes voisines, tant pour la rareté des fourrages, que pour aultres nécessités, dont l'armée estoit mendiante, il fit exprès commandement que chacun fust pourveu de ses chevaliers. Et quant il entendit qu'ils tenoient à chaînes d'argent, il envoya par les hostelleries clercs de despense et aultres officiers, atout grant finance, pour les défrayer; mais ils y trouvèrent plusieurs hostellains du pays, tant rebelles que à peine la povoient ravoir pour bien payer ne pour bel langage.

Quant chacun fut monté au mieux mal qu'il se peult faire, et que l'empereur s'efforchoit journellement de faire ses approches, le duc visita les quartiers de son siége, et appela les conducteurs et capitaines de cesdits gendarmes; et en doux lengage, humble et amiable, leur dit ainsi :

« Mes très chers frères et amis, qui jusqu'à
» ores avez en ma faveur porté avec moi les durs
» travaux de la guerre, passé les dangereux des-
» troicts sans grippe de fortune, et acquis honneur
» perpétuel, je suis vostre chef et prince; je
» m'appuie sur la force de vos bras vertueux,
» et me confie et asseure en vos nobles et léaulx
» courages. Véés-cy l'empereur et toute sa
» puissance qui se présente devant vos yeulx pour
» vous assembler en bataille; c'est le plus fort
» de nostre queste. Disposez-vous chacun selon son
» appartenir; prenez en vous cœurs de lions;
» et s'il plaist à Notre-Seigneur, en gardant le
» droit de l'église, ensemble la querelle de nos-

» tre cousin, nous obtiendrons glorieuse vic-
» toire. »

Quant les haults barons, chevalereux vassaulx et leurs sujets entendirent la très douce et cordiale persuasion de leur duc et seigneur naturel, pitié les surmonta; ils se prindrent à larmoyer; et par singulière amour et cordiale affection dont il les avoit embrasés, ils estoient contens de adventurer leur vie en sa bonne et juste poursuite.

Le duc en riens ne changea, ne oncques ne se desrocha de son haultain vouloir, et toujours persista en son magnanime courage. L'approchement de l'impérial arroi, ensemble l'estombissement et resveil de ses armes, le rejouissoient assez; et ne s'espouvantoit non plus que faict la dame des nopces, qui oyt le bruit des ménestriers, et sent approcher son espoux le jour de sa feste.

O très puissant duc, vertueux cueur léonique, valeur scipionique, bras herculien, poing macédonien, corps acéré quasi impossible, à qui rien ne semble impossible, auras-tu toujours l'espée au poing dextre? Tu resveilles Europe; tu pertubes Allemagne et espouvantes les nations rihoteuses; tu as en tes jeunes ans, estant simple comte de Charolois, pénétré France, fiché ton estandard au millieu de son ventre, et obtenu champ de bataille contre le plus grand roi des crestiens. Toi, maintenant, redoubté duc, quel n'aime ne roi ne duc, comment pourras-tu évader de cest impétueux déluge? auras-tu hardement d'envahir le plus grand du monde, l'héritier du mondain fabriquant, l'image du céleste gubernateur, le seul impérateur du genre humain, soubs qui ploie et encline toute force terrienne. Toute Germanie, son germe et sa maisnie se présente devant tes yeux; elle appelle en aide le ciel, la terre, le feu et l'eau; et lui semble bien que tu seras bersail à ses sagettes. Mitigue ton ardent desir, refrène ton hault emprendre, déprime ta haulte prétente; convertis ton glaive en instrument de labeur, ta lance en racine d'olivier, et tourne le timon de la guerre arrière du train de paix. Il est escript: qui se délecte au péril, au péril se périt. Chemine doncques avec ton bienheureux père en l'ombre de concorde, content de ton propre, sans aspirer aux sommières dignités, et tu seras logé avec lui au glorieux trosne d'honneur. Ton père, que Dieu absolve! estoit bien aimé pour débonnaireté, et tu es bien servi pour estre redoubté.

CHAPITRE XIX.

Comment nostre sainct-père le pape envoya son légat pour pacifier l'empereur et le duc de Bourgogne, et rompre l'assemblement de leurs batailles.

L'EMPEREUR triomphant en son fort, avironné de sa puissance, estoit souvent resveillé des compagnons de la garde, qui lui livroient terribles escarmuches, auxquelles il avoit plus de perte que de gaigne. Le duc, accompagné de cinq cents lances, desirant de congnoistre le maintien et coraige de ses adversaires, ensemble l'ordonnance de leurs batailles, se mist un jour à la couverte d'un bois, et donna la charge à messire Pierre de Miraumont de conduire cinquante lances des avant-coureurs pour lever l'escarmuche aux Allemans, qui les aperçurent, sans tirer engin et sans advancer. Quelques piétons se mirent sus, environ trois cents chevaliers, sous la conduite du marquis de Brandebourch. L'escarmuche commencée, fière et cruelle, sire Pierre de Miraumont qui la soustenoit atout trente lances, se porta tant honorablement, que ledit marquis et ses Allemans furent tout joyeulx d'eux retraire en leur fort, où ils furent reboutés confusément par plusieurs fois. Ils y perdirent cincq hommes, les trois morts sur la place, et les deux prins qui desveloppèrent l'intention de l'empereur.

Nostre saint-père le pape, adverti de ce dommageable discord, veuillant esteindre l'impétueuse fureur esprise entre ces deux grans personnages enflambés d'ardant ayr, pensant que l'œuvre de faict affoibliroit les supposts de crestienne religion, tant pour éviter l'horrible effusion de sang humain que pour les réduire à union fraternelle, envoya son vénérable légat, qui par raisonnables voyes, doulces et salutaires persuasions mises avant, les admonestoit au bien de paix, médioit entre les parties, couroit souvent d'un costé à l'autre, et les trouvoit se durs en poincte, que pour quelque travail, peine ou labeur qu'il emprist, ne povoit fléchir la fierté de leurs haults couraiges. Et jà-soit-ce-que pour ouvrer certaines matières et parvenir à traictié amyable aulcuns respis et abstinence de guerre fussent accordées entre les parties, toutefois les Allemans n'en tindrent riens. Meismes en la présence du légat, qui à grande sollicitude les avoit pourchassés, le marissal de l'empereur dettroussa aulcuns Bourguignons. Dont ledit légat, les incrépant de telle infraction, fut très mal content d'eux; et leur disoit : « J'aime mieux que me » tollés la vie, que perpétrer telle insolence. »

Le duc aussy tout anoyé fut plus aigre que devant. Quant le dimenche vint, vingt et uniesme de mai, son siége suffisamment gardé, il tira ses gens aux champs; et emprès une abbaye de Nostre-Dame, ordonna ses batailles par eschielles, et les escoadres et escoadrons.

Diverses nations jadis diversement appelèrent leurs armées. Macédoniens, Grégeois et Dardaniens les nommèrent falanges ; et lors une falange contenoit sept mille hommes. Gaulx, Celtibériens, et aultres nations barbares usèrent de caternes ; dont chacune caterne contenoit six cents hommes. Romains, qui subjuguè-l'orbiculaire monarchie à leur condition, par la discipline et artificielle habitude qu'ils avoient aux armes, nombrèrent leurs exercites par légions et cohortes ; et chacune légion, qui comprenoit dix cohortes, contenoit six mille et plus, tant de pied que de cheval ; et y avoit plusieurs dignités, comme centurions, tribuns, préfets, doyens, ordinariens, aquilifères, imaginifères, tesoriens, métateurs, tubicineurs et cornicineurs, qui avoient, comme doibt avoir tout bon chevalier, les oreilles prestes aux commandemens du prince, les yeux aux signes, et les mains à l'œuvre. Franchois, qui depuis eurent le bruict des armes, nombrèrent leur ost, par armures de fer, par heaulmes, par bachinets, par cuirasses et par lances. Et maintenant, depuis que les Italiens se sont boutés en la maison de Bourgogne, ils sont nombrés par escuadres et escuadrons ; et contient une escuadre environ vingt-cinq lances. De ceste nouvelle mode ordonna le duc ses batailles ce jour, qui estoit la plus singulière chose de jamais à regarder.

Ce temps pendant, l'empereur envoya le légat de nostre saint-père avecques son ambassade, ensemble ceux de Coulongne, vers le duc qui marchoit avant, afin de trouver quelque bon accord entre eulx, sans hurter l'ung à l'aultre ; et le duc, à l'intercession dudit légat et des supplians ambassadeurs, estaindit son air (courroux) pour ceste fois, et se retira à son siége. Néantmoins l'estincelle de Mars, par les souldars de Pluto qui la souffloient, se ralluma chaudement, et multiplia sa flambe au centiesme, comme il apperra en l'histoire.

CHAPITRE XX.

Comment le duc Charles de Bourgogne, son siége de Nusse bien gardé, combattit l'empereur et toute la puissance de Germanie.

Par un mardi, vingt troisiesme jour de mai, l'an mil quatre cents soixante et quinze, l'empereur se deslogea de son camp ; passa un bois qui lui estoit prochain, en approchant le siége de Nusse ; et fit son logis à un ject de serpentine près de l'ost du duc. Le duc, adverti de son deslogement, environ dix heures du matin, fit tirer aux champs ceux de son ostel et les compagnies de son ordonnance, en deslaissant son siége puissamment gardé et furni de gens en compétent nombre, tant pour résister aux saillies de ceux de la ville, que pour empescher que ceux de delà le Rin, qui estoient en grande puissance, ne donnassent secours de gens et de vivres à ladicte ville. Le duc doncques, dechà la rivière coppée entre l'empereur et lui, ordonna ses gens de guerre en deux batailles, en pareille forme et manière qu'il vouloit qu'ils se maintinssent, quand viendroit au besongner. En la première bataille estoient toutes gens de pied, picquenaires de ses ordonnances, et les archiers anglois, tant de la compagnie messire Jehan de Mildeton, de son hostel et de la garde, que ceux des seigneurs de Fiennes, Reux, Créquy, Hammes, Piennes, et autres seigneurs fiefvés.

Tous lesquels picquenaires furent entrelassés parmi lesdicts archers, tellement que, entre les deux de eux il y avoit un picquenaire. Et sur l'esle droicte d'iceulx gens de pied, ordonna en un escuadron les hommes d'armes de cheval dudict messire Jehan de Mildeton, et ceulx de la compagnie de Jacques Gaillot ; et pour le renfort de ceste esle, le comte de Campo Basso et sa compagnie. Et sur l'esle senestre desdicts gens de pied, ordonna en un escuadron lesdicts seigneurs de Fiennes et leurs hommes d'armes, et le comte de Celane, ensemble sa compagnie ; et pour leur renfort, les hommes d'armes des deux compagnies de messire Anthoine et Pierre de Lignane, aussi en ung escuadron. Et ordonna chef de ceste première bataille monseigneur le comte de Chimay, son cousin, conseiller et chambellan ; et pour le mylieu de la seconde bataille, ordonna un escuadron des chambellans et des gentilshommes de sa chambre ; et pour leur renfort ceulx de la garde, que conduisoit aussi en un escuadron, assez loing derrière eux, messire Olivier de la Marche, son maistre-d'ostel et capitaine de ladicte garde. Et à la dextre dudict escuadron des chambrelans et des gentilshommes de sa chambre, ordonna tous les archers de sa garde, ensemble tous les archers des compagnies de messire Regnier de Broc-huysen, du seigneur de Chanterenne, George de Menton, Jehan de Longeval, et Regnier de Walperghe; et pour l'esle de ses chambrelans et gentilshommes de sa chambre, ordonna ses archers de corps et ceux des compagnies de Phelippe de Berghes et de Phelippe Loyette; et sur l'esle dextre desdicts archers, tous les hommes d'armes desdicts Phelippe de Berghes et Phelippe Loyette en un escuadron; et pour leurs renforts, les gentilshommes des quatre estats de son hostel, aussi en un escuadron, conduicts par messire Guillard de Sainct-seigne, son maistre d'hostel, et par les chefs desdits quatre estats; laquelle bataille fut conduicte par le seigneur de Humbercourt, son conseiller et chambrelan, comme chef, tenant le lieu du comte de Joigny, et par le seigneur de Bievres.

Ces batailles subtillement ordonnées, passèrent la rivière à un estroict guet, assez dur et de bon fond. Pareillement son artillerie, serpentines, courtaux et bombardes, en nombre de cinquante, passèrent après lesdites batailles par-dessus un pont, assez près dudict guet. Et pour ce que le bout du camp de l'empereur, endossé du Rin, s'estendoit devers le duc et lui estoit prochain, cuidans qu'il deust venir par ce lez, les Allemans y avoient assis la pluspart de leur artillerie; et mesmes ceulx de oultre le Rin y avoient affuté leurs engins, pour battre ce quartier. Mais pour eschever la batture desdicts engins, le duc fit tirer ses batailles en passant ladicte rivière à main senestre, en tirant vers ledict bois que ledict empereur avoit passé ce jour; et fit renger ses batailles et leurs renforts en toute telle ordre qu'ils estoient dechà ladicte rivière; et gaigna le soleil et le vent qui faisoit grande poudrière forte et espesse.

L'empereur voyant approcher la puissance ducale, tant notablement ordonnée que rien plus, qui estoit chose terrible et fière à regarder, mit hors de son camp de quatre à cinq mille chevaliers, ensemble gens de pied en grande multitude. Ses engins affutés en nombre inestimable, avecques l'artillerie, oultre le Rin, qui pas ne se faindoit, fit battre et ruer tant horriblement sur l'ost des Bourguignons, qu'oncques de vivant d'homme ne fut ouye chose semblable. Nonobstant ce mortel fouldre et criminel tonnoirre, le duc, qui guères ne le ressoignoit, fit avancer son artillerie en la compaignie de l'infanterie italienne, qui estoient piétons hors de nombre, sans estre ordonnés en nulle des batailles; lesquels tirèrent tellement dedans le camp de l'empereur, qu'il n'y demoura tente ne pavillon entiers; et y firent si grand fenestrage, que l'on véoit le jour parmi. Et lors le duc, pour augmenter l'ordre de chevalerie, dont il estoit le glorieux patron, comme il appert par la Thoison-d'Or qu'il a magnifiquement entretenue, afin aussi que les nobles et vaillans courages, embrasés de l'esprit de Mars, eussent tiltre d'honneur pour acquérir prouesse, il voulut faire aulcuns nouveaux chevaliers; et le devindrent, ce jour, monseigneur le comte de Rennes, monseigneur de Baudeville, messire Frédérick d'Aiguemont, messire Phelippes de Berghes, le petit-fils du comte de Campo-Basso, le petit-fils de Troylus, messire Augustin de Campo-Fregoso, messire Henri de Walperghe, messire Jehan de Lalaing, messire Jehan de Longueval, messire Jacques de Bossut, messire Loys visconte de Soissons, messire George de Menton, messire Charles de Haplincourt, messire Guillaume de Goux, messire Jacques de Molain, monseigneur de Coursain, messire Jehan de Créquy, monseigneur Anthoine de Noyelle, messire Phelippe de Raville, messire Compère; des marches d'Allemaigne, messire Maillart du Bacq, seigneur de Relinghes, provost des maressaulx; messire Simon, seigneur de Longhes; messire Don Ladron de Génare; messire Jean Dickfudis, anglois; monseigneur de Disquemme, messire Charles Chuguet, messire Jehan Lamelin, seigneur de Hamars, et messire Waulter des Fossés.

Après la création de ces nouveaux chevaliers, et que le duc, par douces consolatives paroles, eust encouragé ses gens, et les eust admonestés de bien besongner en nom de Dieu et de Nostre-Dame, et de monseigneur saint George, il donna signe d'approcher ses batailles; et toutes gens marchèrent joyeusement, faisants le signe de la croix. Dont les Anglois, à leur manière de faire, baisèrent la terre, et tous ensemble jectèrent le cri Nostre-Dame! saint George! Bourgogne! Et pour ce que les Allemans tenoient une petite montaigne, le duc fit marcher ceste part Jacques Galliot, qui faisoit l'esle dextre de la première bataille, et le comte de Campo-Basso, son renfort; lesquels gaignèrent ladicte montaigne. Et furent constraincts lesdicts Allemans de desmarcher; et, en desmarchant, d'eux mettre en fuite en une plaine qui est en ladicte montaigne et leur camp; dont en gaignant ceste montaigne, plusieurs Allemans furent occis. Et lors, voyant qu'il estoit nécessité, pour la seureté de leur camp, de garder ladicte plaine, ils issirent en grand nombre, tant de pied que de cheval, et chargèrent sur ledict Jacques tellement, qu'il fut contrainct de soi retraire vers le comte, son renfort, duquel à la première charge il s'estoit un petit eslongé.

Et lors ledict comte s'avancha, et voyant ledict Jacques approcher son renfort, rechargèrent ensemble; si les rompirent et mirent en fuite jusques au camp, là où y eut plusieurs ennemis occis et mis à desconfiture. Et pour ce que ledit comte et ledit Jacques n'eurent quelque sieute des archers de la première bataille, qui trop estoient desmarchés à la main senestre, riens plus avant ne fut empris pour ceste heure sur ledict camp. Mais pour éviter le traict à pouldre, se retrairent en une vallée; et lors de rechef saillirent du camp de l'empereur plus grand nombre de gens de pied et de cheval que devant, sur intention de charger sur ledict comte et Jacques Gaillot. Le duc, de ce adverti, y envoya le renfort de l'esle droicte de sa seconde bataille, que faisoient messire Georges de Menton, Jehan de Longueval et Regnier de Walperghe; et incontinent après y envoya le renfort de l'escadron de ses chambrelans, qui estoit la garde conduicte par messire Olivier de la Marche; ensemble toute l'esle droicte des archers de la seconde bataille. Mais les hommes d'armes d'icelle esle, que conduisoit messire Regnier de Broc-huysen et le seigneur de Chanterenne, marchèrent plus tost que leurs archers; lesquels, à cause qu'ils estoient de pied, ne les peurent suivre. Et toutes ces compagnies, joinctes audict comte et Jacques, sans attendre lesdicts archers, chargèrent sur ceste puissance ainsi saillie, entre lesquels estoient le duc de Saxe, et autres grands princes d'Allemaigne.

Si les rompirent et recoururent jusques en leur camp; mais pour ce que lesdites compagnies n'avoient encore nuls archers, force leur fut, pour le traict à pouldre, de retraire en ladite vallée. Après ceste retraicte, le duc de Saxe, qui portoit la bannière de l'empereur, accompagné de nobles princes et de grande multitude de gens de cheval et de pied, chargea vigoureusement sur les Bourguignons, et rebouta l'esle droicte de la première bataille et son renfort; et revindrent tous ensemble jusques à la garde, qui soustenoit merveilleusement. Le duc, ce voyant, print ung escuadron à la droicte main de lui pour envahir ses ennemis, et fit tirer avant jusques à sa garde les archiers de l'esle droicte; chargea à sa main senestre, et vint en sa personne rallier les escuadrons grandement troublés et mis en desordre; et ce faict, chargea sur lesdits princes estans en grande puissance, comme dict est, lesquels furent tout incontinent rompus et convertis en fuite; dont plusieurs, jusques à six ou huit cens chevaliers, s'en retournèrent vers Coulongne; et le résidu fut en grand desroi audit camp, parce que l'artillerie du duc fit grand debvoir de continuer sont traict, tellement que partie des piétons, jusques à deux ou trois mille, se cuidant sauver ès bateaux, se noyèrent au Rin, où ils jectèrent leurs armes et bagues, en si grand désordre, que grande quantité de gens, péris et noyés, flottoient sur l'eau, lesquels arrivèrent en l'isle devant Nusse. Et, à la vérité, l'esle sénestre et le renfort de la première bataille, que conduisoit monseigneur le comte de Chimay, reboutèrent vigoureusement les Allemans en leur camp. Lors délibéra le duc de faire tirer avant toutes ses batailles, et faire joindre au charroy de l'empereur pour l'assaillir de bon couraige ; et fit mettre son artillerie ès lieux où plus les povoit offendre. Mais le jour trop se déclina, et la nuict avancha ses ténèbres, ains que ce fut accompli ; pourquoi ne peult plus avant proceder pour ceste fois ; si retourna à loisir, sans quelqu'empeschement, en son siége ; et fit ramener toutes choses saines et entières. Et jà-soit-çe que le traict des Allemans fust impétueux, continu, et de merveilleuse quantité, toutesfois il n'y eut de son parti, qu'il semble chose miraculeuse ! que trois hommes morts et six bleschés. Néant-moins le contre-siége de la rivière leur livroit terribles battures. Ceulx de la ville aussi durant la bataille ne dormoient pas, car ils saillirent sur le quartier messire George de Menton, et furent puissamment rembarrés dedans leur fort. Le lendemain au matin, qui fut la nuict du sacre, le duc assembla ses batailles, et se prépara pour marcher comme dessus ; mais l'empereur, pour radouber les romptures, fit requerre trois jours trève par le légat ; et lui furent accordées, sur certaines conditions. Où est la plume maintenant qui pourra suffire à mettre par escript la glorieuse victoire que ce puissant prince très cler et resplendissant duc a aujourd'hui embrachée ? Vous, les explorateurs des excellentes anciennes besongnes, qui lisez les histoires d'Hercules et de Jason, d'Alexandre et de Sanson, avez-vous lict chose plus admirable ? avez-vous veu chose pareille ? Un duc de Bourgogne en terre d'ennemis, devant l'une des fortes villes d'Allemaigne, son siége gardé, contre-siége rembaré, sans crainte de traicts, de courtaux ne de fonde, a combatu le plus grand de ce monde. O triomphant duc bienheuré ! rends grâces à Dieu si tu es victeur, et le loe souvent qu'il t'a donné cest heur ; il t'a montré le bel accueil de sa doulce face pour ceste fois, et es assis au plus hault de son trosne. Garde-toi bien de sa fallace, car la terrible marrastre renverse souvent, et subit en la fange les plus hault montés.

CHAPITRE XXI.

Appoinctemement de le ville de Nusse.

Durant le temps desdites trèves, qui furent de trois jours, traictié fut par le légat trouvé au contentement desdites parties, par lequel la ville de Nusse debvoit demourer ès mains dudict légat, sans prendre préjudice des droits impériaulx, et le différent d'icelle debvoit estre réservé en l'ordonnance de nostre sainct-père. Et par ce moyen, après avoir souffert intollérable pestilence de guerre, tenant tousjours pied ferme, et résistant à tous assaux, fut dessiégée à son grant loz, honneur et gloire, le plus recommandé de jamais, par le conseil prudent et saige de ceulx qui avoient l'administration de sa police. Ils avoient au jour de cest appoinctement assez de bled pour ung an, vin de

Rin, malvoisie et bierre largement; nulle chair n'avoient, sinon de cheval, desquels il en y avoit douze, et encoires les quatre estoient empeschés à tourner les moulins; toute douceur de laitaiges, beurre, fromages, œufs et fruicts. Sitost que quelqu'un estoit navré, il périssoit par faulte de médecine. Les rustres prendoient leurs vivres chacun jour à l'ostel de l'archevesque, et le menu peuple à deux bourgeois de la ville, qui journellement leur faisoient administrer leurs nécessités.

De quatorze à quinze cens hommes de deffence, rustres et aultres qui estoient en Nusse au jour qu'elle fut assiégée, n'y estoient demourés que cinq cens ou environ; et estoient morts durant le siége, que de gens de guerre, que de bourgeois et aultre menu peuple, femmes et enfans, environ trois mille. De ce jour en avant, par cest appoinctement, se trouvoient ceux de la ville en l'ost du duc, pour acheter ce que mieux leur duisoit. Et de faict trouvèrent subtile voie d'amasser pouldre de canon, sur espoir de rebeller, comme dessus; mais tout fut radoubé; car pareillement ceux de l'ost entroient en Nusse, faindant d'aller en pélerinage à Saint-Quirin, pour regarder la disposition de la ville; et se donnoient grand merveille que si long-temps s'estoient tenus contre sa fière puissance.

CHAPITRE XXII.

Le très dur rencontre qui survint à cause du partement des deux parties.

JA-SOIT-CE que le traicté et appoinctement d'entre l'empereur, les électeurs et princes d'Allemaigne, d'une part, et le duc Charles d'aultre, fut honnorablement faict et conclud, et juré à tenir ferme et stable, sur peine d'excommunication, et que l'empereur et le duc, ensemble leur ost, se debvoient partir toute à une heure, toutes-fois grant parlement se tint pour le département d'un chacun ost; car chacun d'eux, selon sa dignité et vocation ou action, vouloit tenir sa gravité, souverainement le duc Charles, qui estoit fort magnanime. Advint durant ce partement, que les Allemans, oultre le Rin, prindrent, détindrent et robèrent aulcuns bateaux, èsquels le duc, pour complaire à l'empereur, avoit fait charger partie de sa grosse artillerie pour retirer en pays. Pareillement aulcuns aultres bateaux lui furent pillés et bruslés, qui estoient à terre; pourquoi le duc, fort mal content de ces mesus, delibéra non lever ses batailles jusques il avoit restitution et réparation condigne. Pour laquelle faire, le légat employa toutes ses puissances; se n'y proufita guère. Le duc, qui tousjours estoit sur sa garde, soi eslongeant, s'arresta sur une petite motte, de laquelle il voyoit l'ost de l'empereur; et en personne assist son guet de jour, le vingt-sixième de juing, trop près du camp des Allemans, à l'appetise d'aulcuns de ceux de l'ost, comme ils monstrèrent depuis ; car ce jour mesmes, environ six heures ou sept du vespre, se partirent aulcuns de l'ost de l'empereur et de son camp, en assez bonne puissance, faindans d'aller esbattre ; mais de propos délibéré et préagité, commenchèrent à tirer très fort de leur artillerie sur ledit guet ; mesmes plusieurs gens de cheval s'efforchèrent de charger sus ; lequel guet, combien qu'il fust en petit nombre, soutenoit à son possible. Le duc adverti de ceste manière de faire, voyant la puissance des Allemans multiplier ce grant effort et approcher fil à fil, tant de cheval comme à pied, proposa de tirer celle part, et envoya ceulx de sa garde qui trescoppèrent une rivierette, laquelle, à la première bataille de l'empereur, avoit esté passée ; et voyant les Allemans se disposer du tout de ruer jus ses Bourguignons, fit tirer après ceulx de sa garde, les gentilshommes de son hostel, et partie des compagnies de ses ordonnances ; et le surplus d'icelles, avecques ses gens de pied, tirèrent en ung camp vers la ville de Nusse, afin que les ennemis de ce quartier ne fissent quelque emprinse sur eux.

Le duc, voyant grosses escarmouches convertir en petites batailles, lesquelles se enforcèrent d'ung costé et d'aultre, passa en sa personne une petite rivière, pour haster sa venue ; duquel ses gens furent surprins d'un si courageux ardement, qu'ils marchèrent sur les adversaires tant vivement, qu'ils en encloirent entre lui et le camp de l'empereur, la somme de trois à quatre mille, tant de pied comme de cheval ; et furent si rudement poursuivis des Bourguignons, tant par-devant que de costé, à cause du Rin qu'ils avoient endossé, qu'ils demourèrent morts, tant sur terre que sur eaue, environ trois mille. Aulcuns montèrent en bateaux pour eux sauver, en telle multitude qu'ils enfoncèrent et furent noyés ; les aultres furent chassés jusques à leur camp, aux fers des lances et aux poinctes des espées, où plusieurs gentils rustres d'Allemaigne furent rompus et desfaicts ; entre lesquels fut recueilli occis et tué de coup de main, le noble comte de Quierburch.

Ceste besongne fut conduicte, de la part du duc, sans quelque artillerie et sans guères de perte, sinon de cinq ou six morts et autant de bleschés, entre lesquels fut le vicomte de Soissons, le nepveu de monseigneur de Chantereine et ung archer de corps. Le duc sentant l'obscurité de la nuict approcher, voyant la lune toute levée, et que les Allemans vuidèrent hors de leur closture, où ils se tenoient très serrés, fit à son bel aise retirer ses batailles, lesquels avoient plus grand volloir d'assaillir que de dormir. Une heure après, l'empereur, ensemble les princes électeurs, envoyèrent vers le duc obtenir licence de recueillir leurs morts, requérans d'envoyer certains députés pour ordonner le séparement des deux puissances, et pour traicter de la restitution de son artillerie ; ce que le duc accorda libérallement, par tel si que ses engins, que les rustres de guerre lui avoient robés et pillés, lui seroient restitués; et pour les racheter, les princes d'Allemaigne se taillèrent; et ce tout parachevé, s'en retournèrent en leur marche.

CHAPITRE XXIII.

La descente du roi Edouard à Calaix, son exploict en Picardie et son retour en Angleterre.

Le roy Édouard d'Angleterre, quatriesme de ce nom, sur espérance de recouvrer les duchés de Ghienne et de Normandie, avoit faict de longue main grande préparacion et amas de gens et d'argent et d'artillerie. Se confioit moult en l'aide du duc Charles, son allié et confédéré, tant par mariage que par l'ordre de la Thoison et de la Jartière. Il espéroit pareillement confort et subside au duc de Bretaigne et au connestable de France. Et fit sommer ledit Edouard au roy de France, qu'il lui rendist les duchés de Normandie et de Ghienne, ou se ce non il le conquesteroit à l'espée. Et quand vint environ la Sainct-Jean, en mil quatre cens soixante-quinze, fit descendre à Calaix son armée en grand pompe et triomphe; et lui-mesme fut le dernier partant des navires, accompaigné des ducs de Clarence et de Glocestre, ses deux frères germains, ensemble de plusieurs haults princes, contes, chevaliers et barons d'Angleterre, comme le duc de Sufflocq[1], le duc de Noirflocq[2], le comte

---

1. Suffolk. 2. Norfolk.

de Crodale, le comte de Nortonbellan, le comte de Scersebry[1], le comte de Willephis, le comte de Rivière, le baron de Stanlay, le baron de Grisrusis, le baron de Gray, le baron de Erdelay, le baron de Ondelay, le baron de Verton, le baron de Montu, le baron de Beguey, le baron de Strangle, le baron de Havart, le baron de Carbehem, le castellain du Fes, sire Henri Ferry, sire Jacques du Comer, sire Jehan Dundale, sire William Baldrie, sire Jehan Cros, sire Robert de Veilqueby[2], sire Jehan Bouchart, sire Robert de Beaucamp, sire Jacques de Wilqueby, sire Richart Croost, sire Roger Ravestin, sire Ernoult Odelain, sire Thomas Borre, sire Jean Sephie, sire Henri Purepon, sire William Seault, sire Jacques Hericton, sire Jehan Pelquentum, sire Robert Rudier, sire Jehan Malbery, sire Roger de Cliffort, sire Arnoult de Hétingles, sire William Parroi, sire Jehan Parre, sire Richard Haghemone, sire Lancelot Turlegonde, sire Jehan Meldethon, sire Robert Monverot, sire Richard d'Engle, sire William Cirnuelle, sire Simon de Montfort, sire Édouard Raldeghet, sire Raffle de Hastinghes, sire Richard, connestable, sire Thomas Grey, sire William Florisse, sire Thomas Mangobry[3], sire Laurent Ronfort, sire Jacques Buver, sire Robert Chauvelin, sire Robert Winguesilt, sire Guillaume Brandon, sire Guillebert d'Ernay, sire Jehan Astolly, sire Barlotte de Rivière, sire Jacques Radeclef, sire Henri du Wez.

---

1. Salisbury. 2. Willoughby. 3. Montgommery.

sire Édouard Grye, sire Robert Grye, sire Joffroy Doch[1], sire Jehan de Hansatard, le bastard Tallebotz, et aultres plusieurs seigneurs que le roy avoit voulentiers eslevés, pour et affin qu'ils ne fissent en son absence quelque brouillis en Angleterre. Le roy descendu à Calaix, madame de Bourgogne, sa sœur, et espouse du duc Charles, le vint bien viengnier.

Le duc, en sa personne, tost après se trouva devers lui. L'armée s'espardit par pays voisins, laquelle estoit environ de vingt-deux mille combattans comptés aux gages du roy, dont les archers estoient mal montés, et peu usités d'aller à cheval. Anglès estoient lors espris d'un hault voloir; et leur sembloit bien que France debvoit trembler devant eulx. Ils avoient pour nouvelleté d'artillerie un instrument à manière de charue, où il failloit, pour le mettre en œuvre, plus de cinquante chevaus; et estoit convenable pour faire à cop parfons trenchis et larges. Plusieurs Anglès, natifs des duchés de Ghyenne et de Normandie, apportoient avec eux lettres d'achat chirographes, et certains mandemens autentiques, scellés des héritages et revenus qu'ils soloient avoir èsdits duchés, par avant leur répulse, espérans d'en ravoir le domaine et possession. Le roy fit tirer son armée vers Fauquenberghe, où il esleva une tente la plus riche de jamais; puis tira à Rousseauville; et séjourna deux nuicts en la place où le roy Henri,

---

1. Presque tous ces noms sont défigurés de manière à les rendre presque méconnaissables.

père de son prédécesseur, avoit obtenu glorieuse victoire sur les François, en l'an mil quatre cens et quinze; de là se logea à Blangy, et de Blangy se tira vers Péronne. Vivres venoient en son ost des pays et seigneuries du duc de Bourgogne. Anglès passoient et repassoient souvent la rivière de Somme; et le duc de Bourgogne, en sa personne, se partit de Vallenchienes, où il avoit esté notablement receu, et où plusieurs mistères, par personnaiges, s'estoient desmontrés devant lui à l'honneur et faveur du roy d'Angleterre et de lui; et vint voir l'armée des Anglès, lesquels il faisoit marcher et démarcher à sa plaisance, par manière de les vouloir conduire. Le duc, par l'espace de trois heures parla audit roy d'Angleterre, qui se tenoit aux champs. Ung coulon (pigeon) se tint sur la tente du roy l'espace de jour et demi. Au département duquel, survint ung horrible fouldre et grand orage, qui porta domage grand à l'ost, par les pierres qui cheurent, aussi grosses que noix gaughes.

De ce jour en avant furent Anglès assez troublés; et commencèrent à murmurer, disans que le roy tenoit malles proumesses qui leur estoient faictes. Le temps se passoit sans rien exploicter. Le duc de Bourgogne s'eslongeoit d'eulx, et tiroit en Lorraine, où il avoit laissé partie de ses ordonnances, pour en conquester et gaigner la duché et comté de Vaudemont. Le roy de France, d'aultre costé, préparoit son armée, auquel le roy d'Angleterre envoya son ambassade, désirant savoir son intention; et par ceste mesme, le roy de

France fit faire telle offre audit roy d'Angleterre.

Premièrement, pour trouver en eux bonne paix ou trèves, monseigneur le daulphin, fils du roi de France, espouseroit la fille aisnée du roi d'Angleterre; et lui donneroit chacun an cinquante mille escus pour son douaire; et promettoit le roi de France faire la solemnité des nopces à ses despens, et faire venir la fille d'Angleterre, à ses cousts et frais, en France, en lui donnant estat honnorable; et s'il advenoit que ladicte fille aisnée allast de vie à trespas, monseigneur le daulphin espouseroit la seconde, et conséquamment la tierce.

Item, promettoit le roi Loys de France, au roi Édouard d'Angleterre, payer plainement la somme de soixante-mille escus, pour le support de la despense qu'il avoit faicte en la descente de son armée, et de payer annuellement quarante-mille escus durant la vie de chascun d'eux.

Item, et pour le différent qui lors estoit entre deux rois, tant pour le droict que le roi d'Angleterre se dict avoir au royaulme de France, que pour le tiltre qu'il porte dudict royaulme, le roi Loys estoit content que chascun d'eux choisist deux hommes à sa voulonté, fors et expers, et conseillers en ceste manière; et de tenir à perpétuité le jugement et arbitrage que les quatre ensemble en diroient, sur peine de deux millions d'or; moyennant que, en dedans trois ans, ils ayent rendu leur sentence; pendant lequel temps toute dissention et guerre se cesseroit.

Ces offres faites et présentées par le roi Loys,

le roi Édouard fit appeler ses princes, nobles chefs de guerre et capitaines, et leur exposa comment ils avoient proumis le servir en ses guerres, l'espace d'un an entier, pour lequel ils estoient payés pour demi an, et ne lui avoient encore faict guères de service; et leur requéroit très instamment qu'ils fissent leur debvoir de accomplir leur proumesse. Adoncques respondirent les nobles et chefs de guerre, par la bouche de l'un d'eux : qu'ils avoient faict debvoir de autant de temps qu'ils avoient esté en son service; et ne tenoit pas à eux que leur emprinse n'estoit parachevée; mais de procéder plus avant, possible ne leur estoit, pour plusieurs raisons; pour quoi très humblement requéroient à sa haulte sérénité, qu'il se voulust contenter d'eux et les tenir pour excusés. Et alléguèrent le terrible travail et labeur intollérable, ensemble la plentiveuse despense qu'ils avoient portée, tant en l'assemblement et préparation de son armée, touchant chevaux, armures et artillerie, comme pour le long séjour, et tardive demourée qu'ils avoient euc sur la mer, et à l'environ d'icelle, où ils avoient trouvé vivres à très grande chereté. En oultre firent remonstrance de la misérable povreté et chétif estat où ils estoient, en couchant sur la terre, aval les champs; et comment le temps d'esté, convenable aux batailles, se passoit; et le temps d'yver approchoit tant fort, que possible n'estoit de faire grande conqueste de villes, places ou chasteaux; laquelle chose estoit grandement nécessaire, se ils estoient résolus de maintenir la guerre en temps d'yver; et que possible ne leur estoit sans engaiger joyaux, pour faire nouveaux payements, et sans aide foraine ou secours de leurs alliés. Et avec ce commencèrent à dire que le duc de Bourgogne, en la ville de Calaix, leur avoit proumis secours, confort et faveur de corps, de gens et de chevaulx; et toutes fois, que quelqu'un de par lui ne s'estoit monstré, par quoi ils estoient frustrés de leur espérance. Pareillement ne s'estoit apparue quelque armée du duc de Bretaigne, qui leur avoit proumis subside. Et toutes fois la commune renommée estoit lors, qu'il s'estoit reconcilié avec le roi de France. Et d'aultre part, le comte de Saint-Pol, connestable de France, estoit cause, comme ils disoient, que leur ost, à cher coust et horrible despense, estoit passé la mer et venu en frontière d'ennemis. Lequel comte se devoit adjoindre avec eux, et besongner à leur proufict, comme ils esperoient; et ils trouvoient tout ce contraire, dont ils se tenoient follement déceus et abusés; et prioient en toute humilité au roi Édouard, qu'il voulsist entendre aux affaires licites et honnestes, utiles et raisonnables, que le roi de France lui faisoit, et eulx condescendre à traicté pacifique.

Ces choses dessus dictes considérées, le roi anglois, ensemble les nobles princes de son sang et nobles barons, et la pluspart de son armée, excepté le duc de Clocestre, s'accordèrent légèrement. Le roi de France congnoissant leur estat, pour les mieulx attirer à ses conceptions, pendant le temps que ceste matière se traictoit, leur avoit présenté de quatrevingts à cent chariots de vin. De ce jour en avant, Anglois passèrent et rappassèrent souventefois la rivière de Somme; et ne se attendirent plus aux proumesses de leurs alliés; et se prinrent à rudement traictier les vivandiers de Haynault et aultres pays voisins du duc de Bourgogne, qui menoient victuailles à leur ost; et ne tenoient compte de leurs queutes ne de leurs burres, ainçois esfondroient leurs tonneaux et prendoient leurs chevaulx. Les deux rois, d'un commun accord, s'approchèrent de Picquegny, pour communiquer leurs affaires, où ils firent faire deux maisonnettes par-dessus la rivière de Somme, sur le pont dudict Picquegny; en l'une desquelles le roi de France entra, accompagné de l'admiral et du seigneur de Craon, et du mayeur d'Amyens; et le roi d'Angleterre entra pareillement en l'aultre, accompagné de quatre ou cinq barons. Ces deux rois parlementèrent ensemble heure et demie, puis s'entrebrassèrent l'un l'aultre, par les fenestres desdictes maisonnettes. En ce mesme parlement furent plusieurs choses mises en avant et descouvertes d'un costé et d'aultre, souverainement en la charge de monseigneur le connestable, car oncques puis ne fut en gré de l'une des parties. Et pour ce que le roi Édouard se fioit en lui, le roi Loys lui fit monstrer une lettre, par monseigneur l'admiral escripte, et signée par la main dudict connestable, contenant comment il proumettoit audict roi Loys, sitost que l'armée d'Angleterre seroit descendue, il se fourreroit en la guerre.

Le duc Charles estant à Valenchiennes, monseigneur le connestable estant en atours de dueil pour madame de Savoie, son espouse, nouvellement alors trespassée de ce siècle, se trouva devant ledit duc sur saulf-conduict, environ le troisiesme d'aoust; et par trois jours parlementèrent ensemble, eux deux seulement, en une chambre, à la Salle-le-comte. Aulcuns disoient que le duc vouloit qu'il lui mist en main la ville de Saint-Quentin, ce que monseigneur le connestable ne vouloit faire, que premier n'eussist rendu l'espée au roi. Le duc ne fut content de son excuse; et luy respondit que s'il ne l'avoit par son moyen, il l'auroit par aultre. Et atant partit ledit connestable à demy-mal en grâce de lui; et fut quasi habandandonné de ces trois bandes.

Ce temps pendant, se forgea le traicté des Francois et des Anglois, qui fut parachevé la nuict Saint-Jean Décolace, par la manière que dessus est dict. Et y fut mis par addition : que le roi Loys, en faveur et contemplacion du roi Édouard, feroit empraincter le soleil ens tous les escus qui depuis seroient forgés de par lui; et lui fit paye de cinquante mille escus chacun an. Mais le mariage de monseigneur le daulphin, ne sortit pas à effect à la fille du roi englès. Et plusieurs nobles courages soi donnèrent grant merveille, comment le roi de France se veult condescendre à payer telle finance à son capital ennemi. Et disoient les aulcuns que le royaulme en estoit fort humilié, grandement asservi, et noté comme tributaire. Sur cest appointement, retourna le roi Édouard, ensemble son armée, vers Calaix, par La Broi, par Auxi et le pays de Picardie, où ils firent assez de maux. Quand ils s'en retournèrent par la comté de Boullenois, ceulx du pays, qui jamais ne les aymèrent, pour la proximité des frontières qu'ils ont ensemble, lorsqu'ils trouvèrent advantage, chargèrent sur eux en passant. Ainsi par leurs mains trespassèrent qui la mer point ne repassèrent.

CHAPITRE XXIV.

La conqueste que fit monseigneur le duc Charles de la ducé de Lorraine.

QUAND monseigneur le duc Charles de Bourgogne eut visité l'ost du roi Edouard, son beau-frère, il retourna d'illec, sur espérance de conquerre la ducé et comté de Vaudemont, sur le duc René qui l'avoit desfié de feu et de sang, devant la ville de Nusse. Et en passant par Valenchiennes, le vingt et uniesme jour d'aoust, se tira à Mons en Haynault, à Nivelle et à Namur, auquel lui vinrent nouvelles du parlement de Picquegni, entre le roi de France et le roi d'Angleterre, et de l'accord d'iceux; de quoi lui et les siens se donnèrent grand merveille. Mondit seigneur le duc séjourna à Namur près de vingt-six jours, où il passa les revues des gens de son hostel, puis se trouva à mars en famille appartenant à monseigneur le grand bastard de Bourgogne. De la Roche passa par Julliers, et vint à Arlon et à Soheuvre, où il séjourna vingt-six jours, à cause d'un apostume qui lui vint en la gorge. En ce temps pendant, monseigneur le connestable de France, Loys de Luxembourg, comte de Saint-Pol, envoya vers lui, nuict et jour, message sur aultre. Pendant ce temps, monseigneur le duc avoit mis ses ordonnances sur les frontières de Lorraine, et capitaines de grande recommandation, tant Bourguignons comme Italiens: c'est assavoir le comte de Campo-Basso, Troylus, Jacques Galliot, messire Regnier de Brochusen, messire Phelippe de Berghes, le seigneur de Chantereine, et aultres fort expérimentés de la guerre. Lors estoient iceulx capitaines, devant une ville nommée Dye, par lesquels les faubourgs, aussi forts que la ville, furent prins par un très aspre et grand assault, et la ville se rendit à leur voulonté; il y avoit environ six vingts Suisses et Allemands culevriniers, qui furent prins et pendus par les arbres. Monseigneur le duc se trouva devant une grosse abbaye, nommée Goze, forte comme un chasteau. L'ouverture lui fut déniée par les habitans d'icelle. Mondit seigneur jura par

Saint-Georges, que, s'ils ne lui ouvroient les portes, il feroit bouter le feu dedens.

Finablement ouverture lui fut faicte. Le seigneur de Bièvres, premier chambellan, ensemble et les maistres d'hostel, y furent pour ceste nuict; et mondit seigneur se logea en la ville. De l'abbaye de Goze, monseigneur se trouva devant un chasteau en Lorraine, nommé Prony, où il fut salué de traict à pouldre. Et icellui duc fit mettre ses gens en bataille, à cause que l'artillerie passoit; puis alla devant une ville forte, nommée Pont-à-Mousson, appartenant au roi Regnier, laquelle estoit gardée par le bastard de Lorraine et aulcuns Allemands, lesquels sentans l'approchement du duc Charles, habandonnèrent la place; et ceux de la ville le boutèrent dedens, saufs corps et biens.

Le duc oyt nouvelles que le prince de Tarente, don Frédérick, fils du roi de Naples, estoit à un village illec à l'environ; et pour le bien viengnier, le seigneur de Bièvres, le seigneur de Baudeville, le seigneur d'Ordre et le seigneur de la Marche furent envoyés vers lui. Puis monseigneur alla au-devant de lui près d'un traict d'arc; et le menoit le duc de Clèves. Et quand vint à l'aborder, ledit prince se mist à pied. Si fist monseigneur le duc, et après eux avoir embrassés, remontèrent à cheval et allèrent en la ville. Ledit prince avoit quatre-vingt et seize mulets chargés de bagues, et estoit bien accompagné de plusieurs nobles, et fit grande révérence à monseigneur. Le vendredi pénultiesme du mois de septembre, monseigneur le duc, le prince et leurs gens, se partirent et se logèrent à Condé, un fort chasteau bien situé, lequel fut donné par mondit seigneur le duc, au fils du comte de Campo-Basso, qui fut tenu par les habitans d'illec pour leur seigneur. De Condé, mondit seigneur se trouva devant la ville de Nancy, en Lorraine, où il fit ranger ses gens en bataille, pour faire sortir les gens de guerre de la ville, ce que point ne firent. Et mondit seigneur, avec son armée, s'en alla loger à Nœufville, entre Nancy et Saint-Nicolas, où le lendemain il fist son pélérinage, qui fut le premier jour d'octobre. Puis monseigneur et son armée vinrent loger à Bayonne, une bonne ville, appartenant au fils du seigneur de Montagu. Les chevaliers furent logés en ladite ville, et monseigneur, ensemble ses gens d'armes, aux champs, où les ambassadeurs de France vindrent parler à lui à part, l'espace de trois à quatre heures; et tost après, monseigneur envoya une compagnie de Lombards devant un chasteau nommé Saint-Germain, lequel fut prins d'assault, bruslé et desmolli, et les Suissers qui le gardoient pendus et estranglés. De Bayonne, monseigneur vint devant une bonne ville, nommée Charme. Ceux qui dedens furent tiroient sur l'ost de monseigneur, lequel passa la rivière de la Moselle en très grand danger de sa vie.

Ceux de la ville sentant ceste approche, boutèrent le feu en un fort grand faubourg, qui toutefois fut gaigné par le bailly de Brabant, à force de douze cents hommes, lesquels rescouyrent plusieurs maisons.

Le jour ensuivant, la ville se rendit à la voulenté de monseigneur. Les gens d'armes estrangers, comme François, Picquars, Suissers, Gascons, et Allemands, en nombre de vingt-quatre, furent condamnés à estre pendus à un seul arbre. Et pourtant que le bourreau de Saint-Germain estoit ailleurs empesché à cause de son office, le paige d'un capitaine nommé Jean de la Barre, fut condamné à pendre les vingt-trois, et qu'il auroit la vie saulve : ce qu'il commença à faire jusques au nombre de six, desquels son maistre fut l'un ; puis le bourreau survint qui pendit le demourant ; et la ville fut pillée et bruslée, et les habitans prisonniers. Monseigneur se deslogea de devant Charme le neuviesme d'octobre ; et fut le siége mis devant Dampierre, une forte villette, laquelle après avoir esté battue d'engins, se rendit à la voulonté du duc, et fut pillée et bruslée, et les manans prisonniers, car n'y avoit nuls gens de guerre.

Le lendemain, monseigneur se logea aux champs entre Espinal et Chasteau sur Mosel. Aulcuns Bourguignons s'advanchèrent d'aller devant Espinal, sans le sceu de monseigneur. Si furent servis de serpentines, et navrés et tués par ceux de la ville, qui y firent une saillie. Ceste mesme nuict, monseigneur envoya quatre cents lances de ses ordonnances, qui gaignèrent une partie des fauxbourgs. Et firent ceste emprinse les gens de monseigneur Reynier de Brouc-huysen et Jehan de Longueval.

Aulcuns aultres fauxbourgs gaignèrent les gens de Troylus, Lombard, et depuis les perdit; et monseigneur lui dist que s'il ne les reprenoit, qu'il lui feroit trancher la teste. Et pour donner approche à la ville, monseigneur passa la rivière de la Moselle, moult profonde et rade; parquoi plusieurs furent noyés. Et finalement fut assiégée la ville d'Espinal, par-deçà et par-delà l'eau; et tioient ceulx de la ville sur ceulx de l'ost dru et menu, et ceulx de l'ost ne se faindoient pas. Il y a en Espinal trois forts, deux villes fermants l'une contre l'autre, et un fort chasteau; et estoit munie leur ville de huit cents combattans estrangiers, François et Allemans.

Le dix-septième jour du mois d'octobre, les capitaines du chasteau et des deux villes d'Espinal parlementèrent à monseigneur; et fut faict l'accord tellement, qu'ils se rendirent, corps et biens saulfs, et pareillement les gens armés, moyennant qu'ils se partiroient. Et monseigneur le duc y entra deux jours après et y ouit la messe; mais il retourna dormir aux champs; et après que les garnisons furent assises, il se logea à trois lieues près de Vaudemont. Et le lendemain partist monseigneur et son armée, devant le point du jour; et se trouva devant la ville au matin. Ceux qui dedans estoient furent comme surpris.

Monseigneur les envoya sommer, et n'y vou-

loient entendre, ains ruoient de bons hays sur
toutes les compagnies de l'ost; mais enfin ils parlementèrent tellement, qu'ils rendirent la ville et
le chasteau, leurs corps et biens saulfs; et le seigneur de Bievres prist le serment des habitans,
promectans d'estre bons et loyaux subjects comme
conquis. L'on y mit nouveaulx officiers et garnison
suffisante. Pendant ce temps, les trèves de neuf
ans vindrent à monseigneur le duc Charles, entre
le roy Loys de France et lui, qui furent jurées et
accordées entre eulx, par la manière qui s'ensuit:

CHAPITRE XXV.

Copie des trèves de noef ans.

Charles, par la grâce de Dieu, etc., à tous ceux
etc, salut. Comme par ci-devant plusieurs journées
ayent esté tenues en divers lieux, entre les gens
à ce commis et députés par le roy et nous, pour
trouver moyen de réduire à bonne paix et accord
les questions, divisions et différents estans entre
nous, et sur icelles recouvrer, trouver et accepter
finalement une bonne paix, laquelle chose jusques
ici n'a peu prendre conclusion; considérant que
à l'honneur et louange des princes chrestiens, riens
n'est plus convenable que de désirer et avoir paix,
de laquelle le bien et le fruict des choses terrien-
nes et mortelles est si grand que plus ne pourroit:

Nous, désirans envers Dieu, nostre créateur, nous monstrer vertueux, obéissans en toutes nos opérations par effect, affin que l'église vacquant au service divin, puisse prendre vigueur, et demourer en vraie et seure franchise et liberté; les nobles courages des hommes mortels habonder en repos et tranquillité, sans servitude d'armes, et que l'entretenement de nos pays et seigneuries, tant au faict de la marchandise comme aultrement, puist estre permanente, et l'estat d'un chacun demorer en son entier; et conséquement le povre et menu peuple, ensemble tous nos subjects, puissent labourer et vacquer, chacun en droict soi, à leurs industries et artifices sans quelqu'oncques violences et oppressions; et en temps à venir, moyennant la grâce de Dieu, entre eux vraie et perpétuelle paix et justice nécessaire à tous chrestiens, garder, entretenir et conserver, et en icelle vivre ou mourir inviolablement: Ayons, par l'advis et délibéracion de plusieurs de nostre sang et gens de nostre grand conseil, faict, conclud et accordé entre le roi et nous, pour nous, nos hoirs et successeurs, et pour tous les pays, terres et seigneuries d'une part et d'aultre, trèves générales en la forme et manière qui s'ensuit :

Cy sont les articles faicts et accordés entre le roi et monseigneur le duc de Bourgogne, touchant la trève faicte et conclue entre eux.

« Premièrement. Bonne, seure et loyale trève, seur estat, abstinence de guerre, sont prinses, acceptées, formées, conclues et accordées par terre et par mer, et par eaues doulces, entre le roy et mondit seigneur de Bourgogne, leurs hoirs, successeurs, pays, terres, seigneuries, subjects et serviteurs, icelles trèves, sur l'estat et abstinence de guerre, commenchant ce jourd'hui, treiziesme jour de ce présent mois de septembre, durant le temps et terme de neuf ans, et finissant à semblable treiziesme jour du mois de septembre les dits neuf ans révolus. qu'on dira l'an mil quatre cent quatre-vingt et quatre. Pendant lesquelles trèves, seur estat et abstinence de guerre, cesseront d'une part et d'autre toutes guerres, hostilités et voyes de faict: et ne seront faicts par ceux de l'un parti sur l'aultre, de quelque estat qu'ils soient, aulcuns exploicts de guerre, prinses ou entreprinses de villes, cités, chasteaux, forteresses ou places tenues ou estans ès mains ou obéissance de l'un ou de l'aultre, quelque part qu'elles soient scituées ou assises, par assaults, siéges, emblées, eschellements, compositions, povoir, actions, ne sous couleur de debtes ou obligations, tiltres ne aultrement, en quelque forme ou manière que ce soit. Supposé que les seigneurs habitans desdites villes, cités, chasteaux, places ou forteresses, ou ceux qui en auront la garde, les voulsissent rendre, bailler ou délivrer de leur voulonté ou aultrement, à ceux du parti ou obéissance contre; au quel cas, s'il advenoit celui par lequel ou à l'aveu duquel avoit esté prinse ladite ville ou villes, chasteaux, places ou forteresses, l'on seroit tenu de faire rendre ou restituer plainement à celui sur qui ladite prinse avoit esté faicte, sans en délaisser la restitution pour quelconques causes ou occasions que ce soit advenu, en dedans huict jours après la sommation sur ce faicte de l'une des parties à l'aultre; et au cas que deffault y auroit de ladite restitution, celui pour la partie duquel ladite surprinse aura esté faicte, pourra recouvrer ladicte ville ou villes, cités, chasteaux, places ou forteresses, par siéges, assaults, eschellements ou compositions, par voie de faict ou hostilité de guerre et aultrement, ainsi qu'il pourra, sans ce que l'aultre y donne empeschement, ou que, à l'occasion de ce, lesdites tresves seur estat, ou abstinence de guerre puissent estre dictes ne entendues rompues ne enfreintes, mais demoureront ledit temps durant en leur pleine et entière force et vertu. Et si sera tenu celui qui n'aura faict ladite restitution, rendre et payer tous cousts et dommages qui auroient esté ou seront faicts ou soustenus, en général et particulier, par celui ou ceux sur qui ladite prinse auroit ainsi esté faicte.

« *Item*, et par les gens de guerre ou aultre parti et alliances de mondit seigneur de Bourgogne, qui voudront estre comprins, ne seront faictes aulcunes prinses de personnes, courses, roberies, pilleries, logeis, appactis, ranchonnements, prinses ou descousses de personnes, de bestes ou d'aultres biens quelconques, sur les terres, villes, places, seigneuries, ou aultres lieux estans du parti ou obéissance du roy; et pareillement, par les gens de guerre et aultres estans du parti et alliance du roy, qui vouldront estre comprins, sur sur les terres, villes, places, seigneuries, ou aultres lieux estants du parti et obéissance de monseigneur de Bourgogne; ains seront et debvront tous les subjects et serviteurs d'un costé et d'aultre, de quelque estat, qualité ou condition qu'ils soient, chascun en son parti et obéissance, seulement, saulvement et paisiblement, de leurs personnes et de leurs biens; et y pourront labourer, marchander, faire et pourveoir toutes leurs aultres besongnes, marchandises, négociations et affaires, sans destourbier ou empeschement quelconque, et tout ainsi qu'en temps de paix.

« *Item*, pendant et durant lesdites trèves, seur estat et abstinence de guerre, les subjects, officiers et serviteurs, d'une part et d'aultre, soit prélats, gens d'esglise, princes, barons, marchands, bourgeois, laboureurs et aultres, de quelque estat, qualité ou condition qu'ils soient, pourront aller, venir, séjourner, converser, marchander, et autrement, en tels habillements comme bon leur semblera, pour quelconques leurs négoces et affaires, les uns avec les aultres, et les uns ès pays et seigneuries et obéissance de l'aultre, sans sauf-conduict et tout ainsi que bien polroit oncques aller et marchander en temps de paix et sans aulcun destourbier, arrest ou empeschement, si n'est par voye de justice, ou pour debtes, ou pour les délicts, abus ou excès qu'ils y auront d'ici en avant perpétrés et commis; sauf aussi que gens de guerre en armes et en puissance, ne pourront entrer de l'un parti en l'aultre, en plus hault nombre de quatre vingts ou cent chevaliers, ou en dessoubs; et ne seront dictes et proférées, à ceux qui iront ou converseront d'une part et d'aultre, aulcunes injures et opprobres, à cause du parti; et s'aulcuns font le contraire, ils seront pugnis comme infracteurs des trèves.

« Et en oultre prélats, gens d'esglise, nobles, bourgeois, marchands, et aultres subjects, officiers et serviteurs d'un parti et d'aultre, de quelque estat ou condition qu'ils soient, durant lesdictes trèves, seur estat et abstinence de guerre, auront et retourneront à la joyssance et possession de leurs bénéfices, places, terres, seigneuries, et aultres biens immeubles, en l'estat qu'ils les trouveront; et y seront receus sans empeschement, contredict ou difficulté, et sans en obtenir aultre lettre de main-levée, ne estre constraincts à en faire nouvelle féaulté ou hommage, en faisant servir en leurs personnes, ou par leurs procureurs, ou son lieutenant, soubs qui seront lesdicts bénéfices, places, terres, seigneuries ou biens immeubles, de non traicter ou pourchasser d'iceulx quelconques chose préjudiciable au parti où elles seront; et les seigneurs du parti auxquels appartiendront places estans ès frontières de l'aultre parti, en recepvant le délivrement d'icelles, proumetteront, jureront, et bailleront leurs scellés, de non en faire guerre au parti où elles sont, et que, lesdites trèves expirées, les délaisseront en pleine obéissance au parti où elles seront. Toutes-fois, pour aulcunes causes et considérations, le roy est content que la place de Ramburs soit entièrement baillée et délivrée aux seigneurs d'icelle, sans y mettre aultre capitaine ou garde, pourveu qu'il fera serment, et aussi qu'il baillera son scel en la main d'iceluy qui lui fera ladicte restitution, que devant ceste présente trève, ne après icelle finie, il ne fera ne pourchassera chose préjudiciable au roi, ne à ses pays et seigneuries; et ne mettra garnison en icelle place, qui porte ou face dommage à l'une ne à l'aultre partie. Et quant aux places et forteresses de Beaulieu et Vervins, mondict seigneur de Bourgogne consent, en lui faisant la délivrance réelle des villes et bailliages de Sainct-Quentin, et des places dont traicté est faict entre le roi et lui, les forteresses desdicts lieux abattues, la revenue et seigneurie demeurent entièrement aux seigneurs d'icelles. Et aussi est traicté et accordé, pour plus ample déclaration, que les terres et seigneuries de la Ferre, Chastelet, Vendeul et de Saint-Lambert, dépendans de la comté de Marle, demoureront au roy en obéissance, pour y prendre tailles, aides et tous aultres droicts, comme ès aultres terres de son obéissance. La seigneurie et revenue d'icelle demoureront à monseigneur le comte de Marle, et pareillement les chasteaux, villes, terres, chastellenies et seigneuries de Marle, Gercy, Montcornet, Sainct-Goubain, aussi demoureront à mondict seigneur de Bourgogne en obéissance, pour y prendre telles aydes et tous autres droicts dessus dicts. La seigneurie et revenus demoureront au comte de Marle, selon le contenu de l'article précédent. Et aussi, en la présente trêve et abstinence de guerre, en tant qu'il touche lesdicts articles de conservation, hantise, retour et jouissance de biens, ne seront comprins messeigneurs Baulduin, soi disant bastart de Bourgogne, le seigneur de Renty, messire Jehan de Chassa, et messire Philippe de Commines, ains en seront et demoureront en tout exceptés et fourclos. Et s'aulcune chose estoit faicte ou attemptée au contraire de ceste présente trêve, seur estat et abstinence de guerre, ou d'aulcun des poincts ou articles qui y sont contenus, ce ne tournera ne portera préjudice, fors que à l'infracteur ou infracteurs seulement, ladicte présente trêve toujours demourant en sa force et vertu, ledict temps durant; lesquels infracteurs en seront pugnis si griefvement que les cas le requéreront; et seront les infractures, s'aulcunes, sont reparées et remises au premier estat et deu, par les conservateurs cy après nommés, promptement, se la chose y est disposée, ou du plus commenceront à y besongner dedans six jours après que lesdictes infractures seront venues à leur congnoissance; et ne partiront lesdicts conservateurs d'une part et d'aultre, d'ensemble, jusques à ce qu'ils auront appoincté et fait faire lesdictes réparations, ainsi qu'il appartiendra, et que les cas le requéreront. Et pour la part du roi seront conservateurs pour la comté de Sainct Waleri, et les autres places à l'environ, monseigneur le mareschal de Gamasces; pour Amiens, Beauvoisis, et marches à l'environ, monseigneur de Torsi; pour Compiègne, Noyon, et les marches à l'environ, le bailly de Vermandois; pour la comté de Guise, la Terrace et Erteloix, le seigneur de Villiers; pour la chastellenie de la Ferre et Laon, le prevost de la cité de Laon; pour le pays du roi, environ les marches de Bourgogne, monseigneur de Beaujeu y pourra commettre; pour le baillage de Lyonnois, le bailly de Lyon; pour toute la coste de la mer de France, monseigneur l'admiral y polra commettre.

Item, pour la part de mondict seigneur de Bourgogne seront conservateurs pour le pays de Pontieu et Vimeu, messire Philippe de Crèvecœur, seigneur d'Esquerdes; pour Corbie et la prévosté de Salloit et Bauquesne, le seigneur de Contay; pour Péronne et la prévosté dudict Péronne, le seigneur de Clary, et en son absence le seigneur de la Bergerie. Et pareillement, pour les prévostés et villes de Montdidier et Roye, et places là environ, pour Arthois, Cambresis et Beaurevoir, Jehan de Longueval, seigneur de Vaux; pour la comté de Marle, monseigneur de Hombercourt; pour le pays de Haynault, le seigneur de Aymeries, grand bailly de Haynault; pour le pays de Liége et de Namur, mondict seigneur de Hombercourt, lieutenant de mondict seigneur le duc esdicts pays; pour le pays de Luxembourg, le marquis de Rotelin; pour le pays de Bourgogne, ducé et comté, villes et places à l'environ, estans en l'obéissance de mondict seigneur, monseigneur le marescal de Bourgogne, qui commettra particulièrement en son lieu, où il sera besoing; pour le pays de Masconnois et places à l'environ, messire Tristan de Toulonjon, gouverneur dudict Aussoire; pour la ville et chastellenie de Bar-sur-Seine et places à l'environ, le seigneur des Champs; pour la mer de Flandres, messire Josse de Lalaing, admiral; pour la mer de Hollande, Zellande, Arthois et Boullenois, monseigneur le comte de Bouchain, admiral desdicts lieux.

« *Item*, et s'il advenoit que, durant et pendant le temps de ladicte trève, aulcuns des conservateurs, d'une part et d'aultre, allassent de vie à trespas, en ce cas, le roy, en sa part, et mondict seigneur de Bourgogne, en sa part, seront tenus nommer et establir aultres conservateurs, qui auront otel et semblable povoir comme les précédents, et le signifier aux conservateurs prochains, afin qu'aulcun n'y puist prétendre ignorance.

Item, lesquels conservateurs particuliers qui ainsi seront commis pour la part du roy, et pour la part de mondit seigneur de Bourgoingne ou leurs subrogués et commis, s'ils avoient légitime accusation de non y vacquer en personne, c'est assavoir les deux de chacune marche pour les deux costés, seront tenus d'eux assembler chascune sepmaine, le jour du mardi, ès limites du roy, et aultres fois ès limites de mondit seigneur de Bourgoingne, en lieux propices et convenables qu'ils aviseront, pour coloquer illec de toutes les plaintes et doléances qui seront survenues d'un costé et d'aultre touchant lesdites trèves, et prestement en appoincter et faire réparation, ainsi qu'il appartiendra. Et s'il advenoit que, pour aulcunes grandes matières, il y eut difficulté entre eulx, dont ils ne se peussent appoincter, ils seront tenus le faire signifier et sçavoir incontinent; c'est assavoir les conservateurs de la part du roy, pour les marches de par deçà; et les conservateurs de la part de mondit seigneur de Bourgoingne ès marches de par deçà; monseigneur le chancelier et gens du conseil de mondit seigneur de Bourgoingne ès marches de Bourgoingne à mondit seigneur le mareschal, et aux gens du conseil estants à Digeon, la qualité des plaintes et ce qu'ils en auront trouvé; lesquels seront tenus incontinent, et le plus bref que faire se pourra après ladicte signification, vuider et décider les dictes plaintes et doléances, et en faire jugement et décision, telles que de leurs consciences ils adviseront estre à faire.

Item, et au cas que, à cause des difficultés, lesdits conservateurs renvoyeront lesdictes plaintes, ainsi que dict est, et s'il y a personne empeschée, lesdicts conservateurs leur pourvoyeront d'eslargissement; et s'il advenoit que aulcuns desdicts conservateurs se voulsissent excuser d'entendre auxdictes réparations, maintenans et prétendans les dictes infractions non estre advenues en leurs limites, ils seront, en ce cas, tenus de signifier au conservateur, ès limites duquel ils maintiendront lesdictes infractions estre advenues. Lequel conservateur, au cas qu'il ne voudra emprendre la charge d'entendre seul ladicte réparation, sera tenu de soi assembler, avec l'aultre conservateur qui lui aura faict ou faict faire ladicte signification, pour ensemble, avec ledict conservateur de l'aultre costé, besongner èsdictes réparations, par la manière susdicte.

Item, et seront les jugements que feront lesdits conservateurs, d'une part et d'aultre, exécutés réellement et de fait; et à ce seront constraints les subjets d'une part et d'aultre, nonobstant appellations et oppositions quelconques, et sans ce que lesdits condampnés puissent avoir ne obtenir aulcun remède au contraire, en quelque manière que ce soit.

Item, en ceste présente tresve sont comprins les alliés, d'une part et d'aultre, cy-après nommés, si comprins y veulent estre; c'est assavoir, pour la part du roy, très hault et très puissant prince le roy de Castille et de Léon, le roy d'Escosse, le roi de Danemarck, le roi de Jérusalem et de Cecile, le roy de Hongrie, le duc de Savoye, le duc de Lorraine, l'évesque de Metz, la seigneurie et communauté de Florence, la seigneurie et communauté de Berne, et leurs alliés, qui furent comprins en la tresve précédente de l'an mil quatre cents soixante-deux, et non autres, ceux de la langue de la Haulte-Allemaigne, et ceux du pays de Liège qui se sont déclarés pour le roy, et recheus en son obéissance. Et lesquels alliés seront tenus de faire leurs déclarations, s'ils vouldront estre comprins en ladicte tresve, et icelle signifier à mondit seigneur de Bourgoingne, dedans le premier jour de janvier prochainement venant. Et pour la part de mondit seigneur de Bourgoingne y sont comprins, si comprins y veulent estre, le roy d'Angleterre, le roy d'Escosse, le roy de Portugal, le roy Fernand de Jérusalem et de Cécile, le roy d'Arragon, le roy de Castille et de Léon, le roi de Danemarck, le roy de Hongrie, le roy de Poulongne, le duc de Bretaigne, madame de Savoye, le duc son fils, le duc de Milan et de Gennes, le comte de Romont et maison de Savoye, le duc et seigneurie de Venise, le comte Palatin, le duc de Clèves et le duc de Juilliers, les archevesque de Coulongne et évesques de Liège, d'Utrecht et de Metz, lesquels seront tenus de faire déclaration, s'ils veulent estre comprins dans ladicte tresve, et le signifier au roy en dedans le premier jour de janvier prochainement venant; ce toutes-fois entendu, que si lesdicts alliés comprins de la part du roy, ou aulcuns d'eulx, à leurs propres querelles, ou en faveur ou aide d'aultruy, mouvoient guerre, ou faisoient à mondit seigneur de Bourgoingne, il se pourra contre eulx deffendre; et à ceste fin les offendre, faire exercer la guerre, ou aultrement y remédier et obvier de toute sa puissance, le contraindre ou réduire par armes et hostilités et aultrement, sans ce que le roy leur puist donner secours, aide, ne assistance à l'encontre de mondit seigneur de Bourgoingne, ne que ladicte tresve soit par ce enfraincte. Et pareillement se lesdicts alliés comprins de la part de mondict seigneur de Bourgoingne, ou aulcuns d'eux, à leurs propres querelles, ou en faveur et aide d'aultrui mouvoient ou faisoient guerre au roy, il se pourra contre eux deffendre, et à ceste fin les offendre, faire exercer la guerre, ou aultrement y remédier et obvier de toute sa puissance, les contraindre et réduire par armes et hostilités et aultrement, sans ce que mondit seigneur de Bourgoingne leur puist donner aide, secours ne assistance à l'encontre du roy, ne que ladite tresve soit par ce enfraincte.

Item, pour oster toutes matières et excusation de guerre ou débat pendant ladite trève, le roy se déclarera pour mondict seigneur de Bourgoingne à l'encontre de l'empereur des Romains et de la cité de Coulongne, et tous ceux qui leur feront cy après service ou aide à l'encontre de mondict seigneur de Bourgoingne, et proumettra de non leur faire aide, secours ne assistance quelconques à l'encontre de mondict seigneur de Bourgoingne, ses pays, seigneuries et subjets, comment que ce soit ou puist estre.

» *Item*, pour considération de ce que ledict traité fut de piéçà, mesmement au mois de mai an soixante quatorze, pourparlé et conclud entre les gens du roy et de mondict seigneur de Bourgoingne, le roy consent et accorde que toutes les places, villes et terres qui, depuis ledict pourparlement de ce présent traicté, ont esté prinses et occupées sur mondict seigneur de Bourgoingne, ses subjets et serviteurs, en quelque pays que ce soit, les gens du roy ou aultres, qui, de sa part, seront ou voudront estre comprins en ceste présente trève, soient rendues et restituées à mondict seigneur de Bourgoingne et à sesdicts sujects et serviteurs. Et ainsi le fera faire par effect le roy, de toutes celles qui sont en obeissance; et les aultres qui sont de sa part en ceste dicte trève, seront tenus de le faire quant à celles qui sont en leurs puissances, avant qu'ils puissent jouir de l'effect d'icelle, ne estre reputés et comprins.

» *Item*, pour meilleur entretenement de ladite trève et accord, que les places de Horchies et de Gerundelles seront abattues, si des-jà ne le sont, et les terres demeureront de telles seigneuries qu'elles sont.

» *Item*, pour considération de laquelle tresve, et mieux préparer et disposer toute chose au bien de paix perpétuelle, le roy sera tenu de bailler et délivrer, et par effect baillera et délivrera à mondict seigneur de Bourgoingne la ville de Saint-Quentin et le bailliage de Saint-Quentin, pour le tenir en tel droict qu'il faisoit avant le commencement des présentes guerres et divisions; et dedans trois jours après les délivrances de toutes lettres accordées, le roy en baillera ou fera bailler l'entrée et pleine ouverture et obéissance à mondict seigneur de Bourgoingne, ou à son commis à ce, en telle puissance et en tel nombre de gens qu'il plaira à mondict seigneur de Bourgoingne, en retirant seulement pour le roy telle artillerie de ladite ville de Saint-Quentin qu'il y a faict mettre et amener, depuisque icelle ville s'estoit mise en son obéissance, sans toucher à l'artillerie appartenant à ladicte ville, avant que fusist mis hors de l'obéissance de mondict seigneur de Bourgoingne, ou appartenant aux aultres que au roy ou ses capitaines. Et à ceste fin, pourra mondit seigneur de Bourgoingne avoir aulcuns de ses gens pour voir charger et amener ladite artillerie à lui appartenant, et pour faire cueillir et garder celles qui appartiennent à ladite ville ou à aultre que au roy et à sesdits capitaines; et en recepvant ladite ouverture obéissance et delivrance de ladite ville de Saint-Quentin par mondict seigneur de Bourgoingne, icelui délivrera ou baillera, ou par son commis fera bailler et délivrer ès mains des gens commis du roy à faire icelle délivrance ses lettres, pour les manants habitants dudit Saint-Quentin, de les garder et entretenir en leurs biens, droicts et priviléges, et de non les travailler et molester pour les choses passées, et aussi main levée de leurs biens immeubles et de leurs biens meubles estants en matière et debtes non receues ou acquittées estans ès pays de mondict seigneur de Bourgoingne, et de les traicter ainsi que un bon seigneur doibt faire ses bons subjets.

» *Item*, quant à toutes villes, places et aultres choses quelqu'onques dont cy dessous n'est faicte expresse déclaration et sur lesquels n'est aultrement disposé ne ordonné, elles demoureront en tel estat, parti et obéissance, durant et pendant ladicte tresve, qu'elles sont de présent.

» Et icelles tresves, abstinences de guerre et aultres points cy dessus déclarés, le roy et mondict seigneur de Bourgoingne, pour eulx, leurs hoirs et successeurs, promettront en bonne foy et parole de prince, par les serments donnés aulx sainctes évangiles de Dieu, sur leur honneur et sur l'obligation de tous leurs biens et seigneuries, avoir et tenir fermes et stables, et icelles garder et entretenir, accomplir inviolablement durant le temps et par les manières cy dessus spécifiées et déclarées, sans aller ne faire aulcune chose au contraire, directement ou indirectement, soubs quelque cause, couleur ou occasion que ce soit ou puist estre ; et en seront faictes et despeschiées lettres d'une part et d'aultre, en telle forme qu'il appartiendra.

Et sera ladite trève publiée d'unepart et d'aultre dedans le.....[1] jour du mois de.....[2], saulf et réservé que s'il advenoit, que Dieu ne veuille, que de la part du roy, ladite ville et bailliage de Saint-Quentin ne fussent baillés et délivrés à mondict seigneur de Bourgoingne dedans le temps dessus déclaré, et les choses contenues ès articles de ce faisant, mention, et dont lettres seront faictes et despeschées, ne fussent accomplies, mondict seigneur de Bourgoingne, nonobstant la publication, ne sera tenu, s'il ne lui plaist, de garder, tenir, ne observer ladite trève de neuf ans, et les articles contenus en icelle, plus avant que jusque au premier jour de mai prochain venant, que l'on dira l'an mil quatre cents soixante seize, jusques auquel premier jour de mai la trève néantmoins demourera en sa force et vertu.

Sçavoir faisons que pour considération des choses dessus dites, et singuliérement en l'honneur de Dieu nostre créateur, acteur et seigneur de paix, lequel peult donner victoire aux princes chrestiens, telle qu'il lui plaict, et pour envers lui nous humilier, afin de éviter et fuir plus grande effusion de sang humain, et que par les inconvéniens procédans de la guerre, ne soyons abdignes et ostés de la main de Dieu le père et viredés de la succession du fils, et perpétuellement alliénés et privés de la grace du benoist Saint-Esprist, désirans la seureté, repos et sublevement du povre peuple, et icellui

---

1. Lacune. 2. Lacune.

relever de la grande désolation, charge et oppression qu'il a soustenu et soustient de jour en jour à cause de la guerre, et espérant de venir à paix amiable, comme dit est : Nous, ladite trève et seur estat, et abstinence de guerre, avons faictes, acceptées, prinses, fermées, conclues, promises et accordées, et par la teneur de ces présentes, par l'advis et délibération que dessus faisons, acceptons, prenons, fermons, concluons, promettons et accordons, pour nos dits hoirs et successeurs; et avons promis et juré, promettons et jurons, en parole de prince et par la foi et serment de nostre corps, sur la foi que nous tenons de Dieu nostre créateur, et que nous avons receu au sainct sacrement de baptesme, et aussi par le sainct canon de la messe, sur les sainctes évangiles de Nostre-Seigneur, sur le fust de la vraie et piteuse croix que nous avons manuellement touchée pour ceste cause d'icelle trève, et toutes les choses que nous debvons faire de nostre part, ainsi qu'elles sont contenues èsdits articles, garder, tenir et observer, entretenir et accomplir bien et léaument, selon la forme, et manière desdits articles, sans de rien en laisser, ne jamais faire, ne venir au contraire, ne quérir quelque moyen, couleur ou excusation pour y venir, ne pour en rien pervertir, ne faire quelque mutation d'aulcunes choses dessusdites. Et s'aulcune chose estoit faite, attentée ou innovée au contraire par nos chefs de guerre ou aultres nos subjets et serviteurs, de la faire réparer; et des trangresseurs ou infracteurs, faire telle pugnition que le cas le requerra, et en manière que ce sera exemple à tous aultres. Et à toutes les choses dessusdites, nous sommes submis et obligés, submettons et obligeons par l'hypotecque et obligation de tous nos biens présens et advenir quelqu'oncques, sur nostre honneur, sur peine d'estre perpétuellement deshonorés, reprochés et vilipendés en tous lieux. Et avec ce avons promis et juré, promettons et jurons par tous les serments dessus dits, de jamais n'avoir ne pourchasser de nostre sainct-père le pape, de concile, légat, pénitencier, archevesque, évesque, ne aultre prélat ou personne quelqu'onque, dispensation, absolution ne relievement de toutes choses susdites, ne d'aulcunes d'icelles; et quelque dispensation qui en seroit donnée et obtenue par nous ou par aultres, pour quelque cause, couleur, ou excusation que ce soit, nous y renonchons dès à présent pour lors, et voulons qu'elle soit nulle et de nulle valeur et effet; qu'elle ne nous soit ou puist estre vaillable ne proufitable, et que jamès ne nous en puissions aider en quelque manière que ce soit ou puist estre. Et pour ce que de ces présentes l'on pourra avoir affaire en quelque lieu, nous voulons que au vidimus d'icelles faicts et signés par l'un des notaires, ou soubs scel real nostre, ou aultre, autentique foi soit ajoustée comme à ce présent original. Et afin que ce soit chose ferme et stable, nous avons signé ces présentes de nostre main, et icelles fait sceller de nostre scel. Donné au chastel de So-le-mur, le treizième jour de septembre, l'an de grâce mille quatre cents soixante quinze,

Signé CHARLES,

Et du secrétaire par monseigneur le duc, GROS.

CHAPITRE XXVI.

Le parfaict de la conqueste de Lorraine par le duc Charles.

MONSEIGNEUR le duc Charles estoit tout délibéré de tenir les trèves de noef ans que dessus est escript, et n'avoit aultre volonté que de retourner en son pays; et pour accomplir son desir, se mist en train de se faire accompagner de noef cents lances, le vingt-quatrième d'octobre; et se tira assez près de Nancy pour faire un logis en passant, seulement sans y vouloir mettre siége; car il n'avoit que douze serpentines seulement. Quant ceux de Nancy perceurent son armée en bele bataille, ils ne se peurent tenir de tirer sur eux. Et lors les Feradois et Suisses, que l'on estimoit en la ville de quatorze cents, sortirent sur ladite armée et firent de terribles escarmouches, navrans et domageans les gens du duc; et quand les Bourguignons veirent qu'ils y alloient de telle sorte, ce que faire ne debvoient, considérée la proclamation des trèves, en leur primitive advenue ils se deffendirent vigoureusement, et reboutèrent très rudement les Feradois et Suisses dedans leur fort; et de faict gaignèrent les faux-bourgs à deux costés de la ville; et la garnison d'icelle s'efforçoit de tuer et tirer puissamment, afin que le duc ne s'y logeast. Mais nonobstant quelques grand debvoir et obstacle qu'ils y sceussent faire, il se logea, et les assiégea par grand hardement. Advint ce mesme jour, en l'escarmouche fesant, que ung Lombard, du parti des Bourguignons, print un Allemant fort puissant de la garnison de Nancey. Deux Picquards voyats ceste prinse, survindrent disant au Lombard qu'ils y debvoient avoir part; et furent en grand estrif iceux deux Picquards contre ledit Lombard, lequel jura par le sang de Dieu qu'il l'auroit seul. Ce temps pendant, passa auprès d'iceulx un autre Allemant, fors bien en poinct. Les deux Picquards coururent après pour le prendre, et abandonnèrent ledit Lombard et sondit prisonnier, lequel, comme dit est, estoit moult grand et robuste. Parquoy, se voyant seul avec ledit Lombard, il le chargea à force de bras, et le porta dedans Nancey. Pendant ce temps, monseigneur le duc envoya son mandement en forme de placart à ceulx de Nancey, en remonstrant qu'en faisant leurs saillies, escarmouchans et tirans sur ses gens, il avoient enfreinct et rompu les trèves, et à ceste cause il leur faisoit sçavoir, que jamais ne partiroit d'illec qu'il ne les eust à sa voulenté. Pour response à ce que le duc avoit mandé à ceux de Nancy, le bastard de Lorraine, fils du duc Jehan, envoya quatre gentilshommes allemans vers mondit seigneur, pour faire leurs excuses ; mais il les envoya confusément, disant que leur duc et eux avoient menti leurs scellés, de ainsi soustenir ces traistres rebelles et desloyaux subjects de Ferrette, et que par sainct George il les feroit tous pendre. Et à grande célérité se retirèrent en leur fort, tirants continuellement sur l'ost serpentines, hacquebustes et aultres engins dont ils avoient grande abondance ; et les Bourguignons, après avoir faict leurs approches et leurs trenchis au pied de la muraille, leur donnèrent plusieurs approches ; et lesdits trenchis furent cause qu'ils leurs donnèrent plusieurs affaires.

La nuict de la Toussaint, le duc Charles, tenant siége devant Nancey, arrivèrent illec trois ambassadeurs des plus grands princes de chrestienneté, c'est assavoir de nostre sainct-pere le pape, de l'empereur et du roy de France. Le légat y estoit pour le pape, un prothonotaire pour l'empereur, et le seigneur de Saint-Pierre pour le roy de France ; et furent festoyés ensemble en la tente de monseigneur de Bièvres, premier chambrelant du duc. Peu de sepmaines après, le duc se mist au-dessus de Nancey. Par appoinctement, les Allemans qui la deffendoient se partirent, leurs corps et leurs biens saulfs. Le duc fit assembler les trois estats du pays auxquels il fit faire des serments ; et establit messire Jehan de Reubenpré, seigneur de Bièvres, son lieutenant-général et gouverneur de Lorraine, à la requeste des nobles du pays ; et demoura illec en garnison, accompagné de cent lances. Et quant vint le mois de janvier an mille quatre cents soixante-quinze,[1] le duc Charles, estant audit Nancey, changea les capitaines de ses ordonnances, comme par aulcuns ans paravant estoit accoutumé de faire au jour de nouvel an. Et pour ce que les quatre cents lances qu'avoit amené des Italiens le comte de Campo-Basso, dont il estoit chef, s'estoient fort diminuées par les exploicts de guerre qui par icelles furent achevés, il bailla en charge cent desdites lances au seigneur Angel, fils dudit comte, oultre cent au seigneur, fils mains-né dudit conte; et du demourant furent renforcées aulcunes aultres compagnies, parquoi ledit conte de Campo-Basso, se contenta mal; et fut le premier desdaing qu'il print contre le duc son maistre, auquel il faillit au besoing; comme il apperra cy-après. Néantmoins il print congé du duc à demi mal content, disant qu'il estoit tenu à lui d'une grande somme de deniers ; et en passant par Angleterre se tira à Sainct-Jacques en Gallice, où il fit son pélélinage, et retourna de son voyage accompli vers le duc Charles à l'entrée du mois de juing ensuivant. Les garnisons assises et bien ordonnées

---

1. 1476, nouveau style.

en la ducé de Lorraine et comté de Vaudemont, le duc Charles se tira vers le pays des Suisses, où fortune lui fut très dure et rigoureuse, comme cy-après apperra. Mais sans plus avant procéder en ceste matière, ferons narration d'aulcunes advenues qui, pendant le temps de ce qui est récité, survindrent en aultres quartiers, principallement de la décollation de monseigneur le connestable de France.

CHAPITRE XXVII.

La mort de monseigneur Loys de Luxembourg comte de Saint-Pol et connestable de France.

Depuis le jour que le roy Loys de France et le roy Édouard d'Angleterre colloquèrent ensemble à Picquegny-sur-Somme, monseigneur le connestable fut mal en grâce, tant de l'un comme de l'aultre, et mesmes du duc Charles de Bourgogne. Le roy Édouard retournant en Angleterre, séjournant encores en la ville de Calaix, envoya lettres au roi de France, lesquelles lui avoit envoyées le connestable, comme disent les François; et contenoient comme le roi Édouard estoit deshonoré d'avoir faict une si grande levée que de descendre en France, et de soi retirer ainsi, sans coup férir; car le roi de France ne lui tiendroit chose qui proumise lui en fut. Le roi d'Angleterre avoit quelque mauvaise suspicion sur sa personne; et le duc de Bourgogne lui requit avoir la ville de Sainct-

Quentin en main des siens, lorsqu'il se trouva à Valenchiennes avec lui, environ la my aoust; laquelle requeste ne lui fut octroyée. Nonobstant ce refus, le duc espéroit tousjours d'avoir ladite ville par le moyen dudit connestable; et pour achever son faict, il écrivit au seigneur d'Eymeries, grand baillif de Haynault, dès le cinquième jour de septembre précédent, qu'en tout ce que son beau cousin de Sainct-Pol le connestable lui escrivoit et commandoit, il obéist à lui comme à sa propre personne. Et ledit connestable manda audit seigneur de Aymeries qu'il assemblast ses gens, et fussent prests pour tirer aux champs. Et au-dessous des lettres estoit escript, de la main du connestable, que, s'il estoit diligent, le duc son maistre obtiendroit partie de son désir. Le roi de France estant aulcunement adverti que le connestable estoit en variance de rendre Sainct-Quentin au duc de Bourgogne, sè mist sus, accompagné de vingt mille combattans; et environ six heures du vespre, le quatorzième de septembre, se trouva en la ville dudit Sainct-Quentin, où il fit nouveaux officiers, destituant ceux que le connestable y avoit ordonnés. Et les dames des seigneurs estans illec tenans le parti du connestable, furent constraintes de partir hastivement; car le roi fit bannir tous ceux estans à Sainct-Quentin, qui estoient adhérens au connestable, icelles ensemble leurs enfans et familles, chargés d'autant de biens et non plus qu'elles en povoient porter en leurs gerons, et le demourant demouroit au prouffict du roi et à ses commis. Icelles dames et damoiselles, et aultres leurs adhérens, fort desconfortées, et non sans cause, arrivèrent à Cambray. Pendant ce temps, le connestable, le seigneur de Moy et aultres, estoient envoyés vers le duc de Bourgogne, de par le roi, pour besongner de paix ou de trèves. Ils furent logés au Quesnoy, et de là tirèrent à Binch. N'est merveilles se le connestable s'eslongeoit de Sainct-Quentin; car la reine de France, sa belle-sœur, sachant aulcunement la voulenté du roi, désirant la despoincter, lui manda par ses lettres, que si chère qu'il avoit la vie, se partist d'illec; car le roi contendoit totallement à lui enclorre. Le connestable retourna de Binch à Mons, où il fut arresté par monseigneur le duc de Bourgogne; et fut détenu prisonnier soubs la garde de monseigneur d'Aymeries, grand bailly de Haynault, du prévost de Mons et de ceux de la ville; et dès lors qu'il estoit à Binch, s'il eusist voulu croire le conseil de ses bienveuillans, il fusist retiré au chastel de Ham, fort assez pour résister pour un temps contre tous ceux qui nuire le vouloient. Par le commandement de monseigneur le duc Charles, messire Philippes de Croy, comte de Chimay, le bailly de Haynault, et aultres nobles du pays, remenèrent monseigneur le connestable, lui troisième de sa famille seulement, son barbier et un valet de chambre, en la ville de Valenchiennes, comme prisonnier. Il fut logé à l'hostel dudict comte; et le lendemain fut, par iceulx, avec bourgeois, marchands et manans de la ville, à cheval et à pied, en nombre de huit cents hommes, conduict jusques à la ville de Péronne, où l'admiral de France, le seigneur de Sainct-Pierre le Moustier, le seigneur de Boscaige, et une grosse bende de gendarmes le surattendoient.

Les François disoient que, par le traicté de la trève de nof ans, le duc Charles le debvoit livrer au roi, parmi ce que le duc auroit ses biens par confiscation, et le roi auroit le corps. Et disoit le roi, que beau cousin de Bourgogne avoit faict du connestable comme l'on faict du regnart, car il avoit, comme sage, retenu la peau, et il n'avoit que la chair, qui ghères ne vailloit. Ainsi que monseigneur le connestable, accompagné de François, approchoit la ville de Paris, pensant qu'il seroit bouté en la Bastille, comme prisonnier, il pria à l'admiral et aultres qui le conduisoient, qu'il polsist entrer en la Bastille par dehors la ville, afin que le peuple parisien ne s'esmeust contre lui furieusement; mais sa prière ne sortit son désir, car il entra par la porte Sainct-Anthoine, soubs la garde du prévost de la Bastille, auquel l'admiral et aultres le livrèrent.

Le roi Loys avoit escript à maistre Pierre d'Oriole, chancelier de France, à deux présidens de parlement, et aultres notables personnages, que, quant le connestable seroit venu en la Bastille, i fusist examiné diligemment, et que, en l'espace de huit jours au moins, son procès fusist faict; et que toutes causes cessassent en parlement, jusques la sentence en seroit rendue. Et quant vint à l'examen faire, monseigneur le connestable dit qu'il n'appartenoit au parlement congnoistre son faict, mais à messeigneurs les douze pairs de France. Nonobstant ceste response, ledit chancellier et présidens dessus nommés le interroguèrent à loisir et à plusieurs fois, sur certains articles desquels il estoit accusé. Son faict ne fut poinct si tost expédié; car de faict l'on renvoya vers le roi pour certaines causes; et finablement l'arrest porta qu'il estoit digne de mort. Monseigneur de Sainct-Pierre le Moustier fut ordonné pour aller vers lui à la Bastille, pour l'amener au Palais; et quant il fut entré, le trouva couché au lit, dénué de tous ses gens; et après qu'il l'eut salué, monseigneur le connestable lui demanda de quelle main il se seigneroit pour la journée; et le seigneur respondit: «De telle main que vous avez accoustumé de faire.» Puis il se leva et habilla, et en partant de son logis, fit le signe de la croix, et dict: « A Dieu je me recommande. » Puis monta à cheval, et fut amené au Palais jusques à la table de marbre; et le greffier de parlement estant illec, et qui le hayoit le plus, lui lut certains articles, en l'interrogeant et disant : «Monseigneur, est-il ainsi?» Et il respondit : « Oye. »

De là fut mené en une chambre richement tendue, où le chancellier de France lui fit mettre sus le collier d'or et l'image de monseigneur Sainct Michel, qui estoit l'ordre du roi. Après lui fut dist qu'il mesist jus l'espée de la connestablie ; à quoi respondit qu'il ne l'avoit lors, mais se mettroit en paine de la rendre, puisque c'estoit le bon plaisir du roi.

Puis lui dit le seigneur de Gaucourt : « Vous
» avez esté long-temps en la garde du roi, dili-
» gemment interrogué des extremes cas qu'avez
» commis à l'encontre de la majesté royale et de
» la chose publique, grandement par vous offen-
» sés, comme il appert par vostre confession ; et
» avez conspiré avec les ennemis du royaulme, en
» brisant vostre foi ; pourquoi je suis ici envoyé
» par la court de parlement, vous signifier la sen-
» tence, laquelle est contre vous : c'est que vous
» estes jugé à estre décapité et mourir aujourd'hui
» publiquement en Grève, devant la Maison de
» la ville, et que toutes vos terres et biens meubles
» sont confisqués au roi. »

A ces mots, monseigneur le connestable s'escria haultement, et dict : « O mon Dieu ! quelles nou-
« velles ! Ve-ci une dure sentence ! »

Ces choses accomplies, on lui fit ouyr la messe. Il requit de recepvoir le corps de Nostre-Seigneur, ce qui ne lui fut accordé ; mais il baisa les sainctuaires et dignités de la chapelle. Puis lui furent baillés quatre docteurs en théologie, fort renommés en l'université, et de très saincte vie; deux séculiers, et deux mendians, l'un Cordellier et l'aultre Augustin, qui fort diligemment l'administrèrent de son salut. Puis ledict connestable, vestu d'une longue robe de deuil, et sur l'espaule chaperon de mesme, à cause de madame sa femme, sœur germaine de la reine de France, nouvelle-trespassée de ce siècle, se part du palais, monté sur un mulet, fut livré au prévost de Paris et au lieutenant du cas criminel, et fut amené en Grève; et monta sur un eschafaut richement tapissé de fleurs de lys. L'on lui osta le collet de son pourpoint; et eut les cheveux coupés par Jehan Cousin, fils de maistre Henri, bourreau de Paris, lequel jamais n'avoit exécuté personne. Il lui banda les yeux d'un velours cramoisi, et soi agenouillant devant ledict connestable, lui requist pardon de sa mort; laquelle requeste lui fut libérallement accordée. Puis le connestable, soi ruant à genoux sur un carreau de velours, jettant son regard vers l'église de Nostre-Dame de Paris, bien administré des confesseurs, plourant et faisant sa très dévote oraison, et tendant le col sous le tranchant de l'espée, fut décapité d'un seul coup, en commun spectacle, par ledict Jehan Cousin, en présence de cent mille personnes, au jour et à l'heure que l'on chante à vespre *O clavis David*, par un mardi dix-neuvième de décembre, l'an susdict [1]. Si termina piteusement ses jours. Et pour mettre en retenance l'année, le jour et l'heure de sa mort, maistre Jehan de Luto, chanoine de Sainct-Quentin, composa ce mètre :

---

1. 1475.

O clavis sancti Pauli
Mors est Ludovici.

Aulcuns disent que la teste fut recueillie par le bourreau, qui la monstra au peuple, disant : « Voici la teste de Loys de Luxembourg, comte de » Sainct-Pol. » Et l'exécution faicte, aulcuns cordeliers prinrent tant le chef que le corps, et le portèrent au sépulchre, à leur église de Sainte-Claire.

Voilà le douloureux payement et povre rétribution qu'il a recheu en ce monde fallacieux, qui les humains abuse, après avoir éte doué et embraché de tant d'honneurs, de gratuités, de triomphes et de magnificence, qui est fort beau miroir aux gouverneurs des princes. Aultres François ont voulu maintenir que entre les livres et escriptures de monseigneur le connestable, fut trouvé un brefvet après sa mort, faisant mention de sa nativité et de sa vie seullement : comment espouseroit deux femmes de notable lignée, tant de l'une femme comme de l'aultre ; et comment il seroit essours au triomphe d'honneur ; mais quand ce venoit à réciter sa fin, il le tenoit en silence, et n'en sonnoit quelques mots. Mais un petit avant sa mort, un pronostiqueur d'Italie, lui fiit sçavoir, par une lettre italienne, comment il debvoit finer ses jours, à cause d'une femme. Et quand madame sa femme fut trespassée, il cuida avoir eschappé de ce danger, et ne visoit plus à ses pronostications, quant fortune, la criminelle grippe, lui voulut monstrer sa terrible face. Peu de jours après que ledit connestable eut ainsi piteusement terminé ses jours, son arrest de parlement et de condampnation furent divulgué par pays, ensemble les articles par la manière qui s'ensuit.

CHAPITRE XXVIII.

L'arrest et condempnation de feu messire Loys de Luxembourg connestable de France.

VEU que par la cour de parlement, le procès faict à l'encontre de messire Loys de Luxembourg, jadis comte de Saint-Pol et connestable de France, tant sur les charges et informations contre lui faictes, comme par la confession de plusieurs grans gens et notables personnages, avec ce que, de lui-mesmes, sans aulcune contrainte ou menasse a confessé les choses qui s'ensuivent :

C'est assavoir que ledit messire Loys scella et bailla son scel au duc de Bourgogne, pour entretenir son effect, disant que de son costé il maintendroit la guerre, et qu'il feroit armer gens d'armes, et quand ils seroient prets d'assaillir il les feroit reculer.

Item, confesse oultre ledit messire Loys, que sitost qu'il sceut que la paix se faisoit entre le roy et monseigneur de Ghyennes, en tant comme le dict monseigneur de Ghiennes, vouloit espouser la fille au roy d'Espaigne, et par ce moyen parvenir à estre roi d'Espaigne, et par ce, faire grant alliance au roy, et à son prouffit, et à tout le royaulme de France, ledit messire Loys rescripvit à mondit seigneur de Ghyennes, qu'il se gardast bien de passer ledit accord et proumesse de mariage, et que sitost qu'il seroit en Espaigne, le roy et son conseil si advisé avoient que il seroit desposé de sa ducé de Ghyennes, et que jamais n'y auroit riens, ainsi que on avoit fait de la ducé de Normandie ; et qu'il convenoit qu'il envoyast son scel, comme les autres, au duc de Bourgogne, et qu'il lui feroit avoir la fille d'icellui duc de Bourgogne, et qu'il envoieroit à Rome quérir la dispense de serment qu'il avoit faict au roi d'Espaigne ; et de faict y envoya l'évesque de Mouton-Blanc.

Item, confesse oultre ledit messire Loys, que le duc de Bourgogne envoya devers lui messire Phelippe Pot et Phelippe Bouton, lui dire qu'il envoyast son scel pour envoyer en Savoie ; lequel de Luxembourg leur dit qu'il convenoit qu'ils allassent devers monseigneur de Bourbon, et qu'il lui escripveroit qu'il fuist avec eux ; lesquels allèrent jusques à Moulins, en Bourbonnois, et envoyèrent lettres à monseigneur de Bourbon ; lequel monseigneur de Bourbon envoya devers eux le bailli de Beaujollois, qui leur dist que monseigneur de Bourbon ne leur bailleroit point son scel, et qu'il aimeroit mieux devenir aussi povre que Job, que de soi consentir à cela ; et qu'ils dissent audit messire Loys qu'il se repentiroit, et qu'il ne lui en prendroit jà bien en la parfin ; et ainsi s'en retournèrent vers ledit messire Loys, et lui demandèrent son scel pour joindre avec les aultres alliés.

Item, confesse oultre ledit messire Loys, que le roi lui pria et requist qu'il écrivist au roi d'Angleterre, à la royne, et à monseigneur de Sombresct, à monseigneur de Caudalle et autres, touchant la paix que le roi avoit à monseigneur de Werwins; lequel messire Loys promist que ce feroit-il voulentiers. Mais quant maistre Olivier le Roux, qui avoit la charge d'aller en Angleterre illecq devers lui, et lui dict qu'il rescripvist ainsi qu'il avoit promis au roi, et que seurement il feroit son debvoir d'emporter les lettres, ledit messire Loys dit qu'il ne rescripveroit se non à monseigneur de Candalle pour ce qu'il estoit à sa porte; et lui rescripvit le contraire de ce que le roi entendoit.

Item, confesse oultre ledit messire Loys, qu'il rescripvit à monseigneur de Calabre, qu'il ne venist point devers le roi, et qu'il avoit esté au conseil ; lequel portoit que s'il y venoit, qu'il seroit mis en prison, et perdroit tout, et qu'il s'en allast à Ghuise, et illecq le feroit conduire par ses gens d'darmes.

Item, confesse oultre ledit messire Loys, que quand le roi fut à Ham, afin qu'il parlast au roi à seurté, il fit faire une barrière entre le roi et lui ; mais le roi passa oultre ladite barrière et l'accolla en lui priant qu'il voulsist tenir son parti; lequel messire Loys lui promist qu'il ne lui faudroit point, et qu'il seroit pour lui contre tous ; et néantmoins deux jours après, le duc de Bourgogne renvoya par-devers ledit messire Loys, et lui manda que s'il lui vouloit tenir ce qu'il lui avoit promis, que jamais son office ne lui fauldroit, et si auroit à lui dix mille léons d'or par chacun an, tant que la guerre dureroit.

Item, ledit messire Loys confesse qu'il rescripvit au duc de Bourgogne, qu'il ne se douteroit point de lui, et qu'il trouveroit bien fachon de prendre le roy et lui mettre la main au collet, et qu'on le feroit mourir et passer sa vie quelque part; et qu'il garderoit Sainct-Quentin contre lui, et qu'il jecteroit les gens d'armes du roy dehors; et qu'on iroit quérir la royne et monseigneur le dauphin, et qu'on les enverroit quelque part en exil.

Item, confesse oultre ledit messire Loys de Luxembourg, qu'il manda au roi d'Angleterre, qu'il venist en France seurement, et qu'il auroit Amiens, Abbeville et Péronne, pour tenir ses gens d'armes; et que le royaulme seroit parti; et qu'il ne demanderoit pour sa part que la comté de Champaigne et Brie; et que le duc de Bretaigne auroit la comté de Poitou, et qu'il ne demanderoit aultre chose.

Et dit oultre que plusieurs voyages ont été faits par maistre Gauthier, Marchand, Pousse de Rivière et aultres, touchant ce que dit est.

Et tout ce veu, par grande et meure délibération, la cour a déposé ledit messire Loys de Luxembourg de connestable et de tous offices royaux, et déclaré criminel de lèze-majesté, ses biens confisqués au roi, et le condamne d'avoir la teste tranchée sur un eschaffaud, en la place de Grève.

Et pour l'amour de son dernier mariage, la cour a ordonné de grâce que le corps sera enseveli et mis en terre saincte.

Prononcé en la cour de parlement, le dix-neuvième jour de décembre mille quatre cent soixante-quinze, par monseigneur maistre Pierre d'Oriolle, chevalier, chancellier de France.

CHAPITRE XXIX.

La prinse et journée de Grandson.

Quant monseigneur le duc Charles eut conquis la ducé de Lorraine, où il assist fort bonne et souffisante garnison ès villes principales, jusques au nombre de quatre cents lances, il mena très forte et puissante armée au p̄ des Suisses, où il assiégea la ville de Granson, garnie d'environ cinq cents Allemands, bien accoustrés pour la deffendre; et après qu'elle eust esté horriblement battue de courtaux et des serpentines, elle fut prinse par un très aspre et cruel assault, et pillée nettement. Les gens de guerre qui l'avoient en garde se retirèrent au chastel, lequel fut vistement servi d'une bombardelle, qui s'adressa contre une tour esbranlée; puis les Bourguignons affustèrent une grosse bombarde, nommée la Bergère, dont ils furent tellement espoventés, qu'ils se rendirent à la volunté de monseigneur le duc, et laquelle volunté porta que, sans excepter un seul, tous les hommes de guerre qui furent illecq trouvés, seroient noyés, pendus et estranglés; et furent iceulx hommes livrés au prévost des mareschaux nommé Maillotin le Barré, lequel, sans pitié et miséricorde, en fit pendre par trois bourreaux, aux arbres prochains, le nombre de quatre cents ou environ, et les aultres furent noyés au lac. Il n'estoit si dur cœur qui ne deusist avoir pitié de regarder les povres hommes pendus aux branches desdits arbres, en telle multitude qu'elles rompoient et chéoient sur la terre, avec les hommes à demimorts, qui piteusement par cruels satellites estoient mutilés.

Ce très douloureux exploit de guerre parachevé, monseigneur le duc se tira plus avant, deux lieues oultre Granson; et donna la charge à cinquante ou à quatre-vingts archers de corps, fort bien montés et gens de faict, de garder le chasteau de Bomacourt, par lequel tous vivres arrivoient à l'ost du duc, dont convenoit le tenir ouvert. Ledit chasteau estoit fort vieux et dilapidé, sans pont-levis ou quelque fortitude, pour résister aux ennemis. Néantmoins lesdits archers n'osèrent refuser le commandement de leur prince; et pourtant, que enuisque voulontiers, ils s'y fourèrent, et menèrent chevaux, bagues et prisonniers; et le grand danger où ils se boutèrent vous sera récité cy-après.

Allemans et Suisses, voyans et considérans la cruelle et pitoyable extermination faicte en Granson, de leurs amis et parents, laquelle ils portèrent impatiemment, furent esprins et allumés de grand courroux contre le duc Charles, qui trop inhumainement les avoit traités. Dont, pour en prendre hastive vengeance, firent un gros amas de gens de guerre de leur nation et pays, et à toute diligence employèrent force puissance et subtilité, autant que possible leur fut, pour lui porter déplaisir et grevance. Le duc avoit lors en son armée, le prince de Tarente, fils du roi de Naples; monseigneur Anthoine, bastard de Bourgogne; le bastard Bauduin son frère; le comte de Marle; le seigneur de Chasteau-Guyon et aultres nobles personnages, qui assez se doubtoient de la venue que firent les Suisses. Aulcuns d'iceulx advertirent le duc, que iceux Suisses se mettoient sus à grande puissance pour le combattre, et si, que bon seroit d'ordonner les batailles, afin de non estre prins en desroy. Mais quelque chose qu'on référast à mondit seigneur, n'en vouloit rien croire, disant que bien se garderoit d'entreprendre si grande folie. Finablement on lui montra tentes, pavillons, estandards et bannières desdits Suisses, que chascun percevoit à l'œil par-dessus bois et forests. Mais il estoit tellement obstiné en son incrédulité, qu'il en fut lourdement surprins.

Pendant ce temps, les Allemands et Suisses descendoient par une montagne chargée de vignes d'un costé, et d'aultre avoit le lac de Granson. Ils estoient environ de neuf à dix mille piétons armés en poinctes, et accoustrés de crevices, hacquebutes, hallebardes et picques, et soixante ou quatre-vingts chevaulx qui vindrent par en bas, soubs la conduicte des capitaines de Bernes et de Philbourch; (Frboiurg) et à l'approcher crioient : Austrice ! Bernes !

Le duc Charles, estant au pied de la montaigne, voyant que force lui estoit de croire l'approche de ses ennemis, fut constrainct de faire ses préparations pour y donner résistance; et afin d'avoir place pour les combattre, il fit un petit reculer ses gens; et pour donner dedans choisit l'escoadre des quarante chambellans de son hostel, tousjours comptés, lesquels firent bon debvoir de charger sur eux, en criant : Viala ! tellement que environ trois ou quatre cents des plus advancés, furent rués jus par terre; et se la rencharge se fusist faicte de quatre ou cinq escoadres, radement poursuivant, les ennemis estoient deffaicts; mès, par faulte de secours, ils furent en ceste stour rués jus, navrés et bleschés. Et demourèrent mors sur la place, le seigneur de Chasteau-Guyon; messire Jehan de Lalaing, fils de messire Simon : le seigneur de Saint-Sorlin, frère du seigneur d'Irlan; le frère du seigneur de La Freté; le seigneur de Harchies; messire Jacques d'Aymeries, fils du grand bailli de Haynault, et aultres vaillans chevaliers et gentils hommes qui, en ce premier faict, se portèrent honnestement et bien. Messire Jehan de Tressegnies y eut son cheval perché tout oultre d'une pique; le devant de sa sallade et partie de son harnois furent emportés de traict à pouldre. Le demourant de l'armée du duc, voyant ceste renverse, se convertit en fuite. Car tant pour le reculement qu'avoit faict mondit seigneur le duc pour avoir place à combattre, que pour le reboutement de la première escoadre, ceux qui estoient arrière, voyans et oyans ce terriblerencontre, pensèrent en eux mesmes que tout estoit perdu; si firent grande diligence de sauver leurs personnes.

Et jà-soit-ce que les Suisses de prime-face eussent esté rués jus, environ trois ou quatre cents, les aultres de leur bande ne s'en espouvantèrent de rien, et poursuivirent leur faict tant vigoureusement en boutant, batant et rebatant, que Bourguignons, sans tenir pied ferme, se tournèrent tous en desroi; et avec, aulcuns vivendiers furent trouvés morts sur la place, de deux à trois cents; et les Suisses gaignèrent le camp et la bataille, joyaulx, la maison de bois, fort riches vaisselles, tentes, pavillons, tapisserie et la richesse du duc Charles, lequel tout d'un traict et sans descendre, chevaucha jusques à Nazareth, quatorze lieues d'Allemaigne; et les Suisses recueillirent avec leurs despouilles l'artillerie, c'est assavoir le bergier et la bergière, six courtaux, six longues serpentines et six aultres petites, avec les quatre sœurs; et chasserent, tuant tout devant eux, jusques à Granson, que gardoient les Bourguignons. Ils entrèrent ens à grande puissance, et firent saulter par-dessus la muraille pour les noyer et tuer, tous ceux qui la ville gardoient, pour contrevenger ceux que le duc Charles avoit fait pendre. Et fut faict ceste desconfiture la nuyct de Behourdi, l'an mille quatre cents soixante quinze [1]. Aulcuns Italiens estans aux gages du duc, voyans la perte desdits joyaux, commencèrent à piller avec les Suisses, lesquels depuis furent recongnus et prins à tout leur bien, et pendus au marché de Losanne. Et pour présage de ceste malheureuse journée, aulcuns ont dit que le sabmedi précédent, le duc estant et oyant messe aux Jacobins, à Dijon, en Bourgogne, il pleut sang en grande abondance.

CHAPITRE XXX.

Le deslogement des archers du duc Charles estans au chasteau de Vomacourt avironnés de la puissance des Suisses.

Le duc Charles, un jour ou deux paravant ceste piteuse desconfiture, avoit envoyé ses archers de corps pour garder un meschant vieux chasteau, par lequel les victuailles devoient passer pour repaistre son ost; et combien que la place fusist mal tenable, desbrisée et désolée, lesdits archers avec l'aide de leurs gens, culevriniers,

---

[1]. 3 mars 1476, N. A. Le Behourdi, ou Bonhourdi, était une espèce de lutte qui se faisait avec des bâtons le premier et le deuxième dimanches de carême.

arbalestiers et aultres, environ deux cents, se mirent en peine de la tenir et garder. Les principaux de ceste compagnie estoient un routier de guerre, nommé Vare, capitaine de cent pietons; Guillart le Maronnier, lors roi de la Pie; Roisembois et Jehan de Monceaux; lesquels, quand ils se perceurent aucunement que le duc Charles leur maistre estoit rué jus et avoit perdu la journée, ils proposèrent mettre tout contre tout, et de eux deffendre jusques à l'âme rendre. Et le lendemain de la bataille, furent iceulx archers, avironnés et assiégés en ce povre chasteau de dix ou douze mille Suisses, qui tous prétendoient à les fère mourir de telle mort que le duc leur maistre avoit faict finir leurs gens de Granson. Et de faict lesdits Suisses leur envoyèrent une trompette leur signifier que tous seroient pendus, en leur disant qu'ils pensassent d'eux confesser et de choisir auquel arbre ils voudroient finir leurs jours; car ils se povoient tenir pour bien assurés, que le lendemain, du matin, l'exécution en seroit faicte, parquoi iceulx assiégés oyans ces nouvelles, combien que guères ne leur plaisoient, respondirent qu'ils ne les admiroient de rien, et qu'ils espéroient d'avoir si bon secours, qu'ils en seroient fort esbahis; et n'y avoit celui d'entre eux qui ne montrast mine d'estre ung petit Ogier. Et imaginèrent beaucoup comment, et par quel moyen, ils pourroient vuider de ce danger; toutefois ils pensèrent pour le salut de leurs âmes, se confessèrent et pardonnèrent les uns aux aultres, en proumettans certains vœux et voyages comme s'ils deusissent attendre le coup de la mort. Finablement ils délibérèrent d'eschapper de nuict par le conseil et advis dudit Vare, subtile homme de guerre et fort expérimenté ; et choisirent deux ou trois Allemans de leurs prisonniers pour estre leurs guides, auxquels ils firent faire serment de fidélité de les conduire à leur povoir hors de ce danger.

Ils ruèrent de prime face leurs trésors et l'amas de leurs habits dedans les puits ; ils coupèrent les changles et brides de leurs chevaux, auxquels, afin qu'ils ne fussent poursuivis, ils coupèrent pareillement les jambes ; et à l'heure de my-nuict ou environ, par l'adresse desdits guides, vuidèrent à très grande paine, comme à quatre pieds hors du chasteau, par un estroit pertuis, le plus quoiement que faire se peult, en abatant et tuant le premier guet et le second, comme font ceux qui jouent au désespéré. Ung gros alarme s'esleva en l'ost des Suisses ; mais nonobstant, lesdits archers passèrent oultre et se trouvèrent devant une montaigne roide comme une maison, tant difficile à monter que quasi impossible estoit ; et après avoir passé ce terrible purgatoire, se trouvèrent en Nazareth, et devant la face du duc Charles leur maistre, qui les cuidoit et estimoit morts ou pendus ; et les Suisses, qui avoient faict venir leurs bourreaux, pour les mener au dernier supplice, furent moult esbahis de ceste vuidenge ; se le réputoient entre eux chose quasi miraculeuse.

CHAPITRE XXXI.

La journée de Moras ou Morat.

Orbe est une ville en la comté de Romont, laquelle appartenoit au seigneur de Chasteau-Guyon, et le prince d'Orenge son demi-frère, y prétendoit avoir droict. Doncques, pour soutenir sa querelle, il se tira vers le duc Charles, vers la duchesse de Savoye et son fils le duc; et le parti de Chasteau-Guyon se tira vers les Bernois et Philebourgeois, par quoi grosses pillades de villages et emprisonnements de paysans, par courses d'un costé et d'aultre, estoient souvent engendrées, au grand dommaige et foulle dudit comte de Romont et de madame de Savoye; pourquoi icellui de Romont fit tirer monseigneur le duc Charles vers le pays des Suisses, et l'anima contre les Bernois et Philebourgeois (Fribourgeois); parquoi les villes de Granson et de Morat furent assiégées. Et pour réduire à mémoire le siége dudit Morat, après la journée dudit Granson, où pour le duc Charles la perte fut grande de joyaulx[1], ustensiles et artillerie à pouldre jusques au nombre de cent treize pièces, et qu'il se fut retiré en Bourgogne, il amassa nouveaux instruments, et bastons de

---

1. Charles le Téméraire y perdit sa parure ducale, ornée de diamants, de rubis, d'autres pierres précieuses et de perles; un de ses diamants orne aujourd'hui la triple couronne du pape, un autre, la couronne de France.

guerre, tentes et pavillons, non point en si grand nombre ne si somptueux que paravant. Il laissa croistre sa barbe, disant qu'il ne seroit disfamé s'il n'avoit vu les Suisses face à face. Il fut malade en la cité de Losenne, où madame de Savoye, son jeune fils le duc, et les enfans d'icelle le vindrent veoir à grand triomphe; et quant il fut au retour de sa maladie, il se partit, le troisième jour de juing an mille quatre cents soixante-seize; et fist cinq logis devant qu'il se trouva devant Morat, desquels logis le quatriesme fut sur une haulte montaigne, dont il voyoit la ville tout à plain, séante à demi-lieue près; et ceux qui dedans estoient le saluèrent de grandes serpentines; car les gens du parti du duc couroient à l'environ de la ville, prenant prisonniers et gros bestiaux.

Ladite ville de Morat est en pendant du lès devers le lac de Noeuf-Chastel, forte assez et bien murée; et avoit lors un boluwert dehors la ville, qui battoit au long des fossés, par qui les Bourguignons estoient fort adommagés. Icelle estoit garnie de seize à dix-huit cents hommes de guerre, pourveue d'artillerie et traict à pouldre à volonté. Le lendemain, le duc approcha près de la ville, à demi-traict d'arc, et estoit sa maison de bois sur une aultre montaigne; et son avant-garde de cinq à six mille hommes, tant de cheval que de pied, estoit logée à un traict d'arc près de la ville; et faisant leur approche, furent merveilleusement servis de serpentines, tant que plusieurs d'iceux furent occis et très piteusement navrés. Le duc voyant ce terrible service, fict affuster deux bombardes et deux courtaux, ensemble plusieurs serpentines, lesquels abatirent un pan de mur, contenant trente pieds de long, au quartier où le comte de Romont estoit logé; puis deux jours devant le jour du sacre, environ sept heures du vespre, leur fut faict un assault qui dura deux heures; auquel assault mourut Jehan de Carmin, dit de Beaumanoir, ensemble deux cents Bourguignons et aulcuns bleschés.

Pendant ce temps, Regnier de Lorraine, fort mal patient au duc de Bourgoingne, qui lui occupoit sa ducé, se tira à refuge vers le roy Loys estant à Lion, lui suppliant avoir secours pour recouvrance de son héritage. Le roy, aulcunement sachant le reboutement du duc Charles devant Granson, pensant que une male fortune ne venoit seule et que pire lui adviendroit, se inclina legièrement à lui donner subside, nonobstant les tresves; et à tout ce que le duc Regnier peult avoir de gens, se vint joindre avec les Suisses, afin de despargnier les Bourguignons et lever le siége qui lors estoit devant Morat, le vendredi vingt-unième de juing, dont le lendemain fut la bataille. Le duc Charles fit faire ses revues par ceulx de son hostel, tant de sa garde comme de son arrière-garde, que conduisoit le comte de Marle; et en ce faisant, fut rapporté au duc, par le guet du jour, que les Allemands et Suisses passoient à lieue et demie près du siége, costoyants un bois et un petit fossé d'eaue; et, à ceste cause, le duc fit mener aulx champs partie de son artillerie pour tirer celle part, et fit illec tenir ordre ainsi que pour combattre. Dont, afin de non estre abusé, et congnoistre clairement la vérité du rapport, lui-mesme en personne alla voir se les ennemis estoient audit lieu; et, en passant un bosquet, il perceut cinq ou six tentes, et environ deulx cents Allemands qui se montroient, puis retourna à ses batailles. Jacques Galliot avoit veu, le jour précédent, leur approchement, et comment ils avoient passé un pont et mis paistre leurs bestes, tirants vers Morat, lesquelles avoient amené l'artillerie; et, pour témoignage, il avoit prins et ramena à l'ost du duc une jument chastrée.

Le duc estoit délibéré de les combattre dès le vendredi, qui estoit chose impossible pour l'approche de la nuict, et aussi pour le travail des gens et des chevaux, qui, trois jours et trois nuits routières, avoient esté sur les champs. L'opinion de ses princes, ducteurs, capitaines, et de toute sa baronnie, estoit qu'il levast son siége et prinsist son logis en plaine, pour mieux et puissamment ordonner de ses batailles; à quoi il n'ajouta foi; car toujours maintenoit que ses ennemis ne s'oseroient trouver en barbe contre lui; et estoit tellement obstiné en son incrédulité, qu'il ne croyoit sinon que cinq ou six mille hommes seulement, se venoient illec monstrer pour lui donner travail et empescher son intention, et donner espérance de secours aux assiégés. Dont, aultre chose ne fut faicte pour ce jour; car chacun retourna à son logis, réservées deux cents lances, qui furent ordonnées pour faire le guet ceste nuict, laquelle fut tant pluvieuse jusque au disner, que possible n'eust esté de batailler. Messire Guillard de Vergy qui, avec Troylus, avoit faict le guet, signifia au duc qu'il avoit ouy merveilleux bruict d'ennemis, et croyoit véritablement, par ceste affaire, qu'ils marchoient pour venir devers lui et se joindre à lui, ce que croire ne vouloit; car, à très grande requeste des capitaines, s'accorda que trompettes sonnassent à cheval, qu'aucunes compagnies y tirassent, et que ceulx de son hostel se tenissent prests pour monter quand il lui plairoit. Advint, le samedi vingt deuxième de juing, que le jour se mit au bel, et fut le temps tout esclerci.

Les ennemis se montrèrent estimés environ en nombre de vingt à vingt deulx mille à cheval et à pied, desquels estoit principal conducteur le duc Regnier de Lorraine; un aultre, nommé Jacob, riche neveu de l'évesque de Basle, avoit esté en ses jours paige au duc Charles; depuis, comme l'on disoit, servit le duc d'Austrice. L'approche des ennemis fut tant soubdaine, que le duc fut constraint de soi armer aux champs où son artillerie estoit arrangée, et trouva que les Suisses s'estoient fortifiés d'une haye où l'on ne povoit entrer. Toutesfois aulcuns archiers des compagnies l'avoient approchée de bien près, mais les hommes d'armes n'y povoient rien faire; et, à ceste cause, le duc délibéra de faire retirer par ordre lesdits archers; lesquels, en démarchant, furent poursuivis des ennemis de si près, qu'ils ne povoient retourner sans recepvoir coup de main : pourquoi ils donnèrent la fuite; et conséquemment tous les piétons estans illec, qui desjà commençoient eulx mettre en train de bataille, et pareillement les hommes d'armes, cheurent en desroy. Si ne demoura en son entier que l'hostel et la personne de Jacques Galliot, dont aulcuns des siens s'efforcèrent de charger sur les ennemis; mais leur force estoit tant impétueuse, ensemble leur reboutement, que rien ne leur povoit grever.

Le duc avoit ordonné deulx cents lances pour garder son siége; ceulx de la ville, montés sur leurs clochers, voyants ce terrible combat, et que les Bourguignons estoient renversés, sortirent par trois fois de leurs forts, et par trois fois furent reboutés; mais la grosse bataille les approcha, et ils furent constraints de faire comme les aultres. En ceste journée de Morat, dont la perte de gens fut plus grande et domageuse que celle de Granson, demourèrent du parti des Bourguignons morts sur la place, le comte de Marle, Jacques du Mat, escuyer d'escuyerie; Grimberghe, Georges de Rosimbois, capitaines des archers; Amille de Moilli, Montagu, Rolin de Bournonville, capitaine de mille piétons, et plusieurs personnages dignes de louange, qui ne daignèrent montrer la fuite, jusques à nombre de six à sept mille.

Ainsi appert que, par non admirer ses ennemis, par non croire conseil des gens expérimentés en la guerre, et par estre trop négligent de pourveoir à ses affaires, grand deshonneur et horrible dommage tresbucha ce jour sur la maison de Bourgoingne, qui longuement paravant avoit esté de glorieuse renommée. Le duc Charles, nonobstant ce terrible échec, passa parmi l'armée de ses ennemis, et se tira à Morgarte, et de là à Gey, à deulx lieues près de Saint-Claude, très fort confus et desplaisant de sa perte; et le duc René de Lorraine, fort joyeux, loué des siens, et fort honoré, se logea pour la nuict en l'hostel du duc Charles de Bourgoingne, lequel il trouva bien servi de vivres, de bagues, vasselle et ustensiles. Et, pour rétribution du service qu'il avoit faict aux Suisses, iceulx Suisses lui donnèrent le parc et les despouilles des Bourguignons, tels qu'il trouva sur le champ. Le duc de Bourgoingne s'en alla à Saint-Claude et donna commandement au seigneur de la Marche, capitaine de la garde, de prendre madame de Savoye comme prisonnière, et laquelle il trouva à Rochefort, où il feit son debvoir; parquoi le duc Charles n'acquist guères de bon bruict, ne lui suffisant avoir perdu deulx journées à Grandson et à Morat, s'il ne labouroit de soi mettre en adventure de perdre la troisième; car, sitost qu'il fut à Salins, il assembla les estats auxquels il fit remontrance de ses pertes, en demandant nouvelles gens, nouveaux deniers et nouvelle artillerie, en proposant faire deulx mille charriots et deulx mille tentes pour envahir de rechef les Suisses. Et, d'aultre part, le duc de Lorraine, joyeux de sa victoire, désirant poursuivre sa bonne fortune, se tira à Strasbourg pour amasser gens et donner recouvrance à son pays conquis.

CHAPITRE XXXII.

La recouvrance du pays de Lorraine faicte par le duc Regnier sur les Bourguignons.

APRÈS la répulse faicte à Granson et Morat, du duc de Bourgogne, ses ennemis, qui paravant se tenoient quasi en muce, boutèrent leurs cornes hors ; et de faict, pour la recouvrance des pays et ducé de Lorraine, au profit du duc Regnier, le bastard de Vaudemont, Petit Jehan de Vaudemont, Gracie Amenault de Guerre, accompagnés de quatre à cinq mille hommes, reprinrent la ville de Vaudemont, Mirecourt et plusieurs autres places, et mirent le siége devant une ville où estoit le seigneur Jehan, fils du comte de Campo-Basso et sa compaignie ; lesquels, après avoir esté battus et souffert aulcuns assaults, rendirent ladite ville du consentement du comte de Campo-Basso et du seigneur de Bièvres;

car les assiégés avoient prins huit jours d'abstinence de guerre, sur espérance d'avoir du secours, lequel leur faillit au besoin; et partirent gens de guerre, saulf leurs corps et bagues; et par ce traicté faisant, demourèrent ceux de la ville en leurs biens. Ledit seigneur Jéhan-Pierre de Crepionel, escuyer, natif de Béthune, et un Italien, nommé Barnabo, conducteurs de ladite compagnie, se tirèrent à Nancy, où ils trouvèrent le comte de Campo-Basso et le seigneur de Bièvres, qui les envoyèrent à Condé et au Pont-à-Mouchon, en garnison, pour ce que ledit comte de Campo-Basso et ledit seigneur de Bièvres, après la prinse de Vaudemont, redoubtoient estre assiégés à Nancy, comme ils furent petit de temps après. Iceulx seigneurs envoyèrent ledit Pierre de Crepionel aux pays de Flandres et Picardie, pour recouvrer gens et finance. Si comparut, le comte Chelenne, accompagné de cent lances, desquels il estoit conducteur, aux frontières lez Saint-Quentin; sire Rolland de Hallewin, se partist d'Abbeville, ayant pareille charge de cent lances, et aultres cent lances au pays de Gheldres, que conduisoient les enfans du comte de Saint-Martin. Ledit comte de Chelenne et ledit de Hallewin, firent bon debvoir d'eux trouver devers ledit comte et le seigneur de Bièvres.

Item, ledit Pierre avoit charge de avancher l'armée de l'arrière-ban, qui se mettoit sus sous la conduite de monseigneur Philippe de Croy, comte de Chimay; et avoit pareillement ledit Pierre, charge d'avancher un payement de quatre mois, pour les quatre cents lances qui lors estoient au pays de Lorraine. Ledit payement s'adressa à deux compagnies estants en Lorraine, c'est assavoir audit seigneur Jehan et à Amé de Walperghe; mais le seigneur de Bièvres et de Midilton ne purent estre payés, car ils estoient assiégés à Nancy par le duc de Lorraine; et la compagnie dont estoit conducteur ledit comte de Chimay, ajournoit trop pour y donner secours; et n'y povoit avoir adresse pour y donner secours, car dix mille Suisses, tant de pied comme de cheval, y tenoient passages et portes serrées avec le duc Renier.

Le seigneur de Fay, lieutenant des pays de Luxembourg, atout une bonne bande de gens de guerre dudit pays, se joindit avec le comte de Campo-Basso, lequel se bouta aux champs pour donner secours aux Bourguignons assiégés à Nancy; et mena ces compagnies unies ensemble entre Thionville et la cité de Metz, où il fut en question aux capitaines et lieutenans quel chemin ils pourroient tenir le plus convenable pour venir audit siège; et porta la résolution que s'ils povoient passer fort et foible par la ville de Nominy, séante à my-voie de Metz et de Nancy, ils parviendroient légèrement à leur desir. Beaucoup de temps s'expira et perdit pour obtenir licence de passage à l'évesque de Metz, à qui ladite ville appartenoit; et y eut tant d'envoi et de renvoi en ceste prosécution, avec la tromperie que l'on y

aperceut, que l'on changea aultre manière de faire;
et fut conclu, attendant la compagnie de monseigneur Philippe de Croy, comte de Chimay et de plusieurs nobles personnages et gens de pied au nombre de cinq à six mille. Mais iceulx piétons estoient difficiles à eslever, et y alloient redoubtamment, à cause de la répulse qu'avoit eue le duc Charles à Granson et à Morat; et disoient que c'estoit le marché aux horions, et que le pays de Lorraine fort foulé et mangé, estoit grandement travaillé, et que les pillaiges y seroient petits; et par ainsi le secours des assiégés, qui debvoit estre léger et hastif, estoit fort pesant et tardif. Or pensez que pendant ce temps le seigneur de Bièvres et tous ceux qui estoient enclos à Nancy, languissoient en grande perplexité, assiégés et avironnés du duc Lorrain et des Suisses; et ainsi comme les anges réconfortent aulcunes fois les ames de purgatoire, ils recepvoient lettres missives, furnies de belles proumesses de secours et en parole de prince, qui point ne sortirent d'effect.

Les vivres furent si courts auxdits assiégés, qu'ils mangèrent chair de cheval. Les manans de la ville leur estoient faux et desloyaux tellement, que se les capitaines fussent issus à puissance, jamais n'y fussent rentrés; et gissoit plus grande subtilité de soy garder et ceux de par dedens que de par dehors. Oultre plus, deux bombardes, ung courteau et plusieurs serpentines continuellement tiroient sur eux jusques à vingt et un coups de bombarde pour ung.

jour, par quoi une porte fut abattue, et la muraille dilapidée fut rasée jusques aux terres. Les Englets qui illec se tenoient en garnison, considérans famine, desloyauté de sujets conquis, malle paye, nécessité de pouldre, avec cent autres besongnes qui duisoient à donner résistance aux assaillans, se tirèrent vers le seigneur de Bièvres et aultres capitaines tenans pour le duc Charles. Si leur dirent plainement que s'ils ne trouvoient moyen ou façon de trouver ou faire accord aux Lorrains, ils le feroient eux-mesmes. Dont le seigneur de Bièvres, voyant leur manière de faire concorder à leur intention, se mit à genoux devant eux, par deux fois, leur priant très instamment qu'ils se voussissent tenir encore un petit de temps, pour vivre et mourir avec un povre chevalier, laquelle chose ils debvoient faire pour l'amour du roi Édouard leur maistre, auquel il estoit confrère, à cause de l'ordre de la Thoison qu'il portoit comme lui. Mais quelque remonstrance persuasive et génuflexion qu'il sceut faire, il ne peult incliner les courages des Anglès en continuation de leur défense; et fut constraint le notable seigneur de Bièvres, tant par iceux Anglès, comme de plusieurs aultres, d'entendre à l'appoinctement; car à la vérité, ils estoient tellement vexés et travaillés de longues veilles, de maladies fort griefves et continuelles labeurs, que force leur estoit rendre la ville; car se le duc de Lorraine eusist voulu aventurier trois mille hommes seulement et leur donner l'assault, ils estoient perdus et destruis sans nul remède. Et porta l'accord qu'ils rendroient la ville au duc Regnier, et se partiroient saulfs leurs corps et leurs vies; duquel accord ne tindrent rien les Suisses, car la pluspart desdits Anglès furent en partie robés et pillés.

En ce mesme jour, à la fin du mois de septembre, exploictèrent tellement iceux Bourguignons, qu'ils se trouvèrent en la compagnie du comte Philippe de Chimay, duquel ils n'avoient ouy quelque nouvelle touchant son approche; et s'estoit adjoint ledit comte avec la bande du comte de Campo-Basso, en bonne puissance, tirant devers Nancy, sur espérance de lever le siége et combattre le duc de Lorraine.

Quant les comtes de Chimay et de Campo-Basso, eurent ouy le seigneur de Bièvres, ensemble ceux de sa route, du train que les Lorrains tenoient, ils conclurent que le comte de Campo-Basso, associé de quatre cents lances qu'il avoit pour garder le pays de Lorraine, avec les gens de cheval qu'avoit amenés le comte de Chimay, se tireroient au pays de Barrois, et d'illec en Bourgogne, pour soi joindre en l'ost du duc Charles; et le comte de Chimay, avec sa route de piétons, sous la conduicte des seigneurs de Croy et de Barbançon, ensemble le seigneur de Bièvres et tous ceux qui s'estoient partis de Nancy, s'en iroient vers Thionville pour recevoir un payement de quatre mois qui leur estoit deu. Et quant vint le sixiesme ou huitième jour d'octobre, toutes les compagnies dessusdites arrivèrent en la prairie de Toul, où estoit l'ost du duc Charles, qui les véoit venir par escoadre en notable ordre; dont il fut moult resjouy, considérant les grandes pertes que paravant il avoit souffertes. Illec furent faictes plusieurs recongnoissances des seigneurs les uns aux aultres, en récitant leurs malles aventures et les mortels périls dont ils estoient eschappés. Deux jours après se partist toute l'armée du duc Charles, si bien accoustrée, qu'il n'estoit mémoire de ses pertes; et se tira vers le chasteau de Condé, assiégé par les Lorrains, qui tantost brouwèrent en voye; et le lendemain se logea le duc à Dieulewart, séant auprès de la rivière de Moselle, où aulcuns Lorrains qui la tenoient, voyant approcher l'artillerie, rendirent la place saulf leurs vies, et s'en allèrent un blanc baston en main.

CHAPITRE XXXIII.

La fuyte que fict le duc Regnier de Lorraine devant le duc Charles de Bourgogne désirant le combattre puissance contre puissance.

Comme le duc Charles avoit fait grosse coeillette de gens d'armes pour soi venger des Suisses, d'autre part le duc Regnier avoit faict grand amas de gens de guerre, pour évader et invader les Bourguignons. Ce mesme jour que se rendit le chasteau de Dieulewat au duc Charles, se monstrèrent les Lorrains à grosse puissance, à l'autre costé de la Moselle. Aulcuns compagnons aventuriers Bourguignons passèrent la rivière à guet, qui tindrent l'escarmouche jusques au soir, que lesdits Lorrains se logèrent sur une montaigne assez près de ladite rivière, tellement que les feux des deux osts se entrevéoient de part et d'aultre. Le lendemain, devant le jour, se partist le duc de Lorraine et tout son ost, et tira vers le Pont-à-Mouchon pour soi loger à deux lieues près, en un village nommé Sainte-Geneviève; et le duc Charles passa la rivière à tout son armée et se tira vers Condé. Et quand il sceut la disposition de l'armée de l'ost des Lorrains, il se deslogea de Condé pour cuider trouver le duc Régnier qui estoit desjà deslogé, doubtant d'estre prins en desroy ; car le lieu n'estoit pas seur ; et s'approcha de Pont-à-Mouchon, la distance d'environ une lieue. Ce voyant, le duc Charles se logea au lieu de Sainte-Geneviève, dont les Lorrains s'estoient le matin deslogés. Entre ces deux puissantes armées furent achevés maints exploits de guerre de chacun parti, tant par escarmouche, comme du traict de serpentines, car les deux osts ne se povoient joindre n'aborder ensemble, pour l'estroite voye qui lors y estoit. Et quant vint la nuit, chascun desmoura logé en son quartier; et estoit noble et joyeux à ceux auxquels le desbat ne touchoit, d'ooyr toute la nuict les trompettes, ménestriers et clairons, et de voir en l'air la clarté des feux d'un costé et d'aultre.

Le duc de Lorraine s'appensa que son logis ne lui estoit pas seur ; si deslogea celle nuit, et vint à Pont-à-Mouchon ; mais partie de son ost se logea sur une haulte montagne à un quart de lieue près. Voyant ce, le duc Charles se deslogea matin pour soi loger au propre lieu dont les Lorrains s'estoient deslogés la nuict, et tint tout le jour ses gens en bataille, espérant combattre le duc de Lorraine et les siens, lesquels se tindrent tout le jour en leur fort, sinon aulcuns escarmoucheurs, quérans leurs bonnes aventures.

Le lendemain, deux heures devant le jour, le duc de Lorraine et sa compagnie, deslogèrent sans trompette du Pont-à-Mouchon qu'ils pillèrent, et s'enfuirent par-delà la rivière de Moselle, vers Toul et Nancey. Le duc, de sa personne, alla loger à une ville oultre Saint-Nicolas ; et après avoir assis garnison pour la tuition de Nancy, s'en alla en Allemagne vers les Suisses, pourchassant aide et secours, et le duc Charles eut voulonté de soi loger en la ville de Pont ; et manda, par le hérault Bourgogne, à ceux qui le tenoient, que on lui fist ouverture. Auquel ils respondirent que si les portes n'estoient grandes assez, ils abbatteroient la muraille pour entrer à son aise. Et quand il fut entré, il trouva vivres et engins, que le duc de Lorraine avoit abandonnés, lequel, au commandement du duc Charles, fut rudement poursuivi par messire Olivier de la Marche et ceux de la garde, environ cent hommes d'armes et autant d'archers, desquels il estoit capitaine. Et advint que le vingt-unième d'octobre, ils trouvèrent environ vingt-six ou trente chariots chargés de marchandises, conduicts et accompagnés de cinq ou six cents combattans, sur espérance d'arriver à l'ost du duc de Lorraine; sur lesquels ledit de la Marche et ceux de sa route, chargèrent tant rudement, qu'ils les desfirent, et ramenèrent vivres et prisonniers à l'ost du duc Charles. Ils trouvèrent en un fort buisson aulcuns Allemans qui s'étoient illec muchés et embuissonnés, tirants sur ladite garde, de serpentines et arbalestres; mais ils furent servis d'archers qui les lardèrent de flèches, desquels ils recueilloient à leurs corps pour les tirer derechef sur ladite garde; mais finablement ils furent desbuissonnés, desmuciés, et exécutés. Pendant ce temps, le comte de Chimay, accompagné de six mille combattans, pareillement le seigneur de Bièvres avec sa bande, retournant du siége de Nancey, estoient logés à quatre lieues près du Pont-à-Mouchon, sans savoir où estoit le duc Charles, lequel fut fort resjouy, tant de les avoir trouvés près de lui, comme de la fuicte du duc Regnier, son ennemi, qui ne l'avoit osé attendre; et le lendemain, manda ses capitaines pour conseiller de ses affaires.

Les opinions d'iceulx recoeillies, conclut que le duc Charles demoureroit par aulcun temps audit Pont, ou il se tireroit à Thionville ou à Luxembourg, pour rafreschir tant sa personne comme ceux de son hostel, et les contes de Chimay et de Campo-Basso, ensemble aultres conducteurs se tiendroient auprès de Nancey, pour deffendre que vivres n'y entrassent, et faire bonne guerre aux villes de Lorraine. Ceste conclusion, qui lui estoit bien propice, considéré le temps d'yver, ne pleut au duc Charles, ains se résolut de tenir siége en sa personne devant la ville de Nancey, pour la réduire à son obéissance, qui fut la totale perdition de son corps et de son honneur ; car s'il se fusist tenu à tant, sa misérable fortune, qui depuis l'agressa, ne lui fust advenue. Il avoit grand bruict recouvert d'avoir par cinq ou six jours continuels faict fuir son ennemi devant lui, avec les plus grans de ceux qui par deux fois l'avoient rué jus.

Nonobstant les remonstrances assez honorables et proufitables selon son cas, à lui faictes par plusieurs grans et nobles personnages de son ost, fort expérimentés du très noble mestier d'armes, il usa de sa propre fantaisie, et derechef tint siége devant Nancey, autant magnifique et rigoureux qu'il avoit faict paravant. Le duc Charles estoit logé en une maison de bois, richement armoyée de ses blasons. Advint un jour, ainsi qu'il lavoit ses mains pour seoir à table, il fut féru d'un traict de serpentine, qui tua un sien valet-de-chambre et blessa un chevalier en la joue ; et ne faut faire doute que se le duc eut esté séant à table, il estoit en danger de sa vie. Toutefois il fist festoyer en un pavillon, tenant illec son siège, trois ambassadeurs pour un jour, c'est assavoir du pape, de l'empereur et du roi de France. Nous laisserons Bourguignons et Lorrains bucquer et mailler audit siège, et mettrons en conte par manière de incident, certain cas pitoyable advenu en ce temps en la cité de Milan.

CHAPITRE XXXIV.

La terrible conspiration de meurtre qui se fit en la cité de Milan contre le duc Galeas Maria.

Les gentilshommes riches et puissants d'Italie ont une manière de prendre à fiefs les abbayes et prépositoires du pays. Si advint en ce temps que l'abbaye de Miramont, séant au val de Tesin, de l'archevesché de Milan, bailla son abbaye à ferme à un gentilhomme de la cité de Milan, nommé Jehan-André de Lampognan, parmi luy rendant par an certaine somme de deniers; et sur ce, print la charge de toute l'abbaye, tant pour la retenir, que pour aultres choses touchant le gouvernement d'icelle. Advint que l'abbé fut trouvé simoniaque, pour avoir acheté ladite abbaye; dont, pour ses démérites, fut privé de son bénéfice; et le donna le pape à messire [1]....... de Castillon, évesque de [2]..... comme l'un des principaux conseilliers du duc de Milan, nommé Galeas Maria. Quand ledit évesque fut abbé de Miramont, il osta l'administration du bénéfice, totalement hors les mains de Jehan-André, afin de le tenir ou faire desservir à son gré. Et quant

---

1. Lacune.
2. Lacune.

ledit Jehan se trouva despouillé du régime de son abbaye, de laquelle chose il avoit triomphé par long-temps, il fut amèrement troublé. Si que, pour remède, appela en procès ledist évesque, comme lui demandant trois mille ducats d'intérest, qu'il avoit mis de son propre en refection de ladite abbaye, disant oultre qu'il l'avoit prins à ferme du viel abbé trespassé, l'espace de neuf ans, qui encoires n'estoient expirés; et que se le duc de Milan ne lui faisoit raison de sondit intérest, jamais l'évesque n'en auroit paisible possession, ne personne par lui, se non par pièces. Ce procès dura plus d'an et demi, en la court du duc Galeas, lequel totalement favourisoit audit évesque, en condamnant ledict Jehan-André à payer aulcuns despens; dont il se contenta pis que devant, et ne cessa de poursuivre son cas à l'escu et au baston, tellement que ledit évesque n'y sçavoit comment besongnier. Et combien que ce Jehan-André fuist de petite stature et corpulence maigre, sec, un petit boiteux, et avant en son temps, si estoit-il fier comme un lion, fort magnanime, courageux, très riche, et de puissant parentage; et quant aulcunes fois il rencontroit ledit évesque, il disoit en passant qu'il lui rendroit son argent, ou une fois il laveroit ses mains en son sang. En ce temps, ung jeune fils, natif de Milan, nommé Jerosme Ozate, se tenoit à la court du duc Galeas, et estoit son chambellan d'honneur. Mais, comme il confessa depuis, jamais ne l'aima une seule

heure, disant que dès sa nouvelle réception en la ducé, lorsqu'il veit porter l'espée nue devant lui comme il est d'usage, s'il pooit une fois avoir tant de credence autour de lui de porter l'espée, il lui en trancheroit la teste s'il pooit. Cestui Jerosme estoit grand orateur, et Jehan-André grand poëte, parquoi ils se trouvoient souvent ensemble pour coinquer leur science; et entre aultres devises dict Jerosme à Jehan-André : « Je m'esbahis comme tu peux souffrir que le duc
» te face si grand tort, quand ne te faict rendre
» les trois mille ducats par toi exposés en l'ab-
» baye de Miramont. C'est un pervers tyran,
» déprédeur du peuple, et qui ne vise sinon à
» mettre Milan à ruine perpétuelle; » et lui réduisit en mémoire l'histoire du romain Cathelin, veuillant habandonner son corps pour le bien publique. « Or est-il ainsi, que le seigneur duc, usant
» de sa tyrannie, oultrageusement moleste son
» peuple, par mettre sus nouvelles impositions,
» tailles et gabelles. S'il y a quelque belle femme
» au pays, il faut qu'il l'ait à sa voulonté. soit
» par proumesses, dons, ou raptures; il trouve
» journellement tours et pratiques de amasser
» argent, à la grande foulle et charge de la
» chose publique ; et est ma crédence que qui
» pourroit extirper et détruire un tel tyran et
» satrappe, il acquerroit gloire et louange devant
» Dieu et devant les hommes. »

Adonc Jehan-André lui respondit : « Jérosme,
» advise que tu dis ; car si on sçavoit seulement

» les mots que tu as proférés, ce seroit assez pour
» nous mener au dernier supplice. »

Finablement ledit Jérosme tant le persuada,
repliqua et bouta en teste, que Jehan-André se
concorda à son imagination; et jurèrent ensemble
le tenir secret jusques à la mort. Si leur sambla
bon, pour achever leur emprinse, que s'ils povoient avoir un tiers, que la chose se conduiroit
plus couvertement et de meilleur train. Et adonc
l'un d'iceulx mit avant messire Gaspard Visconte,
trésorier des guerres, sachant qu'il n'aimoit
guères le seigneur duc. Messire Gaspard fut appelé secretement en un convine, où ils ne furent
qu'eux trois seulement. Et lui commencèrent à
dire que fort desplaisans ils estoient du desapoinc-
tement que le duc lui avoit faict de son office,
ce que faire ne debvoit, considéré qu'il estoit du
noble sang des Viscontes, et trop plus prochain du
chappeau ducal que le seigneur duc; et fut ledit
Gaspard tellement enveloppé et enchanté de beaux
langages, car l'un et l'aultre en avoient leurs
boutiques garnies à voulonté, qu'il s'adhéra à leur
damnable conspiration, et jura comme les aultres
tenir léauté irréfragable; et aussi les aultres lui
promirent que, s'ils povoient parattaindre la fin
de leurs conceptions, ils le feroient seigneur et
duc de Milan. Et à tant se partirent et prindrent
journée de lendemain retourner à l'hostel de
Jehan-André, comme ils firent. Et pour plus
grande seurté de leur machination, afin de mieux
concorder le sang du corps avec la voulonté de

l'âme, iceulx, et en ladite maison, se firent chascun seigner du bras senestre en un seul voirre, et beurent ensemble leur sang, qui estoit chose tyrannique fort énorme et exorbitante du train de vraie humanité. Et lors fut confermée, ratifiée et corroborée l'exécrable et mauldicte intention qu'ils avoient d'achever leur très doloreuse emprinse.

Pendant le temps de ceste cruelle conspiration, estoit le seigneur duc en Piedmont, pour reduire en l'obéissance de la ducesse de Savoye certaines villes et places qui lui estoient rebelles; car le jeusne duc de Savoye avoit espousé madame Blanche, sa fille. Puis, quant il eut sejourné en Piemont environ neuf mois, il retourna à Milan, cinq ou six jours avant Noël, pour faire son triomphe comme il avoit accoutumé annuellement de faire; car tous chambellans, chevalliers, gentils-hommes, vassaux, barons, serviteurs et escuyers le venoient reverender et servir deux fois l'an, assavoir à la saint George et au Noël; et quand le jour saint Estienne estoit expiré, le duc de Milan se desguisoit, ensemble ses plus privés et secrets amis, et passoit son temps en danses, esbattemens et momeries, allant de maison en maison jusques au quaresme. Et tiennent ceste mode les Milanois, afin de parler avec leurs amoureuses, ensemble voir et choisir dames et damoiselles à leur plaisauce, et de parler et deviser amoureusement avec elles. Et lors les citadins puissans et riches font parer leurs salles moult sumptueusement, et appellent les jeunes filles de leur parenté et aultres, pour recevoir et entretenir en devises d'amourettes, tous ceux qui desguisament viennent illecq danser et mouver en grandes pompes, et cousteuses bonbances.

Et pour tant que le duc estoit moult curieux de soi trouver où estoient les grandes danses et belles damoiselles, Jehan-André s'appensa de richement tapisser son hostel, autant que possible lui seroit, ensemble de le furnir des plus gorières damoyselles de Milan, afin de l'attraire illecq et despescher de sa vie tout chaudement; car l'on n'eusist sceu véritablement congnoistre celui qui le coup euist donné, sinon confusément. Et pour mieux assurer ce faict, Jehan-André avoit donné à deux cents compagnons deux cents paires de chausses d'une devise, lesquels devoient garder la feste et estre prests au commandement dudit Jehan-André, se quelque mutation y fuist survenue. Et en ce tumulte et confusion de momerie, avoient conclud de meurdrir leur seigneur, combien que lesdits compagnons estoient ignorans dudit cas.

Cest advis fut rompu; et leur sambla que la despesche en seroit trop longue; parquoi délibérèrent de le despescher le jour Sainct-Estienne, et en l'église Sainct-Estienne de Milan. Et furent iceulx trois ensemble fort empeschés le jour du Noël, pour faire leurs préparatoires; puis revélèrent le secret de leur entente à un chanoine de ladicte église, grand docteur et fort entendu, nommé le prévost de Carguon, qui hayoit à mort le seigneur duc. Et quand ils lui eurent bien au long récité leurs pernicieux courages, il collauda fort leur emprinse, disant que ce seroit œuvre méritoire, et qu'ils en auroient louange devant Dieu et les hommes; dont, pour le tout achever, leur offrit assistance, faveur, fidélité, aide et secours de corps et de chevance, comme leur adhérent et compaignon, au mal, au dur, à la vie et à la mort; et leur conseilla que, sans longuement tenir le foc en l'eaue, afin que l'embusche ne fusist descouverte, et que ladite besongne fust mise à exécution, le lendemain, jour de Saint-Estienne, et en son église mesmes; car le duc se trouvoit de coustume voulontiers à la messe, pour ce que grande multitude de damoiselles y arrivoient ce jour, tant pour voir que pour estre veues; et n'estoit chose qui tant pleut à icellui duc, que l'inspection et regard d'icelles. Et proposèrent de bouter vingt ou trente compagnons bien en poinct à la chambre dudit chanoine, pour les secourir se besoing estoit; puis feirent venir de leurs chasteaux une quantité de gens armés à la secrette, pour les bouter pareillement en cinq ou six maisons de leurs parents estans avant la ville; et firent tenir sellé un cheval tout prest en la maison dudit chanoine, pour monter Jehan-André quand il auroit tué ledit duc de Milan, comme il espéroit faire, afin de soubdainement courre avant la ville et rues pour faire mettre aulx sacquemans les meilleures maisons de la ville, et donner tout au povre commun. Et firent leur compte, que ledict chanoine seroit évesque, et eulx mesmes seigneurs de Milan. Et, de faict, aulcuns grands personnages de la cité se boutèrent en ceste erreur, et se adhérèrent secrètement en ceste cruaulté, qui nul semblant n'en firent quand l'exploict du meurtre ne tourna à leur plaisance. Quand les aguets, attrappes et embusches de ces satellites furent apprestés à leur voulonté, le duc de Milan, qui riens n'en scavoit, descendit au portal de l'église Saint-Estienne, pour ouyr la messe, et entra dedans, tenant le bras d'un ambassadeur qui illec estoit survenu; et devisoient ensemble de leurs affaires. Et quant le duc fut au milieu de la nef de l'église, Jehan André vint, qui lui porta une supplication; et, sitost que le duc l'eust reçue, Jehan André le print par le collet et lui donna hastivement trois coups, l'un en puisant dedens le ventre, le second en la poitrine, à l'endroit du cœur, et le tiers en la fossette du gosier; et l'attaindit si au vif de sa dague envenimée, que le duc oncques puis ne parla mot, fors qu'il s'écria sur le capitaine du chasteau de Milan, estant auprès de lui, en disant: « Ah! Ambrosin! » et incontinent cheut à genoux. Et ainsi que Jehan-André, qui avoit donné ces coups s'en cuida fuir et eschapper par le cloistre des chanoines pour monter à cheval, comme dit est, un estaffier du seigneur le cuida arrester; mais ledict Jehan-André lui lança un coup de sa dague, et l'aultre cheut tout mort; puis le serviteur dudict Jehan-André tira son espée pour aider son maistre, et fut incontinent prins et mené au chasteau.

Cependant les courtisans et estaffiers estoient empeschés pour trouver le principal facteur, Jehan André, lequel, pour soi garantir, s'estoit bouté entre dames et damoiselles, tellement qu'il estoit assez difficile à le trouver et encores plus à l'entamer; car il estoit armé à la couverte, si n'avoit rien de nud que la face et le fondement. Finablement, vint un estaffier mor du duc, qui lui bailla si grant coup sur la teste du pommeau de son espée, qu'il le fist cheoir à terre, puis ledict lui lança l'espée à travers le corps. Pendant le temps de ce piteux exploict, le duc estoit à genoux, et auprès de lui estoient les deulx complices dudict facteur, Jérosme et messire Gaspard, ayant longues cappes, pourveuz de dagues, faisans signe de faire place, en criant *Fa-largo*; et toujours frappoient et donnoient sur le duc tant qu'il expira. Les princes, chevaliers et gentilshommes jettoient leurs robes à terre, et coupoient les verrières de l'église pour sortir hors; car il y avoit si terrible tumulte de peuple illec assemblé en grande multitude, tellement troublé, espoventé et esbahi du détestable meurtre illec perpétré, qu'il n'y avoit si preux personnage ne si belle damoiselle qui n'eust voulu estre hors pour avoir perdu la moitié de son trésor. Quand les gens furent vuidés de l'église et que la murmure fut à demi appaisée, l'on porta le corps du seigneur mort devant l'autel où il debvoit ouyr la messe, lequel fut tout à coup dévestu et lavé en malvisée (malvoisie); et feurent trouvées en lui quatorze plaies dont la moindre estoit mortelle. Et quant il fut ensepveli et fut bouté sur le grand autel du domme, ainsi que l'on a accoustumé de mettre les princes et seigneurs de Milan, et pour acoiser le peuple horriblement foullé de debtes et exactions eslevées par icellui défunct contre le bien et utilité de la chose publique, afin qu'il ne se mutinast et ne labourast à avoir duc ou seigneur hors du lignage, madame la duchesse, son espouse, fit crier publiquement : que toutes tailles et gabelles que le duc, son mari, avoit mis sus paravant, elle les rappeloit et mettoit à néant, promettant tenir le peuple en justice, paix et tranquilité; et à tant le peuple se contenta. Les petits enfants de Milan, autant que le jour dura, traînèrent aval la ville le corps de Jehan-André, en proférant opprobres, parolles deshonnestes et injures; puis fut pendu par les pieds au bout de la tour de l'horloge, en la place des marchands; et les maisons de lui et de ses parens feurent mises aux sacquemans par le menu peuple de la ville. Son valet fut prins, qui accusa les aultres, lesquels, sans contrainte nulle, congneurent et confessèrent le cas, tel qu'il est dessus récité; et maintinrent jusques à la mort, que s'ils l'avoient encores à faire, le feroient, se possible leur estoit; car, pour l'essource du bien publique, et pour la grande pitié qu'ils avoient du povre peuple oppressé, trop durement travaillé et exactioné, ils avoient adventuré leurs vies, cuidans faire complacence et service à Dieu d'extirper hors des bons un tel mauvais et horrible tyran. Aulcuns disoient qu'ils espéroient que le peuple de Milan se debvoit esmouvoir pour les tirer hors du misérable et horrible danger de la mort; mais ledit peuple ne monstra quelque signe; et nonobstant leurs bonnes raisons, madame les fit esquarteller tous vifs, de nuict, dedans le chasteau de Milan; et leurs testes feurent portées sur tranchans de lances au bout de l'horloge, et leurs membres aulx portes de la ville. Et ainsi termina misérablement sa vie Galéas Maria, très noble duc de Milan, eagié de trente-trois ans, fort élégant personnage, riche, puissant, doulx et affable, large d'honneur, pompeux et beubanceulx, aimant les chantres plus que nul prince du monde, l'esbat de la chasse, et le deduict des dames.

CHAPITRE XXXV.

La journée de Nancy.

Il est dessus récité comment le duc Charles, estant à Nancy, renouvella ses ordonnances dès le mois de janvier précédent, et comment il avoit donné le gouvernement des quatre cents lances d'Italie, fort diminuées, qu'avoit le comte de Campo-Basso, au seigneur Angel et au seigneur Jehan, enfans audict comte; et du résidu remplist aultres compagnies. De ce désappoinctement se contenta fort mal ledict comte de Campo-Basso, et se partit à demi mal content du duc Charles, disant qu'il lui estoit deu par icelui grande somme de deniers, sans faire signe de payer; et fit son voyage à Sainct-Jacques de Galice, duquel il retourna à Metz en Lorraine, environ le mois de juing ensuivant. Et jà-soit-ce qu'il se fust parti mal content du duc Charles, il feut receu à son retour à son service; et, quelque fainct semblant qu'il eust en son courage, il monstroit tousjours bonne mine et bon vouloir de recouvrer l'honneur de son maistre, qui, en son absence, avoit eu beaucoup à souffrir. Et toutesfois il avoit regret continuel à ce qui lui estoit deu par le seigneur duc Charles; car il n'en povoit tirer argent prompt ne assignation; et en feit secrètement plusieurs quérimonies audict Pierre de Crépionel, en pleurant et disant qu'il estoit povre gentilhomme, et que pour l'entretenance de guerre-estat en guerre, il avoit faict plusieurs emprunts aulx marchands de Bruges et ailleurs; parquoi, si le duc ne le contentoit, joueroit au désespéré, et seroit constrainct, lui et ses deulx enfants, abandonner ledict duc et acquérir aultre parti, ce qu'il feroit à grand dueil et grande desplaisance de cœur. Peu de jours après, les gens au comte se trouvèrent au lieu de Comarsi avecques aulcuns François, et ils parlementèrent ensemble. Et ledict comte s'en alla à trois lieues oultre Saint-Nicolas, qui pareillement coinqua avec les Lorrains; et dès lors en avant, besongna tellement ledict comte avec eulx, qu'il y eut appoinctement, si qu'il se trouva de son parti, et abandonna le service de son maistre, sans l'advertir de son partement. Quant le duc Charles eut connoissance, par aulcuns esperts, de la machination et malicieuse trafique que lui pourchassoit ledict comte, et du couvert entendement qu'il avoit à ses ennemis, et que bon seroit de soi mettre au-dessus de sa personne et de ceulx qui estoient de pareille sorte, il respondit qu'il y besongneroit en temps et en lieu. Encore fut adverti ledict duc, par ledict Pierre de Crepionel, estant au pont de la Bussière, à demi-lieue de Nancey, que le seigneur de la Trimouille, ensemble plusieurs capitaines, accompaigné de six cents lances françoises, estoient logés auprès de Toul, pour eulx joindre avecque les Lorrains, afin de le combattre; à quoi le duc Charles respondit, que aulcuns de ses gens, pleins de laschetés grandes, estans en son ost, lui faisoient dire afin de lever son siége, et qu'en despit des traictres, il ne s'en partiroit, et y deubt-il mourir. Finablement, il lui fut dict pour vérité, que ses ennemis approchoient pour le combattre; mais à peu s'il le vouloit croire. Et, pour contenter aulcunement ceulx qui lui apportoient, il fist appeler ses capitaines et conducteurs de son armée, pour investiguer quel nombre de gens il avoit pour y donner résistance. Les nobles capitaines et chefs de guerre de son ost trouvèrent que plusieurs estoient morts sans coup férir, tant par famine, povreté, froideur, que mal paye, les aultres tacitement retournés au pays; parquoi tel avoit cent lances soubs lui, qui n'en sçavoit trouver les vingt. Adoncques le comte de Chimay, le grand bastard de Bourgoingne, le seigneur de Bièvres et aultres tindrent conseil pour sçavoir d'entre eulx qui seroit celui qui signifieroit audict seigneur duc la ténuité et diminution de son armée; car il estoit fort mélancolieux et facilement incité à l'ire depuis la perte de Granson. Et disent aulcuns de ses privés serviteurs, qu'il prendoit par fois un libvre pour faire manière de vouloir lire, et s'enclouoit seule; et illec, par grand courroux, tiroit cheveux, et se destordoit, en faisant les plus angoisseux regrets et plainctes qui jamais furent ouys; et, à ceste cause, chascun craindoit l'advertir de chose qui tournoit à sa desplaisance. Néanmoins le comte de Chimay emprint la charge de lui remonstrer la povreté de ses gens, telle que dessus est récitée; et vint vers lui au camp, où il gissoit vestu en son pavillon; et, pour entrer, s'adressa à son valet de chambre, nommé Jehan Le Tourneur, jadis valet de chambre au duc Philippe. Icelui comte de Chimay, fort éloquent, sage et discret, la révérance par lui faicte, lui dict, par doux et amyable langage, que les capitaines de son ost avoient faict diligente inquisition de sçavoir le nombre de ses gens en poinct pour soustenir la bataille, en lui certifiant qu'ils n'estoient poinct plus de trois mille combattans. A ces mots, respondit le duc Charles, par grand courroux : « Je nye ce que vous dictes ; mais se je les » debvois combatre seul, si les combateray-je. » Vous estes tel que vous estes, et monstrez bien » que vous estes issu de la maison de Vaude- » mont. » Le comte, fort prudent et attrempé, respondit moult sagement, qu'il lui montreroit qu'il seroit issu de bonne maison, et que bien qu'il ne véoit apparence ne espérance de vaincre lesdicts ennemis, se la victoire ne venoit de main céleste, nonobstant il lui tiendroit fidélité, si besoing estoit, jusques à l'ame rendre. Depuis ce jour en avant, défendit le duc à son valet de chambre qu'il ne permit ame du monde entrer en son pavillon sans son commandement. Frédérick, prince de Tarente, fils au roi de Naples, print congé de lui, et gracieusement se partit du bon gré du duc, qui lui bailla, pour conduire son faict, messire Jehan de Trazegnies, seigneur d'Irchouwes, et se tindrent en la comté de Bourgoingne ; mais le comte de Campo-Basso se partit de nuict, sans licence, avec le seigneur Angel, son fils, et emmena neuf vingts hommes dès le mercredi devant la bataille, et tira vers le duc de Lorraine. Le sabmedi ensuivant, deulx capitaines de ses complices en emmenèrent six vingts qui se vouloient rendre François ; mais on différa les recepvoir à cause de la tresve, et se tirèrent avecque les Lorrains. Toutesfois aulcuns compagnons de l'ost du duc Charles apperceurent qu'aulcuns Italiens avoient secrètement endossé les parures des François à la Croix-Droicte ; mais Jacques Galliot demoura avecque le duc, comme bon et féal serviteur. Auquel si le duc eusist voulu donner créance, il eusist évité plusieurs inconvéniens, tant à Granson comme à Morat, qui malheureusement lui survindrent. Et ainsi fut l'armée du duc Charles diminuée, et la puissance du duc Regnier renforcée par la trahison du comte de Campo-Basso, qui lui dit la disposition du camp de Nancey, ensemble le povre estat du duc Charles et de ses gens, illec estans en grande indigence ; puis se tirèrent lui et les siens à Condé, une place séante sur la rivière de Moselle, à deulx lieues de Nancey, par où passoient les vivres des Bourgoingnons, venans du val de Metz et du pays de Luxembourg.

Le sabmedi, nuict de la bataille, le duc de Lorraine arriva à Sainct-Nicolas avec les Suisses, qui estoient, de compte faict, dix mille cinq cents, ensemble planté d'aultres Allemands ; puis se vindrent joindre au duc Regnier aulcuns gens d'armes François, dont on vouloit estre quitte, nouvellement cassés, à cause des tresves et de la paix faicte entre les deux rois de France et d'Angleterre. Et le dimanche au matin, tous ensemble se partirent de Sainct-Nicolas, et vindrent à Noefville ; et firent leur ordonnance auprès d'un estang. Les Suisses se mirent en deux bandes : l'une fut conduicte par le seigneur d'Aystain et les gouverneurs de Surbourg,

(Fribourg) et l'aultre par les advoués de Berne et de Lucerne ; et environ l'heure de midi marchèrent tous, à une fois, l'une des parties du costé de la rivière en bas, et l'aultre tout le grand chemin de venir de Noefville à Nancey. Le duc Charles s'estoit jetté hors de son parc pour ordonner ses batailles, en un champ au-devant duquel estoit un ruissel passant par une maladrie fort bien environnée de deulx fortes hayes, à deulx costés entre lui et les Suisses ; et sur le grand chemin où venoit l'une des bandes des Suisses, avoit le duc Charles faict amener le plus fort de son artillerie, et descharger sur eulx quand ils furent à un traict d'arbalestre près et n'y fit guères grand dommage. Toutesfois lesdits Suisses tirèrent en hault vers le bois, et marchèrent au long d'icellui et par dedans, tellement qu'ils furent au costé de l'armée du duc de Bourgoingne, et au plus hault lieu. Icellui duc voyant leur train, fit tirer devers eulx tous les archers de pied pour les deffenses, et ordonna pour batailles deulx esles de ses hommes d'armes ; de l'une estoit capitaine Jacques Galliot, Italien, et de l'aultre, le seigneur Josse de Lalaing, souverain de Flandres. Et quand les Suisses se trouvèrent du costé du duc Charles, ils lui monstrèrent face, marchant vers lui tant impétueusement, en deschargeant leurs arquebustes et couleuvrines à main, que les piétons se mirent en fuite. L'aultre bande des Suisses, qui estoit vers la rivière, marcha vers Jacques Galliot et les siens, lesquels soustindrent un espace; mais enfin ils furent rompus, et l'aultre esle des Bourgoingnons tourna pareillement sur l'aultre bande des Suisses, qui moult vivement fut receue illec, tellement qu'ils tournèrent en fuite comme les aultres, tant chevaucheurs comme piétons. Et quand ils vindrent au pont de la Buissière, à demi-lieue de Nancey, voulant aller à Thionville et vers Luxembourg, pour le sauvement de leurs corps, ils trouvèrent le comte de Campo-Basso en barbe avec ses complices, qui avoient illec leur embusche, et à force d'armes défendoient le passage, lequel ils trouvèrent barré et serré à tort et de travers, de charriots et de charrettes. Aulcuns Bourgoingnons bien montés passoient à guets, et ceulx qui failloient à le trouver buvoient. Et quand aulcuns estoient en train de reschapper par force de nager, ils estoient reboutés en l'eau, tués et navrés. Aultres Bourgoingnons, advertis de ceste embusche, tirèrent le haut chemin, et se fourèrent au bois, lequel estoit garni de paysans qui, sans nul respit, les mettoient à mort. Le duc de Lorraine leur tenoit le feu au dos. Si dura la chasse jusques à deux heures en la nuict, si pitoyable, que, à trois lieues à la ronde, l'on ne trouvoit quasi que gens morts par les champs et par les chemins. Et advint ceste douloureuse desconfiture par un dimanche, la nuict des Rois, l'an mil quatre cent soixante-seize. [1]

---

1. 5 janvier 1477, nouveau style.

La chasse finie, le duc Regnier feit diligente inquisition, pour sçavoir de la personne du duc Charles, s'il estoit mort, navré, prisonnier ou eschappé; et envoya hastivement en la cité de Metz, vers les gouverneurs de la ville, qui, pour responce, lui mandèrent qu'ils ne sçavoient sentir ne appercevoir, par nuls de leurs manans et habitans, qu'il fust passé par illec, ne s'il estoit mort ou vif, blesché ou emprisonné. Et, quand vint le lundi au soir, le comte de Campo-Basso, qui se gaudissoit avec le duc de Lorraine, et qui bien congnoissoit l'estat, l'hostel et la famille du maistre qu'il avoit trahi, monstra un page, natif de Rome, du lignage de ceulx de Colonne, nommé Jehan-Baptiste, lequel, comme il affirmoit, sçauroit bien dire quelque chose de la personne du duc Charles. Icellui page, venu devant le duc Regnier, et avironné de ses capitaines, fut subtillement interrogé, et déclara plainement qu'il avoit veu le duc de Bourgoingne abbatre de son cheval et occire en certain lieu, lequel il monstreroit s'il en estoit besoing.

Quand vint le mardi au matin, ledict page, bien accompagné de notables personnages, s'en alla au champ; et au propre lieu qu'il avoit dict, trouva, comme il disoit, le corps du duc de Bourgoingne tout nu, et, assez près de lui, environ quatorze aultres despouillés comme lui, gisans sur la terre; et avoit trois playes mortelles, l'une au milieu du chef, d'une hallebarde qui l'avoit fendu jusques aulx dents, l'aultre d'une pique de travers les cuisses, et l'aultre par le fondement. C'estoit chose pitoyable à regarder, et de grande admiration d'un tel prince, tant magnanime, tant riche et tant puissant, estre ainsi humilié jusques en terre, et despouillé de tous vestemens, et abandonné de toutes ses gardes.

Après que ce noble corps, dont l'esprit estoit fort courageux, fut relevé de terre, il fut lavé et soigné en eaue chaude, afin de voir aulcuns enseignes ou cicatrices estans sur lui lorsqu'il vivoit, pour testification de sa personne et de sa mort. Et feurent illec appelés ses médecins, son chappelain, son valet-de-chambre et aultres ses privés, familiers et serviteurs, ayans aulcunement congnoissance de lui, pour ouyr ce qu'ils en diroient. Et, quand aulcuns d'iceulx, qui lors estoient prisonniers en la journée, eurent jecté leur vue sur son corps et au long, ils certifièrent, pour vérité, qu'il estoit le corps du duc Charles, et non aultre; et pour tel le fit le duc de Lorraine ensepvelir en une chapelle de l'église Sainct-Georges de Nancey, et feit eslever une croix de pierre, lez un petit ruisseau, en la place où son corps feut trouvé, afin que les passans eussent mémoire de son ame. Sondict corps par ses gens mesmes fut recongneu par six enseignes qu'ils trouvèrent sur lui : premier, à ce qu'il avoit perdu les dents de dessus; secondement, à la playe d'une escarboucle qu'il avoit en la pouille; tiercement, en la playe qu'il avoit receue au Mont-le-Héry; quartement, aulx ongles qu'il portoit plus que nuls aultres assez longues;

quintement, à la fistule qu'il avoit au bas du ventre ; sextement, d'un ongle qu'il avoit retraict à un sien orteil.

Ces choses ouyes et considérées, l'on ajouta foi au-dict page, à ung sien médecin, Portugalois, et aultres grands personnages de son hostel, qui l'affirmèrent estre le corps du duc Charles, et non aultre.

En ceste bataille terminèrent leurs jours messire Jehan de Reubenpré, seigneur de Bièvres, chevalier, portant la Thoison-d'Or, lieutenant du duc Charles, et qui honorablement et sans reproches se conduisit en toutes les charges qui lui furent baillées ; le seigneur de Verun, le seigneur de Contay, et aultres notables personnages qui mieux aimèrent choisir la mort que donner la fuite. Et furent ce jour prisonniers messire Anthoine, bastard de Bourgoingne, messire Baulduin, le bastard son frère, messire Philippe de Croy, comte de Chimay, le comte de Nassou, le comte de Challane, Neapolitain, messire Josse de Lalaing, messire Olivier de la Marche, le seigneur de Croy, le fils aisné du seigneur de Contay, le fils aisné du seigneur de Montagu, et aultres nobles hommes, de vertueux courage, haulte estime, et de grande recommandation.

La pitoyable mort du duc Charles, divulguée par pays, donna si très angoisseuse tristesse aulx cœurs de ses subjects, que réciter ne le sçauroye, tant pour ce qu'il estoit malheureusement succombé d'une si rude, pierreuse et robuste nation, comme sont les

Suisses, que pour la misérable povreté et douloureuse fortune que ses pays estoient lors en apparence à souffrir. Il estoit tant redoubté, tant bien servi et tant aimé des Bourgoingnons, Picards et Hannuyers, que, quelque testification, enseigne ou apparition qui fusist trouvée sur son corps, croire ne le povoient qu'il fust mort, ains le soustenoient estre en vie. Et, en coulourant leur folle crédence, ils acceptoient et vendoient les uns aulx aultres, joyaulx, vaisselles et chevaulx plus trois fois qu'ils ne valoient, à condition de payer à sa revenue, lorsqu'il seroit entré en ses pays. Mais il est à doubter qu'ils ne soient abusés comme les Juifs, qui attendent Messias en Judée, et les Anglois qui attendent le roy Artus en Angleterre; et ce leur procède par le grande amour et affection de cœur qu'ils avoient en sa personne, pour le hault emprendre qui estoit en lui, et les merveilleux exploicts de guerre qui par lui estoient achevés, à l'encontre des plus grands personnages de nostre occident; car rien ne lui estoit trop grand, ne trop fort, ne trop pesant. Jamais ne feut en Bourgoingne duc plus magnifique, plus prompt aulx armes, ne plus terrifique. Il feut, en son vivant, pour un temps, le miroir des princes, le glaive de justice, le chef d'honneur, l'affluence de largesse, patron de chevalerie, le triomphe de prouesse, le dompteur des rebelles, le resveil de Germanie, l'exterminateur des Liégeois, et l'espouventement des François.

Le seigneur de Chantereyne, très preux et

vaillant chevalier de Rhodes, recoeilla les gentilshommes de son hostel; si les nourrit, soustint, entretint, habilla et monta. Riens ne dénigra tant la renommée du duc Charles, que de adjouster crédence à aulcuns mauvais esprits enflammés d'ardente convoitise, qui l'enhortèrent et soufflèrent en l'oreille de prendre, sur les bénéfices, chapelles et cantuaires non amortis, les revenus de trois années, pour subvenir à ses affaires; et, durant cest espace, cessa le service de Dieu en certains lieux, contre l'intention des fondateurs; et disent aulcuns gens de cler entendement, que oncques puis ne prospéra; et que, pour punition de ce délict, par tous les pays, aussi grans qu'ils sont, n'a esté veu ne ouy célébrer, sinon à Gand, un service solemnel pour l'ame de lui, comme l'on est tenu de faire pour son prince et seigneur naturel. Aultres disent que l'on différoit faire ses obsèques, pour ce que l'on l'espéroit vivant, et que la solemnité du service eust donné approbation de sa mort. Toutesfois il estoit orné, qualifié et moriginé de plusieurs vertus nobles et précieuses; mais il estoit du tout ordonné à la guerre, comme vrai imitateur et disciple de Mars, et pour ce qu'il estoit fort triomphant, de très ardu et excellent vouloir.

Messire Georges Chastellain, chevalier, son indiciaire et historiographe, mon précepteur et prédécesseur immédiat, lequel trespassa de ce siècle durant le siége de Nusse, veult rédiger par escript aulcuns des principaux exploits en armes d'icellui duc Charles, lesquels, avec trois que j'ai insérés par manière de récollection, seront ici notés en brief.

Le premier grand exploit en armes du duc Charles fut son voyage en France, dont s'ensuivit la journée de Mont-le-Héry. Le second fut à son retour du voyage de France, le voyage de Liége, où, en la vertu de son père encore vivant, il humilia les Liégeois, qui depuis s'eslevèrent contre lui, nonobstant hostages. Le tiers quand son père le duc Philippe et lui, en commune main, allèrent à Dinant, et le mirent à ruine. Le quatrième, ce fut après le trespas de son père, là où à cause de Huy, assiégée des Liégeois, il alla au pays, et conquist tout d'un bout à l'aultre, villes, chasteaux, et les print par siége et par armes, gaigna lesdits Liégeois, et les vainquit par bataille à Bruscan ; il entra dedans Liége par les murs, qu'il fist abattre, ensemble les portes ; il emporta leur peron en Bruges, et fit de grandes executions en la ville. Le cinquiesme fut l'armée qu'il mena à Péronne, à l'encontre des François, et là où le roy, en personne, avec son connestable, vint devers lui pour rompre ceste aigreur et emprinse. Le sixiesme fut le retour de Péronne en Liége, la dernière fois, dont la cité fut arse et démolie, et mise à perpétuelle désertion ; le roy de France mesme estoit venu avec lui en ceste piteuse ruine. Le septième fut le voyage d'Amiens et toutes les despences d'icelui. Le huitième fut le voyage de Beauvais et toutes les conditions. Le neuvième fut le voyage de Rouen. le dixiesme fut le voyage et la conqueste de Gueldre. Le onziesme, le siége de Nusse, qui dura près d'un an, où il exposa chevance innumérable et grande planté de vaillans hommes de guerre, et eut l'audace d'envahir l'empereur et la puissance de Germanie. Le douziesme, la journée de Granson, qu'il eut contre les Suisses, lesquels grandement adomagèrent ses gens, ses engins et ses richesses. Le treiziesme, fut la journée de Morat, où il fut mortellement dépopulé de nobles personnages. Et le quatorziesme fut la journée de Nancey contre le duc de Lorraine, les Suisses et les François, où il perdit la vie, son bruit et toute sa desponille.

CHAPITRE XXXVI.

Les magnificences du duc Charles recueillies par messire Georges Chastellain chevalier, son indiciaire.

LA première magnificence du duc Charles, que Dieu absolve! fut en Bruxelles, là où, lui assis en son trosne, l'espée nue, que tenoit son escuyer d'escuyrie, fit convenir Gantois à couldes et à genoux devant lui, à tous leurs priviléges; et en présence d'eux les coupa et deschira à son plaisir; ce qui est de perpétuel record, et non oncques veu le pareil.

La seconde fut à Bruges, en l'église de Nostre-Dame, où il tint sa première feste de la Thoison-d'Or, en présence des ambassades du pape, du duc de Ghiennes, du roi de Cécile, du roi d'Arragon, du roi de Naples, du roi d'Escosse, du duc de Calabre et du duc de Bretaigne.

La tierce, fut tantost après la solennité de ses nopces, en mesmes Bruges, tant par les riches et somptueuses joustes qui se firent, comme pour les diverses excessives coustances et pompes, monstrées en la salle durant ladite feste.

La quatrième magnificence est comprinse en l'audience qu'il mist sus en son nouvel venir, et là où, par diverses villes où il alla et repaira, il se présenta en public, spectacle de tout le monde, pour ouyr toutes causes.

La cinquième magnificence fust monstrée en son grand navire, qu'il maintint sur la mer fort longuement, contre Franchois et le comte de Werwic.

La sixième monstra à Saint-Omer, devant l'ambassade du roi, là où son throsne ayant cinq degrés, bas en hault et sur terre, et partout estoit esterni de drap d'or, tellement que le pareil n'avoit esté veu.

La septième fut monstrée à Trèves, devant l'empereur Frédérich, en maintes diverses manières bien hautaines.

La huitième, en Vallenchiennes, à la feste de la Thoison-d'Or, où il changea les manteaux d'escarlate, en veloux cramoisi, avec son entrée, qui estoit pompeuse à merveilles, et joustes et tournois de meismes.

La neufvième, monstra en la translation du corps de son père le duc Philippes, par singulières cérémonies bien recommandées, et dont il acquit loz et gloire magnifique.

La dixième fut à Gand, en recepvant l'ordre de la Jartière.

L'onzième fut à Malines, où il se vints eoir en son parlement en habit ducal, et entra en la ville en ce mesme estat, le chaspel en teste, que multitude de gens jugeoient estre couronne.

La douzième et dernière magnificence fut au siége de Nusse, où toutes les choses, tant de marchandises comme de drogueries, se recouvroient comme en Bruges ou Gand; et comment, ledit siége gardé, il envahit l'empereur, ensemble la puissance de Germanie.

FIN DU TOME PREMIER DES CHRONIQUES
DE JEAN MOLINET.

TABLE

DES MATIERES

CONTENUES DANS LE PREMIER VOLUME DES CHRONIQUES DE J. MOLINET.

	Page.
Notice sur Jean Molinet......................	5
Prologue......................................	9
Autre prologue...............................	16

CHAP. PREMIER. Comment Charles, le très puissant duc de Bourgogne, assiégea par terre la très forte ville de Nuysse........................... 27

CHAP. II. Comment, par prouesse chevalereuse, les isles devant Nusse furent conquises, et fut du tout assiégée par terre et par eauwe............... 36

CHAP. III. Comment le duc de Bourgogne, par subtilité et labeur, tollit le Rin à ceulx de Nusse, et aultres rivières courantes devant la muraille de la ville... 41

CHAP. IV. Comment le duc Charles fit donner l'assaut au grand boluwert de la ville de Nusse...... 44

CHAP. V. Comment aulcuns engins furent faits, sur intention de combattre ceulx de Nuysse main à main... 47

CHAP. VI. Comment ceux de Nuysse firent plusieurs saillies et emprinses sur l'armée du duc de Bourgogne... 49

CHAP. VII. Du notable régime que le duc institua sur les fourageurs de son ost........................ 54

Chap. viii. Comment cinq cens hommes, pour rafraischir les assiégés, entrèrent secrètement dedans la ville de Nuysse........................... 59

Chap. ix. La magnificence du siége de Nuysse.... 64

Chap. x. Comment les bastillons furent assaillis par force chevaleureuse........................... 75

Chap. xi. Comment Messire Olivier de la Marche, maistre d'hostel du duc et capitaine de sa gardes, les Italiens et autres ravitaillèrent la ville de Lintz, en Allemagne................................ 79

Chap. xii. Comment la garnison de Lintz, par appoinctement faict, qui se debvoit partir, corps et biens saulfs, fut destroussée par les Allemans, qui ne tindrent foi ne proumesse.................. 87

Chap. xiii. Comment ceux de Coulongne, pour reconforter ceux de Nusse et contre-siéger le duc, plantèrent delà le Rin un très fort et puissant boluwert... 91

Chap. xiv. Comment les mines que le duc Charles avoit faict faire à grande diligence furent perdues par la négligence des Italiens.................. 100

Chap. xv. Comment ceulx de Nusse descendirent ès isles, et furent rués jus par les Anglès.......... 105

Chap. xvi. Comment Allemands furent durement rencontrés des Bourguignons...................... 107

Chap. xvii. La responce que feit monseigneur le duc de Bourgogne aux ambassadeurs du connestable de France, venus au siége de Nusse pour pratiquer trèves entre le roi et lui.................. 110

Chap. xviii. Comment l'empereur descendit à grant puissance, pour assiéger la ville de Nusse et combattre le duc de Bourgogne.................... 116

Page.

CHAP. XIX. Comment nostre sainct-père le pape envoya son légat pour pacifier l'empereur et le duc de Bourgogne, et rompre l'assemblement de leurs batailles.................................... 122

CHAP. XX. Comment le duc Charles de Bourgogne, son siége de Nusse bien gardé, combattit l'empereur et toute la puissance de Germanie......... 125

CHAP. XXI. Appoinctemement de la ville de Nusse.. 134

CHAP. XXII. Le très dur rencontre qui survint à cause du partement des deux parties................ 136

CHAP. XXIII. La descente du roi Edouard à Calaix, son exploict en Picardie et son retour en Angleterre.. 139

CHAP. XXIV. La conqueste que fist monseigneur le duc Charles de la ducé de Lorraine............. 148

CHAP. XXV. Copie des trèves de noef ans......... 154

CHAP. XXVI. Le parfaict de la conqueste de Lorraine par le duc Charles............................ 174

CHAP. XXVII. La mort de monseigneur Loys de Luxembourg, comte de Saint-Pol et connestable de France... 178

CHAP. XXVIII. L'arrest et condempnation de feu monseigneur Loys de Luxembourg, connestable de France... 186

CHAP. XXIX. La prinse et journée de Granson...... 190

CHAP. XXX. Le deslogement des archers du duc Charles estant au chasteau de Vomancourt, avironnés de la puissance des Suisses...................... 195

CHAP. XXXI. La journée de Moras ou Morat....... 198

CHAP. XXXII. La récouvrance du pays de Lorraine faicte par le duc Regnier sur les Bourguignons... 205

CHAP. XXXIII. La fuyte que fict le duc Regnier de Lorraine devant le duc Charles de Bourgogne, désirant le combattre puissance contre puissance...... 211

CHAP. XXXIV. La terrible conspiration de meurtre qui se fit en la cité de Milan contre le duc Galeas Maria.. 216

CHAP. XXXV. La journée de Nancy.............. 226

CHAP. XXXVI. Les magnificences du duc Charles, recueillies par messire Georges Chastellain, chevalier, son indiciaire........................ 240

FIN DE LA TABLE DU PREMIER VOLUME DES CHRONIQUES DE J. MOLINET.

CHRONIQUE
DE
GEORGES CHASTELLAIN.

CHAPITRE CCLXII.

Comment le seigneur de Villers fut pris à Chimay, cuidant venir à Liège pour les esmouvoir, et puis fut amené vers le duc.

A TEL confort et exploit que avez oï, Gantois retournèrent en leur ville, et furent recheus demi à joie demi à dueil, sans trop et sans peu. Je laisse doncques Gantois d'ici à une aultre fois que j'en ferai encore ung plus grand conte et de plus grand effect, et veuls venir maintenant à pluseurs autres choses qui restent à narrer, et qui sont avenues entre deux; et tout premier d'ung chevalier de Rochelois, nommé le seigneur de Villers, et estoit au conte de Nevers, cely qui jà avoit envoyé et escript unes lettres au duc Charles, en Brusselles, assez arrogantes, comme j'ai dit, selonc la personne. Ce chevalier doncques de Rochellois, qui estoit envoyé de son maistre le comte de Nevers, en commission de venir ou pays de Liége suborner Liégeois à toute force et à tous lez, et les inciter à eulx remouvoir et à recommenchier guerre envers le duc Charles, en les asseurant que ledit conte les venroit servir et assister pour et au nom du roi encontre ly, et de ce bailla lettres et scellés audit de Villers, adressans à la cité de Liége et à tous autres; et vint icellui chevalier, et passa d'aventure par une villette que l'on nomme Chimay, cuidant qu'elle tenist pour la cité comme vraie Liégeoise. Mès li ignorant qu'elle fust en la main du duc, et que ses gens y estoient, fut soupçonné prestement et cogneu non y estre venu pour bien, fut pris et examiné atout (avec) ces lettres, et prestement mené devers le duc à Brusselles; et fut par icellui tout sceu et descouvert ce que le comte de Nevers avoit en ventre. Mès combien que le péril n'estoit point grand, ce sembloit-il au duc, toutesfois estoit-il bien aise d'en savoir le secret, pour y tant mieux pourvoir, comme il feist; et fit tenir en prison ledit chevalier longue espasce, d'ici à tant que aultre grand effect s'en ensievi, et maugré ledit conte, qui mal y eust sceu remédier.

Or estoit sourse une grand murmure, et une orrible commocion de peuple en Malines, pendant que le duc se tenoit à Brusselles, et estoit ceste commotion toute à l'exemple de ceux de Gand; et se misrent en armes les Malinois, crians et braians sur aucuns gouverneurs de la ville dont ils se doloient; et manachoient de tout tuer; et de fait, en défaut des personnes qui s'estoient muchiées (cachées), vindrent à leurs maisons et les abattirent et fustèrent, et y firent tous les desrois du monde, et jusqu'à donner peur à tout ce qui portoit teste d'omme et femme. N'y avoit si hardi qui s'osast trouver sur rue, qui fust homme d'aucun gouvernement. Et tout ainsi que Gantois avoient usé de voloir avoir tout à leur poste et à leur demande, cestes males gens aussi disoient que tout autre tel aroient-ils en pareil, et seroient mises jus maletostes et impositions, et sçauroient que tels et tels deniers estoient devenus, qui si longuement avoient esté recheus en grief du peuple; et feroient par le saint Dieu un monde novel, ce disoient, aussi bien à leur tour comme avoient fait autres.

Or estoit le duc à Brusselles, là où n'y avoit que quatre lieues. Si le sceut tantost, qui bien s'en garda de rire; mès dit : « En ce dangier m'ont » mis Gantois; Dieu le leur rende ! et à leur exem- » ple tous les vilains se vouldront rebeller et faire » le maistre, ce samble. Or, par saint Georges ! il en » y aura des punis et chastiez, se je vis dix ans; et » ne se vanteront pas d'avoir trouvé ce qu'ils cui- » dent ».

Et tout en ce meismes temps, ceulx d'Anvers firent autre tel que Malines, et firent des commotions entre eux aussi; et qui plus est, à la tierche main, une meschante ville en comparaison aux autres, nommée Liré, fist une grande heurée aussi, comme se c'eust esté quelque chose de grand; et tout sur une manière de faire comme Gand, contre les gouverneurs et pour avoir les choses à leur poste.

Dont et se le duc en avoit ennuy et dueil n'estoit de merveilles : car bien y avoit cause pourquoy. Et certes, la conséquence aussi en estoit dangereuse et de malvaise attente. Si me souvint alors, quand je vis toutes ces villes ainsi rebeller et esmouvoir à l'entrée de ce nouveau duc, comment à l'entrée aussi du roi Loys, tantost après son couronnement, ceux de Raims se commeurent aussy en pareille manière, pour mettre jus à leur volenté les imposts et les gabelles du roi, et à leur exemple aulcunes aultres villes, ce disoit-on, par le royaume, et de quoi les interprétations, ce me souviens bien, alors estoient assez estranges en la bouce des saiges et de non grand espoir en bien.

Or, comme ces commotions se faisoient maintenant par dechà à l'entrée de ce duc nouveau, je entray en ymagination aussy. Dont, et comme je me teus du premier, je me tays aussi du second, et m'attends à ce qui peut ensuivre de tous les deux, et dont les fins feront le jugement. Mès le roi Loys et le duc Charles, trouvèrent leur pays en haulte fortune de paix et de félicité : doint Dieu que la fin en soit encore plus glorieuse et plus de salut! car tous deux estoient princes, dont les sens et les vertus estoient pour faire ung grand fait et ung grand cop, là où ils se voloient tourner.

CHAPITRE CCLXIII.

Comment le duc ordonna aux nobles de Brabant eux appresser pour aller à Malines.

Or entrèrent fort en cuer ces nouvelles commotions faites à Malines et en Anvers à ce duc Charles. En pensa durement comment au mieulx faire il s'en poroit vengier, sauf honneur et raison; car ce que souffert et porté avoit des Gantois, n'estoit point à tolérer ne à porter des autres villes, ce lui sambloit; et n'estoit point ville pareille, et par quoi ne s'en vengeast bien et venist à son desseure pour donner peur meismes à Gantois. Si s'en teust auplus, quoiqu'il peult, et manda en Hainaut secrètement mettre sus gens d'armes, trois cens lances et les archiers, pour aller à tout couvertement en Malines, jà-soit-il qu'à nul n'en fust déclairée son intencion, et pour cause. Toutefois ne passa gaires après que ce mandement fut rompu; car les nobles de Brabant, qui se perchurent que le duc mandoit gens en Hainaut pour venir en Braibant, et à intencion de l'accompaignier en Malines, vindrent au duc, et lui dirent que eux estoient fors et souffisans assez pour le mener en toute seurté de ce dedans Malines, et de soi vengier et de la ville et des vilains, et de les chastier tout à son bel, et que pour ce faire, il ne besoignoit point que nul estranger venist en leurs marches et que aultre s'en mellast que eulx.

Si les creut le duc, et différa son mand ailleurs, et se reposa sur les nobles de Braibant, qui le servirent et se mirent sus au jour nommé, là où je les laisse jusques au partement du duc de Brusselles pour aller à Malines, pour venir à autres matères ici enlaciées. Car convient maintenant parler du mariage de ce duc Charles, qui avoit longuement traisné et paravant que le duc Philippe, son père, fut venu à trespas : c'estoit de la seur au roi Edouard d'Angleterre, fille au duc d'York (1), et auquel mariage la ducesse sa mère avoit longuement prétendu; avecques ce que le fils avoit le cuer assez enclin envers Angleterre, tant par nature de la mère et de ly, qui l'attiroit, comme parce que le roy Loys, roy de France, le compelloit à ce faire, par mal se voloir porter envers ly, comme assez dessus a été dit et narré de leurs affaires. Et combien toutefois que renommée couroit que ce duc Charles avoit le cueur assez Anglès et beaucoup, et principalement à cause de ce que de la part et de l'amistié de France, son père et ly avoient trouvé povre fondement, et ains plus deffiable que de bon espoir; toutefois, s'il y eust eu en Angleterre autre mariage de sorte à ly, jamès ne se fust alié au roi Edouard; car

---

1. Marguerite d'Yorck.

avoit esté tout parfaitement son contraire en faveur du sang de Lancastre, dont il estoit. Mès ly, voyant comment le roi Loys tendoit à soi allier meismes et joindre avec Édouard, en délessant la piteuse querelle de son cousin et sa cousine germains le roi Henry et sa femme, et tout pour rompre et desfaire cestui Charles, sainement certes et sagement pensa de ly meismes, et puisque entre deux maulx il se convenoit assentir à l'ung, ce lui sambloit, et devenir Anglès à bon profit encontre autrui, premier que autrui en eust l'avantage et l'avancement contre ly, délibéra de prendre la seur au roi Édouard, lequel sur toutes les alliances du monde et de France et d'ailleurs, plus estoit aise et joyeux de ceste, et ne quéroit aultre riens, quelconque ascout il peust oncques avoir donné envers France. Aussi la chose avoit jà si longuement traînée, que se d'aventure ce duc Charles eust varié ne branlé en aller avant de bon train, infailliblement la jonction et le compact se faisoit, et se fust fait du roy franchois et de ly pour courir sus au tiers leur moqueur, et qui eust esté seul.

Ainsy doncques, comme les grans affaires des princes et des royaumes se comportent en diverses pesantes difficultés et subtiles voies, et toutes tendantes à une fin, c'est de vaincre et d'avoir bras sur son compagnon, il appert clèrement de la part de Edouard, qu'il a quis et pris son plus bel et son plus séant devers le conte de Bourgogne,

Et le duc Charles voyant l'estroit dangier où on le voloit mettre a fait son plus bel d'une nécessité qui lui pooit donner desfense. Et maintenant en Brusselles, là où estoit venue l'ambassade du roi Edouard pour avoir une conclute fin, le duc Charles, nouveau duc encorre de deux mois, accepta le mariage, et promist d'aller avant, contre cuer toutesfois, comme ly-mêmes le confessa à tel qui le me révéla depuis ; mès ce fit-il, par corrage d'amer mieux fouler et grever autrui, qu'estre grevé ne foulé.

Et est tout vrai qu'à celle heure et de long-temps par avant il y avoit petit amour entre le roi et ly, et savoit bien chacun de son compaignon comment il lui estoit. Et partant, comme le roi tendoit à traverser ce duc Charles, et pour en avoir le bon devers ly, le duc Charles aussi tendoit au meismes pour soi, pour se fortifier contre ly; et craignoit le roi l'orgueil et la fierté de son subject, et le subject craignoit la puissance et profonde subtilité de son seigneur, lequel le voloit, ou eust bien volu, ce lui sambloit, mener au fouet. Et tout ceci venoit et movoit, élas! de ce mauldit bien public, pratiquié et mis sus du costé meismes des Franchois contre leur roi et contracteur depuis de ce jeusne prince Charles à leur bende; et lequel, quant il s'y est trouvé et fourré, l'ont laissié et abandonné à l'estroit, et lui ont mis sur son dos tout le pesant du fardeau; par quoi seul mal volu du roi, seul s'est trouvé contraint de soi reconforter et de quérir refuge. Dont c'est pitié que les choses se portent ainsi en ung royaulme et unes meismes parenté, que de prendre ainsi quereles et questions pour s'entre desfaire et pour courroucliier Dieu et perdre le monde : et fait fort à craindre le jugement qui s'en fera une fois; car tout ne meut que d'orgueil et d'eslongance de toute charité, et que nul ne veult Dieu craindre ne soi régler de raison salutaire.

CHAPITRE CCLXIV.

Comment le roi Loys savoit ce qui se faisoit à la réception du duc, et comment il estoit marri de l'alliance d'Angleterre.

Or estoit le roi par-delà les marches de Touraine, et savoit et ooit tout ce qui se faisoit par-dechà, et de Gand et de Malines et du tout, et du grand avoir et trésor que ce jeusne duc ici avoit trouvé par le trespas de son père, et comment Gand, après l'offense faite, s'estoit rendue à ly et à merci, et tout l'effect de ce mariage conclu, ensemble et du chevalier du conte de Nevers pris; car avoit gens qui tout lui mandoient et rapportoient; et meismes avoient les Liégeois devers ly tous les jours procurans sa deffense et sa protection encontre son envaye. Si fait à penser qu'entre toutes autres choses du monde, ce qui plus lui desplaisoit, c'estoit ce mariage, et non sans cause :

car, à voir dire, il y pendoit un souverain péril pour ly et pour tout son royaume, quant oncques il n'a esté permis ne souffert, ne loisible aussi à aucun prince de desoubs la couronne prendre alliance en Angleterre, pour peur de la conséquence et des périls; et là où cestui, par puissance et par non ascouter, ce sambleroit, à nulluy, print et quist alliance, se bon gré maulgré, pour soi porter et tenir roide; et certes je dis bien alors que le cas fesoit à plaindre, que ainsi le convenoit faire, et que le plus noble et le plus digne membre de France estoit compuls de soi tant estordre, comme de soi allier aux perpétuels ennemis de sa parentèle. Dont, et se le roi en avoit dueil, non merveilles, quant moi-meismes je le plaignoie et doloie pour la fin future. Toutefois et au roi et aux hommes le convenoit porter, fut bel, fut laid. Car encontre puissance qui ne se peult répugner, n'a point de loi qui y puist servir. Le roi toutes-fois, et à bon titre, machina toutes les voies depuis, si comme vous orrez, pour rompre ce mariage, et en l'entendement seul pour le grief qu'il y sentoit pour le temps à venir. Mès ce fut trop tard : ly meismes, comme j'ai dit, n'a gaires en avoit esté cause; et à cause de ly et par ses faits et paroles qui ainsi se portoient, cestuy Charles, maulgré lui quasi et par ung despit, print l'alliance laquelle il eust quise et prise en France, qui l'eust volu traiter par bel et le recognoistre. Mès le temps portoit ainsi alors, et Dieu souffroit à deux jeusnes fiers princes et puissans tous deux user de sa volenté et de ses meurs en propre franc arbitre, et lesquels souvent en commun affaire estoient incompatibles; l'un voloit l'un, et l'autre voloit l'autre, et tout par inconvénient de peu d'amour et de peu de raison et de malvaise maisnie (suite), qui n'ose ou qui ne veut un prince corrigier ne reprendre en son fourvoy; ains lui conseille chose de meschief et de honte, et le boute en folle œuvre tout oultre. L'entende chà et là qui peult, mès les rois et les princes ont des passions souvent et des vices en eulx, lesquels, s'ils les voloient rompre, en ensievant leur estat, le monde et eux vivroient en paix, et le povre peuple à leur exemple.

CHAPITRE CCLXV.

Comment Liégeois vindrent assiégier Huy pour ce qu'il ne contribuoit aux tailles.

Encore estoit le duc Charles en Brusselles, et estoit le mois d'aoust l'an soixante-sept, quant nouvelles lui vindrent que ceux de Liége estoient partis dehors de leur ville, à bannières levées et à grand affustement d'engins et d'artillerie pour assiéger la ville de Huy, laquelle se tenoit et s'estoit toujours tenue pour l'évesque encontre la cité. Et pour ceste cause, et pour ce qu'elle s'estoit toujours maintenue ferme et franche audit évesque, le duc Philippe l'avoit tousjours affrancie de toutes amendes et réparacions que le pays de Liége devoit faire à ly et à l'évesque son neveu, sans riens y compartir ne contribuer.

Or estoient les amendes grandes et innumérables que le pays devoit porter alors pour satisfaire au duc Philippe; et avoient ceux de la cité baillé leurs plus grands et les plus notables de leur ville en ostage, jusqu'au parfait du traitié et de ce qu'il portoit; et dont jà, pour faire le premier paiement qui fut porté en Brusselles, Liégeois avoient esté constraints et si près pris que de faire une partie de leur paiement de vasselle et des chaintures et menuetez de leurs femmes. Dont quand ce vint, et que ire les movoit à regarder leur servitude, et que ceux de Hui estoient et vivoient francs et à leur paix, et non volans en rien contribuer à leur domaige et perte, prindrent une aigre indignacion contre eulx, et comme gens capiteux et pleins de fureur jurèrent, par le sang que Dieu spita, ils y contribueroient bon gré maugré, et les iroient courrir sus. Et de fait y allèrent et assiégèrent la ville et l'évesque dedans; et fremèrent leur siége bien et puissamment, et s'y tindrent grand pièce.

Dont, quant le duc le sceut, avecques ce qu'il avoit des autres affaires assez sur mains, si portail à dur cestui; et lui sambloit bien que c'estoit ung cas d'oultraige fait tout à propos pour lui donner des affaires ung sur aultre. Mès à tout il pourverroit, ce disoit, en temps et lieu, et s'en cheviroit bien, comme il fit mortellement et glorieusement. Ce vous apperra bien cy-après, là où à ceste cause il disposera de son armée sur Liége, par tel effort que la ruyne est ensievie depuis perpétuelle, ce qui fait à plaindre.

CHAPITRE CCLXVI.

Comment le duc entra dans Malines, et de la pugnicion qu'il y fit.

PARTANT donc de Brusselles, vint à Malines à très grand chevaucée de nobles hommes de Braibant, lesquels chevauchent volentiers tout armez d'aubergeons et font porter chapeaux de fer et arbalestres après eux, par quoi ils samblent estre prest à demi pour guerre, toujours allans de ville à autre. Si en estoit le duc tant plus fort et plus quoi, atout (avec) famille seulement de son hostel. Mès si n'y avoit-il noble homme en sa maison qui ne fust armé en couvert sous sa robbe, de peur des aventures; et avoit encore trois cents combattans de crue avecques ly du païs de Hainaut, couvertement armés aussi. Entrant donc ainsi en sa ville, y avoit maint cueur d'homme qui trembloit de peur par espand des mauvais qui avoient fait la heurée; car doubtoient fort leur punicion devoir estre dure; et n'y pooient mettre résistance, car la force n'estoit point en eux. Si se logea le duc en son hostel apprimes; et de celle heure en avant fit faire diligente enqueste des esmoveurs et susciteurs des maléfices perpetrés et des noms et des personnes et des actions et causes qui les esmovoient; et furent le chancelier et tous ceux du grand conseil tant seulement empeschés en cestui affaire; car le duc y voloit monstrer sa vertu et son jugement, et y aller par justice à pois et sans excès. Si fut la chose attainte, avecques ce que les notables de la ville et ceux meismes de la loy les accusoient, qui par avant la venue du prince n'eussent osé mot dire.

Comme doncques ils furent atttains et sceus qui et quels, furent tous appréhendez l'un après l'autre et mis en forte garde; et après pleine informacion de leur cas, fut fait leur procès juridiquement, à chacun seloncq son démérite; dont les aulcuns furent condampnez à rechevoir mort, et aulcuns à estre bannis et expulz à toujours, et aultres aulcuns à amendes civiles et pecunièles, en restor et en réparacion des domages à qui on les avoit faits. Si furent toutes ces sentences exécutées et mises à effect; et fut ung hourd dressié en my le marcié, devant le duc, là où les condampnés devoient morir sus; et croy qu'il n'y en avoit que ung de tels; lequel, comme il eust les yeux bandés, et estoit mis à genoux à mains joinctes et l'espée tirée hors du fourreau, le duc qui avoit célé son corrage jusques alors, fit contretenir son cop au borreau, et lui escria, disant: « Cesse », qui ainsi le fit et cessa, et alors ly dist : « Desbendez-ly les yeux et le lièvez ». Si le fit ainsi ; et le cuidant aidier à lever ne peult oncques, tant estoit l'autre mort et ignorant de soi-meismes.

Si estoit merveilles alors d'oyr les bénédictions que multitude de bouces donnoient et clamoient au duc de sa miséricorde, fondamment plorans comme tous aultres. Si estoit ici la première singulière œuvre que le duc monstra après estre devenu duc ; et croy, et le tiens pour vray, que se Gantois se feussent bien portés envers ly à son entrée, il leur eust montré bonté encore plus grande et plus singulière, non pas en nature de remission, mès en excellence de largesse et de grâce, pour les gaignier et vaincre. Car à l'avenant que c'est trop plus grand chose de Gand que de Malines, eust-il convenu faire et monstrer singulière gentillesse. Or firent-ils tout au rebours ; dont tout au rebours aussi leur en est pris ; et l'ont bien senti depuis, et en singulière roideur, comme ceux de Malines en douceur non espérée ; et me parceus de lors que le cœur lui estoit en hault singulier propos pour le temps à venir, et pour acquérir gloire et renommée en singulière œuvre.

CHAPITRE CCLXVII.

Comment les Liégeois vindrent assiégier Huy, et comment le duc luy envoya monseigneur de Boussu.

Or estoit l'évesque de Liége assiégé dedans sa ville de Huy en grand dangier; n'avoit que les gens de son hostel pour soi deffendre, et aulcuns nobles du pays de Liége qui tenoient son parti; laquelle chose n'estoit ne ne pooit encontre la puissance qui estoit devant ly, quinze ou seize mille hommes, avecques ce que bien grande seurté n'avoit-il point au peuple de dedans, qui tirent tous l'un à l'autre; et doutoit fort qu'il ne lui en peust venir dangier. Si envoya battant serrant devers le duc, lui signifier son dangier, et le destroit où Liégeois le tenoient; et lui pria pour Dieu qu'il lui pleust remédier ains tost que tard, et y pourveoir tellement, que la ville ne ly ne cheussent en dangier des ennemis; car sans secours de gens, et bientost, ne porroient maintenir la ville, ne leurs personnes garantir de leurs mains. Comme toutefois l'évesque envoya vers le duc, à l'eure d'alors le logis des Liégeois n'estoit encore que de l'un costé de la rivière; et pooient de l'autre lez ceux de dedans saillir dehors et rechevoir gens et secours à leur bon.

Or estoit le seigneur de Bossut à Malines; et vint au mand du duc avec nombre de gens d'armes comme a esté dit dessus. Si lui ordonna le duc d'aller, avec ce que avoit de gens, à Huy, au secours de son nepveu l'évesque, et pour dire à ceux qui estoient là logiés devant la ville, de par ly, que ils se retraissent et s'en rallassent en leur ville paisiblement et sans faire opression à ceux de Huy, ou si non ly-meismes il y venroit si fort, prochainement et à l'aide de Dieu, que leur retour, quand ils le cuideroient faire, leur seroit de grand aventure. Si y alla le seigneur de Boussut, gentil chelier, avecques ses gens; et envoya le duc avecques ly messire Philippe de Poitiers avecques ses gens aussi; messire Jehan d'Aimeries aussi, chevalier, seigneur de Lens, avecques grans gens aussi qu'il avoit, et pluseurs vaillans nobles hommes de Hainaut, jusques au nombre de quatre cens combatbattans, que ungs que aultres, et tous sous le seigneur de Boussut, lequel arrivé à Huy, fut grandement bien viegnié et conjouy de l'évesque; et fist ledit seigneur son message à ceux de Liége, là logiés, qui peu acontèrent à ses paroles, mès dirent en effect, que le duc de Bourgogne n'avoit que faire de leur demander riens, car eux ne demandoient riens à ly ne à leur évesque; et ce qu'ils estoient là venus si n'estoit-ce qu'encontre ceux de Huy tant seulement, et encontre le corps de la ville qui estoit en leur chastellenie; et devoient les inhabitans d'icelle consortir, ce disoient, et contribuer avecques la cité en tous cousts, frès et domages, hontes et pertes qu'elle avoit portées.

dont, pour ce que lesdits de Huy s'en voloient exempter et tenir à frans, par faveur du duc et de l'évesque, ils estoient venus là pour les y contraindre par force, et n'en partiroient jamès tant qu'ils les auroient en leur pooir : mès au duc ne à leur évesque ne demandoient riens. Ce estoit leur couleur ; et de fait, par ung leur messiager le signifièrent ainsi au duc, lui estant à Malines, pensans de le rappaisier par paroles qui peu leur servirent.

CHAPITRE CCLXVIII.

Comment le duc print à cueur d'un gentilhomme que Liégeois avoient fait morir.

Cestuy recommenchement de guerre des Liégeois, qui tant avoient esté battus et calamités, fut empris de male-heure et de malvais sort pour eux, combien que ils le cuidèrent tout autre. Et peu certes fit pour eux, mès ung très doloreux exploit, qui oncques leur en donna le conseil ne le hardement de l'emprendre ; car pour avoir esté battus et navrés ils en entreront en dure mort et en perpétuelle perdition. Et ainsi va-il aux oultrageux fols en propre et malvais conseil ; et qui cuident vengier leur honte, et ils accroissent leur dueil. Et desja, paravant la mort du duc Philippe, nonobstant tous traitiés faits entre ly et eux de la ruyne de Dinant, et que leurs ostages, leurs plus nobles du pays, estoient en la main du duc, pour les pooir faire morir quand ils recommenceroient aulcune chose de novel, si avoient-il prins toutefois depuis un gentilhomme nommé [1]....... et l'avoient esté quérir dedens le pays de Luxembourg, là où il estoit allé demorer pour refuge et ne s'estoit volu mesler de leur malice. Si l'estoient allé querre à force, et lui imputèrent trayson, disans qu'il avoit esté contre eulx en favorisant au duc; et le mirent en torture et le tourmentèrent piteusement, et enfin toutefois le décollèrent. Mès bonne espasce y avoit entre deux; et ne le firent point tant que le duc Philippe vesquit: car sans remède s'il eussent eu nuls ostages et aussi bons que les meilleurs, si les eust-il tous fait morir par revenge, ne tout le monde ne les eust sceu sauver; et combien qu'ils le firent morir après le trespas dudit duc et du nouvel règne de cestucy, si le firent-ils, avecques aultre inconvénient plus grand encore comme de ceste ville de Huy. Par quoi du moindre cas ne fut pas esmeute la guerre contre eux, fors du tout ensemble; et estoit bien l'intencion du duc de vengier la mort du pauvre gentilhomme par une dure amère verge: aussi fit-il. Si n'en estoient point toutefois les ostages sans peur, mès eussent volu estre morts pour en avoir passé la peine. Et se d'a-

---

1. Lacune.

venture on voloit demander se Liégeois, après avoir tant sentu et cogneu la puissance de la maison de Bourgoigne, ont resmeut cette guerre de propre orgueil ou à incitacion d'autrui, il loist (convient) voirment bien respondre à la question, veu que le vrai apparant y est que, de l'une ou de l'autre manière et par l'une des deux voies, elle a esté recommencée, et peut-estre par toutes les deux : car fondamental orgueil y a esté toujours en toutes leurs emprises, et légière oreille ploiant à aultrui conseil, dont l'espérance leur a esté vaine. Or faut-il sçavoir, et aultre part en tous leurs affaires en ai-je touchié assez, que seulement de la peur et vieille haine que Liégeois ont portée de tout temps à ceste maison de Bourgoigne, qui seule leur pooit faire oppression, de tout temps aussi et tout anciennement ont quis et requis le roi de France à estre leur protecteur; de temps en temps, comme à leur seul refuge ont banté le roi à la court, et là ont eu et mis en main tous leurs affaires. Meismes ou couronnement du roi Loys, entrant dans Paris la première fois, furent devers ly pour avoir leur sauve-garde renouvelée, laquelle ils obtinrent envers tous et contre tous, sans nulle exception, ne duc de Bourgoigne ne duc de Bourbon, qui tous deux avaient question à eux, celi de Bourgogne pour son neveu, l'évesque, à qui ils estoient rebelles, et le duc de Bourbon pour ce que l'évesque estoit son frère, à qui il devoit favoriser, en lui portant aide. Si en furent Liégeois orgueilleux durement et moins acoutans au duc de Bourgogne; lequel toutefois en parla hautement au roy dedens Paris, et comme en son lieu est escrit; et fut la première chose dont ils se percheut que le roy recognoissoit mal son service; et y eut de grandes paroles que ung roi de France voloit porter un grand tas de malvais orgueilleux vilains, pleins de desraisons et de malvaises œuvres, contre son propre sang, les plus grans de son throne, et encore en malvaise cause. Toutefois, ce qui estoit fait demora fait, et ne fut autrement à celle heure. Mais cely de Bourgoigne disoit bien qu'il n'y avoit protection ne sauvegarde, pourquoi il feist ne laissast ung Poitevin; quand il se sentiroit de leur orgueil, ils se sentiroient aussi de son courroux, si amèrement que jamès sauve-garde ne venroit à temps pour les rescourre. Et les meismes mots il les dist au roy; et depuis réalement il les mist à effect, tout ainsi qu'il les avoit prononciez, et leur monstra fier visaige, et les chastia de poingnant dure verge, et tout l'environ d'eux; et parquoi tous-jours allèrent et envoyèrent devers le roi pour remède, qui oncques autre chose n'en fist que donner paroles et lettres qui les envoyèrent et boutèrent en fol cuidier, et sur lesquelles ils persévérèrent en leur erreur et leur malvaise apprise, et tant que quatre voyages en sont ensiévis sur eulx, les plus grands de la terre, en cinq ans.

Le premier que fist le comté de Charolois, maintenant devenu duc, à son retour de Conflans, là où il les compressa telement, et les mist en telle peur que ils renoncèrent à toutes sauves-gardes, protections, alliances, promesses, obligations scellées et jurées, et quelconques elles pooient estre faites au roi ou de ly reçues; et meismes rendoient et restituoient tout ce que avoient de lettriage du roi touchant ce; et prindrent le duc de Bourgogne comme duc de Brabant, leur perpétuel avoé, à somme de florins par an de tribut et de rente; promirent de eux maintenir paisibles désormès et de rechevoir leur évesque paisible, et de donner deux ou trois cents mille florins de Rin pour réparacion et amende : toute laquelle chose, sitost toutefois que le voyage fut rompu, ils rompirent aussi; et recoururent devers le roi plaints et dolents, et aussi près de mal faire comme jamès, qui arrière trouvèrent confort de paroles teles que paravant et promesse de les assister; dont oncques toutefois ne finèrent ne ne vindrent à l'effect, jà soit ce qu'il y en eust des grandes apprestances faites, et que l'on disoit que grande puissance de Franchois les venoit secourir; mès oncques n'y sont venus; et s'ils ont esté en chemin si sont-ils retournés.

Le second voyage si fut quand le duc Philippe y alla, et son fils avec ly, mettre le siége à Dinant, laquelle de ce voyage fut mise à ruine et extermination, l'an soixante-six, et de quelle ruine Liégeois furent si esperdus en la cité et partout le pays, que tous cuidoient venir au meismes de Di-

nant, esvanouye. Et en ceste peur, arrière seconde fois renonchèrent au roi et à toutes ses faveurs, et se offrirent encore en plus grant servitude que devant, et en plus grande réparacion faire; et les prist le comte de Charollois au nom de son père en nombre de vingt ou de vingt-six mille en ung troppeau à mercy sans les combattre, là où toutefois les archiers estoient jà descendus à pied et prests pour envaïr. Mès le comte, obéissant à merci et à pité du povre fol peuple, qui eust esté dévoré, ce lui sambloit, et parce que aulcuns les plus notables de la cité gisoient en terre à genoux devant ly, prians pour eux et disans: « O noble prince, il vous plaise
» à ce povre troppeau de brebis, qui est là devant
» vous et qui est en vos mains dévoré, lui donner
» vostre merci et miséricorde; ils ne scèvent qu'ils
» sont ne de quoi ils se présument; et pour la
» sainte digne mort de Dieu, veuillez en avoir
» compassion ». Si vous dis bien que le comte en cestui destroit, estoit en dur parti pour bien en savoir faire et laissier par conseil; toutesfois il les laissa et les espargna ceste nuit par le conseil du comte de Saint-Pol, connestable de France; car la nuit estoit sur mains, et le comte n'avoit nulle artillerie emprès ly. Secondement, et sur toutes autres, la cause pourquoi il les laissa le plus, c'estoit que le matin il leur avoit donné et accordé le jour franc pour eux retraire; par quoi se maintenant il les eust envahi, il eust failli en sa parole et en sa promesse; mès eux-meismes tou-

tesfois ils faillirent, car ils devoient s'en retourner tout le droit chemin, et eux au contraire vindrent logier tout au plus près de ly en un fort villaige, comme pour dire : « Nous vecy ». Si se despita le conte de Charollois durement de sa parole du matin, laquelle toutefois n'osoit enfreindre ; et se crucifia de quoi il les falloit laisser aller sans combattre et de quoi il ne seroit jamès après sans regret. Aussi ne fust-il ; car la ribaudaille meismes, aussitost qu'ils furent en leur ville, s'en mocquèrent et dirent qu'il ne les avoit osé combattre. Le duc Philippe aussi, qui à ceste heure estoit en Bouvines, s'en crucifia à l'autre lez, de quoi son fils les avoit laissiés aller saufs; et eust volu pour ung grand avoir qu'il y eust esté ; car le voyage estoit sien et y estoit en personne, mès non audit lieu ; et nonobstant toutes-fois ceste seconde humiliation faite, et qui estoit à feu et à sang et à merci priée et donnée, et à renonciation du roi et de tout le monde, quant cette seconde armée arrière a esté rompue, et que l'on cuidoit estre paisible avecques eux, et avoient bailliés leurs ostages en grand nombre, les plus nobles du pays et les plus enfants de bien, si recoururent-ils prestement arrière au roi par messages et ambassades, et lequel toujours en la forme que devant les entretint et paya, à tel fruit comme les autres fois, sans leur donner garant.

CHAPITRE CCLXIX.

Comment le roi envoya lettres aux Liégeois par le bailli de Lyon, promettant les assister.

DE cestui second voyage, qui estoit de dure coutange à Liégeois, et dont ils firent leur plainte au roi, il ensievi que le roi envoya vers eux en la cité de Liége, pour les réconforter, le bailli de Lyon, et lequel, avecques certaines lettres à ly baillées, asseura Liégeois de tout confort et aide contre le duc de Bourgogne, à toutes heures que guerre voudroient esmouvoir contre ly. Dont il ne demora gaires que jà la tierce fois ils ne recommenchèrent à follier; et vindrent assiéger Huy, ne sçai se à aulcun propos pourpensé ne se à aultrui fol appétit, mès au moins sous la couleur que je vous ai dévisée dessus, et là où il y avoit certaine juste apparence; et ils recommencèrent et poursievirent leur maleur de mal en pis toujours, et plus et plus à leur perdicion et honte; et en ensievi le voyage qui jamès ne doibt estre oublié, et par lequel tout le pays fut conquis, et toutes les bonnes villes rasées et abattues, et la cité meismes menée à ce derrain que d'abattre ses portes et ses murs, et de souffrir emporter leur perron, et d'y prendre gens, et de leur priver et oster tous privilèges, toutes coustumes et usages, toutes franchises et libertés anciennes, et d'en faire et user à volonté, fut de vie ou de chevance, sans nulle contradiction, et dont oncques le pareil n'avoit esté veu, ne oui, ne trouvé en livre. Et leur vint tout ceci toutefois de ceste male prise de la ville de Hui, en quoi ils cuidèrent redressier leur foule (tache) et honte par nouvel orgueil, et ils accrurent leur confusion à mille fois double par ung fol outrage. Et non contens encore atant, et d'estre et de vivre à demi heureux et demorans en leurs propres lieux et habitations, en commune aisance de vivre comme leurs voisins, et quérans encore quartement refuge au roi, qui autretel en fit comme devant, n'ont oncques cessé jusques à avoir esmeu et deslié du pel leur tout parfait extreme maleur, et de quoi, par ung quatriesme voyage que le duc Charles a meu contre eux, ils ont esté mis à toute derraine consommation par feu, par expulsion et par toute ruine et opprobre, comme Dinant, là où désormès n'y a teste pour se lever et essourdre, ne pour monstrer dent ne fière barbe, de nul eage de vivant homme, alors tant feust jeune.

Ce sont donc quatre voyages que les ducs de Bourgogne, père et fils, ont fait à terrible exploit, et du règne du roi Loys, roy de France, et tout en quatre ans, et dont les deux furent du vivant du duc Philippe, et les deux autres après sa mort, de an en au, sans entre deux, et dont le fils retournant de Conflans, glorieux vaincqueur, fit le premier voyage pour et au nom de son père malade à Brusselles, et lequel nient-moins assis en sa chaire, et son fils estant en France, gaigna par ses bons et vaillans serviteurs et subgets, demorez par dechà, une dure et fière bataille sur Liégois à Montenac, et là où hautement et en grand valeur se moustrèrent Braibanchons et Hainuyers avec aulcuns aultres de l'ostel du duc, Bourguignons et Picars, et meismes de l'ostel de l'évesque de Liége, comme le comte de Nassau, le seigneur de Blanquenhem, le seigneur de Gasebecque, nommé messire Philippe de Hornes, et le grand bailli de Haynaut, nommé messire Jehan de Reubenpré, gentil chevalier et vaillant, et qui tous avoient gens de grand nom et de grand fait; et gardèrent l'honneur de leur viel prince et maistre, et lui apportèrent victoire de ses ennemis, sans main y mettre.

CHAPITRE CCLXX

Comment George expose dont de rechief procédoit ceste guerre de Liège.

Au propos doncques et pour satisfaire à la question qui se poroit faire, à savoir se Liégois, après estre tousjours battus et foulés, maintenant arrière à aller assiéger la ville de Huy, l'ont empris ou de fol orgueil et présumpcion, ou à l'incitation d'aultrui, qui s'est cuidié vengier peut estre par eulx de son annui : certes, il me semble que l'en peut assez souffisamment entendre, parce que j'en expose ici devant, comment il en est allé ne venu ; car avecques ce que orgueil et présumpcion y ont esté fondement original, avecques mortèle hayne, si les a aultrui conseil bouté en l'avance dont ils se sont points et repoints de playe sur playe. Dont, et pour ce que ceste incitation sambleroit movoir de la part du roy, parce que tousjours sont allez à refuge à ly et pour garant, comme à cely qui les avoit en sa garde et tutèle, et qui leur devoit protection et desfense à son pooir; pour ceste cause certes, loist (convient-il) icy ung peu exposer le secret de ceste matère, sans en tourner envers nulluy ne charge ne bon droit, fors à pois et à point, et en équité de cause. Et ne doibt donner ammiracion à nulluy, veu le temps quel il estoit, et quel il avoit esté depuis le couronnement de ce roy Loys, se depuis la confliction souverainement qui se fit à Montlhéry, il avoit cueur et corrage de soi vengier de son fouleur, le plus grand roy du monde et le plus noble, de son vassal et subject venu et entré dedens le ventre de son royaume et de son trone, à main forte et minatoire, pour le défaire ou le mettre en dangier, ce maintenoit-il. Dont, et comme il considéroit que nul grant foule ne plaie ne se peut vengier si à haste comme on voudroit bien, et que sens et engin y servent plus et prouffitent que felle esmeute, certes, quand par le moyen des Liégois, il a prétendu à soi bien veoir vengié de son injure, n'a point fait à blasmer, ce samble, de la voie quise, quant meismes il les avoit en sa garde, ceux qu'on fouloit tous les jours sans espargne. Le duc de Bourgoigne les quéroit à fouler et les fouloit fréquemment, qui encore estoit son fouleur; pourquoi ne pooit-il quérir la foule aussi de son fouleur, justement et à honneur sauf, qui fouloit tous les jours ses amis et ses serviteurs en tout ce qu'il pooit avoir d'affaire? Certes, raison bien entendue en cestui endroit, il n'en tourne nulle charge au roy. Mès en ce qu'il ne les a secorrus en leur grand affaire, et seloncq son promettre, là fault-il un aultre declairement et de plus grand sentence. En fait bon à croire que ung roy de France, le plus noble de la terre, doibt et peust bien tenir une longue suspense entre dire et faire, avant que condescendre à l'extreme effect d'une si grande matère et de si grand pois, comme de soi former ennemi en faveur d'aulcun peuple encontre un bras constitué champion de l'église, et de l'expresse ordonnance du pape, son parent, encore quelque question qu'il y eust, l'ung des plus nobles princes du monde et des plus puissans, et lequel quand il l'aroit aidié à destruire par tels vilains, si eust-il accru sa honte et son propre damage, en perdicion de tant de noblesse que le duc y avoit, et lequel faisoit encore à craindre à ung roy de France pour mettre sa noblesse sous danger de fortune contre ly, par adjonction à fière vilenaille, que tous roys et princes doivent hayr pour la conséquence. Dont, et si on lui impute qu'il les abusoit par paroles et vaines promesses, je cuide que non certes, et que sa noblesse ne le portoit point ainsi. Mès il avoit espoir peut estre que le duc, à cause de la voix qui en pooit courir chà et là, comment il se melleroit de leur débat encontre ly; en portant révérence à la couronne et à sa puissance, se refraindroit ung peu en son ire, et en dissimuleroit par sens; et ainsi sa promesse aroit donné fruit à l'ung et à l'aultre non damage.

Tout conclu doncques, je concède la hayne que le roy pooit avoir juste encontre ce duc Charles pour le temps passé, et le désir non desprisable de volentiers s'en vengier par diverses voies, s'il les eust sceu trouver; et si concède aussi qu'il les pooit conforter et assister de parolles, sans honneur enfraindre, et non venir à l'extreme parfait, pour la conséquence périlleuse tant de ly que d'aultrui.

CHAPITRE CCLXXI.

Comment il y eust escarmûce entre Liégeois et le seigneur de Boussu.

On convient parler de ces removemens de guerre, la tierche fois, des Liégois qui estoient devant Huy, et là où le duc Charles avoit envoyé le seigneur de Boussut, avecques plusieurs aultres seigneurs de Haynaut, pour confort de l'évesque et de la ville. Or n'avoient encore Liégeois tout perfremé leur siége, quant ledit de Boussut entroit; et ne tenoient que l'ung costé de la rivière. Si firent tant par nuict et par jour qu'ils prindrent la rivière cà et là, tant que nul ne pooit plus entrer ne saillir dehors, fors pour le dangier; et y restoit seulement une petite porte de terre, entre les deux bords de la rive qui estoit avantageux à ceux de dedens, et de péril à ceux qui là gissoient. Si se pénèrent Liégois de prime-face de gaignier icellui destroit et de l'oster à ceux de Huy; et de fait, l'obtindrent, à force de gens et de hardement, une petite espasse. Dont ceux de dedens, toutefois, qui estoient gens de guerre, quant ils se virent si de près aprociés, et au vif quérus, se en aigrirent tous en ung novel corrage; et vinrent à lances et à tranchans fers férir valeureusement dedens ces Liégois qui là gisoient, et en occirent une grant part. Et là y eust ung beau chapplis et une fière mellée; et y fit vaillamment le seigneur de Boussut, et messire Philippe de Poitiers, et beaucop d'aultres vaillans hommes qui los et pris y acquirent; et tant que Liégois estoient contrains de eulx retraire sur le derrain bord de la porte, là où nul ne les pooit approcier que par-devant; et là firent de deffenses beaucop, qui peu leur servirent; car durement furent entamés et tués en aulcun nombre; et en aulcun nombre ils se sauvèrent et retrayrent en toute haste en leur grand ost.

Or commenchoit-il à avoir une couverte murmure en la ville, entre le menu peuple qui se vit assiégier et mis ainsi en destroit de ses propres voisins et parens et alliés anciens, de ceux de la cité, comme se faveur voloient porter avecques eux, et pité de les voir calamités de main estrange ; et sambloit proprement qu'il y pooit avoir entendement entr'eux et ceux de dehors pour livrer la ville en leur main. Si s'en percheut l'évesque et autres emprès ly, qui y mirent grand guet.

Dont, et comme la peur de cecy lui estoit entrée en cuer, et que aulcuns paoureux d'emprès ly lui en donnèrent assez, pria au seigneur, de Boussut, en lui narrant le cas, qu'il le voulsist aidier à sauver et vuidier hors de la ville; car pour tout l'or du monde, ne vouldroit cheoir en la main de ses ennemis, ceux de la cité. Si pesa ledit de Boussut fort ceste requeste, et enuis refusa la sauveté d'ung tel homme, ung noble prince, et auquel par refus il pooit porter ung grand meschief, et par ly accorder ce qu'il quéroit faire à ly-meismes une grande honte et blasme ; et par ainsi, entre faire et laissier, ne sçavoit quoi mieulx respondre. Enfin, toutefois, pesa plus la sauveté du seigneur et d'aventurer son honneur, que de viser à son honneur estroitement, en perdant telle personne, pensant mieulx et plus tost réparer ce qu'on lui poroit donner de charge d'abandonner la ville, que de venir à la paix envers son prince, d'avoir abandonné son cousin-germain, l'évesque, en son mortel estroit affaire, et là où peust-estre il eust esté mort.

CHAPITRE CCLXXII.

Comment l'ung de la compagnie du seigneur de Boussut remonstra prudentement ne soi devoir partir de Huy.

Si en print la charge, le seigneur de Boussut, de sauver l'évesque et de le conduire jusques à Brusselles; et de fait, le mena hors de la ville à l'emblée; et le mena au plus céléement qu'il pooit de peur de ceulx du siége. Et comme ledit de Boussut avoit des vaillants hommes avecques ly qui ce virent et sceurent, et qui moult amoient son honneur, aulcun de eulx, et par espécial ung Bertremieu, gentil compagnon et vaillant, lui dit : « Ah ! mon-
» seigneur, que faites-vous aujourd'hui ? Vous
» périssez beaucoup de vostre honneur et bon los
» acquis aultrefois, quant, pour complaire à ung
» prestre, vous abandonnez une ville à prochain
» péril, dont le duc s'est fié de son salut en vostre
» vaillance; et maintenant, quant vous en voyez
» le dangier, et que la deussiés deffendre et nous
» aultres encorragier, vous vous en allez avecques
» un fuyant qui n'acconte à los ne à blasme. O
» monseigneur de Boussut, fort est et sera se ja-
» mès cy-après vous réparez ceste faute. Et se
» mal vient ne eschiet à la ville, vous seul en
» porterez le chappelet et en arez à respondre. »
Et vrai disoit, et notablement, et comme un

vaillant homme; et aussy ledit de Boussut en avoit puis dur à souffrir; et en fust fort accueilli en court et devers le prince; et fust la ville prise prestement après son partement. Et sçaroit-on mal jugier du mieux fait ou du lessié au seigneur de Boussut, lequel, ce que fit, non fist par couardise ne par peur du péril, mès à bonne noble intencion de sauver l'évesque, en l'espoir d'y retourner à temps assez, ce que non fist, et dont il lui prist mal. Mès l'évesque venu à Brusselles, et veuillant justifier et excuser ledict chevalier qui l'avoit servi, print toute la charge sur lui, se mal fait y avoit, et de corps et de chevance; et de quanques Dieu jamès lui poroit donner, le voloit plénir et garantir; car ce que fait en avoit, il l'avoit fait, ce disoit, à sa grant presse et force, que tout toutes fois ne servoit ne à l'ung ne à l'aultre. Et fust l'évesque laidement raboué, meismes du duc, comme un couart cléricque, et cely de Boussut mis en la pile au verjus, de croire ainsi et d'obéir à un lasche prestre, en cas encore de son honneur extrême. Tout toutefois fust réparé; car sçavoit-on de vrai que le chevalier n'avoit rien faict par lascheté, mès par mesprison non cuidée.

CHAPITRE CCLXXIII.

Comment les Liégeois se disposèrent assaillir Huy et comment les habitans faindans la deffendre, lessèrent entrer.

Or ai-je dit jà tout près d'ici, que le peuple de ceste ville sambloit forment varier et branler avecques ceux de dehors. Dont, et comme les apparences y estoient perceues, l'effect aussi y ensievit tout au parfait ; et ce qui plus donnoit la doubte de malice à ceux de la garnison, de par le duc et de l'évesque, c'estoit que le chasteau estoit tout despouillié d'artillerie et de vivres et de toutes deffenses, et parquoy le retraire dedens ne pooit porter fruit. Or vindrent Liégois ung jour, et firent samblant d'assaillir la ville ; et le peuple de dedens, faisant semblant d'aller deffendre les portes, les ouvrirent à tout effort, et boutèrent Liégois dedens, et s'entreconjoyrent, corrant parmi ces rues comme enragiés et visans à tout mettre à mort ce que trouver poroient de nation estrange, feust au duc, feust à l'évesque ; n'y avoit espargne ne merci décrétée pour nulluy. Si veissiés ung horrible effroi dans ceste ville, entre ung petit nombre de gens qui là estoient en bonne confiance, sur ceulx qui les trayrent ; et quant aulcun de eulx cuidans sauver, et la ville avecques, se sont boutés dedens le chasteau, et l'ont trouvé tout vuide et desgarni, se

sont mis à désespoir finable, et ont perceu que tout estoit une trayson bastie pour tout faire perdre. Si n'y avoit cely qui ne visast à se sauver. Et combien qu'il y en avoit qui firent de leurs corps ce qu'ils peurent vaillamment et à grand péril, toutesfois, parce que deffense ne pooit avoir lieu, firent de nécessité vertu, et sauvèrent le corps, qui point n'eust eu de mérite par soy faire tuer en oultrage. Ung entre les aultres, ung beau grand personnage d'omme du pays d'Ardenne et de ceulx de la Marche, homme de grant maison, et qui ne s'estoit point percheu des premiers de ceste trayson, et qui ne cuidoit point l'effroi estre tel entre ses compaignons qui jà se partoient, se trouvant d'aventure entre ces vilains, en ung destroit lieu, et là comme assaillant et assailli, et qui autrement ne pooit que combattre ou morir recran, fit des dures armes et de felles beaucop; et n'y avoit nul, s'il chéoit dessoubz son baston, qui ne receust affolure; et estoit merveilles de ce qu'il fit pour ung corps seul, et de ce qu'il soutenoit en attente horrible. Liégois meismes lui disoient : « Que volez-vous faire ? Cuidiés-vous re-
» couvrer la ville tout seul sur nous trestous, qui
» n'avez compagnon, jà ung tout seul, pour vous
» deffendre et qui ne soit fui. Ce poise nous et
» nous va contre cueur, se vous vous faites tuer
» ici là où vous ne poez riens. Sauvez-vous, de
» par Dieu, avecques les autres, et vous en allez.
» Nous vous ferons voie, et aultrement le demorer
» ici vous promet mort sans respit. »

Quant doncques ce vaillant noble homme parceut comment la chose estoit allée, et que voirement de secours ne véoit point en nulluy, ne de recuevre, et que mais ame ne véoit de sa sorte, crut conseil et se sauva au plus bel qu'il pot, grandement à son honneur, et beaucop tenu à fortune, que lui-meismes ignorant et quasi malgré ly, avoit gardé cestui estroit affaire, là ou forcément il falloit monstrer sa vertu, ou morir honteux et confus en couardise. Si s'alla rendre prestement à Brusselles, où le duc le recheut à honneur et à gloire en ensievant son œuvre.

CHAPITRE CCLXXIV.

Comment le duc envoya messire Adolphe de Clèves pour lever le siège des Liégeois estant devant Huy.

C'estoit au mois de septembre, bien avant, quand ceste ville de Huy fust prise des Liégeois; et le duc Charles entendant à ses affaires par le pays de Braibant, envoya messire Adolf de Clèves, à toute haste et à forte compaignie, pour lever le siége, cuidant que Liégois feussent encore devant la ville non prise. Mès comme l'aventure l'apporta, et que le dit de Clèves estoit jà venu à deux lieux près, cuidant férir sus, Liégois estoient dedens la ville à sauveté. Si en ot grant regret cely de Clèves, d'estre ainsi venu pour nient à tant de belles gens et de vaillans hommes et pleins de haulte volenté. Mès porter le convenoit ainsi et prendre en gré jusques à une autre heure, là où tout pourroit retourner en compte et en paye. Si n'y avoit aultre, fors de retourner vers le duc, qui en fit matte chière; mès dit bien que ce leur seroit brief, s'il ne moroit, une chière prise et cousteuse. Et disoit vrai; car prestement fit faire son mandement sur tous les pays de Braibant, de Flandre, de Hainaut, de Picardie, de Namur, et de Luxembourg, pour le huitième d'octobre; et ordonna aux capitaines de eulx mettre sus, et le plus à haste que faire poroient, et à plus de gens; et les asseura de bon paiement et prompt, sans délay, et à tant s'en reposa sur leur diligence et sur le bon acquit de chascun d'icy au jour nommé; et ly-mesmes diligenta fort en tous ses aultres affaires pour venir à cestui; car là avoit-il cueur.

Or convient-il maintenant parler du roy qui tout savoit et ooit ce qui se faisoit par dechà, et comment le mariage estoit conclu de là seur au roy Édouard, et comment Huy estoit prise des Liégois, et qu'à ceste cause le duc avoit fait son mandement très grand, et estoit délibéré à removoir guerre, jà la tierche fois, à ceux de Liége, et de les mettre en basse croûte; et ymaginoit presque et faignoit savoir tout ce que ce jeusne duc avoit en ventre et en propos de faire, et pourquoi tant plus le craignoit; car le cognoissoit fier et orgueilleux, et mordant et dur ennemi, malvais à rompre là où il portoit corrage. Si s'en devisa tous les jours ce roy Loys à son connestable, qui aultre-tel congnoissoit le duc Charles comme ly, car l'ancienne nourriture y estoit. Si eust bien volu le roy, ainsi que devises portent, obvier aux emprises s'il eust pu de ce fier duc, et les rompre par sens ou par menaces, ou par moyen, ne lui chaloit quel, mès qu'il lui pust rompre ou faire rebouter sa corne, laquelle il véoit fièrement dreschiée. Si en devisa familièrement audit son connestable, comme à cely seul du monde par qui main il pooit mieulx ouvrer en ceste affaire; car ly seul aussi estoit tout à main au duc par deça, et lui donnoit ascout et créance; et la seule main du connestable qui estoit ami et certain à tous les deux, estoit digne et propre pour manier haulte matière.

CHAPITRE CCLXXV.

Comment le seigneur de la Roche et le seigneur d'Aymeries furent envoyez à Bohain vers le connestable.

LE connestable doncques, qui savoit tout le secret du roy, et beaucoup de bonnes raisons aussi qui en lui estoient et qui fesoient à regarder et à peser, ce savoit bien, tant pour le bien et salut de ce royaulme, dont il estoit souverain officier, comme pour l'onneur et salut aussi de ce nouveau duc Charles, à qui y fesoit bon obéir à conseil, souverainement en son novel venir en règne, là où on appreuve volentiers le sens du venant par ses fais; ce gentil prince doncques, le connestable de France, bien instruit et fondé sur grandes choses, ayant jà lessié le roy, s'en estoit venu à Bohain, en sa maison. Et sçachant ce, le duc Charles prestement y envoya le seigneur de La Roche et le seigneur d'Aymeries, pour interroguer et enquerre des novelles de France, comme les deux chevaliers feussent ceux par deçà, sur tous aultres, mieulx à main et au gré audit connestable. Si leur fist grant chière et bonne; mès à peu de demeure devers ly retournèrent à Brusselles, et le conte connestable les sievit de près; et tellement, qu'en briefs jours après, il vint à Brusselles en grand et noble compaignie, et là où le duc le feist joyeusement rechevoir et bien viegnier; et ly-meismes ly fist grand chière. Mès à tant je le laisse ici, jusques à bien tost que j'en parlerai plus au vif et à l'estroit de leur assemblement, et dirai ce que j'ai oublié à narrer, et qui estoit grand chose à celle heure : c'estoit que le roy de Castille [1], par haine et despit qu'il avoit pris envers le roy Loys de France, envers ce temps ici s'estoit ajoinct et allié avecques le roy Édouard d'Angleterre, en contraire du roy Loys

---

1. Henry IV, dit l'impuissant.

et de la coronne de France, ce que oncques nul de ses devanciers n'avoit fait; car y a perpétuel compact entre les deux coronnes de France et de Castille. Nient-moins, cestui-icy avoit tout rompu et cassé, d'autant comme en ly estoit, et que sa vie portoit ; car héoit de dure mort le roy Loys, pour causes passées, et lesquelles ont esté contées par moi en ung aultre volume.

Or reviens-je au connestable de France, le comte de Saint-Pol, et au duc Charles, là où ils sont en devises en Brusselles la rice ville, et là où il pooit avoir beaucoup de paroles retournées souvent entre eux deux, de la part du duc, comme hault et excellent prince, plein de cuer et de hault pooir, et de la part du conte connestable, comme souverain officier de la couronne, parlant de la bouce du roy par charge : là où toutefois, entre deux, ledit connestable ploya comme subject et serviteur, et humble parent, et se contourna en sa nature, comme conte de Sainct-Pol; mais par acquit de son honneur et de sa léauté, aussi envers le roy dont il avoit les mots en sa bouce, parla au duc roidement, et à l'exigeant de sa charge, disant et lui signifiant que le roy estoit mal content tout oultre de l'alliance qu'il avoit prise et quise en Angleterre, avecques les anciens ennemis et traveilleurs de la coronne de France; et que c'estoit mal fait et chose non à tollérer, que ly qui estoit ung des supériores du royaulme, et le plus avant en dignité d'estat, et venu d'ave et de trave, et de toute ancienne production en noble lit des fleurs-de-lys, alloit quérir et prendre l'alliance des ennemis de ses vieux pères, en grand préjudice et plaie en temps avenir, de tout le throne de France et de son salut. Si voloit bien le roy qu'il sceust, ce lui dist-il, qu'il en estoit mal content, et qu'il avoit bien cause de y remédier et obvier par toutes voies à ly possibles, en temps et en lieu, quand il poroit.

CHAPITRE CCLXXVI.

Comment le connestable pour la tierce fois eust plusieurs paroles au duc et l'appressoit de leissier Liège en paix.

Ceste manière de parler estoit assez aigre au commencement, mais non pas faite ne dite de malvais cuer; car le parlant estoit tout serviteur humble à cely à qui il parloit, ce sçavoit bien, avecques ce que l'ascoutant accontoit peu à ses paroles com aigres qu'elles feussent : mès au moins ne pooit-il que soi acquitter de ce qu'il avoit pris en charge. Et meismes avant que jamès il partisist de France ne de la bouce du roi, si sçavoit-il, et l'avoit bien dit au roi, que c'estoit pour nient de s'en traveiller; car jamès l'alliance qu'il avoit prise en Angleterre, ne seroit rompue, ne par menace ne par prière, si non par mort; et que cely qui s'y estoit bouté n'estoit point à avoir ainsi descousse de bras, car c'estoit un fort et fier passage et l'un des redoubtables du monde en celi temps. Et pourtant, comme j'ai dit, posé que ce comte connestable venist de par le plus hault roi du monde, son maistre, faire ici son personnage et s'acquitter de sa charge, si venoit-il plus pour estre moyen et instrument de modification entre les deux aigres, que pour estre seul à l'ung ne seul à l'autre. Car cognoissoit que la nécessité du temps le réquerroit et que ce royaume ici estoit perdu, et nous tous, se les deux aigreurs eussent eu cours et voie. Et pourtant, ce comte connestable cy, qui estoit ung sage chevalier et prince, et moult subtil, tout ce que il pooit avoir en charge du roi, tout ce il le tourna sur manière de conseil et de remonstrance à ce jeusne duc Charles, par amour et dilection qu'il avoit à ly et comme à son prince et seigneur. Dont, pour la seconde charge qu'il avoit, c'estoit que le roi voloit et lui prioit qu'il se voulsist déporter de faire guerre ceste tierche fois aux Liégeois; et en cas de non, il lui signifioit que c'estoient ses alliés et ses amis, et les avoit en sa garde, et il les assisteroit et conforteroit de sa puissance. Mès à peine le connestable pooit avoir dit à demy que le duc ne lui rompy la broce et lui dit bien fellement : « Beau cousin, tenez-vous-en à » tant et ne m'en parlez plus, car quelque chose que » avenir me doie, ne qu'il plaira à Dieu m'envoyer, » je mettrai mon armée sur les champs, et la tour- » nerai en Liége ; si sçarai à ceste fois se je serai

» maistre ou varlet; et dont et qui m'en vouldra
» destourner et y mettre empeichement, viengne,
» de par Dieu soit! et il me trouvera pour res-
» pondre ».

CHAPITRE CCLXXVII.

Comment le connestable excusoit le roy vers le duc Charles pour le différent des Liégeois, à cause qu'il les avoit en protection.

Sur cestes paroles ot des grans arguments et de grandes remonstrances de la part du connestable, qui toutesfois y alloit en équité et de bon pié comme serviteur et ami, et disoit : « Déa! monsei-
» gneur, ce n'est de merveilles se le roy prend à
» cueur ceste guerre que vous menez à Liégeois, car
» elle lui touche et compéte. Ils sont de sa sauve-
» garde et de sa protection; et tous les jours du monde
» clament et crient devant ly, et lui repreuvent ce
» que déceus sont ainsi en ses paroles et pro-
» messes; et jà deux fois en a dissimulé que vous
» leur avez fait du mal beaucoup, et dont il s'est
» teu; si vouldroit que désormès vous vous en te-
» nissiez à tant, et que pour l'onneur de Dieu et
» de ly, et par pité et compassion du sang humain
» ne voulsissiés plus contendre en leur oppression.
» Et aussi, monseigneur, vous estes ung très noble et
» très puissant prince et sage et plein de vertu, et
» venez tout novel en règne et en seigneurie; si devez
» désirer de y entrer à gloire et à haute renom-

» mée de bien et de édification au monde plus tost
» que à ruyne et à désolation du peuple par guerre
» et du resse. Monseigneur, pardonnez-moi, je suis
» à vous et vous ai servi jà deux fois en Liége;
» et encore, se loisible m'estoit ne que je le peusse
» respondre, je vous serviroie. Mès, monseigneur,
» vous devez considérer que Dieu vous a fait et
» donné des grâces beaucoup et de hautes victoires,
» et dont vous estes venu à glorieuse fin : mès si
« sont-elles passées, et ne vous sont-elles pas à
» venir certaines. Les fais de guerre sont périlleux
» et les faveurs de fortune instables; huy elle rit
» à l'homme, demain lui fait la moue; et cely qui
» plus se confie en sa puissance, c'est cely sou-
» vent que le plus elle relève par estrange voie,
» et dont nul ne se donne garde. Monseigneur,
» plus a à garder cely qui a beaucop acquis et beau-
» cop de précieux amas que cely qui est encore
» tout sore et creux, et n'a riens pour mettre en
» espargne. Vous avez l'honneur de monseigneur
» vostre père en vos mains, le plus noble prince de
» la terre, et lequel est mort vainqueur non onc-
» ques vaincu, et vous avez le vostre propre qui est
» grand et cler, et resplendissant sur tous ceulx de
» vostre temps. Si vous sied bien de estroitement
» et curieusement le garder et tenir net, et de
» non le mettre en l'abandon ne à perte, encore
» à aultrui appetit et emprise; car se d'aven-
» ture vous succombiez encore dessoubs ces vi-
» lains là, où les dangiers sont grans, toute vostre

» gloire passée, et de vous et de vostre maison,
» seroit reversée et retournée en songe, et tout
» esvanoui et esteint quant-ques vous feistes onc-
» ques de grand; et pourtant, fait-il bon soi avi-
» ser et soi amoderer, et non soi tout oultréement
» exposer et abandonner aux périls de fortune.
» Les plus amodérés souvent et les plus subjects
» à conseil sont costumièrement les plus tost pa-
» rattaignans à gloire. Ce que j'en dis, monsei-
» gneur, je le dis pour bien; je m'acquitte en-
» vers vous comme mon prince; je m'acquitte
» envers le roi comme mon maistre; et à tous deux
» je suis procureur à mon pooir de leur honneur
» et joie. Siques, pardonnez-moi si je vous dis ce
» que le povre sens que j'ai me porte et ce à
» quoi mon honneur m'astraint et oblige de le non
» vous taire ».

CHAPITRE CCLXXVIII.

Comment le duc Charles fist responce absolute au connestable ne soi vueillant désister de son emprise.

A ces mots, le duc respondit : « Beau cousin, je
» vous ai bien oy et entendu; et à brief respondrai
» sur tout. Et en tant qu'il touche le fait des Lié-
» geois, je vous ai dit une fois qu'il en est fait
» et conclu, et ne faut ne prescheur ne sermoneur
» pour me venir rompre en ce propos; ains eulx
» tous et cent aultres y romproient meismes leurs

» testes, premier que en finir. Que se demande le
» roi de me requerre que je les laisse en paix? et que
» ne les contraint-il, et leur fasse défense que eulx-
» meismes ne me travaillent. Veult-il que je les sup-
» porte et espargne, et eulx ils me vendront faire
» outrage! Que leur ai-je demandé quant ils sont ve-
» nus assiéger Huy, et la prendre, et la mettre à sac-
» queman? Je ne les ai pas quis ne fait travaillier, ne
» riens esmeu contre eulx de novel; mès eulx sont
» venus en mon despit prendre ung gentilhomme en
» mon pays de Luxembourg, et l'ont mis en tor-
» ture piteusement, et depuis à tort à mort, et sans
» cause : et d'abondant, pour me cuidier espoen-
» ter en mon entrée, pensans tout avoir d'avan-
» tage, sont venus prendre cette ville, tendans, ce
» me doute bien, à plus grand fin, et laquelle ils
» l'ont quise; et sçai bien à quoi et à qui. Pour
» toutes conclusions, beau cousin ; à qui il des-
» plaît, si le tourne comme il l'entend; mès je
» morrai en l'emprise où je les aray au fouet de
» leur extrême perdicion et ruine, ne jamès joie
» n'arai en cuer jusques je m'en verrai vengié.
» N'y a ne roi ne empereur pour qui j'en face aul-
» tre chose ».

Le connestable toutefois, quelque chose qu'il eut
dit devant, si sçavoit-il bien comment ce duc en
féroit; et pourtant torna beaucoup de ses propres
paroles à risées, et meismes en fit rire le duc qui
pour Dieu n'eust fait en ce cas pour le roi ne que pour
le soudan ; aussi la presse n'estoit pas raisonnable;

mès si séoit-il bien au connestable de remonstrer les dangiers qui peuvent cheoir en guerre, et lesquels nul prince, tant soit grant ne puissant ne fort, ne peut avoir en ses mains pour dire : « De « ceci ou de cela, je suis asseur, et ne m'avenra » point ».

CHAPITRE CCLXXIX.

Comment la duc Charles mena la guerre en Liège et comment le connestable obtint demy-an de seur estat afin qu'il ne s'empeschast de la guerre.

Et ce duc Charles d'abondant encore, et pour satisfaire au connestable en toutes responses et sur tous ces articles, qui au premier lui avoit parlé de l'alliance d'Angleterre, et laquelle le roi désiroit qu'il relinquist, sur ce point il respondist et dist : « Ce » que je suis allié en Angleterre s'en prègne le roi à » ly-meismes; car ses menaces et légières paroles, » et ses diverses estranges manières de faire m'en » ont esté cause. Il m'a compuls et constraint de » la prendre; car ly-meismes il l'a quise contre » moy. Si m'y suis bouté si avant que de reculer » n'y a point, quand je vouldroie; et pourtant » les paroles s'en sont pour nient et trop tard. Si » le roi m'eust volu traitier et recognoistre pour » tel que je suis, qui suis prince de foi et de léaulté » et qui en viens de lignée, je l'eusse recogneu pour

» tel que je devroie, et l'eusse servi et amé ; mès il
» a fait tout le contraire à moi ; et ne content
» (cherche) que à moi desplaire ; par quoi il m'a
» donné occasion aussi de me pourveoir à l'en-
» contre. Dont, et se je suis de France ou de Bour-
» goigne, si m'a-t-il fait devenir Anglès maugré
» moi ».

CHAPITRE CCLXXX.

Comment le connestable obtint du duc que le terme d'un demi-an il bailleroit asseurance sans faire emprinse contre le roi.

Or y avoit-il encore ung autre point et qui estoit grand, et que le roi avoit profondement yma-giné nécessaire pour ly de le mettre avant et de le proférer de tous aultres pour le temps d'alors : c'estoit que ce conte de Saint-Pol, son connesta-ble, procurast devers ce duc Charles, ung seur estat d'un ang entier pour ly et pour tous ses alliés et amis. Et à ce le menoit une considéracion qu'il avoit, que ce duc icy estoit allié de tous lez du monde pour lui pooir porter grief, d'Espagne, d'Angle-terre, d'Allemagne et de Normandie ; et aveuc-ques ce avoit-il une redoubtable et puissante ar-mée sur les champs, preste à tourner là où il vouldroit ; si en avoit le roi peur, parce qu'en ly-meismes il cognoissoit avoir cause par quoi la peur y devoit estre. Si fit le conte de Saint-Pol tout son pooir de cest article, et le mésist au duc, lequel prestement lui demanda : « Que entend le roi par » ses alliés? s'il y veut comprendre les Liégeois » et les porter contre moi, soit certain que, tant » que je serai vivant homme, jamais de pié de » terre que j'aie soubz ly hommage ne lui ferai » ne le baiserai en la bouce. Or les comprende et » porte quant il veut. Et quant au seur estat qu'il » demande, s'il ne se mesle des Liégeois et qu'il » ne les porte, je suis content de donner pour demi-» an, saufs monseigneur de Normandie et mon frère » de Bretagne, auxquels, s'il leur faisoit guerre » ne moleste, je les secorrai et conforterai de tout » mon pooir ».

Mès avant qu'oncques il se voult si avant déclarer que de donner et de concéder le demy-an, ledit connestable y ot grande peine; et le prononcia le duc à gringnans dens, et à bien enuis dehors sa bouce; et encorre dient les aulcuns, que le connestable ne obtint point cestui mot si avant pour sa première venue, fors à la seconde, quant il revint battant et ferrant vers ly à Bruxelles arrière sur son tout prochain partement, et qu'il le mena avecques ly à Louvain.

Si me suis donné aultrefois merveilles comment ung roy de France, roy de la chevalerie du monde, possesseur de son throne en quarrure et de toute la rondesse de son royaume, cremu et obéi, et que toutes nations ont requis meismes de seur estat, ly est condescendu à requérir meismes seureté, non succombé en fortune. Certes des deux, il en convient l'ung, ce samble, ou que la povreté de corrage y ait esté grant, ou que le gouvernement d'icely soit meu d'un malvais principe.

CHAPITRE CCLXXXI.

Comment le connestable avoit charge du roi ravoir les terres de Somme pour la somme qui estoit mise sus.

Or sans cecy encorre y avoit-il ung autre point très difficile ; c'estoit que le roy faisoit dire au duc et ramentevoit qu'il peust ravoir les terres sur Somme pour l'argent qui y estoit mis sus, et que le duc en voulsist estre content ; qui estoit ung point aussi fort ruyneux et de dangier à le mettre avant, à celle heure encorre, quant les choses estoient mal disposées pour en traire bonne fin. Mais je croy, et se peult ymaginer, que comme le roi tendoit à venir à fin difficile, constraint de le demander, c'estoit d'avoir le seur estat d'un an, il mist avant aussi à ce duc tout ce qu'il avoit de difficile contre ly pour impétrer ce que le duc concéderoit, ce savoit bien, difficilement ; et ly pour ce il concéderoit de ce qu'il avoit mandé au duc gracieusement ; et l'ung auroit son seur estat pour ung an, et l'autre feroit sa guerre à son plaisir, et ne s'en melleroit point le roy. Mès oncques toutefois, ne pour ceci ne pour cela, ne pour chose que le

conte connestable sceust dire ne faire, ne le pot plus avant mener que jusques à ung demy an; et en convint retourner ledit connestable battant ferrant devers le roy et revenir subit. Mès avant partir, lui respondit sur l'article touchant ces terres de Somme, et dist ainsi : « Je me donne merveilles com-
» ment le roy se traveille tant d'une chose que j'ai
» tant de fois refusée, et à diverses fois, à ses gens qui
» m'en ont parlé. Ne sçay comment il ne s'en tient à
» ce que j'en ai dit : car vueil bien qu'il scaiche que
» je vouldroie perdre la meilleure ducié que j'aye
» ains que je m'en départisse; ce seront toutes les
» derraines terres que je garderai pour moi ».

Sur ce mot ne séoit point de réplique, ce véoit bien le connestable; et pourtant n'en fit point plus de presse, et laissa la chose ainsi. Cop sur cop toutefois, et jour sur aultre, le roi envoya gens et messagiers devers son connestable, pour le solliciter et pour oïr nouvelles de son besoingier; et sembloit que moult avoit le cuer en petit repos pendant cette traisnée. Si y envoya encore maistre Jehan de la Driesche, trésorier de France, auquel assez aigrement le duc parla, et par ses dessertes; car moult présumptueux homme estoit et des pays du duc, nez de Terremonde, et autrefois forfait grandement. Si lui dist le duc et coppa court des menaces du roy : « Je me donne peu de soing, veu
» encore que c'est à son tort; ne pour chose qu'il
» me face mander, ne par vous ne par aultre, je
» ne laisserai mon emprise, et la bouterai oultre;

» et si le roy s'y veut trouver, si s'y trouve; les
» champs sont aux hommes; mès s'il me quiert à
» faire des maux, je ly en ferai tant que le bel
» n'en sera point tout devers ly ».

CHAPITRE CCLXXXII.

Comment il arriva ung légat à Bruxelles avec le cardinal Balue devers le duc.

Or avant que le comte de Saint-Pol, connestable, pot oncques partir de Brusselles, ceste première fois, le cardinal d'Angiers y arriva, cely qui se nommoit Balue; et le prochain jour après y arriva aussi un légat du pape, arcevesque de Milan, que le roi avoit pratiqué de faire descendre, ce imaginoit-on, de par le Saint-Siége, pour faire rompre ceste armée, aveucques aulcunes autres choses. Dont, du légat le duc fit grande estime, mès du cardinal très petite; et ne le voult oncques souffrir venir devers ly. Ces deux venus doncques à Brusselles, le connestable de France partist à toute haste et s'en ralla devers le roy, qui n'y demora que une nuit qu'il ne s'en revint à tue-cheval; et trouva encore le duc qui partoit de Brusselles, pour aller à Louvain, là où tout convenoit siévir, et légat et connestable; et estoit tout fait, et l'aubergon estoit mis au dos; si n'y avoit de merci Dieu, ne de faire prière d'assiète. Toutefois et d'ent.'e, quant le légat fut arrivé, le duc lui fit défendre que venant devers ly pour estre oy, il ne lui parlast de nulle rompture de son armée, ne de nulle pacification; car en vain s'en travailleroit. Mès de toutes autres choses quelconques il l'ascouteroit volentiers, et besoigneroit aveucques ly en cas possible; et le fit seubtilement entretenir avant que venir vers ly sur quels points il pooit estre venu là. Si sceut aucques près tout sur quoi, comme fin homme toutefois que le légat feust. Siques il y vint et ne parla de nulle rompture ne de nulle pacification; car avoit bien été escolé; mès parla sur d'autres matières, dont le duc fit courtoise responce; et sur les articles tels qu'ils estoient, il le renvoya à son chancelier pour besoingnier sus; et lui ordonna de demorer à Louvain, jusques au retour de son armée, là où tout se parferoit ce qui seroit de faire.

CHAPITRE CCLXXXIII.

Comment il y vint un légat devers le duc Charles pour cuidier rompre la guerre de Liège.

OR siet-il bien à demander et à sçavoir après, quel chose vint procurer ne demander cestui archevesque de Milan, légat devers le duc Charles, sur son mouvement de Bruxelles pour aller en sa guerre; car sans grand cause, fait bien à penser, ne y vint-il point. Si loist (convient) il bien savoir que nostre Saint-Père Paulus l'avoit envoyé, jà bonne pièce avoit, en France, là où après petits arrests pris, devoit tirer, ainsi portoit sa charge, devers le duc de Bourgogne Charles; ce que le légat ne fit atant, et laissa couler temps; et le tint le roy emprès ly, qui ne s'en volt des faire, et tant et si longuement, que le duc Charles qui savoit bien sa commission print souspechon, et lui imputa, comme assez vrai estoit, qu'il estoit tout royal et Franchois, et pourquoi aussi il l'en avoit moins en grâce, et ne faisoit gaires conte de sa venue. Mès quant le roi vit maintenant que la chose alloit à l'estraindre, et que ce duc boutoit avant sa guerre tout à bon profit, aigrement le fit baster et diligenter, pensant venir encore à son recuevre tout à heure, par vertu de sa légation; ce que non fit. Et en fut courroucié depuis; et le légat en fut raboué en court de Rome, et de par de chà devers ce duc Charles; et s'en estoit excusé, ledit légat, jà de la faute qu'il en avoit, à nostre Saint-Pere, par ses lettres sur le roy, qui ne l'avoit souffert venir devers le duc de Bourgogne jusques à bien tard et sur le point de la guerre emprise.

Or portoit sa commission et sa charge pour laquelle venu estoit par dechà : comme nostre Saint-Père savoit les différens qui estoient par de chà entre le roy et les princes de France, nonobstant encore tous traitiés et appointemens faits entre ly et eux, que icestui les mettroit de par ly en union et en accord à son pooir; confermast et valuast ce qui avoit esté bien et deuement fait, et de ce qui pendoit en outrage et en excès qu'on le mitiguast doucement et amodiast seloncq le possible; car cognoissoit bien nostre Saint-Père les parties et les difficultés d'iceulx qui estoient grandes, et quasi non appoinctables; et avoit le roi jà gaignié le pape tout pourly, par personnes qu'il avoit en court tout propres, et par quoi il prétendoit et espéroit toujours faire sa cause bonne, tant contre son frère et le duc de Bretaigne, comme contre le duc de Bourgogne et autres. Et la seconde charge qu'il avoit, c'estoit qu'il trouvast voie et moyen, s'il pooit, qu'il mist paix et cesse de guerre entre les Liégeois et le duc Charles sans les plus traveiller; car la clameur de Liége estoit et avoit jà esté montée jusques aux oreilles du Saint-Père, du voyage de Dinant subvertie, et de quoi tous les pays en sa dépendance portoient et avoient porté dure confusion. Si désiroit notre Saint-Père y remédier par cestui légat, par pité de l'église à qui Liége et le pays estoient appertenant. Et faut bien savoir que au partement de Rome de ce légat pour venir en France, n'estoient encore nulles novelles que Liégeois eussent assiégié Huy, ne recommencié la tierce guerre encontre le duc Charles. Et pourtant ledit Saint-Père oyant novelles après de cestui tiers recommenchement, et cuidant avoir assez pourveu en tout par son archevesque de Milan, quant il parentendit la fin de ceste guerre tierce, et comment le duc arière y avoit œuvré, trouva en avis de dressier arrière ung second légat, l'évesque Tricaricensis, duquel me tais maintenant jusques en son lieu, pour faire mon compte du légat arcevesque de Milan, qui vint battant ferrant à Brusselles tout escolé et du pape et du roy, à poste de l'ung et de l'autre; mès trouva bien ung fort passage toutefois, et plus estroit qu'il n'eust cuidié avant venir là.

Or ai-je dit que le duc n'en estoit pas fortement assotté; et tout premier, pour ce qu'il avoit si longuement séjourné devers le roy, qui lui donnoit souppechon; secondement, pour ce qu'il estoit au duc de Milan, qui estoit son adversaire. Toutefois, le duc soy rompant et vaincant en son courroux, en dissimula et print en propos de l'oyr et de lui faire bonne chière, parmi ce, comme je vous ai tourné dessus, qu'il lui avoit fait dire d'entrée que de nulle paix qui touchast Liégeois ne lui feist mention; car il s'en penroit en vain. Aussi ne fit-il, car oncques ne lui en parla; et véoit bien et percevoit que au lieu où il estoit il s'y convenoit sagement contenir et complaire, et que peu lui pooit servir à l'eure la longue demorée qu'il avoit faite aveucques le roi, en trespas de sa commission.

Or parla-il au duc qui à Louvain estoit, et au long l'oït; et lui dist tant seulement que voirement estoit-il venu par de chà pour appointier en l'honneur de Dieu les rumeurs et les différens qui estoient entre le roy et les princes de France, à cause d'aucuus traitiés et appointements faits entre ledit roy et eulx, et dont il estoit ung des principaux. Dont, et pour ce que le roy se douloit, d'un costé, ce disoit, et monseigneur Charles son frère et ly de l'aultre, et que chacun prétendoit avoir le bon droit pour ly, nostre Saint-Père l'avoit envoyé par dechà par devers le roy et ly, pour trouver bon moyen et bonne union partout, pour faire chascun entendre et condescendre à raison en son tort et en son droit, comme princes de justice et d'équité, si bien contr'eux que pour eux. Et s'excusoit alors de ce que si longuement avoit séjourné devers le roi en contraire de sa charge; mès il en mist le fardeau sur le roy qui ne le souffrit oncques partir de ly jusqu'à celle heure.

Si lui respondy le duc doucement, que bien feust-il venu, nonobstant sa longue demeure souppechoneuse et dont il n'accontoit pas gramment. Mès à l'eure que telles paroles se misrent avant pour estre traitées et maniées et levées, qui estoient de tel et de si grand pois, il estoit temps malpropre à ce faire, veu l'appareil que le duc lui monstroit, lequel il véoit à l'oeil, comme d'aller en l'emprise de sa guerre. Si lui pria le duc qu'il se retraist devers son chancelier, messire Pierre de Goux, chevalier, pour lui ouvrir et déclairer ces matières pour y avoir avis dessus, et que à Louvain le voulsist attendre jusques au retour de son adventure. Laquelle chose le légat fit, et se porta très bien en toutes conduites tant qu'il y estoit.

CHAPITRE CCLXXXIV.

Comment le connestable retourna à Louvain vers le duc, et des conférences qu'ils eurent ensemble.

Or estoit revenu arrière la seconde fois, le conte de Sainct-Pol, et l'avoit le duc mené à Louvain, pour de là en avant soi mettre sur les champs; et estoit orrible chose à veoir le monde qui estoit sur les champs tout en armes aveucques le charroy, qui estoit si grand qu'il ne se pooit comprendre à veue; car, tant pour artillerie comme pour tentes et pavillons, et vivres et autres nécessités, et que c'estoit en temps d'yver, il y en avoit tant que mal seroit créable de les nombrer. Et devoient bien Liégois avoir peur, ce sambleroit, de tel approcement sur eulx, s'ils eussent esté sages. Et croy bien que si avoient-ils; mès ils ne savoient leur peur tourner à sens, et se fioient tousjours sur le roy à leur grand mal aventure.

Or procuroit tousjours le conte de Sainct-Pol, connestable, devers le duc, pour avoir le seur estat dont j'ay parlé, pour ung an entier, et parmi lequel, s'il le pooit obtenir, le roy promettoit non soi meller de la guerre des Liégois; mès oncques le duc toutefois n'y voult entendre, ne ne se voult oncques changer de son propos par avant dit; et se mellast le roy on non mellast, ce dist-il, ne le bailleroit jamais, si non pour demy an, aveucques les condicions encores qu'il y avoit mises ; et se monstra tout réconforté de ce qu'il en pooit avenir. Si sçavoit-il bien toutefois que les gens du roy estoient puissans en Rethelois, sur les frontières de Liége, près assez pour les secourir, mès n'en faisoit estime. Quant doncques ce conte de Sainct-Pol vit que point ne pooit finer de ce qu'il quéroit durement, se trouva esbahi et en grant perplexité de savoir bien faire et lessier. Le duc aussy vit et entendit la presse qu'il lui faisoit aigrement de la part du roy, pour le mener au consentement de demy-an, et sans lequel, s'il ne le consentoit, le roy, ce sambloit, se melleroit de la guerre, et par ainsi il aroit à faire à ung roy de France et à ceux de Liége, qui estoit dure chose et forte; et lui sambloit, aveucques ce, que le connestable, comme souverain officier du royaulme, se devroit maintenir aussi en ceste guerre de la part du roy.

Dont pour en estre à la paix de son cuer et pour savoir aussi au pis venir, se le roy se vouloit meller de ceste guerre, comment ce conte de Sainct-Pol, connestable, se vouldroit porter aussi, ou par devers ly ou contre ly, lui dist plainement :
« Beau cousin, avisez bien devant vous : car quant
» au secours que le roy peut faire aux Liégois,
» je ne m'en donne soing, et suis aussi réconforté
» ainsi que autrement. Mès je vous dis bien, et
» vueil bien que vous sçaichiez, que ce que vous

» estes connestable de France, vous l'estes de moi
» et par moi ; et quant vous en feistes le serment,
» vous le feistes par tèle condicion, que vous ser-
» virez le roy, contre tous et envers tous, ré-
» servé la maison de Bourgogne. Or estes-vous
» mon subject du plus bel de vostre vaillant, et
» estes nez de mes pays. Si vous puis et dois se-
» mondre, nonobstant quelque serment fait, de
» moi servir en ceste guerre, devant tous ceulx
» du monde ; et ne me convient que dire le mot,
» auquel, si vous désobéissiez, je sçay bien que
» j'auroie à faire. Si que, pensez bien à vostre cas :
» car se le roy se veut meller au fort de ma guerre,
» si ne sera ce point à vostre preu. »

A ces paroles, le conte de Sainct-Pol fut encore plus esbahi que devant, et se tint bien à entrepris que savoir que respondre : car, comme connes- table de France, devoit peser le fait du roy, comme gardant son honneur ; et comme subject et bienveillant de son naturel seigneur et souve- rain, devoit craindre aussi à mesprendre en sa foy et en sa léaulté, par folle goúverne. Véoit que l'estat d'ung an, ne pooit obtenir par parole ne par prière, et considéroit aussi le grand mal qui pooit advenir, se le roy se melloit de cette guerre ; et print une vertu de corrage en ly-méismes, disant :
« Or, monseigneur, Dieu vous doint joie et bonne
» aventure de vostre guerre, et aussi bonne que
» je la désire ! et se le roy s'en melle, croyez que
» j'en seroie bien dolant, tant pour ly comme

» pour vous; car il en poroit ensievir ung grand
» mal, qui jamès ne seroit réparé; et s'il me veut
» croire, il ne s'en mellera jamès, et vous en les-
» sera convenir. Il me besoingne retourner de-
» vers ly : car devers vous je ne puis riens faire.
» Mès comme connestable de France et de mon
» auctorité, soit bien faict, soit mal faict, ne sçai
» comment il en ira. Mès je m'avance de vous pro-
» mettre et d'obligier le roy, en tant que de de-
» main dix-neuf d'octobre, jusques à vingt-
» deuxiesme jour ensievant inclusivement, le roy
» ne se mellera de ceste guerre, ne pour vous ne
» pour aultre, comment que la chose puist aller
» encore; et vous fiez et fondez sur ceci. Et moi
» je m'en irai battant ferrant, et y ferai le mieulx
» que je porrai, et le plus expédient; et dedens le
» douziesme jour infailliblement, vous arez les
» nouvelles de moi tèles que je les arai trouvées,
» et de là en avant vous vous porez fonder des-
» sus, et sçarez que vous arez à faire. »

CHAPITRE CCLXXXV.

Comment le duc Charles fièrement délibéra envahir les Liégeois par la responce qu'il donna au connestable.

Le duc à ces paroles qui estoit en sa fierté, tout animé encontre Liégois, respondist et dist : « Ne » me chault que le roy en face. Puisque ainsi » veut, je suis du tout réconforté, et ne lesserai » jà ung pied à marcher avant, par peur que j'en » aie; mès à plus bel me venist qu'il me lessast » faire, et qu'il se déportast de porter les malvais » vilains contre moi, interdis et excommuniés de » nostre Sainct-Père le pape, par toute derraine » sentence. Dont, et quant il s'en mellera, si est » Dieu là haut qui cognoit les cuers, et le tort » et le droit des causes ; et n'est pas dist pourtant » que la victoire en doibt estre sienne. Car, quant » à moi, je y clame avoir grant part, et me mettrai » en peine de l'avoir se je puis. Ce poise moi que » suis constraint de tant en faire et de m'en met- » tre en ce dangier. Si loueroie au roy pourtant » que, si non a cause nécessaire, il ne se donnast » affaire, et dont il se poroit bien passer, et plus » à honneur sauf que aultrement. Au fort, son » plaisir soit fait; véez-moi ici. Et vous, beau » cousin, je ne vous vueil pas empeischier pour- » tant de bien faire tous-jours et de vous traveiller

» en ce qui peult estre le plus utile d'ung costé et
» d'aultre. Toutefois, je ne vous requiers de riens,
» et vous laisse en vostre faire et non faire, tout à
» vostre franchise. »

Atant print congié le connestable de France partant de Louvain, et s'en r'alla pensant et musant devers le roy son maistre, lequel il avoit obligié, et de laquelle obligation toutefois, ly venu devers ly, il se chevit valeureusement. Et tant mena le roy par paroles et par remonstrances, durant ces douze jours promis, que le roy accepta l'estat de demy-an, et se déporta et céda entièrement de la guerre des Liégois et de leur deffense, et en lessa convenir le duc de Bourgoigne, qui tous-jours nientmoins marcha avant en pays, sur tous périls et aventures, combien que plus lui venoit à bel et à aise le déport que le roy en fit que aultrement; et non pas sans cause, car à ceste seule cause, l'ennemisté y feust creue si criminelle entre eulx deux, que jamès de leurs jours n'eust esté estainte. Si valoit mieulx non encheoir en occasion de si grand mal. Toutefois, tout le reconfort du duc si estoit que, se le roy se feust mellé réalement de la guerre des Liégois en son contraire, il avoit deux mille Anglès à Calais, venus tout prests pour les faire venir en Liége, et trentemil francs là envoyez pour les payer en cas de besoing. Mès quant il se percheut que le roy se déporta de son lez, ly aussi il se déporta du sien, et fit tenir les Anglès clos en leur marche, sans les mettre en œuvre; et tant seulement des siens propres, dont il en avoit tant que merveilles, il fist et parfist sa guerre, et mist tout à ruine, comme vous orez cy-après.

CHAPITRE CCLXXXVI.

Comment le roy de Castille, pour aulcuns soupsçons qu'il avoit eus de Loys, envoya vers le duc Charles, pour lui offrir entrée en France.

Or à ce temps-cy, et pendant que l'estat estoit ainsi variable et douteux, entre le roy Loys, roy de France, et le duc Charles de Bourgogne, pour ses Liégois, le roy de Castille qui, de long-temps jà, avoit eu à souffrir de son frère qui le vouloit expulser du royaulme, et dont en traite de temps, après longue division entre eulx, avoit esté faite une paix bien solemnelle, ce roy de Castille, compulsarrière de la malice de son frère, qui enfraingnist la paix et se mist sus à puissance d'armes contre ly [1], fist assemblée aussi, et entra en bataille contre son frère [2], lequel il vainquist, et

---

1. Don Alphonse, frère de Henry l'Impuissant, proclamé roi par les Castillans révoltés qui avaient judiciairement destitué Henry en l'an 1465, à cause du scandale de son affection pour Bertrand de la Cueva, amant de sa femme.
2. Le 21 août 1467. L'archevêque de Tolède oncle du

vaincu fust pris; et le mist en prison, là où il le tint longuement; et comme alors ce roy de Castille avoit durement contre cuer le roy Loys de France, pour grandes causes dont il lui donnoit coulpe, et savoit jà le différent qui estoit entre ly et le duc Charles, envoya devers ly, lui signifier et dire que de quelconque heure qu'il vouldroit emprendre la guerre contre le roy Loys, ly de son bout il entreroit dedens le royaulme, fort et puissant pour ly venir à secours, et le conforteroit et assisteroit encontre tout le monde. Si scavoit bien cecy le roy Loys, qui n'avoit garde d'en rire, et le craignoit fort; et pourtant demanda à estre asseuré du costé dont toute l'esmeute poroit tourner sur lui: c'estoit du lez de ce duc Charles, qui avoit Angleterre et Espagne, et Allemagne et Normandie pour ly.

CHAPITRE CCLXXXVII.

De la guerre contre Liège.[1]

Or comme vous avez oy, que le roy Loys roy de France, par les intervalles qui estoient et qui échéoient tous les jours diverses, entre le duc

---

marquis de Villena et le plus ardent des conjurés y fut dangereusement blessé.

1. Le titre de ce chapitre manque.

Charles et ly, il tint longuement en menace ledit duc, de porter et de conforter les Liégois contre ly, en cas qu'il leur moveroit [1]........

CHAPITRE CCLXXXVIII.

Comment monseigneur le duc Charles, nouveau duc, après la guerre des Liégeois, fist son estat ordinaire à Brusselles, et des demandes qu'il fist à ses pays, et comment il veult tenir sa Toison à Bruges.

Après donc la victoire des Liégeois, que le duc Charles avoit obtenue si glorieusement, et que en tout il avoit pourvu de ce qui faisoit besoing au pays, il retourna à Brusselles pour le Noël. Et là, pour ce qu'il avoit des autres grans affaires, après ceste guerre expédiée, il voult tourner son entente à y besoingner; car il loist (convient) savoir qu'encores oncques, depuis qu'il estoit devenu duc, n'avoit eu loisir d'entendre à riens, à peine de son privé estat, si non à tribulacion et turbacion de cuer, tant pour Gantois, pour Malinois et autres meschants affaires, comme pour Liégeois recommenchans guerre contre ly, tout l'ung sur l'autre, aveucques les menaces et estranges termes dont

---

1. Il y a ici une assez grande lacune qui se retrouve aussi dans la table des matières; elle paraît être de cinq titres de chapitres, et douze pages ou vingt-quatre colonnes sont laissées en blanc dans le n° 8349.

le roi usoit envers ly journellement, qui lui estoit de grand pois. Si avoit-il toutefois pays et natures de peuples à gouverner là où il y failloit bien entendre et tourner temps, pour tout y mettre en point, sans avoir empeschement forain, s'il eust peu; mais nennil; car il n'estoit point maistre de sa fortune. Aussi ne pooit-il estre maistre aussi de sa franchise, pour la tourner où il voudroit. Les cas impétueux et estranges le conseilloient à tourner ses yeux envers eulx pour abandonner les siens propres et privés par surséance en autre temps. Or avoit-il encore petitement pourveu en l'estat de sa maison, sur quoi il avoit fort l'œil, ensemble et sur les offices de ses pays, dont beaucoup pendoient encore en branle, mal assurés. Et comme il est notoire que la fortune de l'homme, selong ce qu'elle se treuve clère et glorieuse, l'omme aussi par coustume se grandit et magnifie en sa pensée, ce duc doncques voyant son glorieux commencement, aveucques entrée en sa seigneurie, proposa aussy à mettre sus ung hostel, dont il n'en y auroit point de pareil en France; car il se véoit avoir puissance et chevance assez pour le parfurnir. N'y failloit riens que règle et ordre et entente à la besongne pour bien distribuer tout; dont ly, qui estoit homme et prince qui pooit de labeur beaucoup et qui vouloit cognoistre son cas, et combien il avoit de puissance de chevance, et combien tout pooit monter ne soi estendre, pooit ici pour tout bien conduire. Et de fait, print frain à dents, et veilla et estudia en ses finances, et en tout ce qu'il avoit de rentes et de demaine par ses divers pays, meismes et surtout ce qu'il pooit devoir par le trespas de son feu père et sur toutes les plaies, romptures et vendages de son demaine; n'y avoit riens que de tout il ne presist congnoissance, et qu'il n'avisast aux troux et angles par quoi tout poroit estre estouppé et sauvé; fit tout visiter, et mesmes visita les trésors de son père et de ses grands-pères, et auxquels néantmoins oncques ne toucha par amendrissement; mès du sien et de ce qui jà lui estoit multiplié par acquest, de ce disposa-il sagement. Son extraordinaire, comme d'acquest sur Liège par amende et comme des aides de ses divers pays, tout cela il ordonna tourner en trésor pour ses futurs grans affaires; et tant seulement ce qui avenir lui pooit de vrai demaine et de seigneurieux droit, ce il le contourna en la furnissance de sa maison en ordinaire despense, et en payement de gaiges et de pensions; et là où le remanant encore demeuroit assez grand. Et combien que maintenant il sambloit estre quitte et tout à délivre de paine pour avoir obtenu victoire des Liégeois, nientmoins s'y rebouta dedens arrière tout au profond, par sollicitude de son privé fait, pour le mettre tout ung; tellement que, considérée sa personne quelle elle estoit, et selon la hautesse et la grande infinie puissance de ly, et selong son eage qui devoit estre libéral et joyeux et rouvelent, il se fist blasmer et murmurer contre ly de tant de peine et de soing; et disoit l'on que à ung tel prince ne séoit point à tant soy envelopper de labeurs domestiques. Toutefois il en fit comme sage et comme mieux advisé que non y entendre; car son noble père en avoit beaucoup laissé couler et souffert aller à perte, par estre trop bon. Si s'en parcheut bien le fils; et entendoit bien à mieux faire pour ly et de non s'en attendre comme son père en aultrui main. Dont, pour chose que l'on sceust dire, ne s'en voult déporter toutefois; ains jour et nuit y veilloit et labouroit; et tenoit en grand traveil non appris ses gens de finance, mesmes par trop curieuse labeur; et se séoit aveucques eulx contant et rabattant et calculant et ordonnant de fil en aiguille, jusques à avoir consommation du tout, tant de debte et tant de monte, tant de cler et tant de payé; et là fit-il arrest et fondement; et sur cela édifia-il son estat. Et en vérité, quoique gens parlent souvent à peu de saveur et de sentement sur autrui de ceci et de cela; mès com grand que ung prince peut estre et comme puissant, si lui esse plus los et honneur entendre et congnoistre son cas et en avoir la pratique devers ly acquise et par propre peine, que non le congnoistre ne entendre par presce et de s'en rapporter sur aultrui diligence; veu et considéré encore que la souveraine et la première félicité des rois et des royaulmes si est et si pend en savoir dépenser les deniers par règle et par mesure à l'advenant de la recette. Car quand en iceulx se trouve playe ou fourvoy, et que l'estat est de plus grand portange que la chevance, impossible est que inconvénient n'en ensiève et que mal pris ne se quière pour satisfaire au mal conduit. Ainsi doncques ce duc Charles ne fesoit à blasmer en cestui endroit : mès à loer de voloir congnoistre son fait par peine et par labeur. Mès s'il le faisoit à intencion d'avarice et par delectation en grans monceaux d'or, et comme aulcuns lui imputoient aussi, son los en estoit moindre; car certes, sur tous vices je blâme, et à juste cause, en ung grand prince, et par spécial en son florissant eage, vile maudite avarice, qui est mère souveraine de tous grans maux, et qui oncques en cuer d'omme ne fut seule et sans avoir détestable compaignie, assez pour perdre ung monde. O pensent bien grandement que c'est d'avarice, et mettent peine, je prie, à assapier quelles sont et peuvent estre les dépendences et les conséquences! Certes, se bien les assaveurent, et que cure leur soit autant de leur honneur et de leur amis comme de cestui maudit, et qui délecte le cuer et l'empoisonne, ils mettront frain toutesfois en leur convoitise et règle, espoir et mesure. Déà! bien fait à prisier l'omme qui aime avoir pour faire devoir, et qui entend à son cas, et qui scet amesurer sa libéralité à la grandeur de son pooir, user de temps et de lieu et de tout ce qui fait à regarder en prince, garder et restraindre, tenir court et eslargir, et amer amas par provision contre les estranges aventures; certes bien fait à loer icely. Mès y veillier par délectation désordonnée et par une amour idolatrice, comme pour une félicité extrême; c'est chose damnable et déturpable en prince, et plaie en publique salut, non jamaiss anable.

CHAPITRE CCLXXXIX.

Comment le duc Charles commença à faire son estat fort richement et de grant admiracion.

Pour venir doncques à son estat, et duquel il pourvut à son retour de ceste guerre en Brusselles, il ouvra noblement et proprement en ensievant sa fortune qui estoit haulte et glorieuse, qui en l'eage de trente-six ans se trouva en seigneurie paisible, ung des plus grans de la terre, et de plus rice peuple et de plus puissant pays, plein d'avoir et de substance et de privée richesse, prince et duc sans compaignon, cler et resplendissant en victoire, et aveucques gloire paternelle qui lui réverberoit en face; si estoit-il jà famé, et doubté, et magnifié par terre et par mer pour ses principes. Par quoi, comme j'ai dit en ensievant, sa fortune n'est merveille, se à l'advenant d'icelle il voloit essourdre et mettre sus ung estat en sa maison qui fut du mesmes à l'omme; car après les faits et les exploits de la guerre dont on prend victoire, l'estat domestique, c'est la première chose sur quoi on assied l'oeil, et qui plus est, de nécessité, aussi de le bien conduire et de le mettre en règle. Dont comme la noblesse autour d'ung prince, c'est ce dont il se décore et dont il se pare et grandist, il mist sus cent chevaliers estre ordinairement de sa maison ; barons, banères et chevaliers de toute bonne mise et sorte ; il les divisa par termes et par temps, comme ils devoient servir ; dix immobilement comme premiers chambellens toute l'entière année : vingt par demi-année ; trente par quatre mois de terme, et quarante par trois mois à trois mois, et desquels toujours la plupart se trouvoient ordinairement à l'ostel, les ungs par une manière, les autres par une autre. Ordonna aussi sur les quatre offices des gentilshommes, est assavoir quatre escuyers d'escuierie, eschansons, pannetiers, escuyers tranchans, en chascun estat quarante gentilshommes, de trois mois à trois mois, pour servir ; c'estoient huit vingts gentilshommes, sans multitude d'autres qui estoient et venoient depuis à estre retenus extraordinaires, et qui servoient mesmes les princes et les grands barons, desquels la maison prenoit autant parement souvent comme des propres retenus. Par quoi il convient dire que ce devoit bien estre une merveilleuse chose à voir tant et si grand multitude de chevaliers et d'escuyers en une maison, comme de cent chevaliers. Tel fois estoient tous ensemble, et huit vingt gentilshommes, sans les autres qui y estoient d'abondant, et qui n'estoient point du nombre, aveucques encorre les princes et tous les plus grands qui estoient pensionnaires, comme messire Adolfe de Clèves, le seigneur d'Arguel, le seigneur de Chasteau-Guion, le seigneur de Fiennes, le seigneur de Roussy, fils au comte de Saint-Pol, le seigneur de Renty, le marquis de Rostelin, le mareschal de Bourgogne et autres. Si ne souffit point dire seulement la retenue, mais convient dire aussi la magnificence de leur estat et de leur service à table, qui estoit le plus seigneurieux qne jamès je veisse nulle part en court de roi ne de prince, le plus assovy et le mieux furni que jamès homme verra, je crois, pour ordinaire. Si avois-je vu à celle heure beaucoup de hautes et de glorieuses maisons; mais jamès nulle pareille à cestui ordre qui estoit ordonné, ne par sales, ne par grandes tablées, mais par chambres toutes distinctes et séparées l'une de l'autre, là où seulement n'avoit que une table pour l'estat de dix, feussent chevaliers ou escuyers, et lesquels dix, autant les moindres comme les plus grands, et toute d'une manière ou d'une qualité et quantité, et tout ainsi comme le prince, et d'autant de tels mets comme ly, et à tele jour teles viandes, furent servis et administrez si grandement, que le souhaidier plus ou mieulx eust esté non pardonnable; car l'ordinaire valoit, ce vous dis bien, le festoy d'un grand homme. Chacune table de dix avoit un chief qui présidoit, et lequel, sitost que le disner estoit fait, estoit tenu de venir soy présenter aveucques la dizaine devant la table du duc, disnant et soupant; et furent les heures si compassées à point, que tous en tous les estats povoient avoir disné pour eulx venir présenter à la table de leur maistre, pour luï donner gloire. Aussi firent-ils, et n'y avoit tablée qui n'y vint en ordre et en règle ; et les regarda le maître volentiers, et y print grand délit; et luy sembloit bien, puisqu'il estoit puissant et de volenté pour les tenir aises et tellement comme ly, il estoit bien raison que eulx aussi eussent volenté de mesmes, pour lui faire honneur et service qui lui peust plaire. Car à dire vray, et aussi ses faits le montrèrent, il amoit fort gloire et estre grandi; et puisque l'on cognoist l'omme et ses meurs, il siet bien de l'ensievir et de lui complaire en ce qui est à ses frès ; et n'y a point de reprise de se faire servir, et d'avoir volentiers emprès ly multitude de seigneurs et de noblesse, dont nul parement d'or et d'argent ne d'aultre richesse du monde, ne peult avoir approce. Mist ordre aussi et règle en l'estat du conseil et en tout ce qui en dépend par compétent nombre et règle. Pareillement fist-il en sa chappelle et en l'estat de ses archiers, et tout par condition comme de toute sa maison mettre en ordonnance; c'estoit la fin où il prétendoit touchant cestui point.

CHAPITRE CCLXC.

Comment le duc Charles, à l'incitation d'aulcuns qui le gouvernoient convoiteux d'amasser, le contournèrent en avarice.

Son estat doncques en cestui point dreschié, moult le faisoit noble à voir, et estoit une chose magnifique non veue pareille; et tout le résidu eust esté dreschié ainsi; ce que non mès ne procéda point de ly, mès de ses gens; car comme l'aventure du temps le rendoit ainsi jà de longtemps, et paravant qu'il venist à seigneurie, et qu'il estoit souffreteux, beaucoup de gens avaricieux et convoiteux extrêmement, et de diverses notes, s'estoient ombroiez entour de ly, sur l'espoir du temps futur; et lesquelz, ly maintenant venu à terre, le saisirent à bras, et y obtindrent le gouvernement, l'ung en une manière, l'aultre en une aultre; et lesquels, comme eulx n'avoient aultre Dieu que or et argent, pour se faire grans oultre mesure et devoir, furent exemple au maistre aussi de mettre là son estude, et d'amer amas d'or et d'argent, comme son idole, qui grant dommage fust. Car se gens de grand et noble courage, vertueux et honorables, de grant lieu et d'eage loable, y feussent aussi bien escheus pour l'avoir en mains, ce eust esté chose admirable que de son faict, aveucques ce que maintenant il estoit si grant encore, que point n'avoit de per. Et plaings sur toute chose du monde l'aventure de ceste avarice, s'elle lui peust estre imputée à vice. Mès de ceulx hardiement qui en furent cause, et qui en furent nourriture et exemple, je plaings la destrance ; car en la convoitise du maistre, peult avoir excuse et sauvacion honneste, comme à ung tel grand prince comme ly il y siet pooir avoir et désirer d'avoir thrésor et de grand amas, pour mains grans soudains affaires, là où le grand avoir sert. Mès en gens de commun estat et de commune vocation, qui veillent et labeurent en choses demesurées et en oultrages intollérables, et dont plaie vient en la chose publique, en ceulx là ne peult avoir excuse ne coloracion, sinon que vice en court est souvent plus honoré et essaucié, et tient et possède plus tost lieu que vertu. Si ne peult prince avoir au monde plus grand plaie ne plus pestilencieux venin emprès ly, que avoir entour de ly gens avaricieux, convoiteux et flatteurs en auctorité. Car tous les maux du monde en ensievent, et les princes s'en déshonorent, et les affaires de la chose publique et des villes et des pays, s'en desfigurent et desrèglent.

Moult y avoit de grandes et de belles vertus en ce jeusne prince, le duc Charles ; et entre aultres choses loables, parcevoit-on en lui haulte magnificence de cuer pour estre veu et regardé en singulières choses. Tournoit toutes ses manières et ses meurs à sens une part du jour, et aveucques jeux et ris entremellés, se délitoit en beau parler, et en amonester ses nobles à vertu, comme ung orateur; et en cestui regart, plusieurs fois, s'est trouvé assis en ung haut-dots paré, et ses nobles devant ly, là où il leur fit diverses remonstrances seloncq les divers temps et causes. Et tousjours, comme prince et chief sur tous, fust richement et magnifiquement habitué sur tous. Donnoit à mesure assez, non en grant porcion, mès donnoit à beaucop d'ommes, et estoit assez d'amiable repaire; mès fort vouloit estre servi de près. Au commenchement de son histoire, j'en ai assez largement parlé de ly et de son père touchant leurs vertus et leurs meurs. Si ne besougne point d'en parler arrière la seconde fois; si non que depuis ce temps là, il ait prises aulcunes nouvelles meurs, il siet bien d'en faire mémoire, quant encorre elles ne seroient point de los ne de perfection. Car aultrement sembleroit-il que je, en mon escripre, seroie ung menteur voluntaire et ung flatteur, qui grandiroie ung homme par bourdes, et le feroie meilleur que homme et de plus haulte condicion, tout parfait, sans vice, qui poinct ne se treuve au monde.

Si donc je m'avance à réciter aulcuns de ses vices, à tiltre de bien, tant mieulx fais-je à croire, quant je fait narracion de ses vertus, pour en donner vraie cognoissance. Si dis de ly, et le dis par pité, que gens inutiles, en son premier règne, ont eu approce de ly, et parquoi sa personne en a esté moins clère. Car volentiers on dist que le seigneur de tele et tele famille, qu'il a volentiers et prend tel ou tel ploy; et attirent les meurs de ses serviteurs, costumièrement, les meurs du maistre à leur usage. Quand donc les cuers des serviteurs sont vicieux et tout esloingniés de noblesse, et ne visent qu'à rapine et à ordure, et à remplir leur sac sans peur et sans hide, et sans mesure et sans pité, com mal qu'il soit pris, certes, c'est une doloreuse perte et domage, quand le cuer d'nng noble prince se décline là envers, constraint par tèle maisnie.

CHAPITRE CCLXCI.

Comment le duc Charles tenoit trois fois la semaine audience, où il falloit que tous les nobles comparussent autour de ly.

Encore en Brusselles, ce duc Charles se détermina à mettre sus et à maintenir roide justice, tant en plainte et en procès de causes comme en punicion des malvais, dont les pays estoient pleins. Et pour ce faire, commist un prévost des mariscaux, un périlleux varlet, aussi de petite estoffe, mès tout propre pour faire ruyneux exploiз. Et pour le fait des partis qui avoient leurs causes pendans devant juges, chà et là, sans en traire fin, et pour recevoir toutes plaintes de povres gens en divers cas, il mist sus une audience, laquelle il tint trois fois la semaine, le lundi, le merquedi et le vendredi, après disner, là où tous les nobles de sa maison estoient assis devant ly en bancs, chacun selon son ordre, sans y oser faillir, et ly en son haut-dots couvert de drap d'or, là où il rechevoit toutes requestes, lesquelles il fist lire devant ly, et puis il en ordonna dessus à son plésir.

Là se tint deux, trois heures, seloncq la multitude des requestes, souvent toutesfois à grant tanance des assis; mès souffrir en convenoit ; et en apparence extérioré, ce sambloit estre une chose magnifique et de grant los, comment qu'il en allast du fruit. Mès en mon temps, n'ay veu et oy que chose telle a esté faicte de prince ne de roy ne aultre, ne de tele apparence. Dont, et quant il alla par ville, de lieu à autre, et d'église en église, c'estoit merveilles de l'ordonnance et de la règle qui y estoit, et de la grant compaignie qu'il menoit. N'y avoit si vieil chevalier ne si jeusne qui y eust osé faillir, ne que escuyer se feust osé trouver entre les chevaliers, fors que chacun en son ordre. Et à matin et à lever, ordonna tout le monde de l'attendre par distinctes chambres; dont nul n'osoit transgresser, ne passer oultre, chascun selon la dignité de son estat, les escuyers en une leur chambre première, les chevaliers après en une autre chambre seconde, et les grans chambrelans les plus prochains qui entroient en sa chambre : c'étoient les trois gérarcies ; et avec tous ceux là, en grant multitude, vuida dehors pour aller à la messe. Dont, sitost que l'offrande estoit faicte, toutes ces nobles gens pooient aller disner; et trouvoient tout prest, chacun en son estat, pour retourner tout à temps devers ly ains qu'il fust levé de table: car ainsi le failloit faire, ou perdre ses gages d'ung jour.

CHAPITRE CCXCII.

Comment l'aucteur dist que, en la magnificence et grandeur où estoit le duc, il eust plus tost perdu la vie que les pays qu'il tenoit du royaulme.

Se je doy doncques, et s'il me loist (convient) vérité dire, en son temps et à celle heure encore que j'escrivis cestui chapitre, qui estoit la seconde année de son règne, n'avoit prince en terre de telle magnificence ne de tel appareil. Bien toutes-fois est et doit estre une maison de France trop plus grant chose que d'ung duc de Bourgoigne; mais la grandesse ne faict point tant comme la manière du faire, qui est practiquée et mise en sa forme par avis. Dont, et comme je dis que la magnificence estoit grande en aulcuns endroits, si estoit aussi sa fortune jusqu'à ce jour qui passoit, pour trois ou quatre ans, tous les roys chrestiens, par batailles et victoires obtenues, et par avoir donné peur et fréeur à toutes nacions voisines. Ait Dieu volu et souffert qu'il ne s'en soit de riens enfiéry, et qu'il lui en ait rendu grasces à l'avenant de la gloire qu'il en a reçue! Mès moult mal furent venus et vindrent en périlleux temps ensemble le roy Loys et luy, qui tous deux faisoient à craindre en leurs meurs, et malement tard concordables pour vivre paisibles ensemble. Tous deux estoient princes de fais et de sens, et n'y avoit cely qui ne fust bien pour tourner son contraire par puissance, qui estoit matère souveraine aux Franchois de haine contre ly, pour ce qu'il estoit si fier et si puissant, et qu'à nul appétit il n'estoit à ployer, si non à son singulier bon et à son plaisir, qui estoit toutes-fois subject et de la maison de France, et estoit Anglès et Franchois, ainsi qu'il lui plaisoit; et obéissoit quant il vouloit, et quant ne voloit si demora-il ainsi. Tenoit une grant part du royaulme énonglée, et conquise par armes, à ly transportée depuis par don du roy; laquelle, qui l'eust volu ravoir, elle eust esté dangereuse à lui esrachier des mains; et meismes ainsi le porta-il en ses paroles, qu'il eust plus tost perdu la vie que les terres.

Parquoy, quant je regardoie les matères estre teles entre les deux personnes et de tel dangier tous deux, peu m'estoit autre espoir, sinon d'avoir rumeurs et turbacions pendant leur vie, de quoy pourtant l'issue pend en Dieu, à nulluy cogneue, fors quant le poinct vient.

En cestes gloires doncques et victoires que ce

duc Charles avoit obtenues et acquises en quatre ans, il resplendissoit, comme j'ay dist, par toute la terre; et n'y avoit ne roy ne empereur, qui n'en fist un grand pois, ne nacion loingtaine, ne pays qui ne le doubtast et crainesit (craignit) par les expériences passées. Et par ce ai-je dist et narré, qu'il avoit volu affecter la magnificence d'ung singulier estat, aveucques la clarté et magnificence de la fortune; car avoit bien pourquoi l'entretenir et payer, et beaucop mieulx encore s'il eust volu.

CHAPITRE CCXCIII.

Comment il fist assembler les quatre membres de Flandres à Brus selles, leur demandant trois points pour lui accorder ayde.

En Brusselles encore, et après ceste victoire de Liège, fist-il convenir les estats de Flandres et les quatre membres; ensemble y fit convenir aussi les trois estas de Brabant sur la matère des aydes sur tous ses pays, Et en effect, eux tous venus devant ly, leur fist remonstrer trois points par lesquels il avoit cause de leur faire grant demande, et tous les trois points il démonstroit raisonnables et droicturiers. Le premier si estoit que à son entrée, il est ordinaire et de coustume à tous princes de demander ayde à leurs subjects. Le second point si estoit et alléguoit, que ayde lui estoit deue, si comme à tous princes. à cause de son mariage.

6.

qui se devoit prochainement faire; et le tiers si estoit et remonstroit comment, à cause de la guerre qu'il avoit maintenue encontre Liégeois pour la sauveté et salut de tous eulx et de tous ses pays, il lui estoit deu aussi en toute bonne raison une ayde, en récompense des grans et innombrables frès qu'il y avoit portés. Si que, toutes les trois causes mises ensemble, la demande pooit et devoit estre grande et nullement refusable; car tous les points estoient ordinaires. Et monta la demande faite aux Flamands, douze cents mille escus à rien rabattre, et à payer en seize ans, et celle des Braibanchons, quatre cents mille lions sans riens rabattre, et à payer en seize ans aussi. Si n'y ot cely qui ne feust perplex durement et féru au front, d'oyr nommer ceste horrible somme de deniers à prendre sur le peuple; et ne véoient ni tour ni remède de y savoir bien respondre. Et jà-soit ce que de tout temps ancien les contes de Flandres ont eu de coustume de venir faire leur demande en Gand sur la maison de la ville, maintenant toutefois le duc ne le fist point, car ne voloit aller à Gand depuis la périlleuse entrée qu'il y avoit faite. Et par ainsi, comme par un extraordinaire, il fit sa demande en Brusselles en lieu de Gand; et les députés qui là estoient, ce lui sembloit bien, le porteroient et signifieroient bien en Gand pour et en son nom. Et finablement Gantois, comme chiefs du pays et pour ung rapaissement de leur prince courroucié sur eux, accordèrent la demande tout et oultre, et venist après ce qu'il peust du paiement ; car ce ne fut oncques que quand Gand accorda aucunes aydes, que Bruges et toutes les au-autres villes forcément n'y allassent après et les ensievissent. Et tout ainsi firent ceux de Braibant jà-soit ce que ce ne fust pas sans long barguing et à bien dur. Et alors, après avoir séjourné en Brusselles jusques à l'entrée de quaresme, prist son chemin envers Hainaut, et fist son entrée à Mons par un dimenche, jour des brandons ; là où il feust solemnellement recheu à grant joie et à grant révérence. Et estoient les trois estas du pays en la ville venus par son mand, et en partie aussi en faveur de ly pour lui conjouir ; et là fit-il faire sa demande aussi aux trois estas de la somme de trois cent mille livres tournois en monnoie, qui montent à cent mille lions en or. Et combien que la somme montast à beaucoup, ce sembloit à aulcuns, et qu'elle estoit dure à prendre sur le povre peuple, ce lui remonstroit-on, et repliquèrent longuement lesdits trois estas par mainctes excuses et belles raisons, toutefois, par conclusion leur fust dit que s'en appaisassent et qu'ils s'en teussent à peu de refus, car force leur estoit et seroit de l'accorder et de non repintier riens.

Dont, et comme il fit à Mons tout tel, lui venu à Valenciennes, demanda cent mille livres tournois sans riens en recopper et à payer en quinze ans ; ce que enuis firent toutefois à Valenciennes, mès enfin les accordèrent. C'estoit quatre cent mille livres tournois sur le petit pays de Hainaut, qui tous devoient venir en coffre aveucques ces aydes de Flandres et de Braibant et de Valenciennes. Si s'en alla à Lille, visiter ses trésors et ses coffres, là où il fit aulcun petit séjour; et à Pasques-flories s'en alla rendre à Bruges, ordonner et aviser sur le fait de ses nopces, qui approchoient au prochain mai futur, et sur le fait aussi de la feste du Toyson-d'Or, qu'il devoit tenir audit Bruges, et pour laquelle on avoit semons et averti tous les chevaliers de l'ordre de comparoir là, ou envoyer procureur pour eux. Dont, entre les autres, y fut semons de comparoir en propre personne, le comte de Nevers, pour répondre à aulcun cas qui touchoit à son honneur, et duquel, s'il se voloit purgier et purifier, lui fut dit qu'il comparust personnellement, ou si non il seroit vaincu par contumace. Y furent semons aussi les deux seigneurs frères de Croy, et le seigneur de Lannoy, sur leur damp et péril, lesquels toutefois ne furent pas si laisches ne se faillis, que hardiement ils ne comparussent et se présentassent à leur jour; et passèrent parmi le pays de Hainaut tout au travers, et se vindrent rendre à Bruges, eulx confians en Dieu et en toute aventure.

CHAPITRE CCXCIV.

Comment le duc Charles tint sa Toyson à Bruges, la première depuis la mort de son père en l'esglise Nostre-Dame.

Le huitiesme de mai, par un dimence, ce duc Charles tint en sa ville de Bruges, en l'église Nostre-Dame, la feste et solemnité, la première depuis la mort de son père, de son ordre du Toyson-d'Or; et s'y trouvèrent ensemble, ly compris dedens eulx, quatorze, tant seulement, de chevaliers à ceste feste; dont, hormis six qui estoient allés de vie à trespas, depuis la derrain chapitre tenu à Saint-Omer, les autres tous envoyèrent ici leurs procureur, les uns pour leurs grandes affaires et léales essoines, et les autres pour occasion de maladies et de vieillesse. Le duc de Clèves, pour ce temps icy, et le duc de Guerles, frères de l'ordre, estoient en mortelle guerre ensemble. Dont, à cause de leur enemistez et pour ce qu'ils ne se vouloient entre-accorder ne se conjoindre, furent receus en leur procuration par procureur. Le roi Jehan d'Arragon, pour dignité de sa couronne et pour la grande distance du lieu aussi, et de son vieil eage, n'en fut pas requis aussi d'y comparoir sinon par procureur. Pareillement le duc d'Alenchon fut excusé pour cause de sa vieilesse et de l'indisposition de ce royaume, qui, en ce temps alors, portoit et causoit divers dangiers, entre le roy et la maison de Bourgogne ; dont à cestui d'Alenchon, il convint d'obtempérer par bon sens partout. Le comte d'Ostrevant estoit impotent de sous ses membres, et ne se pooit tirer de ly fruit ne parement en telle assemblée, sinon par ostension du tableau de ses armes. Les deux frères de Croy et cely de Lannoy, s'estoient présentés à Bruges, huit jours paravant, par les lettres du duc pour ester en justice devant ceux de l'ordre, là où eulx oys et accusés de plusieurs cas de par le duc, partirent enfin désolez, ne justifiez ne condamnés ; mès ne les voult le duc oncques rechevoir pour estre à sa feste, ne par procureur ne aultrement ; souffroit tant seulement que leurs tableaux présentassent leurs personnes absentes, et que Toyson-d'Or allast pour eux à l'offrande.

Le comte de Nevers, qui soloit estre de l'ordre, icellui par aucunes lettres de semonce qui leur avoient esté envoyées de par le chapitre, de venir respondre à plusieurs grands et infamieux articles, avoit jà paravant renvoyé son collier, et ce, par un officier d'armes et ung clerc, assez irrévéramment.

Dont, à cause de ce et de son péchié prouvé, son tableau, à l'heure que Toyson-d'Or le devoit appeler à l'offrande, icellui, Toyson-d'Or le alla lever hors de son lieu, le rua à ses pieds, prist un autre tableau noir ; là avoit escript dedens la récitacion de son cas : comment il avoit esté semon authentiquement ; comment il n'avoit volu comparoir pour respondre ; comment et en quoi il avoit abusé encontre son honneur et encontre la dignité de la foy chrestienne. Et lisoit icestui Toyson-d'Or, ceste escripture toute en hault, oyant tout le monde ; et tout tellement escript, mist ce tableau noir au lieu de l'aultre, là où tout le monde après en pooit prendre coppie.

CHAPITRE CCXCV.

Le nombre des morts de chevaliers de l'ordre, et comment à ceste feste se trouvèrent ensemble les ambassades cy en bas nommées.

Depuis la feste tenue à Sainct-Omer par le duc Philippe, furent morts des chevaliers de l'ordre six, et desquels se fist ici le service. Le premier des morts fust le duc d'Orliens ; le second, le seigneur de Villerval ; le tiers, le seigneur de Roye, le quatriesme, le comte d'Ariane ; le cinquiesme [1] .... ; et le derrain, le duc Philippe de Bourgoigne, celi qui premier institua l'ordre.

A ceste feste, qui riche estoit et solemnelle, se trouvèrent tous ensemble, et assis par ordre et par degré, les ambassades icy dénommées.

Premièrement, et en front, un ambassadeur de nostre Sainct-Père, au plus haut bout. En après, de ce meisme reng, à la droicte main, un ambassa-

---

1. Lacune.

deur du roy d'Angleterre; tiercement l'évesque de Verdun et le seigneur de Malicorne; et du duc de Normandie, messire Charles de France, aveucques sa sieute, qui estoit grande et notable; et quartement, l'ambassade du duc de Calabre, qui estoit notable aussi et de bonne estoffe.

A la main sénestre, séoit en front ung chevalier de Valence, ambassadeur du roy Jean d'Arragon; et en après séoit l'ambassadeur du duc de Bretaingne, moult noble aussi, et bien estoffée de grans gens, comme de l'abbé [1]...., ung vaillant clerc, et du président de Bretagne, aveucques un mont d'autres gens de grant estat et de grant monstre, et lesquels n'avoient jamès veu ceste feste tenir, ne les cérémonies d'icelle, mès moult la loèrent et en firent grant estime.

Et furent tous festiés ce jour, après la messe dite, en la maison du duc, magnifiquement et en diverses chambres, chacune ambassade en lieu à part, et à privé; et tous, après le disner, furent menés en la grant salle où séoit le duc à table aveucques ses frères en son throne, et là où furent monstrées divers haultes magnificences, et lesquelles ne besongne à mettre par escript, parce qu'elles se donnent à entendre à part elles, par espécial en cestui jeusne prince en qui avoit la faculté et le pooir d'en faire autant que le cueur

---

1. Lacune.

lui en pooit dire. Car en christienté à celle heure, n'avoit, ce croy-je, qui tant fust plein et dru de tous biens comme ly, par succession de son père.

Se contretint toutefois en excès de boubans à ceste feste, et ne monstra pas ses rices trésors ne avoirs, que son père autrefois avoit monstrés à festes samblables; car approchoit le jour de ses nopces, là où le desploy et le tout monstrer avoit lieu trop plus licitement que icy, combien que ce qui s'en monstroit estoit si grant, que ailleurs à peine en nul royaulme on ne trouvast si bien ne mieulx.

Longuement tindrent chapitre ces chevaliers de l'ordre sur les colliers qui estoient à donner, et sur lesquels multitude de hauts et de vaillans chevaliers s'attendoient, et trop plus qu'il n'en besoignoit : car n'en y avoit que seipt vacans : et en trouvoit-on bien, par bon juste conte, une cinquantaine qui tous le valoient, et qui en estoient dignes. Car à merveille y avoit alors de beaux personnages et de grans seigneurs et de bons chevaliers; messire Philippe de Savoie, frère à la reine de France, estoit l'ung des esleus, et lequel, par mal content du roy Loys de France, du mortel dangier en quel l'avoit tenu longuement en prison, s'estoit entièrement rendu et adjoint à ce duc Charles, pour vivre et morir aveucques ly, et pour estre de sa maison. Si en fist le duc grant feste, et s'en tenoit à bien paré; car estoit chevalier de grant vertu et de grant fait, et le seul de la maison de

Savoie, digne de réputacion. Le seigneur de Montagu, et Toyson-d'Or aveucques ly, lui porta le collier, qui, haultement le recheut et à grant honneur. Pareillement en porta ledict seigneur de Montagu, deux autres en Bourgoigne, à deux seigneurs, l'ung au seigneur de Couces, ung vaillant noble chevalier, et de grant maison, et un aultre à messire Jehan de Damas, seigneur de Clessy, ung bel jeune chevalier bien adressié et de bonne parade; mès n'y avoit pas tant de mérite jà acquis pour si haut avenir, comme il y pooit avoir d'espoir sur le temps futur de bonne chevalerie : car jeusne estoit et n'avoit gaires veu encorres. Mès son personnage le fist avancier, aveucques faveur que le duc y avoit mise, et que l'apparence y estoit grant en l'omme, aveucques bon sens. Encores en restoit deux autres à donner : mès encore on les tint secrets; et ne sçavoie à qui à l'eure de cestui escrire; parquoi je n'en parle plus avant, de peur que je ne faille, et qu'il ne loist (convient) soy fonder sur opinion non attainte.

CHAPITRE CCXCVI.

Comment Toyson-d'Or, viellart, par son instance fut déporté de son office, auquel il avoit servi le duc par l'espasse de trente-six ans, et procura en son lieu estre ordonné son serviteur.

A ceste feste de l'ordre tenue et faicte par le duc Charles, on fist grandes apprestances de jour en jour pour la feste des nopces de ce duc qui approuchoit; et furent diverses mains et à grant multitude mises en œuvre à tous lez en diverses affaires et mestiers; car l'appareil y estoit grant, et le propos du duc du meimes pour soi fort monstrer à ces Anglès. Or advint que le jour de la Penthecouste, le duc Charles avoit en propos de tenir pleine cour et royal estat, et de tenir table en sa rice magnifique sale qu'il avoit fait faire, aveucques tous ses barons et nobles hommes. Mès comme je vous ai dict que messire Jacques de Bourbon estoit allé de vie à trespas, le duc sy estoit tellement altéré et devenu perplex, qu'à peine se osoit-il asseurer de sa vie; et n'y avoit nul, ne médecin ne aultre, qui le peust oncques remettre en joie ne en paix de cuer, tant se donnoit peur et mérancolie. Toutefois n'avoit ne ne sentoit nullement mal, sinon ce qu'il s'en donnoit par pensée. Et par ainsi, la feste qu'il avoit proposée à tenir le sainct jour de Penthecouste, fust sursise, et tourna à nient; et disna secrètement et à peu de maisnie (suite) en sa chambre. Or estoit ainsi que Toyson-d'Or [1], qui avoit servi ledict ordre en l'estat et office de roy de l'ordre, par l'espasse de trente-six ans, et estoit jà devenu viel et de grand eage [2], et par diverses grans labeurs et voyages qu'il avoit eus fort débilité et affoibli, aveucques ce encores qu'audict présent lieu de Bruges il estoit encheu en maladie, dont il morut enfin dedens six sepmaisnes après, cestui Toison-d'Or, ung petit resours de sadicte maladie, et espérant encore pooir vivre aucun temps, mais non pas vouloir porter cure ne soing en son estat accoustumé, pourpensa et délibéra de soi honnorablement déporter de son estat avant sa mort, et de y constituer ung aultre, du gré du duc, en sa pleine vie; et de fait y constitua, et se arresta sur ung sien serviteur, lequel il avoit faict nommer Fusil [3].

---

1. Jean Lefebvre de Saint-Remy fut élu roi d'armes de la Toison-d'or, dès l'institution de cet ordre en 1429 (*voyez* Mémoires de Saint Remy, p. 257, t. 32, de cette collection). Il reçut alors le nom de Toison-d'Or, qu'il continua à porter.

2. Il cessa de remplir les fonctions de roi d'armes, le 7 mai 1468, et mourut la même année, le jour du Saint-Sacrement. Il était âgé de 67 ans lorsqu'il écrivit ses mémoires (*Voy.* t. 32, p. 258 et suiv.).

3. Gilles Gobet, dit Fusil, nommé substitut de Jean de Saint-Remy.

Et comme il avoit oy dire que le duc tenroit une cour touverte le jour de la Penthecouste, pensa là, en pleine salle et en pleine congrégacion, prier au duc pour estre déporté de son estat, considéré ses vieux jours et son impotence et par son gré et accord de le mestre en nouvelle main, lequel il avoit choisi digne à ce ; et ce faict, vouldroit et prieroit le duc, pour toutes récompenses et rétributions de ses labeurs, qu'il lui pleust le faire chevalier, considéré encores qu'il avoit terres et seigneuries nobles et de noble tennement, lesquelles il avoit acquises.

Or doncques, comme le duc ne tint point de feste, comme j'ay dict, et les causes pourquoy, cestui bon viellart cuidoit estre frustré en son honorable propos; mès l'évesque de Tournay, chancelier de l'ordre, et plusieurs autres bons seigneurs, ses amis, en avertirent le duc, lequel volentiers, pour l'amour de son viel serviteur, et pour l'onorer et pour le déporter désormès de peine et de travail, se présenta en salle à l'yssue de sa messe ; et là, au bout d'ung banc, ledict Toyson-d'Or, vestu de sa robe d'escarlate, la coronne de roy d'armes en chief, se rua à genoux devant le duc; et là l'évesque de Tournay, chancelier de l'ordre, prist la parole pour ly, et dist : « Mon très redoubté seigneur, véez-cy Toyson-
» d'Or, roy d'armes de vostre très hault et très
» noble ordre du Toyson-d'Or, que feu de très
» noble et très excellente mémoire, monseigneur

» vostre père, que Dieu absoille! édifia et mist sus,
» et duquel en ensievant le noble et très hault em-
» prendre dudit monseigneur vostre père, vous
» estes continueur et parmainteneur; si est cestui
» Toyson-d'Or en l'estat de son office auquel il a
» servi monseigneur vostre père, par l'espasce de
» trente-six ans, devenu viel et cassé, comme il
» y pert; et ne peult mès porter peines ne tra-
» vaux, tels qu'il doit et affiert audict estat que
» longuement il a exercé. Si vous prie très hum-
» blement que, de vostre grâce, vous plaise le
» relever desdictes peines et travaux, et aultrui
» commettre en cely office qui vous semblera
» ydoine, cumbien, mon très redoubté seigneur,
» que ce ly soit le plus grant regret, ce dict, et le
» plus amer mot que jamais pora avoir, que de
» renoncer audit noble estat et à vostre service,
» trop plus digne que pour ly. Et s'il vous plest,
» mon très redoubté seigneur, véez-ci Fusil, le-
» quel il a nourry et eslevé, et a esté en plusieurs
» lieux et voyages aveucques, et là où il a veu et
» appris des affaires et secrets dont il pora tant
» mieulx servir vostredist noble ordre; s'il vous
» plest promovoir à la dignité de l'estat de roy
» de l'ordre, ly en son semblant et à son povre
» ingéniement tousjours sur vostre noble correc-
» tion, toutes-fois et pour le mieulx employer
» ailleurs s'il vous plest, ly il le vous présente pour
» en faire vostre très noble plaisir. »

Et alors respondist le duc : « Vraiment, il nous

» plest très bien et le volons bien recevoir ; mès
» nous desplest de vostre ancienneté, et de quoi
» vous ne nous poez plus servir : mès toujours
» vous rechevons nous à nous. »

Et alors Toyson-d'Or prist la coronne de dessus son chief, et la résigna en la main du duc; et le duc, après l'avoir prise, l'assist sur le chief du nouvel eslu, et fut baptisé Toyson-d'Or : et alors monseigneur de Tournay, soy ruant à genoux, requist au duc, disant : « Nostre très redoubté sei-
» gneur, or vous prie humblement cestui vostre
» ancien serviteur, qui a eu maints grans honneurs
» au service de monseigneur vostre père, que Dieu
» pardoint! et de vous, qu'il vous plaise pour toutes
» ses labeurs passées, et pour fin de toutes rétri-
» bucions, lui faire cest honneur que de le faire
» chevalier : car en cely tiltre, il désire à finer
» ses jours? » et le duc respondist : « Je le ferai
» volentiers. » Lors lui fust bailliée l'espée, et le fist chevalier, et à tant fina le mystère du jour touchant cely poinct.

CHAPITRE CCXCVII.

De la question et débat qui pendoit entre le roi Loys et son frère, aveucques ses alliés, pour la ducié de Normandie.

Or duroient encore les trèves entre France et Angleterre, et pareillement entre le roy Loys, roy de France, et son frère, qui se nomma duc de Normaudie, et les ducs de Bourgogne et de Bretagne, pour la question qui est assez dite et déclarée : est à savoir, pour l'alliance et serment que avoient ensemble solempnellement fait, juré et scellé, compris plusieurs autres, quasi tous les princes du sang. Mès estoient ces trèves jà près du terme que devoit exspirer ; par quoi, à tous lez, ceux à qui le dangier de la guerre compétoit se pourvirent et garnirent, chacun à son plus fort et à son plus beau, et veilla chacun à son cresteau, comme pour ly. Le roy à son debout qui véoit et considéroit à qui il pooit avoir à faire, se la guerre alloit avant, se pourvit et se fortifia à tous sens ; mist tous ses engins en œuvre et tous ses entendemens en employ, pour, en temps de besoing, se trouver à son desseure de ses adversaires. Sçavoit le duc Charles de Bourgogne, fier durement et de grand cuer ; et aveucques ce qu'il le sentoit fort et de grand pooir, si savoit-il que c'estoit le seul et le tout, sur quoi le duc de Normandie, son frère, et le duc de Bretagne, s'attendoient et reposoient; et qu'en la fermeté de ly et de son assister, ils se maintenoient roides en leur querelle; par quoi, par peur de l'un et de l'autre, et par le dangier qui pendoit en entamer l'ung des debous, tint en suspens et surséoit sa cause en rongant son frein, comme au milieu des deux. Et encore, qui plus lui estoit de pois et de grief, c'estoit qu'il sentoit et véoit à l'œil, ce qu'amender ne pooit ni y résister : c'estoit que ce duc de Bourgogne avoit pris l'alliance du royaulme d'Angleterre, par mariage à la seur du roy Édouard ; de quoi non tant seulement, il ressoignoit la puissance dudict duc qu'elle en seroit plus creue et plus grande, mès en prédoutoit et prévéoit la ruine de son royaulme, à ceste cause, pour le temps à venir, quand ce duc icy s'en vouldroit servir. Et par ainsi, et comme ly-mesmes et tout de soi s'estoit bouté en ce dangier, et mis en ce destroit par avoir mis et procuré la division meismes de tout son sang contre ly, maintenant, quand il s'en vist en tel meschief, et qu'il y cuida remédier par destroites voies, non merveilles s'il se trouva perplex en se cuidier conduire, là où il véoit la chose si difficile et de si grand dangier pour sa coronne. Et pour ce dist-on bien vulgairement, que nul n'a mal que aucunement il n'en soit cause; et est bien digne cely de venir à malaise, qui, de son aise et de sa bonne fortune, fait sa tanance. Qui est cely, ô Dieu, qui ayant une belle maison délictable, et en quoy nature se délicte et se complaist, et par appétit désordonné après, et par tanance de telle doulceur, va bouter le feu au milieu? Qui est cely, ne ou est-il, qui doit plaindre cely homme, quand d'aventure, et en telle perplexité que de voir périr le sien, quant on le verroit tendre et laborer au remède pour la rescourre? Certes, quand la plaie en tourneroit griève sur lui, et larmes et battisons des mains, à tous lez, le tenroient en angoisse, ne seroit à plaindre de nulluy, sinon d'autant que la chose publicque en peust estre blessiée en la dépendance d'ung tel sens perverti, et que est adonné à son propre mal pour le cuidier faire à aultrui.

CHAPITRE CCXCVIII.

Comment le roy Loys au double assembla rans archiers plus qu'il n'estoit de coustume, et de son avis qu'il prist.

Le roy doncques partout son royaulme, vueillant pourveoir encontre ses querellans, les princes dessusdits, et soi garnir de force et d'amis encontre l'effort des autres, jà de longue main avoit praticqué en tous endroits tout l'effort qu'il pooit mettre sus, tant de nobles gens que de communes. Et en effet, par tous les lieux de son royaulme là où on soloit lever francs archiers, il y assist de les lever au double nombre, plus que paravant. Si en trouva ung bien grand nombre, bien jusques à cinquante mille, bien embastonnés et bien en poinct, avecques ses deux mille lances ordinaires, sans les aultres qu'il pooit avoir par mandement de ban.

Comme doncques le roy savoit et entendoit que son frère, monseigneur Charles, ne se voloit nullement départir de la ducié de Normandie qu'il ne l'eust et emportast pour son partage, et que c'estoit le droict poinct de la destrainte de ce débat, à l'ung de non s'en vouloir passer et à l'aultre de non la voloir donner ne de s'en deffaire, le roy s'avisa, et sagement, de faire convenir les trois estas du royaulme à Tours; et par toutes les villes de son royaulme, meismes en Tournay, manda venir nombre de députés envers ly, de par lesdictes villes, pour avoir avis aveucques eux, et conseil en faire et en laissier sainement et deuement en ceste matère. Si y furent envoyés et deputés maint notable preudomme, et maint haut et noble clerc; et mesmes tout l'estat de saincte église y estoit semons et évoqué, par adjonction aveucques les nobles, lesquels tous s'assemblèrent à Tours, là où estoit le roy qui les attendoit, et avoit aveucques ly, son oncle, le roy Renier, roy de Sicile, le conte du Maine, le duc de Bourbon, le prince de Navarre, le conte du Perche, le conte d'Angoulesme, le duc de Nemours, et multitude de grans barons et de haulx hommes, auxquels et devant lesquels, au jour qui estoit ordonné et signifié, le roy, en propre personne et de son propre sens, fist une très belle et notable relacion touchant ceste difficulté pendant présentement. Et comme ly de soi ne se voloit justifier, ce sambloit, en sa propre querelle et cause, ne soi arroguer d'en savoir bien faire, de propre sens, au meilleur expédient, protesta devant eux tous soi estre insuffisant ly de ly, et non ydone pour faire riens en ceste matère de propre teste, veu encore qu'elle touchoit au bien universel de tout le royaulme, et à sa perpétuité, et ly n'y avoit que son voyage; dont, par en abuser, ne lui voloit ne ne devoit porter ce grief. Si en demanda l'avis et le conseil à eulx tous en publicque, et leur mist en mains et en leur déterminacion ceste perplexe et très estroite difficulté de Normandie; savoir : se pour guerre et tribulacion fuir, et espargner effusion de sang chrestien, il loisoit (convenoit) mieulx accorder et bailler ceste ducié de Normandie à son frère, et en faire dessevrement (séparation) de la couronne, ou, pour maintenir et continuer la coronne en son entier, comme de long viel temps, prendre l'aventure de la guerre, par la refuser aux demandans; car quoique son frère, monseigneur Charles, la demandast comme pour sienne, les deux ducs de Bourgogne et de Bretagne le demandoient en confort de sa querelle; par quoi, non tant seulement ceste guerre regarderoit son frère à part ly, mès les deux ducs, ses adjoints, les deux plus gros membres de France.

CHAPITRE CCXCIX.

Comment les nobles et les estas de France, après avoir oy la relacion du roi, débattirent les conséquences et dangiers qui en pooient venir.

Ceste remonstrance ainsi faite par la bouce du roy requérant avis, tous les princes et seigneurs, jà par avant informés de la nature du cas et conclus, nient-moins en responce pesèrent moult ceste matère; et considérans à tous les grans dangiers qui y pendoient, misrent leurs contraires difficultés en balance de long jugement premier qu'entrer en l'estroit. Véoient la léauté que devoient au roy et à la chose publicque de ce royaulme pour le premier tiltre. Véoient à l'aultre lez l'affection et bon amour que porter devoient à monseigneur Charles, frère du roy, et apparant héritier de la couronne, et de qui ils devoient vouloir l'avancement et pervencion à ses bonnes fins. Véoient en oultre, et pour le tiers poinct, la grande et forte adjonction qu'il avoit en confort de sa cause des ducs de Bourgogne et de Bretagne, et par lesquels, qui ne le contenteroit en ses demandes à son plein appétit, il s'efforceroit encontre le roy, son frère, *** mestre au desseure réalement et de f***. Et puis finalement, regardoient se ceste *éparacion de la ducié de Normandie et de la c*ronne se faisoit, ce pooit tourner à grand grief et plaie à la royale majesté pour le temps à venir, et en contraire des anciens estatuts fais et gravement conclus pour l'universel salut de France, qui jamès ne se doivent rompre. Parquoi, tout considéré et tout argué et pesé, et venans à l'estroit de la vérité et de preudomie, sans faveur et sans haine, conclurent et respondirent tous ensemble que nulle riens sous le ciel, ne faveur ne affection fraternelle, ne obligacion de promesse, ne opportunité de donnison, ne de pourvision, ne peur ne menace de guerre, ne regard à nul temporel dangier qui sourdr ene mouvoir se peut à ceste cause, le roy ne devoit ne ne devroit acquiescer ne condescendre en ceste séparacion de la ducié, ne en son transport en main d'omme vivant que la sienne, ains devroit plustost mettre et sa propre personne et tout son royaulme en la disposition occulte de la main de Dieu et de fortune, premier que le faire ne consentir, pour maintes grandes et évidentes causes qui là estoient déclairées et produites, non replicables et reboutables. Dont, et pour tant mieux donner au roy courage et ferme adhésion à leur tel conseil et avis, lui certiffièrent tous d'une affection et d'une bouce, que mesme eux tous ensemble, et distinctement chacun en son endroit, pour donner effect et vertu à ce que portoit leur avis, eulx ils s'exposeroient et le serviroient de corps, de puissance, et d'avoir, de leurs femmes, de leurs enfans, et ne l'abandonneroient ne pour mort ne pour nul encombre de fortune ne de terrien dangier, quelque il peust estre. Si en fust le roy moult joyeux, et fort reconforté, comme raison le devoit bien; car ce lui estoit une ferme seure potente, pour soi reposer dessus à celle heure.

CHAPITRE CCC.

Comment les estas délibérèrent envoyer ambassade devers le duc Charles de Bourgogne pour le amollir.

Nient-moins pour fuir encore les dangiers de la guerre le plus longuement que l'on pourroit, et pour mettre appaisement en ceste très difficile question qui estoit entre ces deux frères pour ce partage, fust avisé en cestui parlement et conclu, que mesmes les trois estas de ce royaulme, à leurs communs frès, envoieroient notable et pesante ambassade devers le duc de Bourgogne, comme principal porteur et conforteur de monseigneur Charles de France, et en qui plus pendoit le fort de ceste question; et en leur nom lui seroit signifié le hault et notable devoir que le roy avoit signifié devant eulx par toutes manières de remonstrances et de sages paroles que ung roy peut faire pour le bien et salut de son royaulme, mettant devers ly également son tort s'il y pooit estre comme son droit, et soi accusant non estre sage assez, pour deffinir d'ung si hault affaire comme cestui estoit, ne quelque bon droit qu'il y pooit avoir, sans s'en submectre en la consultacion du général corps de France; lui seroit signifié aussi l'avis et le décret de toute l'intégrité de ce royaulme, qui là avoit esté déclairé et prononcié en la présence du roy, et promis et juré de le maintenir et de le bouter oultre, en confortant le roy en cestui endroit, quand l'opportunité s'y trouveroit; et que nullement le roy ne pouvoit décliner de sa roideur, en cestui refusé partage, ne eulx, ne pied de eulx y consentir ne y prester conseil, sans mesprendre envers honneur et droiture. Dont pour tant mieulx lui imprimer et faire sentir la pité de ce très agu et estroit affaire, et dont tout ce noble royaulme pendoit en péril d'ung grant mal, fust avisé de le faire approcier et persuader par toutes nobles remonstrances et avertences, comme premier per et doyen des pers de France, le plus puissant membre de la couronne, et aveucques richesses et puissance sans nombre. Si estoit-il en jeusne eage, jugié et congneu abonder en sens et en vertu sur tous aultres princes; par quoi l'espoir devoit estre en eux; et considéré aussi qu'il estoit du royal tronc, et que la couronne, par possible, pooit tourner sur lui, que par pité du royaulme et de la royale dignité, il lesseroit ung peu doucement couler ceste alliance prinse aveucques monseigneur Charles de France, et trouveroit voie et manière de l'amollir et faire estre content de raison et de souffisant partage, tel que duit à ung fils et frère du roy; et par cestui moyen et le roy et son royaulme, et eulx tous poroient estre affrancis des dangiers de la guerre et des ruines et tribulacions qui, à cause d'elle, se poroient movoir et essourdre. Et furent eslus et députés pour ce faire, l'évesque de Langres, messire Guillaume Cosinot, et aultres bons personnages, desquels et de leur relacion je ferai le conte de brief cy-après, quant ils seront arrivés à Bruges, et là où ils s'acquittèrent devant le duc de ce qu'ils avoient en charge.

CHAPITRE CCCI.

Comment le connestable, après le retour dudit parlement, se vint tenir à Bohain et des diverses opinions qu'on avoit alors dudit connestable.

Après ce parlement fait et tenu à Tours, le conte de Sainct-Pol, connestable de France, au retour dudit parlement, se vint tenir en sa maison de Bohain, sur les marches de Picardie, et disoit-on communément, entre les aulcuns, que c'estoit pour venir aux nopces du duc de Bourgongne; car le temps qui estoit constitué pour la feste, approchoit fort; et par ainsi, pour estre tant plus tost près, se vint tenir près du lieu. Autres disoient que c'estoit pour pourveoir aux dangiers qui pooient escheoir sur la frontière, tant des Anglès comme des gens d'armes du duc: car le temps estoit plein de rumeur et de ruine alors entre le roy et ly pour les alliances que avoit prinses avecques le roy Édouard d'Angleterre, ensemble avecques son frère monseigneur Charles et le duc de Bretagne. Et croy bien que ceste raison estoit bien plus évidente que la première, sauf toutefois que ledit connétable, com bon et léal qu'il fust pour le roy et pour ses affaires, si voloit-il nientmoins différer la guerre toujours, et estre moyen de la surseoir entre eulx par toutes labeurs et diligences faisables et responsables ; car aimoit les deux partis et les honoroit, l'ung pour l'onneur et le grand estat qu'il y avoit, et qu'il y avoit son serment, l'aultre par nature qui l'accusoit de ce faire ; car y avoit esté né, eslevé, nourri et parcreu, et y avoit tous ses enfans et tout le plus bel de son vaillant, et dont il estoit homme et subject du duc, aveucques encore longue nourriture et privée amour qu'il eust longuement, en servant le duc Charles, le duc Philippe, son père, encore vivant. Parquoi le soin et la cure lui devoient bien estre grandes, en acquittant son honneur et devoir à tous lez, pour procurer le bien entre tous les deux, par le moyen duquel la guerre peut tousjours demorer suspendue et délayée : car sage prince estoit, et merveilleusement actif, et de grand labeur en difficiles affaires.

CHAPITRE CCCII.

Comment le duc Charles estoit fort désirant de jangler (causer) avec le dit connestable après son retour de France pour apprendre de ly toutes nouvelles de par delà, et comment ledit connestable arriva à Bruges à grant présumpcion.

Le duc Charles, doncques, sachant ledict connestable estre retourné de Tours, et séjournant jà près de ly à Bohain, non merveilles s'il désiroit bien à veoir ledict connestable, pour apprendre de ly toutes nouvelles de par-delà, et du roy et du royaulme, et de toutes les dispositions de paix et de guerre : car n'y avoit au monde homme en qui tant il mist foy et crédence, qu'en cestui connestable, ne aussi qui plus au vif lui en pust parler; car c'estoit le seul bras destre du roy, et le vrai coffre de son secré. Donc, com plus le roy y mettoit sa confiance, com plus aussi ledict connestable se devoit sagement conduire au lez de pardechà, afin que le roy n'y prist malvaise note. Et en effect, ledict connestable de soy-mesmes n'eust jamès osé venir çà envers devers le duc, sinon du gré et ordonnance du roy, qui jà maintesfois le y avoit envoyé depuis qu'il l'avoit fait son connestable. Et savoit bien aussi que, honneur et serment sauf, le duc Charles de Bourgogne estoit cely du monde que ledit connestable amoit le plus pour les raisons dessusdictes. Mès nient-moins si ne lui voloit-il gréer l'allée devers ly, sinon pour les affaires en publicque bien des deux, et avoit raison.

Or advint que, comme le duc Charles avoit fain et grant désir de veoir ledict connestable et de l'avoir en devises, au roy prist fain aussi de l'envoyer à Bruges; et le requéroient bien les affaires du temps qui alors estoit. Dont, com au roy et au duc prist ung désir tournant en ung homme, cestui, à la tierce main, se trouva en désir aussi d'avoir commission de venir à Bruges, pour certains regars qu'il avoit en son couvert courage, et lesquels il désiroit à monstrer et faire cognoistre. Si fault savoir que ce conte de Sainct-Pol, connestable de France, estoit ung très bel et exquis chevalier, fier durement et de hault corrage, et à l'advenant du lieu dont il estoit; il avoit les meurs tout de meismes comme ung grant homme, et fort désiroit gloire et exaltacion à fortune, et souverainement en la maison de France; pour cause qu'en la maison de Bourgogne il avoit porté longues repulses du duc Philippe, à la cause de ceux de Croy : parquoy, par l'espasce bien de vingt ans, et parce qu'il avoit grandes alliances en France, il avoit béé (visé) et entendu à estre connestable; à quoi toutefois oncques n'avoit peu parvenir du temps du roy Charles. Or estoit advenu qu'au voyage de France, que cestui conte de Sainct-Pol fist aveucques cestui duc Charles à Montlhery, par le moyen dudict Charles, conte de Charollois, il fust faict et crée connestable à Conflans; et depuis monta encore si haut, que le roy, pour l'avoir entièrement devers ly et hors de la maison de ce duc Charles, lui donna en mariage la seur de la reine, aveucques grande et haulte pourvision sur les deniers du royaulme. Or estoit-il et se trouvoit en l'onneur et exaltacion que longuement avoit désirés; et comme en France il avoit quis sa gloire et sa promocion, ès pays et ès marches aussi du duc, souverainement en Flandres et là entour, tendoit et désiroit à y monstrer sa glorifiance; car savoit bien qu'il y avoit des envieux sur son honneur: parquoy tant plus il avoit affection de leur croistre leur envie.

Si advint maintenant que, ainsi que le roy l'envoya à Bruges, en ce mois de may l'an soixante-huict, et que le duc alors estoit en grande magnificence et en hault estat, la ville pleine de nobles gens et de divers ambassades de plusieurs régions, cestui conte de Sainct-Pol, connestable de France, vint et arriva à Bruges, entra par la porte de Saincte-Croix, vint fendant tout le travers de la ville et parmi le droict ventre du beau marchié, à six trompettes sonnans devant ly et tout leurs blasons; fist porter l'espée devant ly tout ainsi comme le prince du pays, et en multitude de chevaliers et de nobles gens, six pages darrière ly et à grand sieute; fist toutes retentir de son bruit, et hommes et femmes corrir par les carrefours pour en veoir l'affaire: car estoit cas de nouvelleté, ce leur sambloit, le plus que jamès veissent. Si en sourdit grand murmure et estrange manière de parler, entre diverses gens, qui à dur le portoient et qui le cognoissoient de fons et de lait, et le savoient estre subject nuement et serviteur du prince du pays; parquoy tant plus se indignoient contre ly à cause de ceste arrogance monstrée, et laquelle ne lui appartenoit, ce disoient. Toutes-fois, ledict connestable n'accoustant ne à parole ne à murmure, ne à bien pris ne à mal pris, tousjours fendant les rues en son arroy, vint descendre en son logis envers la porte du Dam, menant grant chière et degois de sa fière entreprise non jamès monstrée par aultre. Et en effect jamès n'avoit esté veu aussi qu'homme y fist le samblable. Si en furent en l'instant portées les nouvelles au duc, qui durement s'en esmerveilloit; et de fait, de felle cuer tout animé, s'en indigna contre ly et le porta à très aigre. Et comme par avant il avoit fort désiré sa venue et de le veoir, maintenant, quand il oyt conter cest orgueil et ceste arrogance mal assise, le contempna en son ayr, et tourna son cuer envers ly en toute froidesse, jurant Sainct-George qu'il lui remonstreroit son oultrage. Et combien que ledict connestable pensoit à venir le lendemain devers le duc lui faire la révérence, toutefois le duc lui signifia et lui fist dire qu'il ne venist pas, car ne lui seroit pas bien venu. Et de faict le lessa sincq jours et sincq nuicts qu'oncques ne le voult veoir, ne que l'aultre aussi ne n'osa y venir; car savoit le courroux que le duc avoit contre lui. Nientmoins, à ceux qui l'allèrent veoir, comme le seigneur de La Roce, le seigneur d'Aymeries, et aultres, il s'excusa et para gracieusement, et remonstra par points et par articles, que faire le pooit et devoit par tout le royaulme de France, meismes en la ville de Paris, le roy y estant dedens; si le pooit-il faire et l'avoit faict; par quoy en Bruges, qui estoit du royaume, il le pooit faire aussi, comme connestable de France; et n'estoit poinct cely honneur à ly comme conte de Sainct-Pol, mès comme souverain officier de la couronne. Et ainsi, par belles remonstrances qui furent rapportées au duc par les ungs et par les aultres, le duc enfin se laissia approchier, et se mitiga, jà-soit ce qu'en leur convenir ensemble, le duc ne se pot oncques contenir qu'il n'en parlast fièrement audict connestable. Et disoient aulcuns qu'oncques il ne l'eust osé faire ne penser du temps de l'aultre duc, s'il eust vescu. Autres disoient que si eust, et qu'il l'eust aussi bien peu de l'ung comme de l'aultre; mès il l'eust lessié par révérence de son hault glorieux nom et règne. Toutefois, fust qu'il le pust ou non, le peuple estoit tellement esmeu en Bruges en cestui cas de nouvelleté, que ce fust mille contre ung qu'il n'en advint des grands meschiefs et des dangiers en sa personne, tant que le hardement n'estoit poinct en ly, que d'en partir en la manière comme il y estoit venu. Mès feingni d'aller en pélerinage à Herdenbourg, en privée simple maisnie; et fist trousser trompettes et blasons en malles, et s'en alla à l'emblée.

CHAPITRE CCCIII.

Comment le duc Charles fist faire une grande exécution d'un fils bastard du seigneur de la Hameyde, et comment ses parents se vinrent ruer devant le duc pour miséricorde.

NE me loist (convient) couler maintenant sans faire record d'une exécution de justice que fist faire ce duc Charles en ce pendant qu'il séjournoit à Bruges, surattendant la seur du roy Édouard d'Angleterre, sa femme à venir. Si est vrai que un jeusne fils, de l'eage environ de vingt-quatre ou vingt-six ans, nommé Hernoul, fils naturel de messire Hernoul de la Hameyde, seigneur de Condet, estoit détenu en prison à Bruges; et l'avoit fait prendre le duc et mettre en la porterie en la main de son portier, par claim et à la requeste de partie qui là l'estoit venu poursievir, pour ung leur frère que cestui jeusne fils avoit mis à mort assez piteusement, en Condet meismes, ville et seigneurie de son père, et de quoi, comme la pacificacion n'en avoit esté faicte, mès la cuidant porter oultre par haulteur et par puissance de ses amis, n'avoit daignié à peine d'en réparer l'offense. Parquoi, les amis venus à Bruges devers ce nouveau duc, lequel, par renommée, savoient estre prince de justice et de radresse, se vindrent ruer devant ses pieds, lui priant pour justice et pour réparacion du piteux grief commis en leur frère. Si leur jura le duc par Sainct-George! que si feroit-il, et qu'il en feroit bonne punicion. Et prestement, comme ce jeusne fils ignoroit la plainte faite, et ses ennemis si près de ly, s'oy promenant et devisant emmy la court aveucques les aultres gentilhommes, fust appréhendé et mis en la poterne, sous bonne et forte garde, estroitement recommandé de la bouce du prince. Si en vint prestement la voix au seigneur de la Hameyde, son oncle, et à plusieurs aultres seigneurs, ses parens, qui là estoient en grand nombre, et lesquels pesans le fait, quel il avoit esté et non pacifié, pesèrent aussi le criminel dangier en quel estoit leur parent, par la cognoissance qu'ils avoient de la rigueur du prince. Si se boutèrent tous ensemble hastivement; et par conseil pris une partie de eux s'atourna envers la partie poursievant, et l'aultre, la plus principale et la plus pesante, se vint ruer devant les pieds du duc, lu priant et suppliant qu'en recognoissance et retribucion du service que fait lui avoient en maint mortel dangier aultrefois, et en grandes missions et peines longuement continuées, il lui pleust à estre piteux et miséricordieux envers leur neveu, et de mitiguer sa roide justice envers ly, par recognoissance aussi du service que le jeusne homme lui avoit faict à Montlhéry, là où il s'estoit vaillamment porté et monstré par jugement de beaucop de gens; parquoy se la grasce se pooit estendre jusqu'à en avoir mémoire, la faute de son péchié et de sa boullante jeunesse en poroit estre tant plus aucunement supportée. Si fust la requeste belle et piteuse à oyr en face de toutes nobles gens en pleine salle, là où le duc se rendist ententif à les bien entendre, et pour tant mieulx savoir respondre à poinct, car avoit la chose fort à cuer. Si respondist et dist :

CHAPITRE CCCIV.

Comment le duc Charles fist une moult belle response aux supplians, non obtempérant à leur requeste dudit prisonnier bastard.

« Sire de la Hameyde, et vous les aultres, je
» cognois bien les services que m'avez fait, et les
» ay bien en mémoire; mès ne me loist (convient)
» pourtant de vous retribuer de vos mérites en
» cely cas, par chose qui n'est pas ne à moy ne
» en moy; mais vous doys rénumérer du mien et
» de mon propre. Vous expétez la rédempcion de
» vostre nepveu, et que je lui face grasces et véez
» cy partie qui me requiert de justice, de leur
» frère piteusement mis à mort et sans tiltre,
» dont la grasce faire pend en eulx. Moi doncques,
» d'aultrui franchise ne doy faire ma libéralité,

» qui n'y ay riens. Se à poinct et à heure eussiez
» contenté partie et tant fait que la plainte n'en
» fust venue jusqu'à moi, vous eussiez lors obtenu,
» peult estre, sans moi, ce que maintenant je ne
» vous puis donner sans eulx; car ne me loist
» (convient) donner le sang de leur frère qui crie
» sur moi. C'est à eulx d'en demander la ven-
» geance, et à moi de le vengier par obstinacion
» de justice, que je ne puis ne ne veuil refuser.
» Encore, quant partie seroit contente, et que l'of-
» fense en est en mon sceu, si y ai-je intérest très
» grand, et de quoy je feroie conscience de le
» couler. Mès contentez partie, et puis après on
» s'avisera du surplus au plus expédient. »

Ce fust tout que parens et amis porent traire pour celle heure du duc Charles, qui ne donnoit ne tolloit. Mès disoient aulcuns assistans secrètement, que en couvert lui avoient oy jurer Sainct-George, qu'il en mourroit long ou court. Aultres aussi les aulcuns se fondoient en espérance, disans que il peseroit fort, ce leur sambloit, la requeste de toute la chevalerie de Haynau, à qui cestui cas compétoit, et resoigneroit à leur faire ce refus, mès se décevoient.

CHAPITRE CCCV.

Comment les parens dudit bastard appaisèrent le partie du mort, par leur avoir donné grans déniers, ce qui riens ne leur prouffita quant à la délivrance dudit bastard.

Or firent tant parens et amis, par argent et par honnestes réparacions, que partie fust contente; et vint partie soy remonstrer devant le duc, et lui signifier et dire son contentement, et la haulte et belle satisfaction qui lui avoit esté faicte, priant à mains joinctes, que il lui pleust faire sa grasce et sa merchy en l'offenseur, comme le corrage des offensez est commué en pité envers ly, pour l'onneur de ly; parquoy lui prièrent de samblable. Mès ce duc y respondist peu; et ce peu qu'il en dist, si estoit-il assez obscur, et pendoit en doute. Et n'en porent les amis ni la partie pacifiée, tirer aultre chose, fors seulement vivre en espérance non certaine. Et le détenu demeuroit tousjours en prison, qui, vivant en l'espérance de ses grans amis, ne cuida jamais morir, et fist bonne chière.

CHAPITRE CCCVI.

Comment le duc Charles, sur son partement d'aller à l'Escluse à privée compaignie, ordonna secrètement à l'escoutète de Bruges, l'exécution dudit bastard.

Or advint qu'ensi que le temps couroit tousjours avant, et que, de jour en jour, on attendoit la descente de la seur du roy d'Angleterre à l'Escluse, le duc, ung jour, délibéra d'aller visiter et veoir le port, et les apprestances et les préparemens là ordonnés pour la réception d'icelle; car la vieille ducesse, la mère au duc, y estoit aveucques la fille du duc, mademoiselle de Bourgogne, noblement accompagniée. Si y voult aller le duc les visiter, et soi esbanoier (réjouir) en privée maisnie (suite) : car estoit tané de tant avoir esté à Bruges sans changier air. Si s'avisa le duc, touchant le secret qu'il avoit gardé en son corrage envers ce bastard prisonnier, et manda l'escoutète[1] de Bruges venir devers ly, sans que nul sceust pourquoy ; et lui venu, lui dist : « Escoutète, je vous
» commande qu'anuict (ce soir) par nuict, vous veniez
» quérir en la porte de cyens, de ma maison, le
» bastard de Condet, et le mettez en la prison de

---

[1]. Sorte de juge dans le pays Wallon, du mot *Auscultator*.

» la ville ; et demain matin, à onze heures, sur
» autant que me doutez, faites le exécuter dehors
» la ville, au lieu accoustumé, et à tels usages
» qu'il siet à faire à ceux qui là meurent ; car
» mon plesir est tel. — Monseigneur, ce dict
» alors l'escoutète, vostre plesir et vostre com-
» mandement me sont bien d'obéir, et, Dieu pour
» moi, je n'en serai poinct en faulte. Mès ce m'est
» dur que ung si beau jeusne gentilhomme et de
» si hault lieu, n'a peu obtenir vostre miséri-
» corde. — Vous oez que je vous dis, ce dist le
» duc ; faites ce que je vous ordonne, et ne vous
» chaille au remanant. »

Atant le duc lessa l'escoutète, et part et s'en va tout droit au Dam, et de là à l'Escluse ; et estoit bien sincq heures de vespre, quant il se partit par ung vendredi, dont le sabmedi adjournant il avoit ordonné de faire morir ce bastart.

CHAPITRE CCCVII.

Comment l'escoutète prit à l'heure de mye-nuit ledit prisonnier hors de la porte, et le mist en la prison de ville.

A dur regret et à anuy de cuer, l'escoutète de Bruges, celle mesme nuict, à douze heures, vint à la porte quérir le bastard, couchié en son lit, et non en attente de si prochaine mort. Si l'en emmena à la prison de la ville, et lui dist qu'il avisast et pensast à son ame, car le duc l'avoit jugié à mort, et n'y avoit nul remède. Si commença à plorer et à soi lamenter durement de sa triste fortune le bastard; et n'eust jamès cuidié, en si josnes jours, et à telle parenté qu'il avoit, venir à si dure fin, pour cas encore rémissible, et dont le roy et tous aultres princes baillent rémission tous les jours de samblables. Or en estoient tous avertis soudainement, et meismes l'escoutète qui quéroit l'eslongement de ceste mort, en avoit secrètement averti les amis, afin de venir encore à aulcun remède, qui poroit par aulcunes grandes voies. Si allèrent les parens devers la ducesse, la mère, prier pour son aide et pour son intercession envers le duc, pour sauver ce jeusne fils. Et combien que l'escoutète avoit ordonnance expresse de le faire morir à onze heures du matin, encore sursist le temps et s'enhardit de le différer jusques à trois heures après midi, par espoir qu'en ce pendant, le duc poroit remitiguer sa rigueur, par l'intercession de sa mère et d'un évesque d'Angleterre qui s'y employa tout.

Si avint que messire Jacques de Hercies, chevalier et diligent poursieveur de ceste matère, vint ferrant bastant à l'Escluse, trouva que le duc s'estoit allé esbanoyer, celle mattinée, sur le port, en petits bottequins, vaucrant et nageant çà et là, et ne se pooit trouver et attaindre par nul sens; par quoy le temps coula et monta tousjours à haulte none; et trouva sa peine perdue et sa diligence faite en vain : car avant que pooir venir à ly pour faire la prière de sa mère, jà estoit le temps venu jusques à l'eure qui estoit limitée pour sa mort, parquoy toute peine, ce savoit bien, estoit cassée et frustrée et de nul proufit. Dient aulcuns toutefois, que le duc commua son courage, à la supplicacion de sa mère, mès ce fust trop tard; mès je n'afferme poinct qu'ensi en fust; et s'il le fist, si le fist-il pour ung contentement dont il savoit bien que l'effect n'en sievroit poinct.

CHAPITRE CCCVIII.

Comment le seigneur de la Hameyde se partist de Bruges mal content, et comment on fist morir ce jour mesmes le bastard bien confusiblement, à grant toutefois compassion de ceulx de la loy.

Le sabmedy matin doncques, le seigneur de la Hameyde voyant son nepveu en ce dangier, et qu'il convenoit qu'il morust de honteuse mort, et que, pour prière ne pour service fait, le duc n'avoit oncques voulu rien faire pour ly, se indigna en cuer encontre soi-meismes, et montant à cheval s'en va grand tire vers son pays, troussa et emporta bagues et malles, et fist esracier ses armes qui mises estoient devant son logis, tout argué en sa confusion : car pour nul or n'eust volu estre en la ville, là où son sang si prouchain eust esté mené, voyant ses yeux, à fin si triste; et y estoit la raison bonne et juste. Et ne s'en doit esmaier nul, si le cuer lui estoit gros : car estoit très noble et grand homme et de hault estat. Or vindrent deux heures après midy, et le bastard bien ordonné et confessé, et que l'on véoit jà qu'il n'y avoit plus de remède ne d'attente, fust mis sur ung chariot, lié et attaché de cordes ung peu, aussi honnestement vestu que pour aller à nopces, bel de visaige plus que aultre, et à si beaux crins blonds qu'on ne pooit plus beaux, de toute forme et de taille le mieulx pris qui fust entre mille hommes ; et plorant amèrement, plus de sa confusion que de sa mort, fust mené tout le long de la ville, pour venir à la justice, là où grand monde sievoit pour la compassion du cas non jamès veu tel. Entr'aultres y avoit multitude de povres folles femmes qui le sievoient, et qui crioient et ploroient piteusement sur ly, et le demandoient avoir en mariage, qui toutes-fois leur fust escondit : car n'eust-on osé, par peur du prince, jà-soit-ce que on eust bien volu avoir faculté de le povoir faire ; car n'y avoit cely de la loy qui meismes ne plorast de la pité du cas. Venu maintenant doncques au lieu là où estoit son cimitère, là fust r... jus, mis en son pourpoinct de soie, reconfo... et assisté très curieusement de confesseurs, ...quels il certifioit avoir pleine vraie foy et par... espérance en Dieu et en la Vierge Marie, di... t meismes que celle honteuse et confuse mort que Dieu lui envoyoit en si jeusnes florissans jours, lui donnoit vrai espoir que Dieu le prendroit en sa merci; disant encore, mès que l'ame pust aller bien, ne lui chailloit de la charongne qu'elle devenist. Et prenant une astuce en ly, sur le poinct de son derrain, prist congié à tout le monde, et les yeulx bendez se mist à genoulx, dont prestement fust mort : mès ce que je plus plains, c'estoit que le corps en deux pièches on le mist sur une roue entre les meurdriers les plus forfais du monde; et l'avoit ordonné le duc de le faire ainsi. Mès dedens trois jours après, le duc permist, à l'intercession des amis, qu'il fust mis en saincte terre; et fust ensevely révéramment en la chappelle des Ménestriers à Bruges, et lui fist-on ung bel service.

CHAPITRE CCCIX.

Comment le duc Charles avoit aucun secret regard et considération en la mort dudit bastard.

La cause maintenant pour quoi j'ai fait ce conte de ce bastart et de la rigueur maintenue envers ly si roidement, n'est pas principalement pour la compétence du bastard, mès pour la cause des considérations que j'y ay, et que le duc meismes avoir y pooit, diversement causée; et tout premier je regarde, comme parlant pour ly, comment il estoit en ceste ville de Bruges, là où toutes nacions du monde sont, et meismes maintenant estoit pleine de toute la noblesse du pays, à cause du grand assamblement qui estoit là sur l'approchement de ses nopces; par quoi, quand l'aventure se rendoit ainsi, que ce noble homme ici estoit pris pour mes-fait, et que justice l'osoit faire à partie requérant, ly qui désiroit à porter grasce de roide justicier et de prince cremu, en face de toutes nacions et de toute sa noblesse voult monstrer sa rigueur à l'exemple de son corrage, pour donner peur au monde, vueillant monstrer que par plus forte raison moins donroit d'espargne à ungs et aultres de bas lieu, quand au bien noble sang de son pays, il refusoit miséricorde en maléfice. Dont ly, qui estoit prince de corrage, et estoit nouvellement venu à seigneurie, et voloit justice maintenir et mettre sus, et estre cremu et doubté, et donner exemple du ploy de son regner, voult entamer et encommencier en ce noble fils, pour miroir au futur; jà-soit-ce, que aulcuns disoient que se l'on n'eust secrètement bouté à la charette du bastard pour l'omicide tant seulement dont il estoit plainte, ne fust pas mort, mès il y avoit, ou aultres langues, ou aultres mystères estranges qui l'avanchoient [1].

---

[1]. Il y a ici dans le manuscrit une lacune de quinze colonnes.

CHAPITRE CCCX.

Comment tous les princes du réalme se trouvèrent perplex en la manière du faire et du vivre alors autour du roi.

Pour ceci et bien avoit deux ans par avant, qu'autour du roy et meismes au royaulme n'y avoit prince qui ne se trouvast tout entrepris et perplex en la manière du faire et du vivre alors, tant pour la difficulté des matères et des personnages qui alors régnoient, comme des dangereuses soupechons et manières du roy, dont chacun craignoit le péril. Le connestable de France, conte de Sainct-Pol, à tout quant qu'il avoit de sens, y avoit assez à faire à soi bien conduire, qui pendoit en balance entre les deux; pareillement, le roy de Cecile qui, oncle aux deux frères, favorisoit naturellement à tous les deux; et non moins le conte du Maine, son frère, messire Charles d'Anjou. Le duc de Bourbon, qui estoit le préféré du throne pour gouvernement, et estoit nepveu et cousin-germain de la maison de Bourgogne, à cely devoit bien estre non moins soing aussi de charier droict, tant pour son honneur envers le roy, là où gisoit son bien et son estat, comme par obligacion de nature qui le pooit et le devoit traire vers le lez de son prochain sang. Aveucques ce, et qui est le plus du tout, ce avoit esté cely et ung des principaux qui avoit faict l'esmeute au commenchement du malvais bien publicque, dont toute cette division a esté née. Estre revenu doncques en grasce et en haulte crédence aveucques le roy, lui servoit et duisoit bien de la garder; et avoir esté aussi de l'alliance et de la commune conjurison quasi moveur, scelleur et prometteur infrustrable, lui estoit bien cause aussi, et devoit estre, de non trop ployer au préjudice de ses associés en cause. Le conte de Nevers, le plus oyant en cause de tous, pour son honneur dont se véoit destitué par la Toyson-d'Or qui lui avoit esté tollue nouvellement à Bruges, secondement pour ce que s'estoit mes-faict envers la maison de son nom et de sa gloire, où avoit esté eslevé et nourri, et qu'à ceste cause on l'avoit despouillé de grandes terres et seigneuries longuement possessées, et avoit acquis son hayneux, le duc Charles, et le roy gaires tenant conte de ly, pour ce qu'en sens et vertu le voyoit amendri, et que meismes les grans hommes le fuyoient et le notoient en son fourvoy, cestuy povre chevallier, povre conte, grand de production toutefois de père et de mère, de la maison de France, et en pareil degré aveucques le duc Charles, et ayant eu grand bruit et grand gloire en ce royaulme du temps du duc Philippe, son oncle, prince de la chevalerie toute de ça bas, et le ducteur des batailles et des grans osts où oncques ne porta foule, quant maintenant se veit, et qu'à ung lez et à l'aultre, se trouva comme nul réputé, n'avoit hardement de conforter le roy de peu de poursieute, ne affection de soi traire vers son prochain, par souvenance de sa honte: Certes, bien devoit avoir le cuer estraint d'angoisse et de dur anuy en cestui temps, qui, aux plus sages et aux plus vertueux, estoit estrange et sauvaige. Et combien que le duc d'Alenchon vivoit encore, et qu'il estoit tenu au roy qui l'avoit délivré de prison et restitué en sa seigneurie, si estoit-il de l'amisté à la maison de Bourgogne, par précédent déserte; et doloit durement la discorde des parties, comme raison le donnoit. Mès jà estoit devenu viel et cassé; et avoit son fils le comte du Perce emprès le roy, en qui il s'attendoit, et du faire et du lessier en ceste division, et d'y bouter main telle ou telle; car les armes désormès ne lui estoient pas si séans pour l'ung costé ne pour l'aultre, comme pité le pooit traire naturellement à voir ce royaulme en discorde, et dont il avoit veu tant de divers fins longuement, en désolacion de tout le monde.

CHAPITRE CCCXI.

Comment le duc de Calabre, après le trépas de D. Pierre de Coymbre, fut esleu par les Catellans roi d'Arragon.

Le duc de Calabre, qui estoit sage prince et sievoit les trains de son père le roy de Cécile, icely aussi avoit esté et estoit de la conjurison des princes ensamble dès la première esmeute, et avoit esté à Conflans confortant et conseillant monseigneur Charles, jà devenu duc, et grandement de l'amistié et dilection d'iceluy, par amour et service monstré, et estoit et avoit esté un des principaux de la ligue, obligié par promesse et par sceau. Mès maintenant recouvert, et réacquis de la part du roy, par alliance de mariage qui se fist de la fille du roy, née à Geneppes, en Braibant, et de son fils, le marquis du Pont, icely duc de Calabre, neutriant entre la faveur de çà et de là, et pesant durement le péril de la guerre qui se préparoit, mettoit plus peur aussi en la ruine des deux parties par complaintes, que samblant de condescendre ennemy à qui que ce feust, cuidant mieux faire. Mès si bien lui en prist, que tant avoit cause alors d'entendre ly-meismes à ses propres affaires, que de ceulx d'aultrui se pooit tant mieulx excuser et soi dissimuler. Car les Catelans [1], par le trespas de Dom

---

1. Georges Chastellain confond ici les Catalans avec les

Pietre de Coïmbre, l'avoient prestement esleu leur seigneur et leur futur roy d'Arragon, en grand préjudice du fils du conte de Foix, qui s'attendoit à la coronne de Navarre, parce qu'il estoit fils de la seur du roy Jean d'Arragon et de Navarre, que ledit Dom Pierre voloit impugner par hoirie; et jà, par l'ayde des Catelans qui rebelloient et héoient ledict roy, estoit en possession d'une grande part du royaulme et de la seigneurie de Catheloingne; et fust parvenu jusqu'au parfaire, se ne fust la mort qui le vint prendre, jeusne homme et en son premier vol, comme tous ses aultres frères, qui tous estoient morts en grand jugement du monde de pooir devenir haulx hommes et de grant faict.

Comme doncques Catelans cecy vissent et considérassent, que de ce viel roy, le roy d'Arragon, naistroit guerre et tribulacion, après son trespas, entre divers prétendans à la couronne d'Arragon et de Catelongne, et qu'ils véoient et savoient ce duc de Calabre, estre prince de vertu, prince de la sommité des fleurs-de-lys, grand, sage, moult expert et bien esprouvé en grans fais, et futur roy de Cécile, et d'aultres royaulmes et seigneuries, s'avisèrent de l'attraire et de l'avoir vers eulx; lui donnèrent et monstrèrent tiltre de droict en la

---

Castillans. Il ne s'agit pas de la couronne d'Arragon mais de la couronne de Castille et de Léon.

vraye succession, et lui promettant service et assistence, l'affectèrent et postulèrent en seigneur; parquoy ly il s'accorda et se paroffrit à leur demande, à juste cause. Et par ainsi doncques, ce duc de Calabre, combien que le faict de ce royaulme lui compétoit et touchoit en général comme aulx aultres en cestuy présent temps, son propre privé fait toutefois, et encore si grant et de tel pois qu'il estoit, le pooit bien excuser aussi, et lui donner grasce et lieu d'entendre à sa nécessité particulière.

Et en toute telle cause, comme je samble voloir excuser cestuy duc de Calabre, par neutrier en ceste division, tout en pareil puis-je et dois faire du conte de Fois, qui avoit la menace des Cattelans en barbe, pour desfaire son fils, et lequel oncle avoit assez à veiller à son propre creteau, sans soi mesler des divisions des aultres, et dont il ne véoit nul remède. Pareillement, le duc de Nemours, conte de La Marche, qui estoit de la privée conjurison, et avoit esté à Conflans, plaintif aveucques les aultres, et fort adjoinct aveucques le comte de Charollois, icely fortrait maintenant de celle affection de Bourgogne, par le roy qui l'avoit regaigné sagement, dissimula tousjours en ceste murmure; et sans déclarer ne trop hayne ne trop faveur nullement, contenta à mieulx que pooit les deulx parties. Si n'estoit-ce pas sans peur pourtant, et sans grand sens en si dangereux affaire : car le roy, par semblant, se deffioit alors de tout le monde, et n'y avoit nulle riens alors plus périlleuse de ly pour donner mort ou ruine.

CHAPITRE CCCXII.

Comment le comte d'Erminac, pour refus que lui fist le duc lui donner sa niepce, se retourna contre la maison de Bourgogne.

Le conte d'Erminac aussi, qui avoit esté de la ligue des aultres, et avoit esté à Conflans le plus de tous mal appointable, icely estoit jà tout retourné et changié de corrage, par argu et par indignacion contre la maison de Bourgogne, pour cause que le duc Philippe, jà trespassé, lui avoit refusé sa niepce, damoiselle Jehenne de Bourbon, belle-seur au conte de Charollois; et lequel, en pareil cas, en fist refus aussi, nonobstant toutefois que la ducesse de Bourbon, sa mère, et son frère le duc de Bourbon, le voloient et le désiroient. Et à ceste cause avoient envoyé notable ambassade devers le duc, et non moins devers la damoiselle, pour l'enhorter et informer de leur voulenté; laquelle oncques n'y voult condescendre pour se voer plustost à Dieu, en religion, toutte sa vie. Meismes le duc, son oncle, lui avoit dist qu'il la mettoit purement en son franc arbitre, de faire et de lessier, et d'obéir à père et à mère, et qu'en riens ne la voloit rompre; mès fist d'elle ce qu'elle voulsist; mès de son gré ne par ses bienfaits, elle ne l'aroit jamès; mès par faire à son gré et par son conseil, et demorant par de chà, il pourverroit d'elle, si bien que pour suffire. Si en respondist la damoiselle si sagement, et bien au gré du duc et du conte, son beau-frère, qu'ils en eurent joie, et elle honneur; et les aultres furent tous confus. Et en à part tentèrent la damoiselle, et lui dirent des dures parolles, auxquelles elle n'accoustoit gaires; car elle se sentoit avoir bon garant; et pour morir, ce disoit bien, ne le prendroit. C'est ici doucques la cause pourquoy le conte d'Ermignac se monstra animé vers la maison de Bourgogne, laquelle il menaça depuis de mainte felle menace, reniant Dieu à bras tournés, qu'il venroit courre le pays de Picardie et de Haynaut, piller, rober, et bouter feu, prendre et tuer et mettre tout à sang, jusques aux portes de Flandres, en despit de tout homme. Mès en son dire n'avoit pas tant de péril ne si grand, fors comme à le mettre à effect. Aussi les menaciés par de çà n'en firent gaires grand pois, si non de rire; et le menaceur savoit peu et mal cognoissoit ce dont il se vantoit. Toutefois, s'il eust pu mal faire, et que le trouble fust allé avant, ainsi qu'il se disposoit, il se fust monstré dur ennemy, et eust faict du mal ce qu'il eust peu, que Dieu toutes-fois ne souffrist poinct pour celle heure, et si n'eust poinct la belle fille.

Ainsi doncques, comme j'ay dict par cy-devant que tous les princes de France, par ceste année de soixante-huict, estoient tous entrepris et perplex diversement en ceste discorde qui estoit entre le roy et son frère pour la duché de Normandie, et entre le roy et le duc Charles, pour cause des terres sur Somme, lesquelles il voloit rappeler, mesmement, et pour ce que le duc Charles adhéroit et confortoit son frère, monseigneur Charles, or estoit le bras de son orgueil, et de son fort, ce lui sambloit, en son conpère. Ainsi doncques le roy estant fort, et les deux autres parties fortes et fières, et que le moyen ne se pooit trouver de nul lez, pour y mestre accord, ne restoit, ce sambloit, fors que l'assamblement se fist de quelque male aventure, là où toute la gloire de ce royaulme fust tombée en confusion par bataille, et dont le vainqueur, quiconcques eust esté cely, eust porté meismes la malédiction de sa bonne aventure. N'est pas de merveilles doncques, se les nobles princes dessusdits, mesmement tous les aultres vaillans et preudommes de ce royaulme, voyans telle bruine sourdre et de telle griève importance, qui est commune, avoient les cuers estrains de peur et de soing, là où de tout le sens qui estoit en ce royaulme, ne se pooit trouver ne ouvrir voie par quoy la peur du mal à venir en eust esté dehors, sinon par Dieu seul.

CHAPITRE CCCXIII.

Comment le duc Charles assembla gens et les mist devers Saint-Quentin.

Comme j'ai dict doncques, toute ceste année se continua pour la plus grande part en murmures et en menaces, tant de çà que de là; et en hongnant et grognant, chascun se pourvoyoit de son affaire, et n'y avoit nul qui se loast l'ung de l'aultre; car tous deux se tenoient à foulés, le roy et le duc, et berguignans l'ung l'aultre, chascun craignoit son compaignon, le roy le duc Charles pour ses alliances aux Anglès et au duc Breton, et le duc Charles le roy pour sa puissance, qui de lui dépend d'avoir toute France en son contraire. Car à bien peser le cas, quelque alliance que ung duc de Bourgogne, ou aultre prince, poroit avoir pour mener guerre à ung roy de France, si est-ce chose difficile et dangereuse de l'emprendre, et non pas sans le peser beaucoup, considéré encore en ce temps là, là où l'effect de la guerre des gens d'armes de France gisoit tout en règle et en ordre praticque, avec continuel exercice et continuacion du mestier. Or avoit le duc Charles de longue main pourveu en son faict; car savoit bien que armer lui convenoit sur la fin de l'esté, tant pour soi munir contre l'invasion du roy, comme d'entretenir et mestre à effect sa promesse à monseigneur Charles de France, et le duc de Bretaigne. Si avoit parlé de bouce à pluiseurs de ses anciens capitaines, affin de eulx pourveoir de gens; et aulx absens avoit envoyé mandemens de eulx mettre sus, et à aulcuns de eulx mettre sur les champs, et de eulx logier et traire devers Sainct-Quentin; et de quoi ceulx aussi de Sainct-Quentin condampnèrent et cloirent toutes leurs portes, réservées deux, de la peur que en avoient; car ne se sentoient poinct en grasce du duc. Si en eurent telle crainte qu'ils ne savoient que faire, et souverainement pour ce que la voix portoit que toute l'assemblée se devoit faire entour leur ville. De ces gens d'armes doncques, qui tenoient les champs longuement devant que le duc mist sus sa grande armée, et dont les ungs estoient et logoient du costé de deçà Somme, et les aultres de delà, comme en frontière encontre les gens du roy qui là gisoient près, aussi le peuple et le plat pays autour avoit beaucoup à porter et à souffrir, et s'en doloient fort les povres gens des champs. Mès les matères de l'année portoient, ainsi que faire le convenoit, et souffrir en failloit pour plus grand mal éviter; car mieulx vaut porter et tolérer plaie sanable et particulière, pour temps et terme, que générale et non jamès garissable, et dont la perte dure à tousjours.

CHAPITRE CCCXIV.

Comment Charles de France et le duc de Bretaingne, pour lesquels le duc s'estoit mis aux champs, appointèrent avec le roi.

Ce donc qui peult excuser le duc Charles du traveil de son peuple à celle heure, et si long-temps avant qu'il se mist aux champs, ce fait le roy Loys, lequel avoit une grand part de ses gens d'armes dévallez çà bas entour de Noyon et sur les frontières de Picardie, et encontre lesquels il séoit bien à pourveoir pour cause des aventures, et ce que le roy aussi peut parer. Pourquoi il envoyoit ces gens d'armes çà bas sur les marches du duc; ce fait la doubte que le roy mettoit en l'alliance, que le duc avoit prise avecques le roy d'Angleterre, et dont il craignoit son damage : si voloit veiller à son creteau de peur des périls, aveucques ce qu'il se doutoit bien, et le savoit, que le duc estoit pressé et requis de son frère, monseigneur Charles et le duc de Bretagne, de eulx trouver ensamble arrière en France à main armée, pour ceste ducié de Normandie dont ledict monseigneur Charles ne se voult deffaire. Si pensa et s'avisa le roi de pourveoir convenablement par résistence encontre le bras de deçà, par une partie de ses gens d'armes, et à l'aultre lez, dont il fesoit le moins de pois, du costé de son frère, il mist pourvision par l'aultre partie pour non les souffrir joindre ensamble. Combien toutefois que la conjonction estoit promise, et par délibéracion entreprise des deux debouts, quelque empeschement que le roy y eust volu mestre, et se feussent les princes mis en assay, ce disoit l'on, quoique les choses ne parvindrent poinct jusques là, espoir de la grasce et de la bonté de Nostre-Seigneur, qui y pourvit par aultre entendement. Mès du costé du duc, tous les préparemens s'y monstroient à l'œil, et les promesses furent mises à effect de son costé; et monstra faict et parole, là où les aultres, quand ce vint au fort, ceux meismes pour qui le duc avoit prins le fer au dos, et s'estoit mis efforcéement en armes sur les champs, en toutte attente de fortune, fors ou non fors, et léaulx ou non, demorèrent sur leur fumier, et firent pai— compact aveucques le roy, tout à part eulx, exclus encore cely qui se mettoit en danger pour eulx et à leur requeste. Car ne cessèrent d'envoyer cop après aultre devers le duc Charles tous les jours leurs ambassades, aveucques ce qu'ils avoient résidamment par deçà aucuns qui à peine n'en bougoient, comme Thomas de Loreille, bailly de Caen, et l'évesque de Verdun, qui toujours sollicitoient le duc Charles, ou pour argent ou pour gens d'armes, et finablement, pour consurrection faire ly-meismes en sa personne. Parquoy il appert que ce que ce duc Charles se mettra sus tantost en fier apprest, tendant aller en France à la requeste et poursieute de monseigneur Charles, frère du roy, ce ne sera poinct à volenté malvaise encontre le roy, ne pour sa particulière cause; mès ce sera pour accomplissement de foy et de promesse, en quoy il se sentoit lyé dès le traictié de Conflans, et de l'aveu et consentement meismes du roy et de tous les princes qui, en ce se concordoient, que se le roy n'entretenoit ce que là estoit promis, il s'agréoit et le consentoit que ils se pussent entre aidier et entre secourir l'ung l'aultre, jusques au parfait de son promectre.

Or avoit esté le roi faillant à son frère; pourquoi le duc Charles, requis de son frère, lequel toutefois n'y obtempéra point pour la première requeste, ne légierement ne tost, ains y différa deux ou trois ans nécessairement, enfin et pour son honneur garder en foy promise audit monseigneur Charles, et non fouler aussi honneur envers le roi par la vertu du traictié, il se mist sur les champs envers l'aoust, à intencion tele, que ceux pour qui il se mettoit en cé dangier, se disposeroient au mesmes et au pareil faire en commun salut de tous les deux.

CHAPITRE CCCXV.

Comment le roy voloit anéantir le don qu'il avoit fait de la rivière de Somme, disant que par contrainte il l'avoit fait.

Comme doncques ce duc Charles s'estoit offert toujours et soi mis en peine d'estre moyen entre le roy et son frère, pour le bien de commune paix, et que ce moyen ne se pooit trouver pour le contentement des deux, convenoit bien doncques que ce duc se meist sus, fort et puissant, aveucques ce que ly mesmes avoit cause de doléance encontre le roy, parce que le pays de Somme qu'il lui avoit donné et transporté au dit lieu de Conflans, lui avoit volu et voloit fort aire, et ramener à nient son don, disant que ce que fait en avoit, il l'avoit fait par force et par contrainte et par manière d'un sens, dissimulant à terme pour en estre quitte maintenant; que chose faite par telle manière forcée n'est pas de value après, quant elle peut apparoir à justice. Et pour ceste cause, le duc Charles qui dès le commencement jusqu'en la fin avoit fait toutes ses choses à fer et à clou bien lettriées, et nervées, et noées et passées, et confermées par tout l'estroit sens de France et du royal pooir, quand il veit que ainsi on le voloit quérir et formener induement et à sa grand honte et foule, délibéra bien à mettre sa cause privée aveucques celle qui lui estoit commune et d'ajouter la sienne doléance aveucques celle des autres; et combien que plusieurs des princes de France, et presque tous à dur et à enuis, se consentoient à emprendre ceste guerre, comme du roy contre son frère et à l'encontre du duc de Bourgogne, comme de l'une part et de l'autre, ils y regardoient chose difficile et de grand meschief et à eux mesmes compétant et touchant, et qu'à ceste cause et en cessui regard contretenoient le roi lent et suspendant sa chaleur, aucuns toutefois, jeunes gens et capitaines qui demanderent le hustin, quirent à gaigner et eux exercer en orgueilleux exploits, faire foule et damage à autrui, tel fois par envie sans autre cause, tel fois par haine de viel temps congréée, dont il font tiltre, aveucques ce que le roi de soi estoit en grand subtil sens fort muable et variable, et lequel ils congnoissoient assez ployable, legièrement à esmouvoir rumeur l'incitoient à la guerre; et lui ramentevoient, fait à douter, telle chose dont la souvenance lui donnoit pointure et occasion de s'en voloir vengier; ainsi qu'entour des grans princes il y a souvent gens de diverses qualités qui peu prisent les mots qui leur volent de la bouce, et dont, pour les ensievir et pour les croire, les nobles princes souvent enceurent en grans dammaiges et meschiefs et en dure perdition d'ame, sans ce que ung tout entier royaume y chiet et tresbuce, et tout par legier conseil et parcial affection, et qu'amour ne se norrist ne ne se treuve en nostre cristienne fraternité nulle part, et que vérité n'a nullement siége entre les curiaux, ne auctorité d'estre oye ne préférée devant conseil inique.

CHAPITRE CCCXVI.

Comment le duc, pour obvier aux voies quises par le roy, il s'allia au roy d'Angleterre, contre cœur et nature.

Et pour ceste cause et plusieurs autres, et qui toutes dépendoient réalement de ceste variableté du roy et de ses passions, et dont le duc Philippe mort avoit eu fort à souffrir longuement, nonobstant ses bons services, et mesmes et en pareil ce duc Charles, s'il n'y eust rémédié ; ce qu'il s'estoit allié au roy Édouard d'Angleterre, si etoit-ce maugré lui et contre son cœur et contre sa nature, ce savoit bien, pour soi deffendre contre ly ; car n'eust jamès quis ce chemin ne le baston qu'il empoigna, si n'eust esté par les dures et diverses voies que le roy avoit quises contre ly, ce disoit, tout de gré et volentiers pour le deffaire, et de quoi, élas! se du don de Dieu le roy se feust abstenu et eust monstré le contraire, comme de l'amer et de le bien traictier, ainsi qu'il séoit à un tel si jeusne et si puissant prince, et nouvel venu en règne, et fils d'un si grand père, et qui tant pooit et valoit en la félicité de ce royaume, il s'en fust servi et renforcié de la moitié de son fort ; le povre duc l'eust amé et honoré, doubté et cremu, feust demoré en l'inclination de sa vraie nature originale franchoise, et ne se feust pas estors en aultre copulation, ennemie à la gloire de son propre front, et de quoi le roy veritablement par duresse, et par quérir en ly ce que ne séoit pas bien, selon le temps d'alors, estoit seul cause, et n'en devoit donner charge à nul, fors que à ly mesmes qui ainsi le voult et ainsi le trouva.

CHAPITRE CCCXVII.

Comment le duc fist charger son artillerie à Lille et depuis séjourna quelque temps à Lille.

LE roy fesoit ses préparacions merveilleuses devers Bretaigne et devers Normandie. Avoit mis en praticque et en nombre toutes les gens aidables de son royaume, communes et autres; et ce que monseigneur Charles, son frère, lui fortraioit des nobles gens et des gens de guerre, cela il le suppléoit par pourvision de nouvelles gens autres. Son artillerie avoit une grant part à Orléans pour l'avaller au besoing au pays d'en bas, et une autre partie avoit à Paris, pour les marches de Picardie. Et le duc qui jour et nuit fist charger artillerie, en mist tant avant que c'estoit une merveille à veoir. Les pays et les champs en estoient tant pleins que l'on ne véoit riens haut ne loings que chariots; et en avoit, ce me disoit l'on, deux mille huit cents, tous à ly, sans ceux qui estoient à vitailles et à baguages des gens d'armes sans nombre. Si estoit orrible chose à veoir de l'artillerie qui fut chargiée à Lille, et des chariots qui furent prins par tous les pays du duc; et convenoit avoir grant tems avant que tout fust mis en ordre et en train d'aller avant, mesmes pour les gens d'armes qui s'assembloient de tous lez, avant qu'ils fussent mis sus et joins. Le duc séjourna au Quesnoy une espassette; car là estoit venu pour mettre pié en l'étrier à tout le fer au dos, et pour emprendre son voyage comme au mesmes lieu là où il l'avoit pris à l'autre fois, quant il s'en alla en France pour la journée de Saint-Denis, dont la bataille de Mont-le-Héry ensievy; parquoi oncques depuis ne feust qu'il n'eust son regard et son singulier fondement sur ledit lieu du Quesnoy, aveucques ce que la place siet toute propre pour faire sa meute envers France.

CHAPITRE CCCXVIII.

Comment le duc Charles constitua ung prévost des maréchaux, pour nettoyer le pays des brigands.

Ceste année de soixante-huit estoit durement périlleuse et pleine de malvaises influences comme de mortalités, par toute terre, bien orribles, et de malvaises emprises par malvaises gens, les uns par traysons et les autres par aultres crudélités; et mur-

muroient peuples et gens des bonnes villes, et
princes se mesfioient les ungs des autres, et n'y avoit
nulle part climat de terre, là ou il n'y eust troubles. Bringans et desrobeurs de gens couroient le
pays, et soubs ombre de gens de guerre, tant de
France comme de Picardie, faisoient maux sans
nombre; tant que le duc, par les plaintes qui ly en
venoient, print en ly mesmes et en son propre avis,
de mettre sus un prevost des maréchaux; et entre
les autres constitua en cely office un qu'il avoit
choisi tout propre, nommé Mailloitin du Bac, natif
de Saint-Omer, non fort cler homme ly mesmes,
ce disoit l'on, mès haut et aigre en emprendre ce
que autre n'eust volu faire.

Si fit icellui Mailloitin de grandes et dures exécutions par le pays de Picardie; et sur le mot de
son maistre en fit exécuter grand nombre; et n'espargnoit ne grand ne petit, tant que à estre esmerveillez tous les plus hupez, dont aucuns se despaysoient et les autres se muchoient (cachoient).

Comme donques le duc par dechà fesoit nettoyer
ainsi son quartier par son prévost, qui se délitoit à
faire pendre gens, le conte de Saint-Pol, connestable de France, faisoit nettoyer son quartier aussi
tout en pareil que l'autre; et fit pendre et noyer
sans espargne gens d'armes et autres qui se contrefesoient et travailloient les povres gens. Dont ly,
fesant son devoir par delà comme souverain justicier de France, et le prévost par deçà pour et ou
nom du duc, le duc devint à estre tant douté et

tant cremu en roide justice, que toutes gens mesfais et sursamés trambloient seulement d'en oyr le nom; dont pluiseurs ont esté trouvés qui se despaysoient ou alloient en loingtains voyages cuidans fuir leur male fin. Et certes bien faisoit besoing alors, car les pays çà bas estoient si pleins de malvaise garçonnaille et de malvaise trusson, que tout estoit perdu et gasté; et se commettoient tous les jours par divers lieux inhumainement meurtres et vilains faits, aussi coustumièrement comme il est d'aller par rue; n'estoit ne honte ne abominaison de tuer gens, ne de les vilener et démembrer pour ung mot, non plus qu'il est de boire. Tous les pays gisoient subjects à gens de huiseuse, compaignons de la facque, houvers, putiers, ruffiens, hennebennes, buveurs de vin et gasteurs de draps, qui nez estoient pour boire eaue et mener la charrue; et maintenant, pour ce qu'on les avoit ainsi souffert croistre, soubs ombre que aucune fois on en avoit eu affaire en temps de murmures et de rumeurs entre le roi et le duc père et fils, ils estoient tant multipliés par les bonnes villes et si enrachinez dedens, que le nombre en passoit le trop; desroboient et destroussoient baudement gens par nuit en pleine rue, et leur ostoient les bourses, et les ruoient à rivières, tous desguisez; et faisoient tant de maux, en tel lieu fut, qu'il estoit besoing que tel roide et aigre mordant bras les venist comprimer et rebouter, ou nul n'eust eu riens sien ne par champs ne par ville, si bien en Flandres que ailleurs.

CHAPITRE CCCXIX.

Comment le duc Charles, par la grant justice qu'il maintenoit, estoit cremeu en ses pays.

Ceste justice donques ainsi mise sus par les pays du duc du costé de France, elle donnoit au duc de Bourgogne dure cremeur; et à luy ce luy estoit aussi une clère preparacion de son armée. Car en armée il siet à un prince estre cremeu et obéi, redouté des malvais et honoré des vaillans, et de tenir riègle et ordre entre eulx qui sont à prisier ou à corrigier; car en cela pend la gloire et le salut de tous grans osts et de tous grans princes. Or estoit le duc Charles parti du Quesnoy fièrement en armes et ly mesmes armé de toutes pièces, tirant vers Péronne, là où il vint et se tint dix ou douze jours, tant que ses monstres fussent faites, et que tous ses gens se trouvassent ensemble, qui furent en nombre environ de vingt mille pris. Et en estoient souverains capitaines messire Adolf de Clèves, le bastard de Bourgogne, le comte de Marle, messire Jacques de Saint-Pol, le seigneur d'Aymeries et plusieurs autres, sans compter les Bourguignons, qui venoient sous la conduite du maréchal de Bourgogne environ huit cens lances; lesquels tous mis ensemble, Flamands, Picards et Bourguignons, furent environ, comme l'on disoit, quinze ou seize mille combattans, gens de bonne estoffe; et estoit une chose doubtable, ce me disoit l'on, de les voir en champs, tant y avoit de monde, car y avoit si grand charroy et tel monde aveucque qu'il ne seroit à dire, et tant de suivans, marchans, pionniers et manouvriers et de vitailleurs, que la multitude n'en fesoit à comprendre. Si estoit France toute pleine de cestui merveilleux ost que le duc mouvoit et préparoit de bouter avant encontre ses contrarieurs; et trambloient les marches par où on craignoit le passage, et toutes terres voisines en frémissoient de l'approche.

CHAPITRE CCCXX.

Comment le roi et le duc, après plusieurs préparatoires de guerre, par l'enhort des gens de bien, firent parlementer de la paix.

Or avoit le roi sa puissance toute preste à l'aultre lez; et approcha çà bas pour résister au duc Charles; et estoit tout son effort et son préparement de fier encontre. Et combien que, au lez vers Bretagne et Normandie, il avoit à pourveoir puissance en pareil comme ici, toutefois si amena-il tel effort par deçà et de si grand espoir pour livrer guerre au duc Charles, que la pité eust été criminelle, si l'effect en fust ensievy. Dont, et pour ce qu'envers ce lez et du costé de ce duc de Bourgogne, tout l'aguet du roi pendoit et de son bien et de son mal, ce savoit bien, et que là devoit avoir principalement son œil ly-mesmes, y voult transporter sa personne et soy approcier d'autant près qu'il estoit possible et faisable. Et là ou aultre part il pouvoit guerroyer entre son frère par commission de capitaines tels et tels, ici il voloit querir et prendre son adventure en sa propre personne; car lui sambloit bien qu'il lui faisoit son besoing, et que c'estoit le lieu et l'omme là où il convenoit que tout se monstrast ce que avoit en ly de sens et de vertu, mesmement en tous les endroits de fortune prospère et adverse. Car por venir à la guerre, si ne pooit-il à nul lez trouver dur à faire que ici. Si séoit bien donques et lui sembloit bien juste chose, qu'en ung tel lieu, là où pendoit toute la gloire et tout le poids de son royaume, et là où il savoit ung tel homme devant son front digne de susciter et de commovoir un monde par son ost, que ly-mesmes meneur d'ung ost deffendeur, présentast sa personne là où il consideroit la gloire ou la ruine de son royaume. Et combien toutefois que la guerre çà et là y estoit délibérée, à l'estroit venir, et que en tel appareil si prochain l'ung de l'autre chacun fust assez réconforté en ce qui lui en pooit tourner à péril, les deux parties nientmoins, le roi et le duc, espoir par divine inspiration et par fréquent enhort aussi des sages et preud'hommes, premier que venir à confliction ne à l'aspérité du meschief, se misrent en devoir d'envoyer l'ung vers l'autre, et d'essayer par paroles si leurs deux contraires animacions et felletés se poroient mitiguer et ung peu radoucir par moyens. Dont, se chacun de sa part voloit ung peu entendre à raison pour ung bon comenchement, les moyens poroient devenir cause d'une fructueuse joyeuse fin, entre les deux parties, salutaire. Et estoit en partie ceci principale cause pour laquelle le roi se vint tenir à Noyon, afin d'estre tant plus près pour les allans et venans entre deux. Car par le consentement des deux princes, la place de parlementer ensemble estoit ordonnée à Han en Vermandois, ville appartenant au connestable, qui icy laboroit et veilloit de tout son sens.

CHAPITRE CCCXXI.

Comment le duc s'estoit mis ès champs et clos en un parc aveucques son armée.

Le roi donc se tenoit à Noyon, conseillant et soi avisant sur son présent affaire, et là où par les sages et par les vaillans hommes de divers estas furent maintes choses levées et retournées, et à toutes difficultés de guerre et de paix remonstrés maints articles, car le cas le requéroit bien; et le duc s'estoit mis aux champs jà, et s'estoit clos en ung parc, le plus fièrement qu'on le veist onques, là où il délibera d'attendre tout l'envoy de fortune, de quelque part qu'il lui peust venir, feust que le roy le voulsist approchier et luy courir sus, fust de là attendre et d'yverner, jusques à tant que plus fort l'en feist lever, où que autre, comme monseigneur Charles et le duc Breton, lui requisissent d'aller et tirer plus avant et plus parfond en leur aide. Car là gisoit sa résolution, que jamès de là ne se partiroit, si ce n'estoit pour l'une des trois causes, et qu'il n'emportast vrai appointement aveucques le roy, possesé de ce qu'il lui avoit transporté, donné et confirmé à Conflans, et à monseigneur Charles de France, satisfait aussi de la ducié de Normandie ou d'aultre chose en ce lieu, par quoi l'accord y peust estre fermé. C'estoient ces deux points principaux pourquoi il avoit mis sus ceste armée, et qu'il s'estoit venu logier en ce parc pour parlementer à espée traicte ; car autrement, ce savoit bien, ne venroit jamès à bon bout. Dont, et pour donner à cognoistre à tout le monde le fons de son corrage et le tiltre qui l'avoit mu à estre venu là en armes et en tel arroy, fist crier par tous les quarrefours de son ost, à son de trompe, que nul, fust amy ne ennemy, n'entendist que là il feust venu efforcément pour nulle ennemistié ne violence inférer au roy ne à sa couronne, ne pour faire sur ly ne sur son royaume nulle envaye. Mais, pour ce que langages minatoires avoient couru, jà grant pièce avoit, de la part du roy, que ly mesmes le devroit envayr et assaillir, en le diminuant et retorquant en sa seigneurie, seulement se venoit présenter là pour se deffendre, aveucques ce que promesse et serment fait à monseigneur Charles de France et autres, et de l'agrément du roy mesmes à Conflans, l'obligeoient à ce et le constraignoient de lui estre venu à secours et à remède par toutes bonnes voies. Et par ceste manière de faire, et qui estoit véritable aussi, le duc, comme sage et bien avisé et comme il devoit, se deschargea de la charge que François et autres lui pooient imputer de ceste seconde insurrection, ce sambleroit, encontre la corone; laquelle toutefois, ne première ne seconde, ne l'estoient point par délibéracion, quoique, par accident et par inconvénient, la première tourna tele et par ung contraire; ne ceste seconde aussi n'estoit pas insurrection contre la couronne, quant, par les causes ici demontrées, il appert que c'estoit une compulsion de soi deffendre et de maintenir sa droiture, laquelle ne se pooit garder, ne sauver, ne maintenir par nule remonstrance, ne par nul bel parler, si non par soi monstrer aux champs et bargaigner au fer. Dont, et pour ce que d'ung costé et d'autre pité se prenoit en maint cuer d'omme, de veoir tant de noblesse et tant de noble chrestien sang perdre ici en branle de perdicion, et tout ce royaume en dangier soubz un hazart incogneu, n'y avoit à nul des lez preudomme ne de sain regart qui volentiers ne conseillast et boutast à tout bon moyen de rappaisement au lez là où il pendoit le plus de péril et le plus de question, comme au lez de ce duc Charles, qui estoit plaintif et fier, et fort durement pour le rappaisier.

Nientmoins, pour ce qu'il estoit de corone, et du nom et des armes, et le principal membre souverain d'icelle et pilier, si fut-il tous les jours ammonesté de différer l'effect de la guerre, jusques au derrain point extrême, pour cause de son propre honneur et de la raisonnable pité qui à ce le devoit movoir, pourveu qu'on le voulsist traitier et lui offrir raison et équité. Ainsi donques, comme cestui duc Charles avoit aveucques ly ung monde de nobles et de vaillans gens pour combattre et pour leur sang espandre en sa querimonie, les avoit aussi pour ly conseiller son salut et son honneur, et pour donner support et déport à ce très noble et très chrestien royaume, de non rencheoir arrière, du temps des enfans, en longue portée malédiction et aversité du temps des pères. Dont, et combien que l'apprest et l'orgueil estoit fier et grand par de là du costé du roi, et que les cuers devoient et pooient estre animés assez envers ceux de dechà pour cause de l'assaut et de l'orgueil monstré si fier sur les champs et en la barbe de France, nientmoins, quant ce vint à peser l'ung dur contre l'autre, et à difficulter les grans inconvéniens qui en saudroient, et ne savoit-on sur qui le plus, n'y avoit de la part du roi sage homme aussi qui ici ne conseillast plustost moyen et appointement que venir et laissier aller la chose à l'extrémité du péril sur vain promettre de fortune. Mesmes le roi, qui estoit sage et moult subtil de sens, et à qui la chose compétoit devant tou autre, car estoit son propre fait et sa propre totale perdicion ou recouvrance, cely, après mainte disputation faite par avis en ly mesmes, aveucques ce qu'il sentoit tous les dangiers et les parfondoit en sa méditation, conclut finablement de soi mettre en devoir volentiers de traitie aveucques son beau-frère le duc, et d'envoyer à Han ses commis pour oyr et entendre ce que de la part du duc y poroit estre remonstré et produit, et sur cela avoir avis après pour y respondre et besoingnier à l'expédient convenable. Et y furent de sa part envoyez, allans et venans, tels et tels[1], et de la part du duc, messire Ferry de Clugny, le prothonotaire de Clugny son frère ; messire Brixe, bailli de Charolois ; maistre Antoine, juge de Besanchon ; messire Guillaume de Bische, maistre d'ostel, et plusieurs autres. Et le comte de Saint-Pol, connestable de France, amy des deux parties et du commun bien, et en qui maison et place tout l'assamblement se faisoit, icely se trouva médiateur toujours entre les deux aigreurs, et ne tendoit qu'à l'appaisement du plus fort renc, là où il voyoit le plus de pois de difficile. Si convient entendre toutefois que, combien que le roy souffroit traictier et aller et venir journellement en ceste ville de Han ses gens, par une manière d'escout et d'essay, pour savoir à quelle fin on pourroit venir à l'estraindre, ne cessa point pourtant d'avoir ses gens aussi par-delà du costé de Bretaigne, qui praticquoient et se mettoient en grant peine de contenir et de rapaisier son frère et

---

1. Lacune.

le duc breton, afin de les rompre par bel promettre en leur surrection aussi que préparée avoient par delà; car à résister là il y convenoit grant effort; et à porter le faix de la guerre par dechà contre le duc bourguignon, il y convenoit dure puissance.

Si lui sambloit, et vray estoit, que s'il pooit rompre le bras par-delà, par puissance ou par menace, ou par traictié, ou comment que fust, le bras de dechà en seroit plus foible et moins fier, et en poroit-on avoir meilleur conte, comme il estoit notoire. Cela toutefois et couvrit cestuy secret, laborant toujours à celle fin, ou qu'il venist au desseure du bras de delà, par lui livrer menace et espoentement, comme qui bien y avoit pourveu, ou qu'il les vainquist par bel offrir, moitié ung, moitié aultre, comme la chose avint, en contraire toutefois de l'espoir du duc qui jamès ne l'eust cuidié. Et fist paix aveucques son frère et le duc de Bretaigne, et eulx aveucques ly; et firent courir voix, et le signifièrent au duc, soy estant mis en ce péril pour eulx, que plus avant ne plus longuement ne pooient soustenir l'effort du roy sur eulx, ne maintenir la guerre, tant par faulte de gens et de pourvision qu'ils attendoient, et avoient attendu de ly, comme de la povreté qui estoit devers eulx d'argent et d'aultres nécessités qui à maintenir guerre sont requises. Et mandèrent par Bretaigne, roy d'armes à deux placebo, au duc leur allié, qui se crucifioit de leur honte, et ne se pooit ravoir pour le croire ou non croire; toutefois si fust-il tel. Et le roy apriesmes, cuidant donner terreur et espoentement au duc, parce que jà il pooit faire descendre toutes les deux puissances de ce royaulme en une, et la mettre devant un seul front, qui par avant avoit à respondre à deux, et dont du second jà il estoit au desseure, fist dire au duc, et l'en avertist, que bien avisast devant soy, car en tel orgueil empris et monstré sur ly, il estoit en ly maintenant de ly repousser sa corne, et de la faire retraire; et lui remonstreroit que ung roy de France est bien de pois à ung duc de Bourgogne, son subject encore et son vassal.

Lors, où ce duc de Bourgogne enflé alors de despit de la faute des aultres, pour qui tant avoit fait, et devenu plus fier que ung lion quérant proie, et grandi en cuer plus qu'oncques à cent double, jura Sainct-Jorge que apriesme y tiendroit-il lieu et place; et y venist le roy et tout l'effort de son royaulme, de là ne bougeroit jamès ne ne reculeroit d'ung pié, ains moreroit avant, se besoing le donnoit; et là vivroit et moroit, et tous les siens, jusques à avoir tiré du roy ce pourquoy il y estoit venu; et cela il l'auroit et l'obtiendroit, ce vooit-il à Dieu, ains que jamès il en partist; ou seule mort de ly et des siens y mettroient l'obstacle. Et quant au regard de ce que les aultres s'estoient déportés et pacifiés aveucques le roy, et l'avoient abandonné et lessié dehors leur traictié, seul et à part ly, de ce ne fesoit-il estime, ne de eulx ne de leur confort; il estoit fort et puissant assez, tout seul, et contre eulx et contre tous ses grevans et menachans, et contre tous ceux qui, eulx tous ensemble, les poroient conforter et aidier. Disant en oultre que, comme en ung duc de Bourgogne n'avoit oncques esté trouvée faulte de parolle, oncques n'y avoit esté trouvée faute de corrage, ne de haulte euvre, et que de menaces il ne s'espoentoit poinct; car les ducs, ses devanciers, en avoient bien ozé porter aultrefois les fais tous durs. Comme doncques le roy oyt et vist le corrage de ce duc qui ne se diminuoit poinct, ains croissoit et s'enfiérissoit de plus en plus, et que véritablement et par expérience il savoit et cognoissoit qu'il y avoit effect en ses paroles, et véoit le pourquoi devant ses yeulx, gens à mains de fer et de folle encontre, à tout bon eschient, labora parfaictement à bon moyen trouver aveucques ce duc; car à tout conclure, quelque puissance qu'il eust, si jugeoit-il plus saintaire et plus seur de le faire deslogier par appoinctement et par bonne voie, que de le souffrir là en tel dangier devant le front de son royaulme, pour en attendre l'aventure. Si disoit-on toutefois, et lui mettoit-on à charge, que pendant ce temps qu'il tenoit ici les champs, il fist secrettement esmovoir ung nombre de Liégois, et venir rentrer en Liége, crians : Vive le roy! et faire des crueux exploits sur aulcuns du parti du duc, les mettre à mort et saisir la ville toute de nouvel, et la barrer et refortifier, comme cy-après se dira plus à plain. Et ce, estimoit-on, fesoit-il faire, cuidant faire retraire le duc atout son ost envers Liége, en cédant à la place qu'il avoit prise à son grant dur. Mès non fist le duc, ne ne s'en esmeut oncques; mès disoit bien que tout à temps il venroit à soi vengier de Liége, et d'une chose et d'aultre, et cela lui estoit peu de faict.

CHAPITRE CCCXXII.

En ce tems-cy se monstra une comète du ciel, laquelle se monstra après la my-nuit par une espasse de tems.

En tandis donc que le roy et le duc gisoient ainsi front à front l'ung de l'aultre, l'ung en son parc clos, et l'aultre à Noyon; et que sans emprendre et sans rompre l'ung en l'aultre, chacun bergaignoit son compagnon, en fier samblant, s'apparut alors au ciel une comète, laquelle, par ce que j'en ai pu apprendre de ceulx qui la virent devant moi, se monstra premièrement sur terre, tantost après la my-nuict; car pluiseurs, comme il me fust recordé, l'avoient veue par nuict, comme à deux heures, et aulcuns aultres après à trois, et entre trois et quatre; et comme alors les jours estoient encore assez longs, et les matinées tempre, faict à supposer qu'après quatre heures et demie ne se pooit plus veoir en son monter, là où elle avoit esté veue au premier, en orient. Et moy-meismes, après en avoir oy le conte, désirant fort de la veoir, me levai deux ou trois fois à ceste cause, entre trois et quatre, cuidant la veoir en lieu comme les aultres, à l'adresse que j'en avois. Mès tel fois le temps estoit couvert, par quoi j'en imputay la faute as nuées; et aulcunes fois, quant le temps estoit assez cler pour la parchevoir, si failli à la trouver par mal tourner mon œil peut estre, ou que maison ou aultre entredeux m'empeschoit. Parquoi de là en avant, plus ne m'en mis en peine, jusques que dedens aulcuns jours, après le vespre, je la trouvai d'aventure envers huict et neuf heures, au-dessoubs du nord, tirant vers occident; par quoi je jugeay en mon samblant qu'elle tiroit assez bas près de terre, puisqu'en si brief temps avoit fait son tour d'orient en occident. Car, en trois sepmaines, ou environ, s'estoit monstrée de la première veue du matin bien tempre, et de la seconde veue du vespre bien avant en la nuit.

Ceste comète ici estoit pale et non pas de gros corps; mès avoit une queue de foible clarté à y gecter l'œil dessus; mès qui baissoit l'œil devant elle; son ray lui féroit en l'œil tout cler; et sambloit à l'œil que le ray de la queue fust dedens ly. La queue en estoit hossue, en forme d'une queue de paon, tournant contre mont, gresle devers le corps dont elle partoit, et espannie envers le bout, tout ainsi que ung paon en son orgueil; et tousjours tiroit la queue et se monstroit directement sur orient, comme sur Bourgogne. Par quoy, comme ce duc alors estoit en appareil de guerre et de bataille sur la frontière de France, et que ceste comète se sambloit monstrer et porter signifiance sur ly, pluiseurs y mettoient douteuses significations sur ly, et diverses conjectures, comme de confusion et de ruyne, ou d'aulcune malvaise machinacion contre ly, et fraude, comme en tel temps et en tel pesant affaire tout faict doubter et à craindre, espécialement chacun de ce qu'il aime, et là où il est tenu d'en porter soin. Mès loenge à Dieu! si ceste comète porta aulcune signification sur ly, si n'estoit-ce pas en son contraire, mès en haute opéracion future en brief, et dont l'influence tournoit sur Liége. Car en ce meismes temps, et avec l'essorse de ceste comète, Liégeois machinèrent et procurèrent, à quelque instance que ce feust, leur dernière et sempiternelle ruine et confusion, et le doloreux feu de leur noble renommée cité en perpétuel opprobre. Siques, comme elle tourna sa queue sur Bourgogne, ce ne fust poinct sans cause, quant Bourgogne recheut l'influence de l'exsécution; et ce qu'elle tourna en orient, ligne à ligne, là où Liége estoit assise, ce fust l'effect de sa triste importance, dont Liége meismes estoit cause. Et véritablement, dès l'eure que Liégois, ceste derraine fois, se rébelloient et rencheurent en leur malvaiseté accoustumée, le duc tenant les champs, pluiseurs dictoient alors et jugeoient infailliblement quasi ceste comète porter influence sur eulx et non sur aultre; et en estoient moins en soing de là en avant de la personne du duc, leur prince, et tout se trouva vray.

CHAPITRE CCCXXIII.

Comment le temps estoit fort pluvieux, et fut le duc contraint à changier son parc.

DURANT le temps que le duc se tenoit en son parc, il fesoit si pluvieux, que merveille seroit à conter comment ne ly ne ses gens s'y pooient tenir; car aveucques ce qu'il fesoit moite par desseure, si estoit la terre si enfondrée, que nul ne s'en pooit ravoir; tout homme y alloit jusqu'à demi-jambe en la boe, et n'y avoit ne cheval ne homme, tant fust-il grand, qui se pust logier à sec; et n'y avoit tente qui ne fust trespercée et toute pourrie d'eaue, et ne corps d'omme qui ne fust en dangier d'estre perdu par maladie ou par mort du mésaise; et tellement que le duc se trouva contraint, par la clameur qu'il en oyt, de se lever et de changier lieu plus au couvert, ou il eust mis toutes ses gens en péril de mort, et ly-meismes en grand dangier. Mesmement les capitaines le lui disoient, que force estoit de ce faire ou de tout perdre; et, quand il vouldroit user de sa teste tout seul, il se trouveroit tout seul; et ly tout seul, ce n'estoit que ung homme comme les aultres. Parquoy, quant il auroit perdu ses gens, par querir en eulx plus qu'on ne doibt, ne que nature ne peult, si annoy lui en venoit après, ly seul seroit cause de sa foule. Si se conclut enfin de deslogier; et crut conseil; et s'en alla logier à Léons en Santers, atout sa bataille, et l'avant-garde logea à [1]..., et l'arriere-garde [2]......., chacun au mieulx et au plus bel qu'il pooit.

Dont, toutefois, pour en conter à l'onneur du duc et de son grand corrage, c'estoit damaige que tout le temps que le duc estoit en armes, qu'il ne pooit persévérer en cestuy parc; car c'estoit la plus fière chose du monde et la mieulx ordonnée; et sambloit estre une grande puissante cité, que de l'assamblement des tentes qui là se véoient entassées et assises en fachon de rues longues et croisées, et à grans carrefours et places, pour faire convencions et marchandises, et là où tous ouvriers et marchans et marchandises se trouvoient, et tavernes et cabarets, comme en Paris. Et la muraille du dehors du parc, c'estoient charios et engins tous estoffés et effustés, et si fièrement puissamment assis, et si bien gardés et munis de gens deffendeurs à grosses plommées (massues) que de nul effort d'homme n'avoit garde, et n'estoit de nul lez approchable. Parquoy n'est pas de merveilles

---

1. Lacune.
2. Lacune.

se le duc s'en partist à enuis, quant, par en partir, il délessoit ce qui lui donnoit gloire de haulte fierté, et à aultrui espoentement; qui est chose que ung hault fier prince quiert et désire; mès encontre l'importance du temps et des fortunes de là haut, nulle humaine délibéracion ne haulte volenté d'omme ne peut tenir.

CHAPITRE CCCXXIV.

Comment le duc estoit résolu à ce que de toutes ses demandes qu'il avoit faites, ne lesscroit couler point une qu'il ne les emportast.

Moult se donnoit de peine le comte de Saint-Pol, connestable, en cestui parlement, afin de les unir; et jour et nuit alloit et venoit entre deux, puis devers l'ung, puis devers l'autre; rompoit à tous lez et amollissoit à son povoir ce qu'il y avoit de dur entre eux, souverainement du costé du duc; là avoit fort à faire; car pour toutes conclusions, le duc s'estoit déterminé et résolu à ce que, de toutes ses demandes et plaintes, il n'en laisseroit couler une qu'il ne les emportast, pour non jamès partir de là sinon par mort; car les maintenoit et démonstroit raisonnables et droiturières et non jamès réprouvables, vérité bien oye. Aussi elles estoient fondées authentiquement, tant sur la paix d'Arras faite entre le roy Charles et le duc Philippe, comme sur celle qui fut faite à Conflans par l'avis de tout le sens de

France, qui n'estoit pas chose pour rompre. Parquoi, et comme ce duc ici se trouva frustré et repincié en l'une et en l'autre, et que le roi s'estoit essayé de le traitier autrement qu'en raison, maintenant, quant il s'est veu en lieu là où son droit pooit maintenir par force, il a mis avant sa complainte en ferme propos de la faire bonne, non prenant tiltre pourtant contre le roy ne contre sa corone, par action qui regarde sa magesté, mès tiltre seulement sur son droit et sur le tort que le roy lui voloit faire, ce que ne devoit, et lequel tort il ne voloit tolérer ne porter. Se doncques, entre gens de tous divers degrés il y a des grimoires et des doléances tous les jours de droit et de tort, et que chacun en son endroit volentiers veut et peut maintenir et deffendre sa querelle pour la débattre devant juge ou autrement, par la mesme raison de condicion humaine les puissans et forts princes, de leurs difficiles questions qu'ils ont aucune fois ensemble et des quelles ils ne se veulent attendre à jugement d'homme, ne de eux mesmes souvent ne veuillent faire raison, il besongne bien doncques et est excusable que celi qui se sent le plus grevé qu'en nature et autorité de prince, et à qui il duit rebouter force par force, et oppression par puissance, qu'il mette sa cause aussi sur la pointe de l'espée, là où force lui fait foule. Dès le commenchement du monde, tous les grans princes ont esté tels : ils ont fait leurs insurrections les uns sur les autres pour mien et pour tien. Le fort a confroissié le foible, et souvent le moins apparant le plus grand en nombre ; et là où le plus grand aucune fois porte foule et repincement soubs son moindre, et convient qu'il l'endure.

De si fais exemples toutes mémoires et tout livres en sont pleins ; et tant que le monde durera cestui usage et manière de faire se trouvera entre les princes auxquels ce qui est non loy est loy, et ce qui est non licite à autrui ce leur est équité voluntaire. Comme doncques ceste maison de Bourgogne en ce temps ici, et jà longuement continuée jusques à la quarte généracion, estoit hautement eslevée et tant qu'à paine n'avoit sa pareille, horsmise la couronne de France. et qu'en armes et en victoires et en toutes autres gloires que fortuné envoie, elle resplendissoit, et de père en fils toujours croissoit et multiplioit, et en roideur s'espanouissoit, non merveilles que, veues et considérées les causes fondamentales qu'elle avoit acquises en bon tiltre, et qu'après guerre autrefois portée justement encontre la couronne, elle estoit rentrée et revivée sainctement aveucques elle en paix et en amour, par satisfaction licite, que licitement aussi maintenant, quant on l'a volu frustrer en ses prérogatives et dignités acquises vertueusement, elle n'a deu et peu deffendre son droit, et le procurer en la mesme forme qu'elle l'avoit acquis, ou au moins de s'en mettre en puissance par armes et par puissance. Comme ce que j'ai dit devant, icelui usage est de tout ancien temps entre les hauts princes qui leurs causes font apparoir par orgueil et leurs questions par menace.

CHAPITRE CCCXXV.

De la doléance que le roi fist du roi Loys, et des aigres plaintes qu'il pronouchoit en public de la personne du duc Charles.

Et combien toutefois que de la part de ce duc de Bourgogne et de sa maison si haute et si eslevée se seuffrent donner, et licitement, ce samble, toutes cestes couleurs et palliemens, comme vous avez oy en justifiant sa cause, si n'est-il dit pourtant que Franchois n'eussent cause aussi légitime et raisonnable de colorer en contraire leur action juste et bonne encontre ce duc, et de former argumens, par manière de doléance, contre ly, poignante et dure, comme de fait ils firent, les ungs à couvert, et les autres à plein dévol, disans et murmurans, depuis le roy jusques aux pages : « Maugrez en ait
» ma vie ! et que veut faire ce duc de Bourgogne,
» qui toujours court sus ainsi, et de père en fils, le
» roy son souverain; et ne cessent, ne onques ne
» cessèrent de traveiller ce royaume, et d'en fouler
» le throne par toutes voies dampnables et détesta-
» bles et non tolérables, et dont l'orgueil et l'ini-
» quité et la mescognoissance puent devant Dieu, et
» animent et doivent procurer tous bons cuers
» franchois pour en querir vengeance. Que mau-

» dite en soit la généracion, ne qu'onques ventre
» des fleurs de lys en feist la portée. N'ont-ils, de-
» puis le duc Jehan en chà, persécuté ce royaume à
» double main? et là où de leur propre pooir ne
» se sont pu sancier assez en leur venin envers
» nous, ne se sont-ils ajoins aveucques les Anglès
» contre nous? et les ont boutés en ce royaume
» pour tout détruire; nous ont assaillis par ba-
» taille en divers lieux; ont débouté et déchassié
» le roi hors de son propre, pris et assiégié ses
» villes, forcéement essillié et mis à feu le plat pays,
» et tout mis à ruine ce qui estoit et pour eux et
» contre eux; et n'y a eu chose qui se puist dire
» en quoi leur pité soit tournée, si non en final con-
» fusion du roy Charles mort, là où ils préten-
» doient, et lequel nient-moins, premier qu'il ait
» peu avoir paix aveucques eux, ils l'ont devesti et
» dépouillé iniquement de ses royales prérogati-
» ves; plusieurs fois l'ont asservi à choses impertinen-
» tes; et non content encore de telle humiliation,
» l'ont tendu et recoppé en sa seigneurie, et lui ont
» emporté les metes et les extrémités de sa cou-
» ronne à main efforcée; et de quoi il a esté con-
» trainct de le passer et de le tolérer, bon gré mal-
» gré, pour avoir paix. Et vous tous, nobles Fran-
» chois, or escoutez comment ceci sonne, que ung
» roy de France, le plus noble et le plus digne de
» la terre et le plus puissant, soit venu jusqu'à là,
» que ung de Bourgogne, son subject et son servi-
» teur, tout honoré que d'estre de son sang, l'ait

» ainsi persécuté et tyrannisé, qu'il lui a convenu
» lui accorder et consentir sa foule et son damage
» et faire satisfaction et réparacion du plus grant
» au moindre, et par force. O maudite injurieuse
» rebellion non onques oye ailleurs ! que pleuct à
» Dieu que terre fondist dessoubs eux qui font telles
» œuvres, et que la rachine en feust extirpée, et mise
» en fagots. C'est une mauvaise généraison et exé-
» crable que Bourguignon. Et qu'est venu faire ce
» duc Charles ici arière, qui vient infester le roy
» et commovoir tout ce royaume, et mettre en trou-
» ble par son orgueil ? que tous les deables les
» puissent combattre ! que nous veut-il ? ne lui
» souffit-il d'avoir fait une fois ce dont le front lui
» est tout noir de réproce, d'estre venu corrir
» sus au roi en sa qualité, et de le combattre inju-
» rieusement, sans tiltre et sans cause; et non à
» tant content, faire le maistre au milieu de son
» royaume, portant étendards et pennons, réputant
» tout à son pays et rivières; et en son orgueil
» allant querre encore les ennemis du roy dedens
» Paris à Conflans, là où il emporta de sa coronne la
» moitié des fleurons; et tout par insurrection, qui
» est pareille à celle que fit Lucifer en contraire de
» Dieu et dont il fut getté en enfer, là où j'espoire,
» et Dieu le doint! cestui orgueilleux rebelle Char-
» les, faulx, maudit Anglès qu'il est, sera rué aussi
» pour ses péchiés; si en serons quittes. Que veut-
» il arrière ? Veut-il avoir la coronne et le sceptre
» en main ; et qui tant a de seigneuries et de pos-

» sessions et est si puissant, si fait-il à croire, et a
» son Gand et son Bruges, que veult-il? veut-il
» avoir encore Paris? Que male foudre puisse
» cheoir sur lui, et sur quanqu'il a; et doint Dieu
» que le roy s'y consente, que nous en puissions
» prendre la vengance pour ly, et que nous puis-
» sions tout mettre à feu et à flamme, et rober,
» et piller, et tuer tout ce qui se treuve. On en a
» trop souffert et trop longuement aduré ceste vie.
» Que l'on fière dedens, de par tous les mille grans
» deables, que l'on y fière! que dissimule tant le
» roy, qui cy pend à l'escout, et se fait brebis; et
» bargaigne l'on de sa peau ou de sa laine. C'est
» bien ung homme misérable, et de povre enten-
» dement, s'il ne voit goutte et si ne se perchoit
» comment on le veut mener par menaces à ce que
» l'en veut avoir de lui. Par la digne mort! je y
» mettrois plustost tout mon royaume en l'aven-
» ture, premier que me lessier mener ainsi. Si
» les Sarrasins estoient descendus en ce royaume,
» ils n'en poroient plus faire, ne à peine au-
» tant. »

Telles et si faites estoient les paroles des Franchois, fait à penser, entre les gens d'armes et qui désiroient la guerre pour le gaignage, et aucuns aussi par haine formée de viel temps contre la maison de Bourgogne, comme j'ai dit. Mès entre les gens de conseil estoit l'avis tout autre, et de toute autre gravité pour la plupart, combien que aucuns en y avoit, et poil avoir, qui avoient felles et mordans paroles : mès n'avoient point de sieute ne de credence : par quoi eulx à bon sens et à parfait regard vainquoient et prévaloient.

CHAPITRE CCCXXVI.

Des murmuracions des Franchois et de hautes paroles en leur quartier pour la foule qui leur tournoit si griesve.

Et en vérité, se Franchois murmuroient durement et usoient de hautes paroles en leur quartier, n'est point de merveilles, considéré encore que la foule tournoit griève sur eux et sur tout le royaume, et que se eux en contraire eussent inféré ceste foule ès pays du duc, et que là feussent venu monstrer leur orgueil contre ly, on les eust maudits par de ça de cent mille maux en pareil, comme ores ils faisoient les autres ; car à l'oppressé est toujours l'occasion de maudire et de se doloir. De la part doncques des Franchois, qui est la plus noble nacion du monde, et la plus fière, et par nature de puissance et de chevalerie est celle qui les autres nacions a appris à combattre et à dompter, quant il est avenu ainsi que ung duc de Bourgogne, subject et membre de la couronne, s'est venu présumer jà deux fois efforcément en pays, et de son propre pooir sans emprunt, soi venir mettre en barbe à un roi de France

pour lui livrer assaut, certes il convient dire : ou
que la gloire est bien haute et clère à un duc de
Bourgogne d'avoir ce empris et achevé, et à un
roy de France grant foule, ou que de l'injure que le
roy y porte et a souffert la plainte que Franchois
font du duc de Bourgogne est raisonnable; car
ont porté plaie, ce sambleroit, de cely dont ils
devroient avoir deffense. Mès comme la gloire des
princes pend en orgueil et en haut péril emprendre, et que ce duc ici l'a attempté bien difficile
et bien dur, et glorieusement en est venu au bout,
à qui qu'en demeure la foule ne l'occasion de s'en
doloir, au duc demeure la gloire d'avoir fait ce
dont les autres allèguent injure. Combien qu'à
dire voir d'injure n'y avoit-il point à le bien entendre, ne à intencion d'injurier n'est pas venu le
duc ici; mès, en procurant son droit et sa cause légale
et juste, il s'est venu deffendre par la mesme voie
qu'on l'a volu quérir comme par force. Comme
doncques toutes principales puissances convien-
gnent en ung point estroit qui se dit orgueil, et
qu'en enuis l'ung cède à l'autre, enflez doncques tous
deux, tous deux se monstrent et se préparent, et
s'exposent au péril de confliction soubs fortune, là
où coustumièrement ceux qui se confient avoir
bon tiltre et bon droit sont ceux aussi qui les
mieux s'asseurent de péril emprendre. Comme ce
duc Charles, lequel, tout quanqu'il a fait en ce
royaume, l'a fait, ce veut-il maintenir, à tiltre
d'onneur et de juste cause en son premier voyage,

et non à intention de combattre le roy, ne de lui jurier, quoique autrement advint, mès à intention, aveucques les autres de pourveoir aux affaires du royaume, qui alors chanceloient. Dont, pour ce que le roy estoit puissant pour résister à eux tous, ly aussi se voloit mettre sus fort, pour non payer l'escot pour les autres; aveucques ce que il savoit bien que le roy le héoit durement et de mort. Et à ceste seconde fois, là où honneur l'obligoit d'aller au secours à monseigneur Charles de France, et au duc Breton, et que par nulle voie ne moyen, en longue traite de temps, ne s'estoit peu descoupler de eux, que toujours ne demorast contraint de les assister; et qu'aveuques ce que le roy de rechief, en plusieurs actions et tiltres, lui tenoit des durs et estranges termes, puis en une manière puis en une autre, et à quoi il sentoit bien et véoit que pour voir il y convenoit, par voie de fait; tout en pareil comme on prétendoit sur lui, tempre et de heure mesme proposa et délibéra de y prévenir; et comme la puissance et l'effort d'un roy de France il le congnoissoit redoutable et de fière attente, et que mesmes ne se fondoit pas trop fort sur l'ayde ne sur le secours des Bretons, qui autrefois l'avoient lessié ou péril, voult tellement penser de soi, et comme sage, qu'en allant en France, sur ce que Dieu vouldroit faire et souffrir de ly, il y iroit si fort et si garni, que de nul effort d'autrui il n'auroit peur. Et de fait y mena quarante mille combattans et d'autre monde, tant que c'estoit une horreur. Ceci doncques considéré, et sainement disputé sans faveur et sans haine, et recoulé en bon sain jugement, tant pour le roy que pour le duc qui est Franchois et du sang, les causes pourront estre trouvées telles, que le tout tort ne demora point devers le duc ne au roy, aussi toute l'équité de la cause. Et véritablement, mès je le dis à plainte et à regret, le roy originellement a esté plus cause que nul autre de tout ce meschief et de sa propre tribulacion.

CHAPITRE CCCXXVII.

Comment messire Guillaume Rolin abandonna le pays du duc, et du bastard Baudwyn.

Tout le royaume en ce temps-ci estoit plein de murmures contre ceste maison de Bourgogne; et parcevoit l'on à l'œil comment le roy, du long et du lez, et à longues traites subtilla sa ruine, aveucques ce que le duc de soi mesmes en estoit assez cause, par trop estre roide et dur à ses gens en diverses manières non apprises, par especial aux nobles hommes, lesquels il maintint et voult asservir en estroites servitutes, comme de l'audience où il failloit estre enclos trois fois la semaine, comme à ung sermon, et puis estre subject à toutes autres ordonnances du vespre et du matin; et se d'aventure il chéit à mesprendre à qui que ce feust, en cas encore dispensable, si convenoit-il encore porter correction volontaire, et parquoi beaucoup de gens de bien s'en tannèrent et en devindrent tous frois. Si le seut bien le roy; et lui estoit ceci un grant fondement, ce ly sambloit, d'avoir une fois de ceste gens beaucop devers ly, en confusion de l'autre qui à peu de bienfais et à roidement les traitier les voult tenir serfs encore et en grand crainte. Or avoit nouvellement abandonné les pays du duc de Bourgogne, messire Guillaume Rolin, seigneur de Beauchamp, fils jadis au feu grand chancelier et très fameux, le chancelier de Bourgogne, pour ung procès qui lui avoit esté desjugié, et duquel il avoit appellé en parlement par doléance de tort, et de quoi le duc courroucié prestement, comme d'injure à lui faite, confisqua toutes ses terres en Bourgogne, montant à grant somme de deniers par an, car moult grand seigneur estoit et rice, et le despouilla de tout quanqu'il avoit d'offices et d'estat, tant en sa maison comme ailleurs, et les conféra à autrui. Si en ot dueil ledit chevalier, et lui despleut moult; et ne cessa point pourtant de poursievir son appel; et s'en tint coi en France, où autres après le siévirent.

Or y avoit-il en ce mesme temps ung chevalier en l'ostel, qui repairoit soubz l'aisné bastard de Bourgogne, seigneur de grand sieute, et se nommoit messire Jehan de Chassa. Cestui estoit un gentil, galant, rade chevalier et bien à ly; et avoit fait armes en Angleterre avecques ledit bastard. Mès estoit de petite chevance, et de commune gentilesse du conté de Bourgogne toutefois, et de grand bonbans plus qu'à son appertenir; et dont la puissance ne pooit porter le coustage que toujours continuoit par faire autre tel que les grands. Si advint que cestui chevalier, an après autre, soi confiant sur le bon temps, et tirant toujours avant en sa manière apprise, accrut et fit diverses grandes debtes en l'ostel du duc aux uns et aux autres, et dont enfin il convenoit faire raison ou au moins monstrer visage et respondre aux créditeurs par consentement, laquelle chose lui estoit dure. Car passoit et excédoit la somme sa faculté et pooir par nombre de milliers, et de quoi tous les jours il estoit en vergogne de respondre à ceux qui le poursievoient, attendu que la puissance n'y estoit point, ne le tour nul d'en savoir bien faire, pour ce que la court ne le portoit point, ne le temps aussi; et ly aussi ne l'avoit point de ly-mesmes. Or estoit-il gent chevalier et de grant corage, et avoit vescu hors du pays, tant en la Barbarie comme ès Espagnes et Ytales, et avoit honestement voyagié en divers lieux jusques à en rapporter bon nom et bon los, avecques assez savoir, et bien soi monstrant partout. Si se trouva assez en bruit en tous les meilleurs, et homme de mise n'y failloit fors que sa puissance ne se trouvoit à la mesure de son corrage. Si murmura longuement en sa fortune, qui lui estoit escharse, ce lui sambloit, et le tenoit en dangier de ses créditeurs qui le harioient, avecques plusieurs autres mincetez en son estat. Et voyant comme ceste maison jà chéoit en menace de guerre, et que le roi ne quéroit fors avoir gens d'icelle devers ly, et leur donner grans dons et grans biens, finablement conclut d'y aller et de soi rendre au roy ; et de fait y alla et fut receut et joyeusement bienvegnié ; et lui fist le roi des biens, et lui donna estat et pension, et bien l'entretint et lui fit grant chière ; et dont la conséquence après tourna à plus grand effect et de plus mavaise importance comme vous orrez.

CHAPITRE CCCXXVIII.

Comment le duc Charles envoya Jehan d'Arson en France, et lui venu en la présence du roi, recommanda le bastard Baudewyn.

Est vrai que en l'ostel de ce grand bastard de Bourgogne, conte de la Roche en Ardenne et premier chambrelent du duc Charles, avoit un escuyer natif de Bourbonnois, et se nommoit Jehan d'Arson, homme très-adroit et vaillant en armes, mès en autres endroits non pas de si grand pris ; et lui mist-on sus qu'il estoit broulleur et séditieux en son repaire. Icestui Jehan d'Arson estoit fort acointé et privé avec ung assez jeusne, un autre bastard de Bourgogne, nommé messire Baudewin de Lille, soi tenant avecques son frère le grant bastard. Et ainsi comme jeunes gens en longue hantise se devisent de moult de choses aucunefois, et non toutes utiles, entre ces deux icy en avoit de couvertes et estranges dont on ne se doubtoit point; mès longuement les tindrent closes, comme il parut.

Or estoit ce messire Baudewin de Lille, fier durement et de grand cuer, quoi et couvert de corrage, mès poignant et aspre en parolle. Avoit eu bon temps et de grant espoir, du temps du bon duc Philippe son père, bon et grand entretenement sans servitute et sans nuls apparans dangiers. Dont maintenant, quant il vit ce bon duc trespassé, qui estoit père de noblesse et de toute bénignité et solas, et véoit le temps du présent estre tout autre, tout dur et estrange envers l'autre passé, et que nouvelles gens estoient en cours, et le maistre, de novelle dure mode, tenant ses gens serfs et soubz verge et cremeur, avecques autres couvertes doléances peut-estre qu'il avoit en cuer, se tanna, fait à arguer, de la maison, et voyant que au monde n'avoit lieu là où mieux se pooit retraire qu'en France devers le roy, condescendit bien d'y quérir entrée céléement, et par moyen d'icellui d'Arson qui lui sembloit homme tout propre à ce faire, parce qu'il mesmes estoit de France, et congneu en court, et du roi et de tout; et qui plus est, et qui bien y siet estre dit, cestui Jehan d'Arson mesmes quéroit l'eslongne de ce duc Charles et de soi retraire en France, sa propre marche, ne sai à quel tiltre ou juste ou non; mais tant en avoie-je bien ouy dire que brouïleur estoit et périlleux homme ; aussi le monstra-il bien. Or advint que pendant toutes ces devises et secrès progets entre ces deux, le duc Charles envoya cestui Jehan d'Arson devers le duc de Bourbon, son beau-frère, qui se tenoit en la court du roi ; et en cependant ce Jehan d'Arson poursievoit en court les affaires de son maistre, qui estoient grans et touchoient à messire Philippe de Savoie, que le roy n'amoit point, et aussi peu le duc de Bourbon, car estoient en pointe ensemble. Le roy accueilly fort devers ly ce Jehan d'Arson, et longuement par avant l'avoit assez cogneu, et savoit bien comment il estoit assez fraile. Eux deux donques entre accouplez ensemble en devises, et le roi interrogant de l'estat du duc Charles, son maistre, et parfondement l'interinant sur une chose et sur autre, fait à ymaginer que leurs devises estoient du mesmes aux personnages, dont l'un héoit de tout son cœur le duc Charles, et l'autre quéroit avoir maistre à poste, dont il se poroit refaire et retourner en son bien.

Or estoit-il heure maintenant, ce sambloit à ce Jehan d'Arson, de mettre en compte ce messire Baudewin, et de l'avancier devers le roy, laquelle chose il s'y fit ; et le prononça un gentil chevalier, homme de grant estoffe et de qui grant service se poroit traire, ce disoit. Si le print le roi bien en gré, et dist qu'il cognoissoit bien le chevalier, et que voirment, s'il voloit venir devers ly, il lui feroit de grans biens et beaucop plus que là où il estoit, et de ce il peust estre tout asseur ; prioit pourtant à ce Jehan d'Arson que laborer voulsist tant envers ledit Baudewyin que la chose en venist à effect, ains tost que tard. Or, ai-je dit que le roy héoit couvertement ce duc Charles, et quelque traitié de paix qu'il y eut entre eux deux, ne cessa pourtant de machiner tousjours en son grief et de voloir sa ruine, tant par peur qu'il avoit de ly d'en rechevoir plaie en son royaume aveucques le roy Eduard, comme parce que sa nature ne se pooit accorder à ce que de le pooir amer. Si s'en descouvry assez avant audit d'Arson, et lui donna assez à cognoistre comment il désiroit bien d'en pooir estre quite par ung bout ou par un autre, ne lui challoit comment; mès désiroit bien à trouver personne et moyen comment on le peust expédier, et que de ce il en peust faire la récompense aux facteurs, à la grandesse de la cause, et là où il pooit cheoir un grand inestimable butin, et le plus grand du monde, parce que ce duc Charles n'avoit nuls enfans, fors une seule fille. Parquoi, quant il seroit failli par mort, ses pays iroient tous estrangement, et se dessevroient par pièces et par morceaux en diverses mains, et desquels il voloit satisfaire et retribuer en condigne porcion ceux qui en ce l'aroient servi. Si pleut moult la parole du roy audit d'Arson, et par les approches que ledit roy lui avoit fait, lui sambloit bien aussi que le cas estoit conduisable, et souverainement par le moyen de messire Baudewin, dont il cognoissoit le corrage, et s'en faisoit fort.

CHAPITRE CCCXXIX.

Comment l'aucteur traite ceste matère bien à dur et enuis, qui fait mention du roi de France, qui tacitement marchandoit de faire morir le duc.

JE entre ici en matière de grant charge, et qui fait à doloir et à plaindre durement, en si haut homme que d'un roy, soi consentir en si laide œuvre que de voloir faire tacitement morir un sien prochain parent, frère jadis par mariage, son pacifié solennellement par veu, par serment, par contract et accord des princes de France et de tout le parlement, et par scellez et instrumens si estrois et si authentiques comme pour tout le monde y estre compris dedens et sauvé. Mès quant je regarde et considère la condicion des princes de la terre, comment en ce dont ung povre noble homme feroit grand pois et grand refus de le commettre, eux plus encore font; grans mains encore en font estime et dangier, et leur est aussi peu horreur de grand vice, comme il leur est amour ne honneur à vertu, certes je me rappaise moi-mesme, et par le naturel et commun usage de leur vie, je retire mon ammiracion de leur abus, et conforme auques près comme par une maxime : que tous grans princes coustumièrement sont à mal donnez aujourd'hui; n'accoutent à reproce de malvaise opéracion, et ne font feste de loenge qui est acquise en vertu; retirent leurs ieux de arière de Dieu, et en vanité temporelle tant seulement posent leur corrage; vivent plus à eux-mesmes et pour eux, en leur privé appétit désordonné, qu'en soing ne en veille en commune salut, qui est cause de leur seigneurie; sont plus grans que autres hommes, et plus dignes en leur estat, et tels veulent estre maintenus, mès sont moindres et plus obscurs en bonnes meurs et vertus; et ne reçoivent pourtant nulle vergogne, car ne cognoissent nulle correction sur eux; sont hors de toute répréhension, ce leur samble, et non serfs à nulle loi d'hommes; et se Dieu recognoissoient à desseure de eux pour les jugier, si différe-il ceste vengeance jusqu'au grand jour, dont l'entre-deux pora porter avis. Ainsi, hélas! se contiennent-ils et se desvoient en la grasce de leurs biens, et en la vanité de leurs honneurs, enivrés en péchiés et desriglemens, et tous taris et séchiés en bons exemples et en loables conversations; couchent encortinez du feu d'envie, l'ung sur l'autre, et dorment en lit de machinacion perverse; veillent en ruyne et en effusion de sang par fraude, et songent en turbacion du povre innocent peuple, sans pité et sans miséricorde; n'accoutent à irriter Dieu ne de le traire à ire, mès que leur appétit puist estre accomply; préfèrent leur affection devant l'onneur de Dieu, et privé plaisir devant salut universe; font feste des malvais, malicieux, engigneux, vicieux, corrompus, gens reprochables et damageables, et en font trésor et estor, et les tirent emprès eux; et les sages et preud'hommes bien doez et bien morigénez, clercs et luisans, et de grant parement, et de fruit, et de salut, ils boutent en arrière, et ne les accoutent; et aux samblables à leurs doloreuses meurs vicieuses et natures ils s'adonnent et ajoingnent, et là s'arestent et adhèrent. Dont certes, ce poise moi, et m'est grant doleur de tant d'exemples que j'en donrois bien, et dont la vérité se preuve à l'œil; et en est la dignité des princes laidement obscurcie, et l'intégrité de la chose publique durement blessée et mal mise.

CHAPITRE CCCXXX.

Ici fait l'aucteur une générale objurgation à l'encontre plusieurs nobles et autres qui vicieusement vivent

En ceste généralité que je mets sur tous les princes, et dont, à la vérité, on cognoit à l'œil ce qui y est, je n'accuse nullui ne ne donne charge par exprès, fors d'autant que chacun en soi-mesmes et de soi peut jugier ce qu'il y a de coulpe; et ne m'est ne haine ne amour envers nulluy, cause plus de l'ung que de l'aultre. Tous me sont honorés et recommandés, amés et doubtés; mès amèrement me tient et fait grief, souverainement en ce royaulme, que tant de nobles vaillans princes, hommes aisés de corps et doez de vertu, d'entendement et de sens, j'ai si peu de cause de escripre en haulte recommandacion; mès ce que je plains et ce qui m'est dur, c'est que je me treuve contraint, se je veuille satisfaire à ce que les temps portent et rendent, que je moulle ma plume en leur honte et opprobre, et en détester leur odieuse mauldite vie toute enténébrée de confuse laidure, acharnez l'un sur l'aultre, comme tigres ramagés que seule sensualité féroce conduit sans entendement envers le ciel; et souffrent le divin opprobre multiplier et croistre la foy crestienne, succomber et cheoir devant leur nez, en pollucion infidèle; l'ennemi de Dieu prévaloir sur l'église, et les prochains environs de France gésir en prochaine menace de perdicion; et n'y acoutent ne s'en deullent. Ains ce dont deussent servir Dieu, les terribles praticquées puissances des vaillans hommes, leurs innombrables et excessifs deniers et agens que ils rapinent et prendent sur le povre menu peuple, leurs sens, leurs entendemens, et toute leur industrie, tout ils l'exposent au service de l'ennemi, tout le convertissent en excitation de divine ire; et veuillans miner et déchirer l'ung l'aultre aux dans, comme chiens rabis, ne veulent que perdre et désoler le monde, et faire lucre et donner joie au deable; et infament et diffament l'ung l'aultre; et se publient et se font prescher inhumains tous deux; et se scandalisent ès malignités volontaires, et dont le ciel mesmes le reboute et confute; et de quoi tout le monde se doibt plaindre, quant dignité royale et princiale est si à bas venue, que d'estre entéchiée de tels vices. Dieu y pourvoie.

CHAPITRE CCCXXXI.

Du retour de Jehan d'Arson qui avoit esté devers le duc de Bourbon, et de ce qu'il avoit besoingnié pour le bastard Baudewyn.

OR venons à matère. Ce Jehan d'Arson doncques, après avoir fait ce qu'avoit de charge de son maistre le duc de Bourgogne, et obtenu devises aveucques le roy, teles que avez oyes, fist son retour devers ledict duc, son maistre, et lui fist relacion sur l'estat de ce qu'il avoit besoingné aveucques le duc de Bourbon; mès ne descouvrist poinct pourtant le malvais corrage qu'il avoit devers ly, et de quoi il avoit tenu parlement en son contraire. Si coule et lesse tout ceci, et viens à messire Baudewyn, le bastard, qui fist grand feste du retour de cestui, en espoir d'avoir nouvelles du roy, d'aulcune recoive, laquelle il désiroit fort. Si lui conta Jehan d'Arson, du long et du lez, les devises en quoi le roy l'avoit mis; et lui avertissoit que s'il vouloit entendre à complaire au roy en telle matère, la rétribution en seroit si grande, qu'à tousjours il s'en sentiroit; et lui aideroit à mettre en ses mains bonne ville ou pays du

duc Charles; car y aroit largement grand butin
pour beaucoup de gens, quant à cela venroit. Si
s'y accorda prestement messire Baudewyn; et dist
par ses bons Dieux qu'il oseroit bien emprendre
la chose, et la mestre à effect, nonobstant qu'il
portoit le nom de son frère bastart. Mès dire
fault que ce lui movoit d'ung malvais sang et d'une
desléale faulce nature, quant encore il n'eust esté
que son maistre et son nourrisseur, d'entendre à
tel murdre. Est vray toutefois, que l'en a trouvé
depuis, et attaint au vray, que l'original commenchement de tout cecy fust praticquié et mis
avant par le seigneur de Crussol, ung chevalier
prochain du roy et bien à sa main, et lequel chevalier le roy avoit envoyé devers le duc Charles,
à Lille, assez tost après son retour de Liége en
France, pour entretenir, ce faisoit à croire,
amour et union entre le roy et ly, et y faire chose
de grand fruict; et le cuidoit chascun ainsi, et le
duc meismes tout tel; mès en faisant assez long
séjour par dechà, en l'ostel du duc, et en allant
de ville à aultre aveucques ly, ledict chevalier
s'accointa fort de messire Baudewyn; et furent
souvent en privées solitudes ensemble et en estroites devises; et là dict-l'on que le premier compact fust faict de ceste bonne euvre, de par Dieu;
et se trouvèrent deux malvais d'ung commun accord en malice; et maintenant, quant Jehan
d'Arson s'est trouvé devers le roy, et accueilli du
seigneur de Crussol, qui jà avoit basti tout le cas,

et estoit ce Jehan cogueu estre privé et bien à main de messire Baudewyn, le roy hardiement, aveucques le moyen du seigneur de Crussol, s'en descouvrist à ce Jehan d'Arson, lui remonstrant comment il estoit de son royaulme et son subject, et qu'en ly se devoit mieulx fier qu'en ung estrange, et lui aussi estoit tenu de voloir son bien et de son royaulme devant nul aultre; et pourtant, comme ce duc estoit l'omme du monde que plus devoit hayr, et dont ly et sa couronne avoient plus porté et receu de foule, et dont il ne se pooit vengier à son bel ne à son appétit, ne désiroit que sa mort; comment que ce fust, mès qn'il en fust quitte. Ce furent ici les argumens et les couleurs du roy, dont il persuada ce Jehan d'Arson; et par doléance qu'il fesoit du duc Charles, justifia sa cause estre belle, ce que non; mès se procura ung grand blame, jà-soit-ce que aultrefois, seipt ans par avant, avoit procuré tout le samblable, par le bastard de Reubenpré, qui en fust pris et rattaint du vivant du père, le duc Philippe, comme le conte en a esté faict en son lieu, et par quoy maintenant je m'en déporte.

CHAPITRE CCCXXXII.

Comment ce murdre fut pratiquié entre quatre personnes, et comment ils s'avisèrent de le mettre à exécution.

Or a esté praticqué ce murdre entre quatre personnes, là où il a esté longuement célé et couvert. Et messire Baudewyn, qui devoit estre chief de ceste euvre et le principal facteur, long-temps alla musant et songeant comment et par quelle maniere ceci se pourroit faire ; et après le cas perpétré, la manière aussi de soi saulver ; quist diverses voies et subtiles, et prépara tous ses projets de longue main ; et par espécial à Hesdin, là où le duc estoit en long séjour, s'en devoit faire l'exécution, ce sambloit, pour cause que le lieu estoit plus propre que nul aultre, tant pour la sauveté des acteurs, comme pour trouver le corps du duc plus à son aise, et en lieu apt à ce pour le tuer, à cause du parc qui est une desvoyable forest, et là où souvent alloit comme tout seul et à très peu de gens ; et comme ce duc Charles amast fort ce bastard, messire Baudewyn et lui compleust beaucop, et messire Baudewyn estoit tousjours avecques ly, là où il s'essouloit, et pour tant l'avoit plus bel faire aussi. Or n'y avoit poinct encore de marchié fermé entre le roy et messire Baudewyn, parquoy il besoingnoit, ce lui sambloit, ains que plus avant procéder, savoir ce que le roy lui feroit, et quelle seureté il aroit de ses promesses. Si s'avisèrent Jehan d'Arson et ly, que pour venir au parfaict nécessairement, il convenroit avoir aveucques eulx, et de leur accord, ung chevalier, messire Jehan de Chassa, du conté de Bourgogne; et estoit de l'ostel du grant bastart de Bourgogne, gentil, gallant, de plus grand cuer que de pooir, et de plus grant port qu'à son appertenir; estoit chambrelen aussi en ordonnance de l'ostel du duc, et bien en grasce. Et cestui chevalier, tant firent ces deux messires Baudewyn, et d'Arson, qu'ils le tirèrent à leur accord; et de faict lui boutèrent en teste que ce seroit cely qui s'en iroit devers le roy, sans retourner, faignant de devenir Franchois, comme par dechà ne se pooit plus entretenir, pour les grandes debtes qu'il devoit en l'ostel du duc as marchans; et lui venu devers le roy, qui lui feroit des biens beaucop, et le recevroit joyeusement, feroit le marchié de messire Baudewyn aveucques ly, tout ferme, et puis après le lui signifieroit par homme fiable; et de là en avant, il entendroit au parfaict. Comme doncques ceci fust conclut entre eulx, fut aussi mis à effect; et messire Jehan de Chassa, trousse ses quilles, et s'en va tout droict devers le roy, qui lui fist bonne chière, et lui donna estat et pension, comme j'ai dict cy-devant. Et à chief de pièce, le roy estant en Amboise, ung jour qu'il alloit à la chasse, fust parfait et conclu le marchié et l'appointement entre le roy et messire Jehan de Chassa, de messire Baudewyn, tant seulement le seigneur de Crussol présent; et icely appointement devoit-on signifier audict messire Baudewyn, car n'y aroit poinct de faulte.

CHAPITRE CCCXXXIII.

Comment Jehan de Chassa fut fort plaint à la court, pour ce qu'il se transporta en France, abandonnant le duc Charles.

Or y avoit grant murmure en court de ce chevalier qui s'estoit allé rendre Franchois, et n'eust l'on en pièce pensé ce qui l'avoit meu; ains le plaignoit chacun de quoi ce avoit esté le premier de l'ostel qui avoit monstré ceste lascheté, et dont on se feust le moins douté; car estoit nuement subject du duc et de sa souveraineté, et de toute sa chevance estoit tenu au duc. Car le duc Philippe l'avoit donné à son père le Benetru, faisant le fol; et cestui le duc Charles l'avoit reconfermé au fils pour ce que gentils fils estoit; si en devoit avoir moins de soupechon. Nonobstant toutefois, si tournail, tout bénéficié, en ingratitude, et son estre et sa naissance en mescognoistre; et quérant lieu et occasion de pouvoir faire ses gorres que par de çà ne pooit, mist honneur en oubli et s'alla rendre ennemy à son prince et à son maistre. Et ne pensoit-on autrement à celle heure, fors qu'il s'estoit allé rendre Franchois, tant seulement pour s'avancer en biens et en entretenemens, pour ce que par de chà n'en avoit tant comme il désiroit, et qu'il y devoit grans sommes ; mès quant on a sceu depuis la cause de son transport en France, et la desléauté de son pourchas, tout mis l'ung aveucques l'autre, a esté trouvé impie, ung malvais homme, ung lasche, desléal chevalier, blasmé de tout le monde, et dont le partement a esté honteux, et encore pieur la cause d'icely.

CHAPITRE CCCXXXIV.

Comment le comte de Warvic mist hors de prison le roi Henri, et comment il tira le peuple de sa bende, par bel remonstrance qu'il fist.

Je diffère encore une espace le conte de cette conspirée trahison ; car encore n'est point venu le temps là où elle fut rattainte et sceue comme par grasce de Dieu ; et avindrent plusieurs grandes choses entre deux, et dont il loist (convient) faire mention, pour cause qu'elles servent au différent qui estoit en ce temps entre le roy Loys et le duc Charles ; c'est du fait du royaume d'Angleterre, dont ledit roi s'attendoit d'en tirer la joie pour ly, par la ruine et expulsion du roy Edouard [1], au

---

1. Édouard IV premier roi de la maison d'York.

moyen du comte de Warwic; et le duc Charles en l'autre lez d'en avoir mesmes fruit èt joie par son régner et durer maugré tout homme; mès ainsi n'avint point : car sitost que le comte de Warwyc se trouva descendu en Angleterre, après son retour de France, comme il a esté conté, et que multitude de communes du pays de Kent s'estoit tirée devers ly aveucques aucuns nobles, de jour en jour en jour croissoit sa puissance; et béant de venir à ses fins, comme de déchassier Edouard dehors, et de remettre en son throne le roi Henri [1], tenu prisonnier en la tour de Londres, déclaira au peuple sa volenté; et sachant que moult de peuple y avoit son affection, et que le corrage de peuple est mobile et variable, et ne quiert que nouveau seigneur toujours, et que le roi Henri leur estoit en cuer, les persuada de moult belles paroles et leur dist que, jà-soit feust-il ainsi que autrefois il avoit esté contraire audit Henri, et avoit esté cause de sa ruine, cuidant bien faire et servir à la chose publique du royaume, toutefois maintenant, revenu à cognoissance du tort qu'il lui avoit tenu et fait, et dont il estoit repentant, en acquit de sa conscience, lui voult réparer son injure et le remettre en son estat devant, comme vrai droiturier de la couronne sur tout autre; dont, et du délit qu'il en avoit fait à malvaise cause et par

---

1. Henry VI de la maison de Lancastre.

malvaise informacion, présent tout ce peuple, il en prioit merchy à Dieu; et soi ruant à genoux devant eux, leur en requist merchy et perdonnance. Et alors vous oyssiez tout le monde crier vive le roy Henry! vive mylord de Quine [1] Henri! Et là obtint Warwyc et acquist le bruit et la grasce du peuple par ceste manière de faire; et se tint comme asseur quasi alors petit à petit d'avoir tout le royaume pour ly, et d'y faire ung nouveau monde, comme il fit voirment; car aveucques ce que plusieurs seigneurs et barons du pays se venoient joindre à ly, qui toujours avoient esté du parti du roy Henry céléement, mès ne s'en estoient osez déclarer, ledit de Warwic, jour après autre, tira toujours avant jusques à Londres, là où arrière trouva des faveurs assez, et autres aussi beaucoup, et grand nombre de contraires et maintenans le roy Edouard. Enfin tontefois, et comme Edouard n'y vint à deffense, Warwic mist dehors la tour de Londres, Henri [2] et l'assist en trone royal, et le fit publier et crier roi d'Angleterre en confusion de Edouard, promettant au peuple toute salut et prospérité leur approchier et estre à venir par icely de la part du roy de France et de tous les Franchois, et gaignages et conquestes et ra-

---

1. My Lord the King.
2. Le comte de Warwick fit sortir Henry VI de prison, le 6 octobre 1470 et le rétablit sur le trône.

pines sur le duc de Bourgogne et ses pays, qui estoit une des fins principales à quoi il tendoit à l'appétit du roi Loys, avecques l'expulsion du roy Edouard hors du royaume, et d'en avoir le gouvernement.

CHAPITRD CCCXXXV.

Comment la reyne se tenoit en la tour de Londres, et comment Londrois estoient en division l'ung contre l'autre.

Les grans toutefois et les puissans de Londres un grant pièce se tindrent pour Edouard; et estoit la reine d'Angleterre, en la tour de Londres, à tout cinq cens combattans pour sa garantise, car estoit fort grosse d'enfant; et se tenoit là soubz la fiance qu'elle avoit des Londrois, les grans et les puissans, pour résister au menu peuple en temps de variation; car le roy Edouard, son mari, se tenoit en noort, au bout du royaume pour faire son assemblement; car en cely endroit gisoit sa puissance et toute sa confidence. Et en effet, jà savoit-il bien que le conte de Warwyc estoit descendu en Angleterre et venoit à puissance contre ly pour venir à Londres; mès au gros cuer qu'il portoit, n'en fit pas grand estime, car durement estoit vaillant prince, et se confioit toujours de pooir recouvrer sur ly assez à tost quant il aroit ses gens ensemble sur lesquels il se fondoit; car estoit tout certain, se une fois il se pooit trouver sur les champs en barbe de Warwyc, Warwyc ne tenroit point de piet, qui estoit laiche et couard, ne oncques ne se trouva en lieu fors fuitif. Et pourtant se confia en soi-mesmes et en la bonté de ses gens, qui lui avoient promis service, et se fondoit sur la lascheté de son ennemi, qui en son effort ne l'oseroit attendre. Fut toutefois le premier deceu et gabé, et ses propres gens l'abandonnèrent et tournèrent contre ly, et Warwyc bouta sa corne tout oultre, et vint jusques à avoir Londres pour ly et la cremeur d'Angleterre; et par faute de résistance faite en temps, toute Londres tourna à estre sienne; et la reine abandonna la tour de Londres, par crainte de Warwyc, qui l'eust fait mourir, ce savoit bien, et perdre son fruit; et s'en alla à Sainte-Catherine, une abbaye disoient aucuns; aucuns autres disoient à Vasemonstre (Westminster), lieu de franchise, qui oncques n'avoit esté corrompu.

CHAPITRE CCCXXXVI.

De la venue du conte de Warwyc en Londres, qui fist grant joie aux Franchois pour la dépression du roi Edouard et de ses alliés.

De ceste venue en Londres au comte de Warwyc, et d'avoir prospéré si avant, fut faite grande joie entre les Franchois; et se baignoit le roy Loys en roses, ce lui sambloit, d'oyr ceste bonne aventure, car estimoit bien par ce moyen le royaume estre pour Warwyc, et par conséquent fortrait de la main du duc de Bourgogne, qui en manachoit toute France. Si en fit le roy grant joie et grant feste; et continuellement y avoit messages allans et venans entre Warwyc et ly, pour reconfort l'un de l'autre. Et portoit ainsi le temps alors, que se le roy Loys hayst le duc Charles de venin et de mort, Warwyc ne le hayst riens moins pour cause du roi Edouard, jurés ensemble. Et par ainsi, ce que Warvyc prospéroit en Angleterre estoit à la joie et consolacion du roy Loys de France, et ce que Edouard déclinoit estoit à la confusion et opprobre du duc Charles de Bourgogne, qui encore avoit son attente toutefois et son espoir en l'assemblement de son beau-frère, le roi Edouard, pour deffendre son royaume, et de quoi toutefois il tira peu de fruit enfin, car n'y avoit deffence ne demie.

Or veissiez à Londres tout le monde prendre le rave-stoc, qui veut dire un baston ventilleux, livrée du conte de Warwic; et ne s'y osa trouva ne monstrer homme qui portast la rose. En Calais mesme cheurent en division l'ung contre l'autre, et prindrent ceux qui soloient porter la rose le rave-stoc en grand multitude. Autres grand nombre toutefois et fermes à Edouard, portoient la rose toujours; et vindrent aucune fois en confliction l'ung contre l'autre dedens la ville par ceste manière de faire; et là ou le seigneur de Duras, gascon, commis capitaine de la ville de par Edouard, avoit moult dur à souffrir, et se trouva malement honteux et perplex souvent; car véoit messire Jehan Wanneloc, capitaine du chasteau, homme fort double et variable, et ployant et vaucrant merveilleusement à tous vents, sans fermeté ne arrest, fort au plus fort; et parcevoit bien que honneur et francise n'avoient point tant de lieu en lui, comme cauteleux temporisement. Si en avoit moult d'annuy et de deuil, qui, pour léauté et francise maintenir, avoit abandonné propre terre et patrimoine, grand seigneurie et grant estat avecques le roi Charles, s'il se fut volu rendre Franchois. Mès prisant povreté en honneur et en maintenue léauté devant toute richesse du monde, en reproche de foy, s'estoit venu rendre Anglès, saudoyer de Calais, qui, en Guienne, estoit un des grans barons de la terre pour mesme payer les saudées. O noble francise de gentilhomme, et que devois-tu penser ici, et comme mal te devoit faire, tu qui estois si grand homme de naissance et mis aveuques les sacquemens d'une ville, et non tant prisié que d'estre mis en royale court pour toutes tes pertes, il t'a convenu chanter et hurler, ployer et fléchir à l'appétit d'un grand tas de vilains sans honneur et sans raison et sans foy, encontre ta nature! et qui plus est, ceux qui deussent estre nobles de fait et de corrage et toi deffendre en ton honneur et léauté si approuvée, se sont et ont esté ceux qui t'ont dérelainqui et mis à l'abay de confusion mesmes et en péril de ta vie! O seigneur de Duras, ta léauté te a esté loable et de grant mémoire; mès ta fortune t'a esté dure et escharce de l'avoir tournée en telle nacion, dont oncques bien ne se peut escrire sinon en péchié.

CHAPITRE CCCXXXVII.

Comment le conte de Warwyc se maintint en Londres, et de grans outrages qu'il feist sur ceulx du party d'Edouard.

JE n'ai point fait fortes enquestes de ceste matère, ne comment le conte de Warwyc se maintint en Londres, ne comment Edouard se mist sus et se prépara à la deffense de son royaume contre ly, car peu m'en a esté et est de faveur, et peu y attens de loenge ou de mérite, par y avoir fort laboré; mès tant en oys-je en ce tems, et appris, que ledit de Warwyc, qui estoit homme cruel, là où il estoit à son desseure, fit des grans outrages beaucoup en Londres, et par espécial sur ceux lesquels savoit estre du party de Édouard, et en fit exécuter tyranniquement; usa de volentez en la maison des grans marchans; et n'y avoit ne justice, ne règle, ne ordre en tout le royaulme; tout y alloit ce dessus dessoubz : les marchans preud'ommes s'en espoentoient; les nations estranges s'en lamentoient et s'en feussent volentiers enfuis; mès ne pooient. Tout y alloit contre poil et contre ongle; y avoit un roy assis en chaière; autant y eust fait un sac de laine que l'on traine par les oreilles. Estoit une ombre en une parois (muraille) et un seigneur comme cil que l'on bouffette as yeux bendez. Les commandemens se faisoient de par ly, et les exécutions se faisoient contre ly, et encontre son honneur : le roy y estoit subject et muet comme ung veau couronné, et le subjet y estoit gouverneur et dictateur du royaulme, et faisoit à son roy la moe : tel gouvernement y avoit-il en Londres et non mieux en Calais.

Une chose fit Warwyc; ce fut qu'à l'instant quant il avoit assis Henri en siége, il fit crier et publier la guerre en Calais, partout, au duc de Bourgogne; et le roy Loys, tout en pareil fit crier amour, union, et sauf repaire à tous ceux d'Angleterre en France, qui y estoient et seroient du party du roy Henri, et enemisté et defiance à tous ceux du costé d'Édouart et de ses ajoins. Et sambloit bien au roy Loys, en ce nouvel instant, que tout estoit pour ly pour celle heure en Angleterre, et que fortune à peine n'en poroit autrement disposer, qu'Angleterre ne demorast toute sienne, et contre le duc de Bourgogne. Et à l'exemple de ce fut rapporté et dit pour vrai que le roy ici, de la joie qu'il avoit des nouvelles de Warwyc, qui avoit eslevé et remis en estat Henry, fit faire autre commandement partout son royaulme, que par trois jours durans on fist processions générales, et feux et festes, sans labeur, de la grasce que Dieu avoit envoyée aux Franchois, de leur avoir remis en main un roy en Angleterre, qui estoit du sang de France et de l'amisté, et appertenant à la courone, si prochain comme cousin germain, et d'avoir rebouté et expuls le vray ennemy, persécuteur et manacheur des Franchois, Edouard, soubz la jonction du duc de Bourgogne. Mesmes ceux de Tournay en firent les feux et les processions, telles que j'ai dites, à grant feste et joie.

CHAPITRE CCCXXXVIII.

Comment le duc Charles sceut toutes les nouvelles par delà ; et que toute sa diligence ne prouffita riens à Edouard.

J'estoie en court à ceste heure, quant toutes ces choses ici se firent, et qu'on les rapporta teles au duc, qui les prist en pacience tellement quellement, et mesme en fit ses contes ; car autrement faire ne povoit, comme il savoit bien que les choses humaines et les faits des royaulmes et seigneuries pendoient toutes en la main de Dieu et en son ordonner, et les convient prendre en la nature de leur venir teles qu'il lui plaist les envoyer ; car sens d'omme n'a point de lieu, là où les fais de fortune ont opération secrète sur opinion commune. Ceci dis-je pour le duc qui avoit grand intérest, et qui cognoissoit bien et véoit que tout ce brouillis ici, et ceste mutacion en Angleterre estoit pratiquée pour ly par le roy Loys et Warwyc, ensemble, pour le defaire et non pour autre fin. Principalement et à ceste cause, lui scaichant ce, et afin de conforter son frère le roy Édouard [1], qu'il ne succombast sous les malices des deux, ce duc maintenoit sa puissante fière armée sur mer à grans cousts et despens, pour cuidier rompre leur convine; et envoya au roy Édouard toutes les adresses de conseil que pooit, hui d'une manière, demain d'une autre, afin de soi porter sagement et vaillamment en cestes ces machinacions contre ly : mès tout enfin ne servit à riens; riens n'y porta ne fruit, ne effect. Le malice des deux pour ce temps ici porta fleur et fruit, et vindrent à leur intention, pour une grande part; et la diligence du duc Charles, aveucques tout son pooir et conseil en celui endroit, fondit tout et tourna à nient en l'exécucion de Édouard, qui estoit en nort et se préparoit, ce disoit l'on, pour venir contre Warwyc, trois jours après la bonne heure; non pas que je ce lui impute à lascheté, ne à faute de vaillance, mès à ce qu'il n'avoit pas ses gens si prests ne si à heure comme il eust bien volu, et peut estre aussi que fortune alors ne le vouloit pas ainsi, pour en faire sortir fin plus grande et plus admirable, ne savoit-on pour qui.

---

1. Charles avait épousé en 1468, Marguerite sœur d'Édouard IV.

Vray est toutefois que se le roy Edouard eust mis à effect temprement et de bonne heure le conseil du duc son frère, et lequel il lui avoit signifié par un vaillant écuyer nommé Anthoine De La Mer, ce fut qu'il s'en fust venu saisir Calais en tandis que Warwyc estoit encore en France, et là où Waneloc lui eust fait ouverture, et en pareil le seigneur de Duras, et ne lui eust-on osé contredire, il n'eust tout espoenté le roy Loys et Warwyc, et fait confus et camus en toutes leurs malices; et feust demoré paisible et tranquille en son royaulme maugré tous; ou à l'autre lez, s'il eust pris et levez subtillement le roy Henry de la tour de Londres, par beaucop de manières qui estoient dressées et bien faisables, car y avoit kernelle avantageuse merveilleusement qui gisoit en la rivière de Tamise, toute propre à ce pour le rechevoir, Édouard, par ce moyen eust osté à Warwyc, tout l'instrument de quoi il se pooit aidier pour rentrer en Angleterre; et le duc Charles l'eust eu en ses mains, bien hors du commandement de toute France et d'Angleterre, ses contraires. Mès, comme j'ai dit, je ne sai se Dieu l'eust volu ou non ainsi avenir, mès toutefois le sens de l'omme ne profite riens ici au roy Édouard, quand ly-mesmes ne scut oncques mettre à effect ce qui estoit de son salut. Promist toutefois assez, et afferm... le faire; mès onques n'en fist riens. Si e porta dur anuy le duc Charles, et dit bien qu'il n se voloit point aidier, ce percevoit bien; mès au fort, ce dist, quant il se soufriroit perdre et bouter hors de son royaulme, si demorroit-il duc de Bourgogne et de ses autres pays, et feroit tout à part ly, au moins mal qu'il poroit.

CHAPITRE CCCXXXIX.

Comment le duc de Clarence aida à persécuter son frère le roi, et des bendes qui sourdirent en Angleterre, entre les seigneurs et peuple commun.

NE feroye-je long conte de cette matère, qui est toutte pleine de brouillis, et originellement et en fons conduite de vicieux personnages, et soubz une estrange reddition et sauvaige importance de temps non veu pareil. Le roy Loys de France se délitoit en la malice du conte de Warwyc, lequel toutefois il cognoissoit bien que point n'estoit bien sain de ventre et de nez, et si en avoit fait son frère d'armes; et Warwyc savoit bien aussi les belles meurs et condicions du roy, aussi aveuques tous ses tiltres: et pour ce s'accouplèrent-ils ensamble, et firent de deux natures, anciennes ennemies ensamble l'une à l'autre, une soudure et conjonction déshonneste, pour faire encore malvaise euvre. Mesmes le duc de Clarence, frère au roy Édouard, se porta contraire encontre son frère, pour avoir la couronne; et contre nature et contre honneur, l'aida à persécuter aveucques Warwyc; mès enfin, et ne demora gaires que division ne sourdist entre Warvyc et ly, pour la préminence en auctorité, et parquoy le fait de Warvyc en devint moindre ; et sourdirent tant de bendes en ce temps-cy en Londres, et par le royaulme et ailleurs, que tout y estoit tempeste et malédiction, qui jamès n'en puist evidier, doint Dieu! mais qu'il y eust paix en France.

O digne, glorieuse France, sainte chrestienne maison, refulgent sur toute la terre! et que dirai-je de toi maintenant, et quelle narration ferai-je de ta fortune d'aujourd'hui, quant cely qui gouverne ton throne et occupe le lieu de ton ancienne splendeur, et en quoy tu précèdes et survoles toute autre nacion, ly, le plus digne du monde et le plus noble en temporel estat, et qui doit porter cuer d'aigle et nature de lyon, et ajouster sur ses nobles vieux pères de jadis aucun nouvel acquest de cler tiltre, s'est allé conforter, et associer soi, et évoquer à son frère d'armes, un Anglès, un homme forfait encore, et sursommé de bas estat, et tout despareil emprès ly, ennemy de sa corone et de son estat, et ami tant seulement à terme et à fiction, et à flatterie ; et tout pour une honteuse malvaise fin envieuse, qui est de deffaire la maison de Bourgogne, qui par tout temps du monde toutefois a servi et reconforté la maison de France, dont elle est membre, sinon depuis les maudites divisions qui y sont venues, et là où de France, originellement, est sourse l'envie contre elle de sa gloire et de sa force.

O roy Loys, peu prises-tu de ta dignité, et ton glorieux estat, qui vaux à estre requis de l'empereur, et prié pour estre son frère d'armes, et tu requiers par flatterie et à fainte vicieuse fin un porc sengler, sauvage de nacion et extraction inhumaine, et là où il n'y a fors brutal orgueil, crudilité, viles meurs et nature, ramage sans foy, sans loy et sans quelque vertu, sinon de faire grief au monde! O roy Loys, tu ne peux ignorer que tu ne feis aller au devant de ly les processions solennelles de Ruan, et tout l'estat de ta maison comme au devant de l'empereur de Grèce. Se tu argues que tu le fis à fainte et à cautele, tu te juges toi-mesmes que tu es un homme faint et double, et que tu as tendu à déception; et se tu demonstres que tu l'as fait à fin de fruit et de salut de ton royaulme, tu te monstres ignorant doncques en savoir faire et lessier à point, quand tu excèdes mesure des appertenances. Certes tels honneurs fais à tel homme sont dérisions à qui les rechoit, et à cely qui les fait tournent en confusion aussi, et en tient l'en moins de bien; si est pité, et je le récite à plainte et à regret, quant le noble royal sang de France d'autant se défigure et forligne que de condescendre à telles basses menuetez et ordures, et tout par envie l'ung sur l'autre en dedens eux-mesmes, et pour se deffaire et escauldeler, par pieurs encore et plus malvais que eux, leurs propres anciens ennemis.

CHAPITRE CCCXL.

Ici parle l'aucteur un peu des mœurs et estranges fachons de faire dudit roi de France.

CECI ne dis-je poinct toutefois en charge du roy, pour parer le duc Charles, ne que je désire à condempner et déturper l'ung en sa cause, pour embellir l'aultre; car dur m'est et amer que les temps et les personnes ne rendent ainsi que j'en puisse escrire en grant los, et que leurs fais ne se comportent entièrement à vertu, aussi-bien comme ils les tournent ambe-deux à désolacion du monde; c'est ce qui m'a donné et donne cuisance en cuer, et que les nobles excellentes personnes, introduis de la foy et des divins exemples n'entendent pareillement à haultes nobles euvres, en ensievant leur estat, comme ils font à toutes choses de ruyne et de reproche, pour obéir à leurs vicieux corrages. Une chose est, se vérité se seuffre escrire, ce roy Loys ici, sans touchier à sa conscience ne à ce qui estoit en l'omme par dedens, avoit beaucop d'estranges fachons de faire, non de grand pris par dehors, et lesquels estoient si patentes et si communes, que mesme tous les princes de France s'en doloient, et non moins les petits subjects; et depuis tout le temps qu'il estoit devenu homme, on lise et quière ses fais, ses condicions et ses meurs, l'on y trouvera plus de trouble beaucop que de cler; l'on y trouvera sédicions et ruyne partout où il est venu, vie voluntaire et desréglée, et qui s'est asservi de maisnie, de meismes, plustost que des biens moriginez. Son père, le roy Charles, en faisoit bon accroire, qui, par bien le cognoistre, lui donna tous ses tiltres; Dieu scet comme fais.

Se doncques je déclaire ce que j'ai vu en l'omme par condoléance, et non pas par hayne, et que je complains ses vices et povretés, dont tant de maux ensieuvent et tant de turbacions au peuple, et que je cognois et sçay qu'en ce faisant, je ne peche point, et qu'il n'est point perpétuel ne que moy; et que des roys d'Israël, en temps passé on a escrit, et des roys de France tant moins on en a escrit, et qui bon et qui moins bon, et qui cler et de noble affaire, et qui de povre et de malvaise condicion, et n'en sont poinct les littérateurs venus pour tant à mort ne à perdicion d'ame, ne reprochiés ne tenus à suspect de faveur ne de hayne, ne puis-je doncques, sauf honneur et salut, descrire les princes de mon temps, tels que je les treuve, et tels que tout le monde les perchoit, et cognoit par effect et par euvre. Certes, se les bien clers hommes méritent loenges par les bons vertueux exemples, ceux qui se desvoient doncques et s'aclinent à vicieux usages, s'acquirent aussi les tiltres confus. Dont, et afin qu'il ne me soit imputé que je veuille, ce sambleroit, détester les vices du roy, et moi taire de ceulx de ce duc

Charles, par cremeur ou par faveur, comme qui seroie à ly, et non pas à l'aultre, et voudroye par ce moyen, ce poroit sambler, justifier l'ung comme tout net, et l'aultre condamner obscur, sauve la [1] .... de chacun; certes, ce je ne voudroie, ne en moi ne fust oncques.

Mès tant en osè-je bien dire et maintenir : Se le roy se fust contenu de ses vices monstrer au duc Charles, et de les exercer en ly et contre ly, jamès ne se fust descouvert de nuls vices envers le roy, dont il eust deu faire plainte; car ne lui eust ne formé ne meu jamès guerre ne rébellion, ne ne se fust porté envers ly, fors comme envers son souverain. Mès quant il a esté expert et appris de ses périlleuses conditions et meurs, et que ses subtils argus tendoient sur ly, il a usé du meismes tel qu'il y falloit allencontre, monstré barbe de respondre à qui usoit de manière de manace; et tant se peut dire de ly y metre les vices qui [2]...., qu'envers le roy n'a volu faire faulte ni user de déception ne de fraude ne de lascheté, ne de reproche, ne de nulle tricerie, ne mensonge; bien a volu garder son pas en la nature et qualité de traictié faict aveucques ly; l'a observé de sa part, tant qu'il a peut; et quant le roy l'a enfraint, il s'en est dolu et esmeu, et le lui a mis en

---

1. Lacune.
2. Lacune.

reproche, dont tout ce mal icy est ensievy. Je n'excuse poinct doncques le duc de Bourgogne, et ne l'appreuve poinct sans vices et torfais; mès je déclaire les causes évidentes dont tous ces inconvéniens sont sours, et en quoi l'ung et l'aultre ont de coulpes assez, jà-soit-ce que par plus et par moins, ce est tout notoire.

CHAPITRE CCCXLI.

De l'assemblement de gens d'armes que fist faire le roi, et comment fut déceu par trop se fier en le frère de Warwyc.

Je reviens donc à ma matère du roy anglès Édouard, qui véoit et savoit Warwyc estre en Londres, et l'avoir toute par ly, par l'effort du commun peuple, mès au grief toutefois et annuy des notable bourgeois et marchans qui n'y porent résister, et qui eussent bien volu aultrement; car Édouard estoit fort amé entre eulx, et les avoit doulcement traictiés, aveucques ce que la personne de ly estoit agréable et belle, autant qu'oncques de veue d'ommes y eust eu prince. Or estoit-il comme j'ai dict, au pays de nort, là où il fist son assamblement; et prétendoit avoir grands gens puissamment, pour aller encontre de Warwyc, pour le combattre; et de faict, en avoit la promesse et l'attente, comme toute certaine de plusieurs grands seigneurs, et se fondoit et se confioit comme en ly-meismes. Or avoit-il emprès ly le conte [1].........., frère au conte de Warwyc, son cousin-germain, auquel ce roy Édouard icy, par amour qu'il avoit à ly singulière, ainsi qu'on aime l'ung plus que l'aultre, lui avoit fait mercy et pardon d'avoir commis contre ly, aveucques son frère Warwyc, en la dernière bataille aveucques le duc de Clarence, et là où cestui conte, frère à Warwyc, fust pris et détenu, et Warwyc et le duc de Clarence eschappèrent et allèrent en France devers le roy, comme il a esté dict [2].... Ce jeusne seigneur doncques, mespris ainsi envers son roy, et souverain seigneur, et qui ne véoit salut ne garant pour ly, fors de prier et faire prier mercy au roy de sa faulte et desléaulté, s'en mist en tout devoir, et lui promectant à tousjours mais avoir sa faulte devant ses yeulx, et plus encore sa royale mercy et miséricorde, s'il la pooit obtenir d'aventure, lui voloit et désiroit faire serment que plus lui seroit ferme et léal désormais qu'oncques n'avoit esté malvais ne contraire, vivroit et morroit aveucques ly, tiendroit son parti et

---

1. Lacune. L'auteur veut parler sans doute du marquis de Montaigu, frère du comte de Warwick.

2. Je n'ai pas retrouvé la partie dans laquelle G. Chastelain décrit tous ces faits. Il s'agit du soulèvement dans le comté d'York.

sa querelle contre son frère et contre tout homme, ne jamès, ne pour mort ne pour vie, ne le relinqueroit ne ne l'abandonneroit. Dont le roy, voyant et considérant le personnage à qui il avoit faveur naturelle, ensamble les beaux mots qui procédoient, ce sambloit, du fontenis du cuer, le print à mercy, et depuis y fonda tant son amour et sa confidence, que autant se tenoit asseur de ly et de sa preudommie comme de soy-meismes ; et n'osoit à peine penser que fraude lui peust entrer en cuer envers ly.

O nature de vrai noble homme, et comme par toutes terres tu es à tost et à légier déceue, et par trop estre noble et de noble entière foy, tu chiés à estre trompée et escharnie de ceulx qui te doivent faire ciel et trosne, glorifier par loenges et par grasces rendues, et en contraire te procurent et gardent mort et ruine ! O comme en a grant nombre et bien détestable, me doubte bien, ailleurs que icy, et qui ont rendu et rendent mal pour bien, hélas ! et amère doloreuse déception, pour léaulté trouvée ! Et dont se jamès Dieu ne devoit tenir jugement que pour tel cas, si est-il nécessaire et expédient que vengeance s'en fasse.

CHAPITRE CCCXLII.

Comment le dit conte leva grans gens sous le nom de Edouard, et quel malice icellui conte usoit, et comment le roy en fut averti

Or venons à ce bon preudomme icy, ce conte [1] .... qui avoit reçu mercy et respit de mort, en la bonté de son roy, et lequel il avoit reconquis de rechief, plus sien qu'oncques et plus son entier et son confiable. Le roy lui avoit baillié charge de son avant-garde, et requis de lever gens en plus grant nombre que poroit, et de venir à tout devers ly, ains tost que tard; car voloit aller résister au conte de Warwyc en ses entreprises. Si l'agréa libéralement; et de faict leva grans gens et puissans, et sous le nom de Édouard et de l'aller servir; et iceulx menez par ly, jusqu'auprès où estoit Édouard en ce meismes chasteau [2] où le roy Richard estoit murdri, ce conte ici, en qui Éduard se fioit, fist arrester ses gens, et tournant visage envers eulx, et les commencha à arraisonner, et dire ainsi :

« Messeigneurs, nous sommes ensamble une
» belle compagnie de gens; et poons faire, ce me

---

1. De Montaigu, sans doute.
2. Conway-Castle.

» samble, ne sais quoi de grant, s'il chiet à poinct.
» Que dites-vous ? Faicte-moy sage de vostre cor-
» rage et de vos volentez; maintenant il est heure
» et besoing de le savoir. »

Si fust respondu alors d'une commune voix :
« Monseigneur, nous sommes venus et esmeus
» aveucques vous, et sommes tous conclus de faire
» tout ce qu'il vous plaira nous ordonner et com-
» mander. — Par Sainct-Thomas, ce dist l'aultre,
» alors je suis doncques pour Henry de Lancastre,
» roy d'Angleterre, et si veulx maintenir et lever
» sa querelle. » Et commencha à dire : « Vive le roy
» Henry ! » Et tout ce peuple après, et en l'instant,
cria tous ensemble : « Vive le roy Henry roy d'Angleterre ! » Et là s'arrestèrent sans aller plus avant ;
et prirent logis en contraire du roy Edouard, qui
s'attendoit à eulx de les avoir pour ly et en son
aide ; ce que poinct n'avint, et en fust dolentement
déceu.

Or prindrent conseil ensemble sur ce qui estoit
de faire au surplus pour meilleur exploit, et se
porta ainsi l'avis : que d'une traicte on allast là où
estoit Édouard tout à la haste pour le prendre et
de le saisir au corps ; car n'avoit comme nulles
gens aveucques ly pour le deffendre ; et de faict
fust délibéré d'y aller. Or en y avoit-il ung en
ceste compaignie, lequel voyant la malvaiseté du
conte, qui frère estoit à Warwyc, et en qui le
roy Édouard, toutefois, se confia sur tout aultre,
et estoit jà tourné nient-moins en son contraire,

subtilement s'embla de la compaignie, et à toute haste s'en alla vers le roy Édouard, pour l'avertir de ceci, et pour le garantir ; car aultrement le véoit ou pris ou mort. Si vint jusques à lui, et lui conta la manière comment le conte ¹........ estoit tout au plus près de ly atout grans gens, et estoit tourné du parti Henry de Lancastre, prisonnier ; et venoit devers ly pour le prendre ou tuer, où pour le livrer en la main de son frère, le conte de Warwyc. Si loist le roy et le vist tout effrayé ; mès à duc voloit croire ce que lui recorda ; ains respondist et dist : « Tu es ung lasche ribaut tout
» effrayé, et as eu peur ; et par peur, tu t'en es
» enfuy par une gabe (tromperie) qu'on t'o donné
» à entendre. Tu meismes porteras la punicion de
» la honte que tu mets sus à mon cousin le conte,
» qui ne me feroit faulte, ce sais-je bien, pour
» souffrir mort. Et mescreiroie plustost tous ceulx
» de mon royaulme à peine que ly tout seul. Par
» Sainct-George ! tu en seras mis en prison, et
» en aras à souffrir, si tu es trouvé en bourde. »

Or fit le roy monter à cheval prestement un sien escuyer, pour aller enquérir en toute haste de cestui affaire et comme les choses alloient. Si vint cest escuyer jusqu'où estoit ce comte, lequel il cuidoit estre bon et confiable. Et de fait vint aborder à ly tout à l'ombre de bonne foi, et ly dit les nou-

---

1. De Montaigu.

velles que le roy avoit oyes; mès ne les voloit croire; et pourtant venoit savoir comment il en estoit. « Saint George, dist le comte alors, vous » estes venu pour savoir de mon corrage ; mès vous » n'en porterez point les nouvelles à vostre Edouard; » vous demorerez ici; » et là fust détenu prisonnier, et n'ot loisir de retourner, car ne lui fut point souffert. Si s'argua Edouard en son long retour, et ne savoit point son empeichement; et par argu fit monter à cheval arrière un nommé ¹..... homme et seigneur d'autorité, et l'envoya jà seconde fois sur l'autre le premier pour oyr vraies nouvelles; et vint icellui, comme le premier avoit fait, aborder pleinement jusques au dit comte, qui arrière le retint prisonnier, et à plus grant joie encore que l'autre, car estoit pour en tirer grant finance. Si lui fut le retour arrière empeiché pour avertir le roy Edouard; car ne tendoit-on qu'à le prendre au despourveu; et tousjours marchoient avant cestes gens cy à intencion de venir le surprendre. Et Edouard, voyant que nul ne retournoit vers ly, et tout esbahy de ceste manière de faire, envoya la tierche fois arrière diverse gens à force pour savoir et pour enquerre; et iceux sans aller bien loing et sans grandement tarder, vindrent corrans et affuyans à priemes vers Edouard, et lui dirent comment les choses alloient, et que s'il ne trou-

---

1. Lacune.

voit manière de soi sauver, et bientost, il estoit ou mort ou pris.

CHAPITRE CCCXLIII.

Comment le roi fut perplex de novelles qu'il oyt, et comment, après plusieurs plaintes faites à ses nobles, lui convint prendre fuite à course de chevaux, avec sa noble compaignie.

De ces nouvelles fut durement perplex le roy Édouard, et non merveilles, quant au vrai et à l'œil parcevoit la desloiauté de son tant fiable ami et parent, lequel venoit approchant pour le tuer ou prendre. Print toutefois sa fortune en gré, et visa à en faire son preu à l'exigent du temps, qui le contraignoit à le faire brief; aussi fit-il; et parlant à ce qu'il avoit de gens emprès ly, grans barons et autres, leur dit : « Or chà, messeigneurs, or est
» venu l'heure de mon infortune, là où il convient
» que j'abandonne et délesse mon royaume, et
» que je me voise fuitif en estrange terre, devant
» mes ennemys, par trayson contre moi bastie
» soubz bonne fiance; et le permet Dieu aujour-
» d'hui, ce me samble, ainsi, et le me fault ainsi
» porter; mès quant sa grasce se voudra retourner
» envers moi par compassion en ma cause, je re-
» cherrai en novelle espérance de revenir encore
» au recuevre. Ce sont les tours de fortune; hui
» fait-elle l'omme grand et haut eslevé, demain

» le renverse et le fait cheoir en bas. Un temps fut
» que point je n'estoie roy d'Angleterre : or est le
» temps aujourd'hui, que atout couronne je n'ai ne
» terre ne royaume. Si me convient aussi paciem-
» ment porter et prendre en gré mon aventure
» contraire, comme la gloire de mon exaltacion
» m'a esté de grant joie en mon corrage; se for-
» tune n'eust eu le pooir de me le donner, n'eust
» ça le pooir ne le droit aussi de le me tollir. Ce
» doncques que j'en ai eu jusques cy, ce a esté
» d'emprunt, et non par condicion invariable et
» non ravissable; tesmoing ceste présente heure
» qui me fait le plus confus roy qui oncques fut, et
» le plus derelainqui, et abandonné de tous amys.
» Ne sçay comment vous en va, vous, seigneurs
» qui cy estes, ne se vous serez du nombre des au-
» tres qui me lessent ou des miens; ma fortune me
» semble si foible aujourd'hui et si débile, qu'à
» peine ne me scai je en qui fier, ne en qui mettre
» fondement, pour ce que ceulx en qui plus me
» fioie me tournent dos, et ne leur est honte ne
» vergogne rien de nulle honnesteté ne cremeur.
» Ceux à qui j'ai fait les biens de mercy, me ren-
» dent les paiemens de crudélité ; et ceux à qui j'ai
» conféré les bénéfices d'honneur et d'estat pro-
» curent ma ruine pour récompense. Seigneurs,
» aller s'en fault et quérir sauveté : icy n'a mès
» nulle seure demeure ne jeu party pour ung tel
» péril attendre ; dont ce m'est regret, le plus que
» j'eus oncques, d'ici partir sans deffense. O vous,

» mes barons qui cy estes, vous condole, vous prie,
» aveucques moi en mes regrets; à vous ils tou-
» chent et incombent comme à moy propre, quant
» par moi abandonner vous demorrez en la persé-
» cution de vos ennemis; et par demorer emprès
» moi, vous devenez maleureux comme moi, ri-
» ches toutefois et resplendissans en honneur par
» léauté monstrée, laquelle est la gloire et la co-
» rone des vaillans hommes, et que Dieu regarde
» du haut de son throne, et dont il n'est point de
» doute qu'en fin il ne la récompense et la rétribue
» par le semblable. »

A ces paroles y eut de grans suspiremens, et de cuers esmeus envers ce doloreux roy, à qui ne besoignoit fors à s'en enfuir à force de chevaux vers la mer, où que fust, pour trouver passage. Et de fait à ce faire se disposa à toutte haste; et en pareil les barons et tous autres, crians et disans qu'aveucques ly vivroient et morroient; et tant et si avant qu'il plairoit à Dieu lui envoyer, fust dur, fust mol, ils y partiroient et ne le derelainquiroient ne en mort ne en vie; entre lesquels le seigneur d'Escalles, frère à la reine, estoit l'ung des principaux; et estoient environ de six à huit cents hommes en tout.

CHAPITRE CCCXLIV.

Comment le duc Charles despescha l'ambassade du roy à Saint-Omer, qui là estoit venu pour le bien du pays et d'union entre eux deux.

MAINTENANT convient-il narrer comment le duc Charles despescha l'ambassade du roy à Saint-Omer, qui là estoit venu devers ly pour le bien du pays et d'union entre eux deux, et pour pacifier et contenter le duc son cousin, et le satisfaire de tous les outrages, ravissemens et extorsions faites pour et au nom de Warwyc, Anglois, dont le duc se doloit, pour la cause que le roy le portoit, soustenoit et garandisoit en son royaume. Dont, et combien que ledit de Bourgogne s'en doloit, et en portoit le cœur gros envers le roy, et le savoit bien, toutefois pour demorer en amistié aveucques ly et non encheoir en guerre, s'estoit avisé d'envoyer devers ly ambassadeurs pour lui offrir toutes satisfactions, et restituer de toutes pertes et dammages faites à lui et à ses subjets par mer ou par terre à ceste cause, aveucques ce aussi que par ceste son ambassade sceust que, comment qu'il fust ne comment que la chose allast ne tournast, il voloit demorer ferme et estable emprès le traité qui avoit esté fait entre eux deux à Péronne ; faisant déclarer en outre que aveucques ly seul et aveucques son amisté envers et encontre tous autres quelconques il voudroit mettre son fort pour sa porcion de son régner ; et le tenoit si sage, et prince de si grant vertu, ce faisoit dire, que entendu le lieu dont il partoit et estoit né, aveucques la grandeur et la puissance qui estoit en ly, il devoit mieux amer à soi joindre aveucques ly, et porter sa querelle encontre tous autres quelsconques contre honneur et droiture. Or avoit le duc Charles assez longuement, et par aucuns jours, médité et pensé sur le rapport de ces ambassadeurs de France, et lesquels, après privées devises eues aveucques ly, requérèrent pour la délivrance et retour ; si s'y disposa le duc et leur mist jour.

CHAPITRE CCCXLV.

Comment le duc Charles cuidoit tenir assiégé le conte de Warwyc par son armée sur la mer ou par terre esparse ou quartier de Normandie.

Mès avant que je plus avant procède en ceste déclaration, loist (convient) bien narrer ung peu et faire conte aussi de la disposition du temps d'allors et de son importance. Car estoit le duc Charles alors durement enaigri à l'encontre du roy, pour cause de Warwyc, lequel il soustenoit et en son despit, ce lui sambloit, machinans ensemble la ruine du roy Eduard et de ly. Et combien touttesfois que le duc Charles par effect cecy veist et parceust bien, avoit merveilleusement le cuer fier, et gros et petit, en soing et en peur de leur machinance; ains s'asseuroit et quasi présumoit pooir contrester à tous ses mesveillans, et mesmes pooir leur donner des affaires beaucop; car avoit bien son armée vaucrant en la mer très puissamment, et par laquelle il entendoit tenir assiégié Warvyc en Normandie, sans en oser saillir; et par terre avoit son armée preste et pratiquiée, la plus puissante qui oncques avoit esté veue en ces terres par deçà jusqu'à ce jour, et laquelle, estimée en nombre de quatre ou cinq mille lances, sans les archiers, et desquels il estoit asseuré au jour de semonce ensemble, et des capitaines aveucques ses divers pays. Si se confioit fort en sa puissance par mer et par terre, et ne redoubtoit riens; moins encorre pour ce que le roy Edouard, son serourge (beau-frère), estoit encore en règne et en throne, et non en apparence de décliner, comme il fit depuis. Et pourtant ce duc Charles ici, qui se confioit en sa haute fortune et en son pooir d'alors, non craignant nul vent de France, et là où on lui machinoit grief, ce savoit bien, fit tant moins d'estime et de réputation de l'ambassade du roy et de son rapport; car ne maintenoit nulle teneur de vérité en icely, ains abus et menées de paroles vuides et sans fruit; car lui imputoit pleinement faute et rompture en son serment solempnellement fait à Péronne entre ly et ly, sur les articles de leur traitié fait entre eux deux, et parquoi, après telle rompture et telle faute commise en un si grand cas, pooit arguer justement, ce disoit, icely estre moins créable et recevable en ung moindre novel survenant affaire ; et pourtant, moitié par deffiance qu'il mettoit en ses paroles, et en partie par mal talent qu'il avoit conceu contre ly, par le port qu'il bailloit au conte de Warwyc, et en son contraire en tous endrois et en tous affaires qui touchoient le roy, se montra aigre et dur, et peu amiable, et révérend en ses paroles envers ly; car estoit devenu de toute autre nature que franchoise, et tout à sa cause; et ainsi doncques eux deux, en ung royaume terribles et périlleuses pestes, et ensievans leur propre appétit plus que d'autrui, tindrent en ce temps cy les hommes de çà et de là en soing et en peur de meschief, et en attente de guerre et de mal avenir. Dont, et se cestui duc Charles ici peu amoit le roy son souverain, toutefois, tous Franchois en pareil héoient de mort, et le despitèrent, pour cause que si fort s'estoit déclairé Anglois encontre le salut du royaume.

CHAPITRE CCCXLVI.

Comment les deux ambassadeurs du roi furent délivrés.

Or venons à la délivrance de ces deux seigneurs ambassades du roy, maistre Jacques Spontin, seigneur de parlement, et Guillot Pot, bailli de Vermandois, frère au seigneur de la Roce estant lez le duc, chevalier de son ordre. Le duc Charles doncques avoit fait préparer son dois de cinq degrés de haut, et sur icellui sa chaire, toute couverte de rice drap d'or soubz un ciel de mesmes, et l'embas du marche-piés, tout aussi large que le charpentier l'avoit fait, estoit couvert de velours noir, descendant de degré en degré, qui estoit le plus haie, ce disoient aucuns, et le plus fait en élacion qui oncques avoit esté veu jusques à ce jour ne à empereur ne à roy. En icellui doncques pompeux et rice throne, s'assist le duc Charles, tout avironné des estas de sa maison, par divers degrés, et là où les princes et les hauts barons avoient leur siége propre, et les chevaliers et escuyers, chacun en destinée assiéte ensemble, et les prélas et la chancelerie, leur députacion et ordre. Là vindrent donc et furent faits entrer ens les ambassadeurs du roy, accompaignés du seigneur de Créqui; et venus jusques au banc qui estoit ordonné pour eux, se mirent en genoux et saluèrent le duc : lequel, sans mettre main au chapeau, tant seulement les niqua de la teste, leur faisoit signe de eux lever, qui assez tost le firent aussi; et ne s'en faisoient gaires prier, car assez savoient de leur estre et de leur devoir faire; et ne prindrent pas bien en gré si peu d'amour et de révérence monstrée au roi leur maistre, dont ils estoient délégués devers ly, pour bien de paix encore. Si s'assirent sur leur banc, front à front de ly; et là assis, le bailli de Charolois, chief du conseil, nommé maistre Guillaume Gonnel, commencha à répéter devant lesdits seigneurs, les poins et l'effect de leur ambassade, pourquoi ils estoient venus; et comme il les eust déclairez souffisamment, et lors où il séoit à rendre responce point sur point, le duc mesme anticipa les paroles, et dist au premier point, qui touchoit les offres : Que les offres que le roy faisoit et faisoit faire, n'estoient ne valables, ne souffisans, ne raisonables, ne recevables; car les domages qui avoient esté fais ne se povoient radoubler ne recompenser au pris de leur importance.

Au second poinct, qui touchoit l'entretenement de Péronne, il respondit et dit : Que le roy, tout de gré et voluntairement, avoit enfrainct ledit traictié par avoir porté soustenu et receu en dedens ses havres et pors le conte Warwyc, son ennemy, et lequel, par forme de guerre, avoit fait faire ledit dammage sur ses subjects et pays; et ce nonobstant tontefois, et qu'il le savoit toujours, le soustenoit et confortoit en son royaulme, en grand grief et confusion de ly et de ses pays ; que faire toutefois ne devoit, car estoit directement en contraire et en despection dudit traité de Péronne ; et par ceste cause, il monstroit et arguoit que son offre en cestui endroit aussi n'estoit acceptable ne vaillable.

Sur ceste response Guyot Pot, bailly de Vermandois, homme haut et bien en parolle, se leva et dist : « Monseigneur, véez cy unes lettres-pa-
» tentes que le roy m'a envoyées novellement de-
» puis moy estre venu ici, lesquelles, s'il vous plest
» les veoir, vous les porez faire lire devant tous ;
» si sarez et orez leur effect, et ce que le roy mande
» par icelles. » Le duc alors fit prendre lesdictes lettres et les lut à part, et depuis les fit lire tout hault et publicquement, et lesdictes lettres leutes, ledict Guiot Pot, soy ruant en genoux, dist : « Or, Mon-
» seigneur, vous avez veu et oy ce que le roy me
» donne et mande, et comment, pour avoir votre
» amistié, il veut que je vous offre tout ce que vous
» vouldrez, touchant l'appoinctement fait entre ly
» et vous ; et que toute telle forme et manière
» que vous le sarez et voudrez deviser, que je le
» vous offre et passe tout autel et en tel viguer
» comme s'il y estoit en personne. » Et le duc respondit de rechief, et dist : « Et je vous ai dist une
» fois que ne vous ne ly ne pooez, et que ce que vous
» offrez n'est pas recevable, pour cause que ne le
» poriez restaurer ne satisfaire. » — « Et comment,

» ce dit Guiot Pot alors, Monseigneur, et comment
» cela? N'est-il point au roy de pooir réparer et
» faire restorer le dammage que vous alléguez, et
» qu'il ne fausist qu'à cause de cely meschef guerre
» et tribulacion sourdisse en vous deux, qui toutefois
» vous offre à faire toute raison? Eh! Monseigneur,
» toutefois l'on feroit bien la paix d'un royaulme
» perdu et de cinq cens mille hommes morts en
» sang, et ne poroit-on faire réparacion doncques
» d'un petit meschef particulier qui ne pend qu'en
» vostre volenté privée. Monseigneur, le roy et vous
» avez juge par desseure vous deux. Le roy fuit la
» noise et la guerre, et vous offre paix et amisté et
» réparacion de toutes romptures; se vous ne volez
» entendre à raison, et que aultrement en ensie-
» vist cy après qu'en bien, ce ne sera point à sa dé-
» faute. » Et alors le duc tout animé, ce sambloit,
et en argu, respondy et dist: « Entre nous Portu-
» galois avons une coustume devers nous, que
» quant ceulx que nous avons tenu à nos amis se
» font amis à nos ennemis, nous les encommandons
» à tous les cent mille diables d'enfer. »

CHAPITRE CCCXLVII.

Comment les nobles qui estèrent entour du duc estoient mal edifiez et contens de ses hautaines paroles aux ambassades, par grand hauteur de corrage dont il ne se peut refraindre à l'heure.

Ce fut ici l'effect de la responce que le duc fit à Saint-Omer aulx gens du roy, et dont la fin, comme vous oez, estoit dure et estrange à oyr, et non pas bien prise des gens mesmes du duc, pour ce qu'il y avoit de malvais agoust pour commander tacitement un roi de France à tous les cent mille diables. Et sambloit à ceulx qui dueil y prenoient, qu'à ly mesmes il se fist grand blame en ces paroles, considéré encore qu'il estoit subject du roy et honoré et paré des armes des fleurs de lys, la gloire et splendeur de son front et le plus cler de ses tiltres; et en ce, quant il se nommoit Portugalois, fut murmure aussi de ses propres gens, pour ce que tacitement contempnant le nom de France dont il estoit, ne se osa nommer Anglès là où le cuer luy estoit; mès se renommoit de la feue de sa mère, ancienne amie d'Angleterre et contraire à France. Ainsi doncques jà-soit-ce que le temps d'alors portoit ainsi, que cestui duc Charles s'estoit de tous points eslongnié de l'amour et affection envers France, fut complaint toutefois et durement mal pris entre ses propres gens, que tant publicquement et si irrévérament, il se osa estordre en ses paroles. Car quoique le maistre sceust ne quel ne com fais eulx tous estoient en affection devers France, non pas vers Angleterre, fut faite murmure aussi entre les plus sages, et qui beaucoup veu avoient, de son hault élevé siége qui, par excès de hauteur, passoit mode et riègle. Si lui fut imputé à merveilleuse élation de cuer mal loable, et par espécial parce que c'estoit envers ung roy de France, son souverain et le plus grand de la terre, envers lequel il se voloit extoller maintenant, ce sambloit, sous tiltre d'ennemisté que le roy lui monstroit, en ce qu'il portoit et soustenoit Warwyc encontre ly. Parquoi, comme le roy lui monstroit le dent en soustenir son ennemy en contraire de leur appoinctement, avoit bien loy aussi, ce sambloit voloir, dire de monstrer son orgueil envers le roy, pensant, en nature d'ennemisté, riens pooir mesprendre, aveuques ce que son pooir sentoit gros et fier, et par lequel il espéroit encores, aveuques Édouard, le roy Anglès, tenir ledict roy encore en cremeur et soubz verge ; car ne cuidoit point ne ne créoit que ce deust avenir en Angleterre, qui depuis avint. Et par ainsi, partie par chaleur de jeunesse et en son premier haut vol, que jà avoit exsécuté de haultes besognes, partie aussi par soy cognoistre redoubtablement fort et de chevance et d'ommes, et tout tourné en ennemisté et en haine envers cely qui son ennemi portoit contre ly, n'y avoit ne orgueil, ne beuban, ne rude parole, ne fiers mots qui lui pooient sambler vicieux ne de reprise, parce qu'à son ennemi on se doit monstrer tel pour tel, et qu'en ennemisté n'a point de courtoisie, jà-soit-ce que je ne l'appreuve point ainsi ; mès en cuer ennemi et felle coustumièrment se trouve raison esteinte ; et là où raison faut, là est légier consentement à vice.

CHAPITRE CCCXLVIII.

Comment ces deux princes ne se purent onques accorder, mès y avoit toujours une aigreur et une rancune entre eux.

ENTRE ces deux princes de tout temps y avoit rancune, et quelque pacificacion qui s'en peust faire huy, demain tout revint et retourna en son premier estat, ne vraie amour s'y pooit former. Avoient conditions et meurs incompatibles, et volontés toutes discordantes ; et plus alloient avant les jours, et plus enchéoient en grans différens ensemble et en désespérables aigreurs, plus toutefois l'ung que l'autre dissimulant, et l'autre par semblant moins accoutant et plus soy descouvrant. Le roy, certes, estoit homme subtil et faint, savoit reculer pour saillir plus loings, savoit faire l'umble et le doux à couverte fin, savoit concéder et donner pour recevoir au double, et savoit porter et souffrir à terme propre grief, sur l'espérance de sa vertu, qui du tout en fin lui poroit rendre vengeance. Ainsi donques estoit ce roy ici fort à craindre, à cause de son engin, le plus agu du monde. Et le duc Charles faisoit à craindre, à cause de son grand corrage, lequel il descovroit et sambloit monstrer par effect, qui de nul ne tenoit conte, ne de roy ni d'empereur; et quant ce venroit à la guerre aux Franchois, si se tenoit-il fier et fort assez, aveucques son Édouard, contre tout homme, aveucques ce que le cuer lui estoit fort eslevé, et ce qu'il avoit acquis de gloire contre eulx à Mont-le-Héry, et depuis en Liège, qui toutte succomba soubs lui en arsion et en glaive. Et ainsi doncques, comme le roy avoit sens grand et cautel, et en usoit en une manière, ce duc ici avoit un aultre sens grand et d'autre effect, et en usoit en aultre, comme j'ai dit, en dissimulacion et en fainte supployante à cautèle de fruit, et l'autre en publicque ostension de fierté, sans peur de mesprendre; car commettoit à sa diligence et à son veillier, et la veue en tout et surtout, toutte l'efficace de sa fortune, et cuidoit et espéroit, par son pooir et par son propre sens, parvenir à toutes ses précogitées fins, fust de paix, feust de guerre.

CHAPITRE CCCXLIX.

En cestui chapitre déclaire l'aucteur l'original principe dont tout le discord est venu entre le roi et le duc Charles.

Ce que je amplie ici ceste matère si au long, ce fais-je à cause qu'à l'eure de ceste mon escripture, le temps estoit fort apparant de prochain meschief de guerre et de grant ruine entre ces deux princes, car fort estoient animés tous deux, et moins que je ne les vis onques en espoir d'aulcun remède. Par quoi, se la guerre va avant, et que l'effect en ensient comme la peur le me juge, au moins pourra l'en connoistre par mon escripture, dont tout procède et meut. Car nonobstant que je soie au duc norritoire et de ses bienfaits, si ne me hontie-je point pourtant d'escrire vérité contre ly, là où nécessité l'expète. Combien que tout, hélas! est meu d'inconvénient et d'un original malvais principe, qui est que le roy Loys, par son couvert subtil prétendre et veillier en contraire de ce duc Charles, l'a fait devenir maugré ly et de force Anglès, et d'avoir quis celle alliance, pource que seul ne se sentoit fort pour tenir contre ly. Ceci donques entendu et cogneu, c'est le seul point et le principal qui peut parer ce duc; mès maints inconvénients sont survenus dessus depuis, et dont de plus en plus fort les causes ont empiré les que-

relles de l'une et de l'aultre, et tout par faute de
raison et de cremeur de Dieu.

CHAPITRE CCCL.

Comment le roy, par couvert engin, offrit au duc toute réparacion et satisfaction, et pour quelle cause il fit ce samblant.

Or avoie-je dict que le roy offroit, par ses gens
dessus nommés, satisfaction et réparacion de tous
dammages fais au duc de Bourgogne, et ce pour
avoir son amisté et pour pooir vivre en paix
aveucques ly, car ne désiroit point la guerre, ce
disoit, et estoit jà de cinquante ans passés, là où
repos lui estoit mieux séant que traveil; et le duc
toutefois ne le voult accepter, mais répudia son
offre, et ne faisoit ne pois ne estime alors de son
amour ne de sa hayne pour cause de Warwyc.
Mès ores convient-il entendre ici le secret de cest
offre qui a esté fait au duc, et là où le roy lui a offert paix et amisté encore par prière, ce sambleroit, et laquelle chose sambleroit avoir esté menée
au roy d'une manière de peur, et d'avoir beaucoup
prisé ce duc et son pooir, où il sambleroit, se meschief en avient cy-après, que le duc ait esté moult
ingrat et hors de voie, d'avoir refusé paix et
amour, et cely mesmes à qui il le deust avoir requis plus tost; car estoit son souverain et son plus
digne et plus puissant; et pourtant, ou l'onneur en

doit demorer au roy d'avoir offert réparation pour non cheoir en guerre, ou la honte lui demeure d'avoir requis paix à son subject, par peur de sa puissance. Et du costé de ce duc Charles, il convient aussi qu'il ait eu cet honneur et ce tiltre d'oser répudier et refuser l'amour à un roy de France, sur fiance en sa fortune, ou se l'effect de la guerre en ensieut depuis, et là où les hazards sont périlleux, que ceste guerre lui demeure à charge à tous jours, parce qu'il a vilipandée paix. Or Dieu scet comment tout va, et ly seul en est juge; mès en ce temps ici, quant le roy fist ces offres, certainement il n'estoit point encore asseur que le conte de Warwyc peust jamais expulser si tost Édouard hors d'Angleterre; et par lequel, tant qu'il estoit régnant, le duc Charles se maintenoit en son orgueil; et les deulx joins ensemble et en leur hault vol, le roy les craignoit, et non sans cause. Et ainsi donques le roy non voyant encore la ruine d'Édouard, offroit au duc son ajoinct réparation des dammages que avoit fait Warwyc pour rompre au duc son ire; car sentoit grand grief pooir advenir en son royaulme, se les deux, Édouard et Charles, lui movoient guerre : et dont adès les espérances estoient très grandes par l'armée que le duc tenoit vaucrant en mer, et dont toutte la Normandie estoit en doubte et en grand traveil.

Ainsi doncques, se le roy offroit satisfaction au duc, ce faisoit-il, ainsi le faut-il entendre, pour s'asseurer de l'aigre volenté du duc, qui faisoit samblant de guerre par mer, et pendant lequel temps, et jusques à ce que Warwyc poroit avoir mis ruine en l'estat d'Éduard, il demorroit paisible. Ainsi doncques, se peur sambloit estre ici du costé du roy, ce n'estoit pas peur qui se dit de révérence, mès estoit une peur de prévention et de sens, pour à autrui rompre son entreprendre. Aussi voirment comme je dis que sens et cautèle estoient de la part du roy en ceste matère, le duc aussi les entendoit tout au cler; et estoit la cause pourquoi il faisoit moins de pois de ses offres. Car toujours il maintenoit que le roy ne tendoit qu'à le décevoir, et qu'en ses paroles n'avoit rien de ferme; et aveuquesce, quelconque chose qu'il lui mandast par ung ne par autre, ne quom belle qu'elle peust estre, ne quom grande, si pratiquoit toujours en couvert devers tous les princes de France et ailleurs en son contraire. Et pourtant, quant il a refusé les offres du roy présentement, il sambleroit que ce il l'ait plus fait en contempt de sa privée personne, sans regarder se roy ou non, qu'en contempt de paix. Mès comme Loys, qui se monstroit son enuemi por porter Warwyc, son ennemi, ly, comme Charles, ennemi à son ennemi, a refusé les offres d'amisté à cely en qui n'avoit point de fiance. Ainsi doncques, se la paix a esté offerte à cautèle, elle a esté refusée à bon propos, pour ce qu'on n'y ajoustoit point de foi. Et en effet, le duc aussi avoit toujours son attente sur Éduard, le roy anglès, et par lequel il se confioit estre assez fort encontre les menaces de France, et d'en avoir mesmes sa raison au besoing.

CHAPITRE CCCLI.

Comment les ambassades du roi venus à Saint-Omer, y vint aussi un abbé de Bretaingne, et comment le roi laboroit toujours pour séparer le duc breton de celui de Bourgogne.

En ce propre mesmes temps que les gens du roy estoient venus à Sainct-Omer faire les offres et persuader cestui duc Charles, y estoit venu aussi, et jà par avant, l'abbé de Bigars, Breton, de par le duc de Bretaigne; et lequel abbé, comme il oyt deviser et conter comment le roy avoit faict dire par ses gens et remonstrer au duc de Bourgogne comment il désiroit l'amisté d'icely sur tous autres, et qu'aveucques ly il vouloit affermer, et à toute perpétuité tenir ce qui avoit été appoinctié et fait à Péronne, et demorer ami à ses amis, et ennemi à ses ennemis; dont. et pour ce que le duc de Bretaigne toujours persévéroit en orgueil encontre ly, faisoit remonstrer à ce duc Charles comment il avoit son espoir en ly, que, considérée sa longue rébellion et fierté, il pooit et devoit plustost abandonner ledist duc breton que ly roy de France, dont il devoit honorer et amer la couronne, comme le plus grand posteau d'icelle.

Comme doncques cestui abbé entendist et oyt

conter ceci, commença à rire, et dit : « Or par
» mon ame et par ma foi, tout cestui mesmes
» conte, et en telle forme comme ici le contez,
» j'estoie présent là où les gens du roy venus à
» Nantes le firent et remonstrèrent au duc mon
» maistre et seigneur, en contraire de monsei-
» gneur de Bourgongne, lui requérant et priant
» qu'à ce il voulsist entendre et condescendre, afin
» de soi pooir vengier de ly et de son long intolé-
» rable orgueil. »

Et de fait vray estoit-il ; avoit voirment envoyé
devers le duc en Bretaingne faire ce double personnage, tout en contraire l'ung de l'aultre, parquoy on ne peut aultrement conclure, fors qu'envers l'ung ou envers l'aultre il commettoit faute et
le payoit de bourdes, et dont la honte principalement tourna sur ly. Et par ainsi doncques, le refus
de l'amisté du roy à ly offert ne tourna pas tout à
charge à ce duc Charles, ou que la chose viegne
en fin que l'excusation ne soit aussi séante et clère
pour ly de le........[1] ainsi faire, entendues les
doubles et enguigneuses manières de faire cy contées. Et, en effet, de tout son sens et pooir le roy
laboroit jour et nuit pour séparer le duc breton de
l'amisté du duc de Bourgogne, et pour l'avoir de
vers ly ; de quoi, toutefois, il ne pouvoit finer tout
à son gré. Mès enfin, tant pratiqua devers ly, que
le duc de Bretaigne lui promist amour, service,
assistance et alliance envers tous et contre tout le

[1]. Lacune.

monde, réservé le duc de Bourgogne; et ly mesmes drescha la voie à ce duc de Bretaingne, que d'envoyer envers le duc de Bourgogne notable ambassade, pour lui signifier cecy et pour luy remonstrer que rien n'y avoit icy fait encontre honneur ne en son contraire, mès le pooit ledit de Bourgogne licitement le porter et concéder; car n'y avoit nulle séparacion entre ly et ly; et aussi le roy ne le quéroit point, ce devroit-on dire. Et de fait le duc de Bretaigne, après estre condescendu aux instances et presses du roy, mist sus son ambassade notablement, et y commist le président de Bretaigne et le grand-maistre d'ostel, ung noble chevalier aveucques Bretaigne, le héraut, lesquels accompagnés du seigneur de Malpertuis, un bel gentil chevalier, arrivèrent à Hesdin prestement après les gens du roy estre partis de Sainct-Omer; car le duc Charles estoit jà venu de Sainct-Omer audit Hesdin, pource que pestilence y courrut aulcunement. Audit Hesdin doncques je laisse ceste ambassade des Bretons grandement conjoys et receus, et venus au devant de toute la noblesse de la maison, et viens rencheoir sur le roy, qui à son lez pensoit et sollicitoit toujours de son profit, et d'avoir sa cause belle. Et comme il avoit devers ly le conte de Warwyc, nulle part seur, qui dessoubs sa main ne visoit et n'estudioit qu'à soi en aidier au profit de son royaulme et à la destruction et ruine du roy Éduard et de la maison de Bourgogne; car quelque paix et amisté que offerte eust au duc Charles faintement et à cautèle, n'avoit aultre désir nientmoins, ne aultre contendement que de le destruire et deffaire ; car ly mesmes s'en estoit tant descouvert as ungs et as aultres, que chacun le savoit, aveucques ce que les euvres le démonstroient par effect.

CHAPITRE CCCLII.

Comment plusieurs Franchois plaignoient fort la charge et les grans frais du roy qu'il eust de par Warvyc.

Le roy doncques soustenant Warwyc à grans frais, soustint aussi le duc de Clarence, frère au roy Édouard, et la ducesse sa femme, ensemble la contesse de Warwyc et une sienne fille à marier. Et comme j'ai dit que le roy en avoit grant charge et frès de les entretenir sur ses bras, aveucques une grande multitude de famille et de gens de guerre, certes, plusieurs Franchois d'entour ly le plaignoient fort et le portoient à dur : premièrement, pource que ennemis estoient anciens de France, malvaise gens, et secondement, pour ce qu'il estoient gens forfais, laiches et recrans, paillars, sans honneur et sans vergogne, et prouvés publicquement traitres encontre le souverain seigneur et prince, l'ung cousin-germain, et l'autre frère d'ung père et d'un ventre, béant (aspirant) iniquement à destituer son frère par bataille, là dont il estoit enfui confus. Ainsi doncques, Franchois voyans que le roy en faisoit feste, et en portoit grans frès, le portèrent à dur et à enuis, et leur eussent volu avoir crevez les yeux. Mesmes le conte de Sainct-Pol, connestable de France, oncle de la reine d'Angleterre, pour quelque mand que le roy luy feist, oncques ne volt aller devers ly ne l'approcier, tant que Warwyc y estoit. Mès ly manda que, pour perdre l'espée de France et tous ses bienfais, jamès devers ly ne viendroit, tant que tels traitres y estoient, et qui avoient fait morir ses amis et parens. Normans aussi, tout au long des costes de la mer, les maudissoient de cent mille malédictions, à cause du traval que porter leur convenoit jour et nuict à l'encontre de l'armée du duc, qui vaucroit par mer, et encontre laquelle il leur convenoit jour et nuit faire guerre à hacques et à macques, de peur de descente amont des ports. Si en estoient à mal aise que merveilles; car, ne feust Warwyc, de telle armée qui les traveilloit n'eust esté besoing, ce disoient.

Or, entendez et oez quelles conclusions print le roy Loys, roy de France, aveucques le conte de Warwyc, déchassié d'Angleterre : car moult y a ici grant matère et estrange. Assez avez oy, seigneurs, comment Henri, fils de Henri le second, par le moyen de ce conte de Warwyc, avoit esté descrié à Londres, et destitué de sa couronne, confusément et comme inutile et inhabile de régner. Jà long-temps avoit esté tenu en prison, en la tour de Londres, et Édouard, conte de la Marche, eslevé en roy; la reine Margriete, femme à Henri, chassée aussi dehors d'Angleterre, à tout son enfant, à tout extrême confusion de l'ung et de l'autre; car Warwyc l'avoit fait preschier publiquement par Londres, et en la présence de la mère, comment elle estoit femme ahontie de son corps, et que l'enfant qu'elle faisoit à croire estre fils du roy Henry, estoit un enfant de fornication, emprunté en péchié aveucques un bas homme, ung baveur, parquoi n'estoit digne de succéder à coronne ne à royal estat, comme tout à long a esté récité en ung aultre volume ici devant, sur l'expédition du temps d'alors[1]. Or est vrai que le roy Loys, visant toujours venir à ses fins, comme de deffaire le roy Édouard, qui estoit une mesmes chose aveucques le duc Charles, communiqua aveucques cely de Warwyc de relever la querelle de Henry, tenu en prison à Londres, et lequel, posé que innocent feust et mal ydoine pour régner, si estoit touttefois le droit de la corone sien, par succession de père et de grand-père, sans ce encore que régné eust en Angleterre et porté couronne par l'espace de quarante ans; et estoit cousin-germain audit roy Loys, enfans de frère et de seur; parquoi la cause lui estoit plus juste de lui pourchascer son bien et son revenir à son héritage, comme vrai estoit, se le movement à ce lui fust venu de pité et d'amour de nature. Que nennil !

[1]. Ce volume manque.

car lui meut de cautèle, ce faisoit à conjecturer, pour le roy Édouard bouter dehors d'Angleterre par ce moyen, et faire commovoir tout le peuple contre ly, par une nouvelle criée. Dont, et comme cely de Warwyc cogneust et entendist bien que pour trouver son retour en Angleterre, dont il s'en estoit fui, il ne pooit trouver tiltre ne cause pour soi faire recevoir que ceste, pour souverain espoir de tout son resourdre, et pour faire confusion à Édouard, prist ceste querelle, sachant que une grant part des nobles d'Angleterre, couvertement et de tout temps, icy portoient faveur et là sus se reposoient. Et en effect, au partir d'Angleterre, ce conte de Warwyc n'avoit aultre tiltre ne espoir d'aller vers le roy Loys, sinon cestui par lequel il pensoit jà tellement entroubler le roy Edouard que le bon n'en demorroit point sien, comme il fist en effect. Et jà, de long-temps par avant, de cy et d'aultres grandes choses le roy Loys et ly avoient tenu leurs devises et fait compact ensemble ; car ledict roy Loys l'avoit de tout temps quis pour l'avoir devers ly, par dons et promesses, pour ce qu'il véoit ledict conte estre homme propre à ly, en cautèle et en divers moyens, pour estre instrument et tout propre homme pour venir par ly à ses fins, comme il a esté trouvé depuis.

CHAPITRE CCCLIII.

Comment le roi Loys, aveucques le dit de Warwyc, pratiquoit que le jeusne Eduard, fils de Henri prisonnier, prendroit en mariage la seconde fille de Warwyc.

Le conte de Warwyc donc prist et esleva ce tiltre aveucques le roy Henry en prison en Londres, régnant encore Édouard, qui bien savoit tout et s'en réconfortoit au possible. Dont, et pour donner effect à ceste nouvelle querelle du roy Henry, et en asseurance de son fils Édouard, estant aveucques la reine Margriete, sa mère, par dechà, le roy Loys pratiqua aveucques ledist de Warwyc, que le jeusne Édouard, fils de Henry, prendroit en mariage la seconde fille jouvenor dudist de Warwyc, à ceste fin que, par samblant, à ceste cause ledit de Warwyc devroit tant plus laborer cy après en la resourse du roy prisonnier, et par qui, après estre remis en son règne, la coronne retourneroit sur son fils ; et seroient père et fils remis en estat par ce moyen, et le roy Édouard débouté et privé de couronne. Ce mariage doncques fut pratiqué entre le roy Loys et le conte anglès, et promis d'ung costé et d'aultre de le maintenir à bon ; quoique toutefois ledit conte anglès, jà de piéça par avant, avoit donnée sa fille aisnée au duc de Clarence, frère au roy Édouard, à intencion de la faire reine d'Angleterre. Et par ainsi maintenant, en ce second mariage dont le roy Loys traite pour faire la querelle de Henri et de son fils bonne, c'est pour faire la fille maisnée reine d'Angleterre aussi, et sur un titre tout au contraire. Par quoi il samble que ce conte anglès ici usoit et savoit user de merveilleuses trafiques et doublesses, et que son honneur lui estoit de petit pois, qui de tant de fraudes et cautèles, les unes contraires aux aultres, usoit, et en France et en Angleterre, et toutes confuses pour ly. Or ai-je dit que ce mariage estoit mis en termes entre le roy Loys et le conte anglès; mès grant fort y avoit pour le conduire, à cause de la mère, Margriete, que ce conte avoit déchassée honteusement dehors Angleterre et fait prescher ribaude, malvaise lisse, et son fils avoutre, non fils de roy, et mesmes le roy son mari fait mettre en prison; et dont la plaie lui cuisoit tant, et non merveilles, que non jamès jusques au jour du jugement n'en poroit estre sanée, ne tant le mettre en oubly qu'elle ne demandist justement et à bon droit la divine vengeance. Et par ainsi doncques fait bon à arguer de son costé, quand on lui parleroit du mariage de son fils à la fille d'un tel qui tant lui estoit malfaiteur et offenseur, le cas lui devroit bien sonner estrange, et lui faire profonde plaie en cuer, par seulement en tenir parole. Toutefois, après toutes choses considérées, et pésées les grandes fructueuses fins qui en poroient naistre à la maison de France et à celle d'Anjou, qui icy estoit fort intéressée, tant fut parlé et traitié que ce mariage ci se feroit et se consentiroit du costé de la mère, pourveu que le conte anglès, contremineur de la noble dame royne, se vouldroit publiquement dédire devant roys et princes, soi confessant menteur et faux injurieux de sa personne, à tort et sens cause, et en après faire le pareil en Angleterre, devant tout le peuple; laquelle chose fut accordée dudict Warvyc, et promise d'ainsi faire; et de fait le fit ainsi; et vint là où estoit la reine Marguerite, et là se rua à genoux devant cy, disant tous les mots ci-dessus touchiés, et lui priant humblement merci et pardon; laquelle durement parlant à ly le souffrit à genoux un quart de heure, et enfin lui pardonna sur les conditions devisées.

Par ceste manière doncques fut fait un mariage ici; Dieu sut quel, et par l'invention de deux personnages, chacun béant à son prétendre; le roy, pour renvoyer Warwyc en Angleterre, soubz nouveau tiltre, encontre Édouard, et Warwyc, pour retourner en Angleterre, soubz le confort de France, pour là soi vengier de sa honte; et finablement les deux appétis du roy Loys et de Warwyc tendirent à une commune fin principale, qui estoit de deffaire la maison de Bourgogne, ce qui faire ne se pooit, si non par deffaire premier le roy Édouard.

Or estoit Warwyc assegié toujours en Normandie, et ne se osoit mettre en mer, pour cause de la grande armée et navire que le duc Charles faisoit tenir sur ly par l'espace de cinq mois; car savoit bien, s'il estoit rencontré il estoit mort, et n'y avoit remède en ly. Si lui tarda fort et anuya : aussi fit-il au roy Loys, qui volentiers en eust esté quite; car en avoit grans frès sur ses bras et grandes coustanges. Si mist ledit roy toutte diligence de faire assemblement de navires par tous les ports de France; et en effet en assembla jusqu'au nombre de soixante beaux navires et puissans, et d'iceulx constitua gouverneur l'amiral de France, le bastart de Bourbon, sage et gentil chevalier, et de bon corrage; et en la conduite d'icely se mist Warwyc en mer aveucques toute sa route au plus couvert qu'il put, et hors de veue du navire du duc Charles. Et leur avoit commandé le roy qu'à nulles fins ils ne quérissent la navie du duc pour l'assaillir; mès tant seulement, si les aultres le quéroient, leur ordonna de eulx deffendre. Dont toutefois ne l'ung ne l'aultre n'avint, car ne s'entretrouvèrent point. Ne sçai se feust à sens ou d'aventure; mès ainsi toutefois en avint-il, et Warwyc prist port et descendi en Angleterre atout ce que avoit de gens de son parti anglès; et l'amiral de France, atout ses Franchois, retourna en Normandie, après avoir mis en sa sauveté le conte de Warwyc, sur lequel maints cuers anglès s'attendoient et béoient.

FIN DE LA CHRONIQUE DE GEORGES CHASTELLAIN.

POÈME

SUR

LA BATAILLE DE LIEGE

EN 1468.

A l'onneur de toute noblesse,
Et en exhaussant gentillesse,
Puissance, proesse et vigour,
Vous veuil recorder la valour
De maint seigneur preux et vaillant,
Et le hardement suffisant,
De maint chevalier et baron,
Et escuiers de grand renon,
Qu'en mil quatre cens soixante-huit
S'assemblèrent. Ne vous annuit
Se de ce fait cy vous ramembre.
Ce fu ens ou moys de septembre,
Droit le vingt-troisiesme jour,
Qu'ils se monstrèrent sans séjour

---

1. Ce poëme a été publié pour la première fois dans les Mémoires pour servir à l'histoire de France et de Bourgogne, d'après un manuscrit cotté 813,769, qui a passé des mains de M. Petau à celles de Jean Marion, et qui a appartenu plus tard à la reine de Suède. Il se trouve aujourd'hui dans la bibliothèque du Vatican.

A plains champs, j'en sçais le certain,
Ens ou pays de Hasebain,
Pour remettre en son haultain siège
Le très noble seigneur du Liège [1]
Qu'on avoit voulu depposer.
Mais à ce se voult opposer,
Comme l'istoire le témoingne,
Le très puissant duc de Bourgoingne,
Lequel est de si noble arroy
Comme filx à un filx de roy
De la très digne fleur de lis.
Chacun avoit joie et délis
Qui avec luy estoit ce jour,
Car de voulenté, sans séjour,
Pour l'amour de Jean de Bavière
Fist adoncq lever sa bannière,
Qui belle fu à regarder.
Le comte de Hénault, c'est cler,
Y fut de bon cœur et séur,
Et le bon comte de Namur.
Cil de Maine et maint Escossays
Y fu en moult nobles convoys;
Messire Jean de Châalon,
Prince d'Orange en son renom ;

---

1. Louis de Bourbon.

De Saint George le bon seigneur
Y fuce jour à haulte honneur,
Et grant planté de Briennoys.
Il y en eut de Reteloys,
De Flandres et de Picardie,
De Bourgoingne et de Normandie,
De Hénault et de plusieurs lieux,
Que, se nommer les sceusse mieulx
En fust la déclaracion,
Pour le bon seigneur de Chaalon.
Y estoit de Fribourg le conte ;
Et si dois bien nommer en compte,
De Bourgoingne le mareschal,
Et de Hénault le séneschal.
Messire Jehan de Namur
Y fu ce jour à cuer séur ;
Et si estoit à moult grant joye
Ung noble baron de Savoye ;
De La Baume porte le nom [1].
De ses escuiers de regnom
Féist lors vingt-deux chevaliers,
Qui moult furent vrays et entiers ;
Et si sçay bien que sa bannière
Fust aveucq toute la première.

---

1. Le baron de la Baume fit chevaliers 22 de ses écuyers.

Ly sire s'y voult tant prouver
Qu'on doit de sa valeur parler.
Messire Anthoine de Vergy
Y fu, et le seigneur d'Autry;
Si fut le comte de Flormont,
Et le seigneur de Rougemont;
Messire Jehan de Guistelle
Y olt compagnie moult belle;
Et le puissant seigneur d'Angien,
A qui atient honneur et bien;
Et le frère du noble roy
De Danmarc y ot son convoy.
Ce jour y avoit maint rabot.
Si fu messire Regnier Pot,
Et le bon seigneur de Waurin
Qui le couraige ot enterin.
Si fu le seigneur de Penguy,
Et son frère sire Henry;
Et de Vienne bien le sçay
Y fust sire Jacques pour vray.
Ce jour qui estoit cler et net
Y véissiez maint bacinet
A très nobles plumes d'autruce.
Le nepveu du maistre de Pruce
Ce jour y fust fait chevalier.
Et tant d'autres en puis noncier
C'om povoit avoir grant plaisance

A véoir la noble ordonnance
De ceulx qui là furent venus.
Des nobles Escossois y fu,
En cestui jour, que bien le scay,
Lors messire Guillaume Hay;
Messire Jacques Seveigour
Fu en la bataille ce jour;
Et sire Hélis de Guemmout :
Cil passa l'avant-garde moult,
Pour faire en l'estour son devoir.
Et sy doy bien ramentevoir
Messire Jean de Bouteville
Qu'à armes fust ce jour habille,
Et moult grand plaisance prenoit,
Quant les nobles barons véoit
Aregarder sa contenance,
Et par sa très haulte vaillance
Chacun sa valour esprouver;
Et je puis pour certain prouver
Que ès quatre parties du monde
Comme il s'estent à la ronde,
En Pruce, en Grenade, oultre mer
Jhérusalem puis bien nomer,
Et les haux mons de Sinay,
En Chypre et au port à Brandy
A esté. Et si vous tesmongne
Qu'oncques mais si noble besongne

On ne vist en pays lointain
Comme celle de Hasebain.
Nouveaux chevaliers Escossoys
Furent ce jour, j'en sçay la voix,
Pour leur prouesse en grant renom.
Sire Alexandre en son droit nom
De Commech, qui ot cuer entier,
Ce jour y fust fait chevalier;
Et messire Andrieu Strevart
Fust chevalier de belle part :
De Huy sire Guillebert
Fu ce jour en armes appert.
Com bon et hardi combattant,
Sire Jehan de Sudrelant
Doy bien en honneur mettre en compte;
Car il est fils d'un noble comte.
Sire Alexandre Diernin,
Qui le cuer ot humble et benin,
En ce jour monstra hardi chère;
Et cil qui porta la bannière
Du comte qui est tant prisiez,
Ce fu sire Jean de Mimez.
Des Escossoys ai dit les noms.
Or vueil dire des Bourgoignons
Qui furent de moult grant vertu.
Le seigneur de Couches y fu,
Et Gaultier de Rupes en joye

Que nommer puis seigneur de Soye;
Et le seigneur de la Serrée,
De Savoye, y ot son armée.
Si fu Jacques de Chastenay;
De Courte-jamble nommeray
Messire Jacques, car, pour voir,
En l'estour fist bien son devoir;
De Pontelic messire Guy,
Et sire Pierre de Granty;
De Poupet y fust le seigneur;
Berault de Bucy, gouverneur
Fust de la bataille, de nom;
Messire Jehan de Châalon,
Qui de ses nobles Escuiers
Fit lors vingt et six chevaliers;
Estienne de Saint George fu
Près de la banière en vertu;
Huguenin de Sens la portoit.
Le seigneur de Troppez estoit
En l'estour, et cellui d'Ingny,
Et sire Jehan de Choisy.
Sire Charles de Guillonnet
Fu en la bataille de fait;
Sire Gaustier de Chastenay,
Et messire Jehan d'Annay;
Sire Jehan Bioche y fu,
Et aussi le sire de Ru;
Sire Pierre de Fontenay

Et le bon seigneur de Fonçay,
De la Chaine sire Symon,
Sire Anthoine de Thoulongeon :
Si fu Oudart de l'Espiace
En ce jour; Marguet et Fougace,
Jehan d'Ormoy y puis nommer,
Et le bon seigneur d'Oyseber.
Sire Guillaume Sandoiers
Y fu, ce nous dient les vers;
Et le bon seigneur de Réy,
Et les deux enfans de Mailly,
Sire Pierre de Beffraumont
Et messire Henry. Ceulx sont
Grandement à recommander.
Et si doy en honneur nommer
Messire Jehan de Manut ;
Et le sire de Maigne y fut :
Messire Jehan de Baudré,
Et de Choisel messire Amé.
Moult firent aux Hedrois de han.
Et messire Anthoine de Cran,
Messire Jehan de Cusance,
Et messire Jehan de France,
Le bon seigneur de la Viéville
Y fut, et celly de Neufville.
Là fut sire Aubert de Canuy[1],

---

1. Cauny.

Et le bon seigneur de Genlly ;
Messire Philippe d'Harcourt
Et sire Jehan de Houcourt ;
Cil Saint-Ligier de Beauvoir ;
Miraumont doi, ramentevoir,
Et le bon chastelain de Lens,
Qui avoit o luy belle gens.
Le bon seigneur de Longueval,
Sire Allain, y fut à cheval ;
Et messire Jehan pour vray
De Sognez y fist bien le stay.
Carmaret bien s'y esprouva,
Aty de Bonnay y frapa.
Si fist Anthoine de Villiers,
Et le seigneur de Louvilliers.
Sy fu Jehan de Saint-Aubin ;
De Salegny sire Bourdin ;
Messire Ponce Périlleux,
Et sire Jehan de Fosseux ;
De Humières messire Andrieu ;
Si fu aveucques lui Mathieu.
Si fu le sire de Manures,
Et le sire de Herbaulures ;
Et de Vaulx y estoit Robert,
Chevalier ysnel et appert.
Et le sire de Rosutboys
Moult y avoit de beaux raboys.

Si fu le sire de Beufort;
Et ce jour s'y esprouva fort
Messire Jehan de Bailleul,
Et sire Jehan de Moureul;
Messire Rollan de Utquerque,
Et sire Henry de le Lerque,
Et le damoisel de Nasso :
Si fu le sire de Dyo.
Sire Guillaume Thignonville
Fu ce jour en armes habille;
Car il estoit ambassadour
De nostre roy à grant baudour.
Sy fu le sire de Sempy
En arme, et celluy de Jussy;
Et messire Jehan de Roye;
Raoul le vicomte, à grant joye
Y fu, qui tout honneur souhaide,
Et le sire de la Hamaide,
Lallain, Bossut aveucq Floyon,
Et cil de Quesnot en son nom ;
Cil de Ligne, et maint Hennuyer
Ce jour furent moult à prisier.
Aveucq eux fust Robert le Roux,
Qui aux Hédroys fust moult escoux.
Griefs tourments leur fist endurer.
De Lesque vous y puis nommer
Messire Guillaume, pour vray.

Et de Rotelois, bien y sçay
Nommer le seigneur de Sorbon,
Et ses frères qui furent bon
Pour faire aux Hédroys moult de maulx,
Et Messire Jehan de Vaulx.
Si fust Aruet de Maumont,
Vuitace de Haisellemont,
Et de Becquefin le Françoys.
Y ot un chevalier courtoys
Dont dire puis bonnes nouvelles,
Messire Jehan de Courcelles.
Ce jour y fust Gérard de Guaix.
Et Girardin son fils moult gaix
Y fu, et son frère Henry,
Et Guillaume L'estay d'Espy.
D'Oitonville qu'on doit nommer;
Herbert faut, ne doy oublier,
Bien se maintint en son harnoys.
S'en y ot ung de Gastinoys,
Chevalier en armes habille,
Sire Hélyon de Jacqueville.
Son escuier doibs mettre en compte,
Qu'on nomme Robin le vicomte;
Trouillart de la Trimouille aussy
Avec Olivier de Crully [1],

---

1. Coully.

Et plusieurs nobles escuiers.
Si ot de nouveaux chevaliers,
Bernier Jehan de Neufchastel.
Georges de la Trimoille bel
Se maintint en l'estour felon,
Et Guiot, le seigneur d'Uchon;
Ces deux si sont cousins germains.
Le seigneur de Chasteau-Villains,
Cil de Cottebrune par nom,
Et le bon seigneur de Raon.
Robert de Flandres fu ce jour
Chevalier, par sa grant vallour,
Et son noble frère Victor.
On fist adoncq sonner maint cor.
Messire Loys de Guistelle
Y ot compagnie moult belle;
Et le bastart de Dicquemur
Ne se tint pas ce jour en mur.
Messire Jehan de Disgongne
Y fu, l'istoire le tesmongne ;
Bien y fery pour voir la fiche;
Et le bon seigneur de la Guiche
Fust chevalier; et dit la voix,
Cil conduisoit les Charroloys.
Picquars, Hennuyers, Bourgoingnons,
Flamens, et maintes nacions
Firent aux Hédrois griefs tourmens;

Et scachiez certain que les gens
De delà s'y rendirent fort ;
Car moult estoit grant leur effort ;
Et s'estoient mis dessus ung mont.
Messire Jehan de Jeumont [1]
Leur pourchassa cruel dolour ;
Car il avoit passé maint jour
Qu'il avoit esté à Paris
Devers les haux princes eslis
Pour Jehan de Bavière aidier,
Et pour ces Hédrois abaissier,
Qui tout vouloïent surmonter,
Et les nobles suppediter.
Quant tretous furent assemblé,
Ce jour, par le commant et gré
Du très noble duc de Bourgoingne,
Pour mieux ordonner la besoingne
De la très crueuse bataille,
Fu establi, ce n'est pas faille
A déviser le grant hustin.
Lors messire Guissart Dauphin,
Et messire Vuitace de Bours,
Avec le bon seigneur de Dours,
Pierre de la Trimouille en nom
Chevalier fust par son renom ;

---

1. Jaumont.

Près du noble duc se tenoit,
Et moult grant plaisance prenoit
A regarder sa contenance;
Car par sa très haulte vaillance
Voult estre devant, pour certain.
Adoncques vindrent main à main
Ces gens d'armes des deux parties,
Qui griefvement furent départies.
Leur devoir firent ly archers
Ce jour, et ly arbalestriers,
Et ces nobles gentils héraulx
Qui tant sont nobles et loyaux.
Ménestrels se faisoient oyr,
On faisoit trompettes bondir;
Canons, bombardes décliquoient,
Et ces gens d'armes y frapoient.
Le noble seigneur de Helly,
Cil de Vasse et cil de Crouy,
Cil de Noyelle, de Vuyon,
Et plusieurs dont ne sçay le nom,
Qui d'ainez servent la setille;
Et Enguerran de Bournonville,
Qui a esté en aultre lieu,
Aux Liégois jouèrent d'un jeu
Dont ils ne se donnoïent garde.
Car toute leur grant avant-garde
Où il avoit, par justes sommes,

Bien quatre cens de gentilshommes,
Allèrent derrière assaillir
Liégeoys, à la fin que fuir
Ne puïsent aucunement.
Et là firent si grant content,
Qu'on doit de leur valeur parler.
Mais je vous puis pouvoir compter
Qu'oncques nul semblant de partir
Ne firent Liégeois à ce juir;
Ains se combatirent moult bel,
Comme hardy, preux et ysnel;
Car ils estoïent gouvernez
Du fort seigneur de Pervebez,
Qui trestout le temps de sa vie
Saigement et sans nulle envie
S'estoit gouverné noblement,
Jusques à ce jour proprement,
Que par très folle convoitise
Qui maint cueur embrase et atise,
Fist son fils séoir ou hault siége
De la seigneurie du Liége.
Adoncq failly sa grant science,
Gentillesse et vraye audience,
Quant aux conjurez s'assenty
Et les francs hommes relenquy,
Dont il receut cruel dolour;
Car il en mourut en l'estour,

Et son fils et tous leurs aidans.
Mains barons nobles et puissans
S'esprouvèrent à la besoingne
Avec le franc duc de Bourgoingne,
Et les haulx princes dessusdits :
Chacun avoit hardement pris
De faire d'armes le mestier ;
Mais à présent n'est pas mestier
D'en dire toute l'ordonnance,
Fors que la plus belle substance
Nos gens s'y voulrent tant peiner
Que Liegeois firent reverser
En telle manière, sans faille,
Que la très crueuse bataille
Ne dura une, ferme et seure,
Pleinement la valeur d'un heure,
Que Liegeoys furent desconffys,
Par les nobles seigneurs de pris.
Ce dit l'istoire par tel sens,
Que trente mille de leurs gens,
Ou plus, demoura en la place.
Et se j'avois bien espasse
De tous les haulx faits déclairer,
Et les nobles seigneurs nommer,
Moult diligemment l'escriroye
A l'onneur, révérence et joye
De celui pour qui l'ai empris,

Lequel est de si haultain pris,
Que depuis que l'eure accomplie
Fu, et la bataille finie,
Pour sa grant puissance monstrer
Voult quatorze jours demourer
Près de la bataille environ,
Sans ce qu'en chastel n'en donjon
Soy voulsist loger nullement,
A la fin que aucune gent
Luy vouloient estre nuisant,
Pour ce fait venissent avant,
Et ils y seroient recéus
Et en ce terme, sans reffus.
Liége la très puissant cité,
Tongres, Saintron en vérité,
Huy, Dinant et maint autre ville
Se rendirent, ce n'est pas guille.
Aux princes crièrent mercys,
Si qu'accordé leur fust respis,
Jusques qu'ils vindrent présenter
Corps et biens, sans rien excepter;
Et de leurs plus prochains amys
Furent adoncq plusieurs estis,
Qu'ils délivrèrent en hostaige,
Pour accomplir double couraige [1];

---

1. Ouvrage.

. . . .
Et pour plus plainement ouvrer
Et obéissance accomplir,
Aux princes vouldrent requérir
Justice de tous les Hédrois,
Dont ils connoissoient les endroiz;
Et les firent lier sur chars.
Là fust décollée leurs chars
Pour la très grande forfaiture.
En ce monde n'a créature,
Pour tant qu'il ait entendement,
Qui plaindre doye nullement
Leur mort; car passé cinquante ans,
Ne fust prince tant fust puissant,
Qui en péust venir à chief.
Dont c'estoit dommage et meschief;
Car souvent on fait décoler
Plusieurs nobles, et désoller
Leurs lieux et habitations.
Tout le pouvoir des Bourgoignons,
Ne fu pas à celle journée.
Quant honneur leur fust adjournée,
Comme vous oyez en ces vers,
Premiers le conte de Nevers.
Frère du franc duc Bourgoingnon,
Vint devers son frère de nom
Huict jours après la grant meslée,

La quelle ot esté si hastée
De Liégeois, par folle ordonnance,
Que le conte de grant puissance
N'y peut oncques venir à temps;
Dont il fu durement dolant;
Et ceulx qui estoïent o luy,
Le noble conte de Joingny,
Rimaucourt, le seigneur puissant;
Raoul, le seigneur d'Austrevant,
Amé de Viry, Savoyen,
Et Viennois, ceulx sçoy-je bien
Qu'ils vindrent après la besongne
Devers le franc duc de Bourgongne.
Dont sa force multiplia.
Et de très bon cuer festia
Son très chier frère signeury,
Et ceulx qui estoient avec luy
Venus en foy et en amour.
Et puis au quatorziesme jour
Le noble duc se departy
De ce pays, par tel party
Que grant joye vouldrent mener
Ceulx qu'o luy ot voulu mener,
Pour la victoire très haultaine
Q'orent en la terre lointaine.
Pressés sont de leur fort tenir;
Ensemble vouldroïent mourir,

Ains que souv'nance fut gardée.
Cil qui ceste chose a dictée
Ruelle à tous escoutans prie
Que chascun de cuer s'humilie,
En priant Dieu dévotement ;
Que le duc de Bourgoinge gent
A luy ceulx que j'ai renommez,
Et ceulx que je n'ai pas nommez,
Veulle en tel estat maintenir
Que l'amour Dieu puist déservir
A l'onneur de sa fleur de lys,
Et de tous ses nobles amis.
    Amen.

LES SENTENCES
DU LIEGE.

PLUSIEURS désirent à sçavoir
Du fait de ces Liegeois le voir;
Et j'en dirai selon mon sens.
Premier, nos seigneurs sont d'assens
De mettre et tenir en leurs mains
Tous leurs privilêges au mains,
Et qu'ils soïent portés à Mons,
Car de ce sont ils bien semons,
Avec touttes les alliances
Èsquelles avoïent fiances.
Jà jurront que sans transporter
Auront tout voulu apporter;
Où jà n'y aura si privé
Qui à toujours n'en soit privé;
Et à Liége et aulx aultres villes
Qu'on ne doit point tenir pour villes,
Ne seront plus maistre nommé
Mais bailly, prévost renommé,
Majeur et aussi eschevin,
De par le seigneur, sans convin
Faire d'amis ne de lignaige,
D'ailliance ne de viguaige,
Fors au plaisir, chascune année,
Du seigneur. Et est ordonnée

La chose qu'ils renderont compte
Au prince, qui vault bien un comte.
Et est ordonné par manière
Qu'il n'y aura nulle bannière
De confrairie ne aultrement,
Qu'il ne faille apporter brefvment
Aux commis pour en ordonner ;
Et si ne pourront pas donner,
De bourgeoisie le renom,
A homme, tant soit de bon nom,
S'il n'est ès villes résidens,
Sans ce qu'il puisse par dedens
Tenir conseil, et nullement,
Si ce n'est du consentement
De leur seigneur et cappitaine.
Et c'est anssi vray comme espit

. . . .

Que d'armes ne feront plus port
Contre le roy, pour nul rapport,
Ne contre le cuens[1] de Namur,
Pour grever fortresse ne mur.
Et s'est dit, ne m'en doit passer,
Que se Françoys veulent passer
La rivière, ils auront passaige,
Et se Liegeois estoient bien saige,
Ils livreroient, sans enchiérir,

---

1. Le comte.

Les vivres qu'on doit bien chérir.
Et saichez bien, ne vous ennoye,
Aussi qu'il n'y aura monnoye
Des princes qui là ne soit prinse.
Et si feroïent grant mesprinse
Se par eulx estoient ravallée.
E tau lieu, qui n'est pas vallée,
Où fut la bataille mortelle,
Si grantque pieçà ne fu telle,
Sera faitte une belle église
Des princes de nom sans faintise ;
Quatre prestres y seront mis,
Et deux clers ; iceulx entremis
Seront de prier à la dame
A qui fuymes de corps et d'ame.
Monseigneur de Liége donner
Y doit de rente et ordonner
Deux cens escus à chaque année ;
Et pour souvenance, ordonnée
Sera une messe en septembre,
Vingt-trois jours, et bien m'en ramembre
A Liége dite, à Saint Lamber,
Pour tous ceulx qu'avec maint haubert,
Trespassèrent à celluy jour.
Qu ele roy du trosne majour
Les veulle mettre en bonne sente !
Et si vueil bien que chacun sente

Qu'à nobles églises d'entour
On en doit prier par bon tour.
Ou chastel de Huy, sans essay,
Stoquehan, Buillon et Yssay,
Feront garnison du seigneur;
Et aussi ly bon gouverneur
Y pourront entrer et yssir,
Sans ce qu'on les doye nuisir.
Et qui vouldroit contre aller,
Ceulx du chapitre au par-aller
Les doivent ayder à pugnir :
Et ceulx qu'on ne pot pas tenir,
Qu'en aultres lieux ont fait leurs nis,
A toujours mais seront banis.
Ceulx qui estoient des Hédrois,
Et qui furent de faulx endrois,
Qui jamais les pourra tenir
On les fera griefvment puynir.
Et tous ceulx qui les soutiendront
Penance pour eulx porteront.
Et ceste histoire nous raporte
Qu'à Thuin ne demoura porte,
Ne mur qui ne soit accomplis,
Débattus, et fosses remplis
Fos.,... ¹ Dignant avec com.... ²

---

1. Lacune. 2. Lacune.

Auront pour leur mauvais.....[1]
La pareille pugnicion,
Sans avoir excusacion.
En salle, en pallais, ou en chambre,
Et sur la rivière de Sambre,
Ne demoura nul fort moustier,
Qu'on n'en face pierre et mortier
Abattre, pour oster leur force,
A la fin que nul ne s'efforce
De Hénault nullement grever.
Et pour ce fait cy achever,
Dit est que, fortifiement
N'y aura jamais nullement ;
Et à Tongres fra-t'on abattre
Une des portes sans débattre,
Quarante piez de mur en tour
D'un lés et d'aultre de la tour
Vers Tref, et feront raemplir
Ceux de Tongres, et accomplir
Ouvréement le grant fossé
Devant Tref, contre leur seigneur.
Et aux Liegeois par ordonneur,
Pour compensacion de frez
Que les princes ont pour eulx faiz
Fauldra un aïde paier,

---

1. Lacune.

Que je puis nombrer et noncier
A deux cens et vingt mil escus.
Et de tout sans faire reffus
Ont livré susfisant hostaiges.
Et si doit estre en leurs usaiges
Qu'aux lettres faire et deviser
Sera mis que, se rebeller
Vouloïent en quelque partie,
Deux cens mille escus, sans partie,
Païeront pour leur mesfaiture;
Cinquante mille, c'est drocture,
Au noble et puissant empereur;
Autant au roy; et le seigneur,
C'est asçavoir, je vous témoigne,
Le très puissant duc de Bourgoigne,
Et de Hénault le franc primier
Qu'on doit aymer et tenir chier,
Chacun cinquante mil auront
D'amende, se ceulx se mesfont.
Telle est devisée la somme.
Et s'il avoit ung pape à Rome,
Ou un arcevesque à Coulongne,
Qui pour la divine besongne
Et service du roy puissant,
Feissent évesque, tant soit grant,
Ne pourront aller au contraire
Leur seigneur, pour tous bien à traire;

Et son évesque pugniront
Tous ceulx qui au contraire yront.
Et aussi il est ordonné
D'en faire lettres, et donné
Sera aux villes pour savoir
Tout le fait de leur esçavoir;
Et aux princes pareillement
Le feront, pour monstrer comment.
Par certaine obligacion
Tendront, sans allégacion,
Tout ce que vous ai récité
Ès villes et en la cité,
Tous jours par bonne intencion :
Cy prent mon dit conclusion.

Explicit dictum.

TABLE

DES MATIÈRES

DE LA FIN DES CHRONIQUES DE G. CHASTELLAIN.

	Page.
CHAP. CCLXII. Comment le seigneur de Villers fut pris à Chimay, cuidant venir à Liége pour les esmouvoir, et puis fut amené vers le duc........	1
CHAP. CCLXIII. Comment le duc ordonna aux nobles de Brabant eux appresser pour aller à Malines...	5
CHAP. CCLXIV. Comment le rois Loys savoit ce qui se faisoit à la réception du duc, et comment il estoit marri de l'alliance d'Angleterre...............	9
CHAP. CCLXV. Comment Liégois vindrent assiégier Huy pour ce qu'il ne contribuoit aux tailles.....	11
CHAP. CCLXVI. Comment le duc entra dans Malines, et de la pugnicion qu'il y fit................	13
CHAP. CCLXVII. Comment les Liégois vindrent assiégier Huy, et comment le duc luy envoya monseigneur de Boussut....,..................	16
CHAP. CCLXVIII. Comment le duc print à cueur d'un gentilhomme que Liégois avoient fait morir.....	18
CHAP. CCLXIX. Comment le roi envoya lettres aux Liégois par le bailli de Lyon, promettant les assister.......................................	25
CHAP. CCLXX. Comment George expose dont de rechief procédoit ceste guerre de Liége...........	27
CHAP. CCLXXI. Comment il y eust escarmuce entre Liégeois et le seigneur de Boussut............	30
CHAP. CCLXXII. Comment l'ung de la compagnie du seigneur de Boussut remonstra prudemment ne soi devoir partir de Huy.....................	33

Page.

Chap. cclxxiii. Comment les Liégeois se disposèrent assaillir Huy et comment les habitans, faindans la deffendre, lessèrent entrer.................. 35

Chap. cclxxiv. Comment le duc envoya messire Adolphe de Clèves pour lever le siège des Liégeois estant devant Huy.................... 37

Chap. cclxxv. Comment le seigneur de la Roche et le seigneur d'Aymeries furent envoyez à Bohain vers le connestable..................... 39

Chap. cclxxvi. Comment le connestable pour la tierce fois eust plusieurs paroles au duc et l'appressoit de leissier Liège en paix.................. 42

Chap. cclxxvii. Comment le connestable excusoit le roy vers le duc Charles pour le différent des Liégeois, à cause qu'il les avoit en protection...... 44

Chap. cclxxviii. Comment le duc Charles fist responce absolute au connestable, ne soi vueillant désister de son emprise...................... 46

Chap. cclxxix. Comment le duc Charles mena la guerre en Liège et comment le connestable obtint demy-an de seur estat afin qu'il ne s'empeschast de la guerre......................... 48

Chap. cclxxx. Comment le connestable obtint du duc que le terme d'un demi-an il bailleroit asseurance sans faire emprinse contre le roi.............. 49

Chap. cclxxxi. Comment le connestable avoit charge du roi ravoir les terres de Somme pour la somme qui estoit mise sus........................ 51

Chap. cclxxxii. Comment il arriva ung légat à Bruxelles avec le cardinal Balue devers le duc... 53

Chap. cclxxxiii. Comment il y vint un légat devers le duc Charles pour cuidier rompre la guerre de Liège............................. 54

Chap. cclxxxiv. Comment le connestable retourna à Louvain vers le duc, et des conférences qu'ils eurent ensemble........................ 59

Chap. cclxxxv. Comment le duc Charles fièrement

délibéra envahir les Liégeois par la responce qu'il donna au connestable.................................. 63

Chap. cclxxxvi. Comment le roy de Castille, pour aulcuns soupçons qu'il avoit eus de Loys, envoya vers le duc Charles, pour lui offrir entrée en France... 65

Chap. cclxxxvii. De la guerre contre Liége........ 66

Chap. cclxxxviii. Comment monseigneur le duc Charles, nouveau duc, après la guerre des Liégois, fist son estat ordinaire à Brusselles, et des demandes qu'il fit à ses pays, et comment il veult tenir sa toison à Bruges...................... 67

Chap. cclxxxix. Comment le duc Charles commença à faire son estat fort richement et de grant admiracion.. 72

Chap. ccxc. Comment le duc Charles, à l'incitation d'aulcuns qui le gouvernoient, convoiteux d'amasser, le contournèrent en avarice.............. 76

Chap. ccxci. Comment le duc Charles tenoit trois fois la semaine audience, où il falloit que tous les nobles comparussent autour de ly............ 79

Chap. ccxcii. Comment l'auteur dist que, en la magnificence et grandeur où estoit le duc, il eust plus tost perdu la vie que les pays qu'il tenoit du royaulme.................................... 81

Chap. ccxciii. Comment il fist assembler les quatre membres de Flandres à Brusselles, leur demandant trois points pour lui accorder ayde............ 83

Chap. ccxciv. Comment le duc Charles tint sa Toyson à Bruges, la première depuis la mort de son père en l'esglise Nostre-Dame.................. 87

Chap. ccxcv. Le nombre des morts de chevaliers de l'ordre, et comment à ceste feste se trouvèrent ensemble les ambassades cy en bas nommées...... 89

Chap. ccxcvi. Comment Toyson-d'Or, vieillart, par son instance fut déporté de son office, auquel il avoit servi le duc par l'espasse de trente-six ans, et procura en son lieu estre ordonné son serviteur.. 93

Chap. ccxcvii. De la question et débat qui pendoit entre le roi Loys et son frère, avecque ses alliés, pour la ducié de Normandie.................... 98

Chap. ccxcviii. Comment le roy Loys au double assembla frans archiers plus qu'il n'estoit de coustume et de son avis qu'il prist.................. 100

Chap. ccxcix. Comment les nobles et les estas de France, après avoir oy la relacion du roi, débattirent les conséquences et dangier qui en pooient venir... 103

Chap. ccc. Comment les estas délibérèrent envoyer ambassade devers le duc Charles de Bourgogne pour le amollir.................................... 105

Chap. ccci. Comment le connestable, après le retour dudit parlement, se vint tenir à Bohain, et de diverses opinions qu'on avoit alors dudit connestable... 107

Chap. cccii. Comment le duc Charles estoit fort désirant de jangler (causer) avec le dit connestable après son retour en France pour apprendre de ly toutes nouvelles de par delà, et comment ledit connestable arriva à Bruges à grant présumpcion.... 109

Chap. ccciii. Comment le duc Charles fist faire une grande exécution d'un fils bastard du seigneur de la Hameyde, et comment ses parents se vinrent ruer devant le duc pour miséricorde........... 114

Chap. ccciv. Comment le duc Charles fist une moult belle response aux supplians, non obtemporant à leur requeste dudit prisonnier bastard..... 116

Chap. cccv. Comment les parents dudit bastard appaisèrent le partie du mort, par leur avoir donné grans déniers, ce qui riens ne leur proufita quant à la délivrance dudit bastard.................. 118

Chap. cccvi. Comment le duc Charles, sur son partement d'aller à l'Escluse à privée compaignie, ordonna secrètement à l'escoutète de Bruges, l'exécution dudit bastard.................... 119

CHAP. CCCVII. Comment l'escoutète prit à l'heure de mye-nuit ledit prisonnier hors de la porte, et le mist en la prison de ville.................. 120

CHAP. CCCVIII. Comment le seigneur de la Hameyde se partist de Bruges mal content, et comment on fist morir ce jour mesmes le bastard bien confusiblement, à grant toutefois compassion de ceulx de la loy........................... 122

CHAP. CCCIX. Comment le duc Charles avoit aucun secret regard et considération en la mort dudit bastard................................ 124

CHAP. CCCX. Comment tous les princes du réalme se trouvèrent perplex en la manière du faire et du vivre alors autour du roi................ 126

CHAP. CCCXI. Comment le duc de Calabre, après le trépas de D. Pierre de Coymbre, fut esleu par les Catellans roi d'Arragon................ 129

CHAP. CCCXII. Comment le comte d'Erminac, pour refus que lui fist le duc lui donner sa niepce, se retourna contre la maison de Bourgogne........ 132

CHAP. CCCXIII. Comment le duc Charles assembla gens et les mist devers Saint-Quentin.............. 135

CHAP. CCCXIV. Comment Charles de France et le duc de Bretaingne, pour lesquels le duc s'étoit mis aux champs, appointèrent avec le roi............. 137

CHAP. CCCXV. Comment le roy vouloit anéantir le don qu'il avoit fait de la rivière de Somme, disant que par contrainte il l'avoit fait.............. 140

CHAP. CCCXVI. Comment le duc, pour obvier aux voies quises par le roy, il s'allia au roy d'Angleterre, contre cœur et nature............ 142

CHAP. CCCXVII. Comment le duc fist charger son artillerie à Lille et depuis séjourna quelque temps à Lille............................ 143

CHAP. CCCXVIII. Comment le duc Charles constitua

Page.

ung prévost des maréchaux, pour nettoyer le pays de brigands.................................. 144

Chap. cccxix. Comment le duc Charles, par la grant justice qu'il maintenoit, estoit cremeu en ses pays. 147

Chap. cccxx. Comment le roi et le duc, après plusieurs préparatoires de guerre, par l'enhort des gens de bien, firent parlementer de la paix.......... 148

Chap. cccxxi. Comment le duc s'était mis ès champs et clos en un parc aveucques son armée......... 150

Chap. cccxxii. En ce tems cy se montra une comète du ciel, laquelle se montra après la mye-nuit par une espace de tems............................. 158

Chap. cccxxiii. Comment le temps estoit fort pluvieux, et fut le duc contraint à changier son parc. 161

Chap. cccxxiv. Comment le duc estoit résolu à ce que de toutes ses demandes qu'il avoit faites, ne laisseroit couler point une qu'il ne les emportast.. 163

Chap. cccxxv. De la doléance que le roi fist du roi Loys, et des aigres plaintes qu'il prononchoit en public de la personne du duc Charles........... 166

Chap. cccxxvi. Des murmurations des Franchois et de hautes paroles en leur quartier pour la foule qui leur tournoit si griesve...................... 170

Chap. cccxxvii. Comment messire Guillaume Rolin abandonna le pays du duc, et du bastard Baudwyn. 173

Chap. cccxxviii. Comment le duc Charles envoya Jehan d'Arson en France, et lui venu en la présence du roi, recommanda le bastard Baudewyn. 176

Chap. cccxxix. Comment l'auteur traite ceste matère bien à dur ennis, qui fait mention du roi de France, qui tacitement marchandoit de faire morir le duc...................................... 180

Chap. cccxxx. Ici fait l'aucteur une générale objurgation à l'encontre plusieurs nobles et autres qui vicieusement vivent......................... 182

Chap. cccxxxi. Du retour de Jehan d'Arson qui avoit

esté devers le duc de Bourbon, et de ce qu'il avoit besoingnié pour le bastard Baudewyn..... 184

Chap. CCCXXXII. Comment ce murdre fut pratiquié entre quatre personnes, et comment ils s'avisèrent de le mettre à exécution.................... 187

Chap. CCCXXXIII. Comment Jehan de Chassa fut fort plaint à la court, pour ce qu'il se transporta en France, abandonnant le duc Charles.......... 189

Chap. CCCXXXIV. Comment le comte de Warvic mist hors de prison le roi Henri, et comment il tira le peuple de sa bende, par bel remonstrance qu'il fist... 190

Chap. CCCXXXV. Comment la reyne se tenoit en la tour de Londres, et comment Londrois estoient en division l'ung contre l'autre................... 193

Chap. CCCXXXVI. De la venue du conte de Warwyc en Londres, qui fist grant joie aux Franchois pour la dépression du roi Edouard et de ses alliés.... 194

Chap. CCCXXXVII. Comment le conte de Warwyc se maintint en Londres, et de grans outrages qu'il feist sur ceulx du party d'Edouard............. 197

Chap. CCCXXXVIII. Comment le duc Charles sceut toutes les nouvelles par delà; et que toute sa diligence ne prouffita riens à Edouard........... 199

Chap. CCCXXXIX. Comment le duc de Clarence aida à persécuter son frère le roi, et des bendes qui sourdirent en Angleterrre, entre les seigneurs et peuple commun..................................... 202

Chap. CCCXL. Ici parle l'aucteur un peu des mœurs et estranges fachons de faire dudit roi de France.. 205

Chap. CCCXLI. De l'assemblement de gens d'armes que fist faire le roi, et comment fut déceu par trop se fier en le frère de Warwyc..................... 208

Chap. CCCXLII. Comment ledit conte leva gens sous le nom de Edouard, et quel malice icellui conte usoit, et comment le roy en fut averti.......... 211

Chap. CCCXLIII. Comment le roi fut perplex de novelles qu'il oyt, et comment, après plusieurs plaintes faites à ses nobles, lui convint prendre fuite à course de chevaux, avec sa noble compagnie.... 215

CHAP. CCCXLIV. Comment le duc Charles despescha l'ambassade du roy à Saint-Omer, qui là estoit venu pour le bien du pays et d'union entre eux deux.. 218

CHAP. CCCXLV. Comment le duc Charles cuidoit tenir assiégé le conte de Warwyc par son armée sur la mer ou par terre esparse ou quartier de Normandie.. 219

CHAP. CCCXLVI. Comment les deux ambassadeurs du roi furent délivrés............................... 222

CHAP. CCCXLVII. Comment les nobles qui estèrent entour du duc estoient mal edifiez et contens de ses hautaines paroles aux ambassades, par grand hauteur de corrage dont il ne se peut refeindre à l'heure.. 226

CHAP. CCCXLVIII. Comment ces deux princes ne se purent onques accorder, mès y avoit toujours une aigreur et une rancune entre eux................ 228

CHAP. CCCXLIX. En cestui chapitre déclare l'aucteur l'original principe dont tout le discord est venu, entre le roi et le duc Charles..................... 230

CHAP. CCCL. Comment le roy, par couvert engin, offrit au duc toute réparation et satisfaction, et pour quelle cause il fit ce samblant.................. 231

CHAP. CCCLI. Comment les ambassades du roi venues à Saint-Omer, y vint aussi un abbé de Bretaingne, et comment le roi laboroit toujours pour séparer le duc breton de celui de Bourgogne........ 234

CHAP. CCCLII. Comment plusieurs Franchois plaignoient fort la charge et les grans frais du roi qu'il eust de par Warwyc............................ 237

CHAP. CCCLIII. Comment le roi Loys, aveucques ledit de Warwyc, pratiquoit que le jeusne Eduard, fils de Henri prisonnier, prendroit en mariage la seconde fille de Warwyc......................... 241

Poëme sur la bataille de Liège en 1468............ 245
Les sentences du Liège............................ 265

FIN DE LA TABLE DES MATIÈRES DES CHRONIQUES DE G. CHASTELLAIN.

www.ingramcontent.com/pod-product-compliance
Lightning Source LLC
Chambersburg PA
CBHW070946240426
43669CB00036B/1863